U0916323

CHINA DREAM ROAD OF REJUVENATION

主编 卢洁

中国梦 复兴路

精编版

人民出版社
研究出版社

图书在版编目（CIP）数据

中国梦·复兴路：精编版 / 卢洁主编．-- 北京：
研究出版社，2017.8（2019.8重印）
ISBN 978-7-5199-0194-3

Ⅰ.①中… Ⅱ.①卢… Ⅲ.①爱国主义教育—中国
Ⅳ.①D647

中国版本图书馆 CIP 数据核字（2017）第 201433 号

中国梦·复兴路
ZHONGGUOMENG · FUXINGLU

人民出版社 研究出版社 出版发行
（100706　北京市东城区隆福寺街 99 号）

三河市兴国印务有限公司　新华书店经销

2017 年 9 月第 1 版　2019 年 8 月第 2 次印刷
开本：710 毫米 ×1000 毫米 1/16　印张：29.25
字数：350 千字　印数：00,001－20,000 册

ISBN 978－7－5199－0194－3　定价：68.00 元

邮购地址 100706　北京市东城区隆福寺街 99 号
人民东方图书销售中心　电话（010）65250042　65289539
研究出版社发行部　（010）64217619

目录

第一章　千年变局

第二章　中国共产党的创建和大革命的洪流

第三章　土地革命的风暴和全民族的抗日战争

第四章　夺取新民主主义的胜利

第五章　中国人从此站立起来了

第六章　建立起社会主义基本制度

第七章　社会主义建设在探索中曲折发展

第八章　伟大的历史转折

第九章　全力推进改革开放

第十章　走进新时代

第十一章　科学发展铸辉煌

第十二章　同心共筑中国梦

目录

第一章

千年变局

2013年9月9日，在乌兹别克斯坦访问的习近平主席被博物馆里的一幅地图吸引住了。他指着图中右边的一处地方说：“那里是西安，丝绸之路的起点，也是我的故乡。”习主席的话语里，饱含着华夏儿女的自豪和对中华文明的深情。2100多年前，中国汉代的张骞两次出使中亚，不仅开辟出一条横贯东西、连接欧亚的丝绸之路，更开启了将中华文化推向世界的大门。这条看似遍布戈壁和沙漠的路途，却交汇了各具特色的不同文明，展现了古代中国的丰饶繁盛。数千年时空流转，曾经的驼队早已湮没在历史的尘埃中，但古老而辉煌的中华文明，早沿着这条史诗般的路线，传播到四面八方。让我们一边遥想着悠远的驼铃声，一边来探寻这属于中华民族的5000年灿烂。

第一节　灿烂5000年的中华文明

不少西方历史学家认为，在近代以前的所有文明中，没有一个国家的文明比中国更发达、更先进。中华文化源远流长，绚丽多姿，历久而弥新。5000多年来，虽然历经政权更替，但始终没有出现断层，一直不断丰富发展，并吸引了众多不畏艰险、来华求学的异族远客。灿烂5000年的中华文明，是每一个华夏儿女的自豪之源。

一、从未间断的历史文化传承

两河流域的古巴比伦文明，曾经拥有被誉为“第七大奇迹”的空中花园和世界上最早的成文法典；尼罗河畔的古埃及文明，留下了巍峨壮丽的金字塔和神秘莫测的木乃伊；热带雨林里的玛雅文明，在天文和历法上取得了众多令后人惊叹的成就……遗憾的是，这些文明最终不是消亡，就是支离破碎了。然而，东亚大陆上的另一个古老而辉煌的文明，却以惊人的韧性和包容精神一直传承至今。它，就是中华文明。

中国是世界上古老文明的发源地之一。早在五六千年以前，黄河流域和长江流域就已经出现早期文明社会的要素。公元前21世纪开始，夏、商、周等早期王朝国家逐渐形成。公元前221年，秦始皇建立了统一的多民族国家——秦朝，此后，又历经两汉、三国、两晋、南北朝、隋、唐、五代、宋、辽、夏、金、元、明、清等朝代。几千年来，中华文明表现出了顽强的生命力，绵延发展，以卓越的风姿屹立于世界。可以说，中国是世界上少有的历史文化从未间断，并一直延续至今的国家。

汉字为中华文明的传承立下了不可磨灭的功勋，是上古时期各大文字体系中唯一传承至今的文字，有学者将其称为“中国第五大发明”。汉字的稳定性不仅使今天的人们可以直接和2500年前的孔子对话，而且为中华民族消除不同地域方言语音的隔阂提供了有形的工具。

汉字不仅是文化的传承，更是中华民族情感表达的载体。古代先人将一个个汉字以巧妙的方式组合起来，形成了瑰丽璀璨的诗经、楚辞、汉赋、唐诗、宋词、元曲、明清小说。这些诗词歌赋，将历史的表达和艺术的创作完美地融合到一起，既饱含了劳动人民或喜悦或沉痛的真情实意，又满载着风流才俊浪漫的艺术咏叹和深沉的实践理性，在不同的时间段里，各领风骚数百年。仅唐诗一项，总数就有近5万首，有名可数的作者达2300多人。

除了这些文学瑰宝，中华文明还留下了巧夺天工的古代艺术精品。人面鱼纹的彩陶盆、古朴粗犷的青铜器、笔墨造化的书法、以神似取胜的水墨绘画、神秘精美的石窟雕塑、辉煌大气的帝王宫殿、精巧婉约的江南园林，都是宝贵的历史文化遗产。更不用说那风靡世界的丝绸、瓷器，几乎令整个西方为之神往。还有气势宏伟的万里长城、秦陵兵马俑、大运河等

《富春山居图》，由元代画家黄公望所绘，以浙江富春江为背景，用墨淡雅，山水布置疏密得当，墨色浓淡极富变化，被誉为“中国十大传世名画”之一

工程，堪称世界文明史上的奇迹。讲究神韵和意境的东方艺术形式，与讲求色彩、写实的西洋风格形成了鲜明对比。有西方学者将东方的美学思想精辟地概括为“气韵生动”四个字。

这种生动的气韵体现了中国传统老庄哲学与自然合为一体，希望从自然中获取灵感，摆脱人世羁縻，获取心灵解放的意味。关注生命本性和内在价值，强调“领悟”和“体会”的中国哲学，有着与西方哲学不同却依然精彩的表达方式。从现存记载来看，莱布尼茨、伏尔泰、狄德罗、康德等西方哲学“泰斗”们，都对所接触的中国哲学思想给予了很高的评价。西方当代学者中也有不少人很看重中国哲学，有的甚至认为在不久的将来，中国哲学或许可能“主导”时代潮流。

还有浩如烟海的典籍文献。这些陈旧的竹简、泛黄的纸页，记录着中华民族的厚重历史，表现了古圣先哲们的思想智慧。从未间断的“二十四史”，计3213卷，约4000万字，将公元前2550年的上古黄帝直至1644年的明朝崇祯帝推到人们的面前。在历史进程中凝聚下来的文化传统，对中华民族的人格心理铸造产生了异常深刻的影响。其中一些优秀内容，如仁爱孝悌、谦和好礼、诚信知报、精忠爱国、克己奉公、修己慎独、见利思义、勤俭廉正、笃实宽厚、勇毅力行等，是中华民族的“根”和“魂”，需要代代传承和弘扬。正如2012年12月习近平总书记在广东考察时指出的那样，“丢了这个‘根’和‘魂’，就没有根基了”。

美国学者、中国问题研究专家费正清对中华文明给予了高度评价：“对于艺术、文学、哲学和宗教领域的人文学者来说，中国的传统社会是西方文化的一面镜子，它展现出另外一套价值和信仰体系、不同的审美传统及不同的文学表现形式。对于社会学家来说，中国在人类学、社会学、经济学、政治学及历史学方面的文献记载，就某些时代或某些领域而言，远比西方丰富、翔实。”

古典的历史文化似乎已经成为历史陈迹，但不可否认的是，它仍然感染着今天的中华儿女。中华优秀文化传统已经成为中国文化的基因，根植在中国人内心，潜移默化地影响着中国人的行为方式。当今天的人们再去回顾和欣赏古代的文化艺术时，仍然能从中找到与自己心灵相互呼应的感动点。这是华夏儿女民族特性和认同感的直接体现，也是中华民族能够生生不息，不断创造新辉煌的重要基础。

二、“基本发明和发现，可能有一半以上源于中国”

英国学者罗伯特·坦普尔在《中国：发明与发现的国度——中国科学技术史精华》一书中下了这样的结论：现代世界赖以建立的种种基本发明和发现，可能有一半以上源于中国。他将这个事实形象地称为“西方受惠于中国”。经过科学的研究考证，他承认：近代农业、近代航运、近代石油工业、近代天文台、近代音乐，还有十进制数字、纸币、雨伞、钓鱼竿上的绕线轮、独轮车、多级火箭、枪炮、水下鱼雷、毒气、降落伞、热气球、载人飞船、白兰地、威士忌、象棋、印刷术，甚至蒸汽机的基本结构，全部源于中国。

中国科技曾经在世界上长期领跑，为人类的发展作出过卓越贡献。甚至在日新月异的近现代文明中，仍然有可以追溯到古老华夏文明的部分。古代中国最为著名的科技成果莫过于四大发明，即造纸术、指南针、火药和印刷术。四大发明不仅为中华民族的崛起奠定了不可磨灭的功绩，而且传播到世界各地，使“西方受惠于中国”：

如果没有从中国引进船尾舵、罗盘、多重桅杆等改进航海和导航的技术，欧洲绝不会有导致地理大发现的航行，哥伦布（Columbus）也不可能远航到美洲……

……如果没有从中国引进枪炮和火药，也就不可能用子弹击穿骑士的盔甲把他们打下马去，因而就不可能结束骑士时代。

如果没有从中国引进造纸术和印刷术，欧洲可能要更长期地停留在手抄书本的状况，书面文献就不可能如此广泛流传。

对这一切，英国哲学家弗朗西斯·培根由衷地赞叹道：造纸与印刷术、火药、指南针这四项发明对于彻底改造近代世界并使之与古代及中世纪划分开来，比任何宗教信念、任何占星术的影响或任何征服者的成功所起的作用都大。

除了四大发明，在天文学、数学、医药学、农学等领域，古代中国也取得了辉煌的成就。

中国古代劳动人民很早就有通过观测日月星辰的位置来确定时间的习惯。《春秋》和《汉书》中有世界上公认的关于哈雷彗星和太阳黑子的最早记录。元代郭守敬制定的《授时历》，将一年精确到365.2425天，这与地球绕太阳公转一周的实际时间仅差26秒，《授时历》比现在世界上通用的格里高利公历早300多年。明末清初的思想家顾炎武骄傲地说："三代以上，人人皆知天文。"英国著名科学史专家李约瑟也不得不承认，"在阿拉伯人以前"，中国人是"全世界最坚毅、最精确的天文观测者"，中国"是文艺复兴以前，所有文明中对天象观测得最系统、最精密的国家"。

天文学累累硕果的取得离不开数学的支持。2014年1月，清华大学所藏战国竹简第四辑整理报告发布，报告收入的"清华简"文献之一就是《算表》。据有关专家考证，这套距今已有2300年的竹简，是中国国内发现最早的实用算具，可计算100以内任意两整数乘除，为春秋战国时期中国传统数学的第一个高潮提供了佐证。还有《周髀算经》记载的勾股定理、祖冲之的圆周率计算，"无论是二项式系数排列，还是旋转运动与直线运动相互转换的标准方法，或第一台时钟中的擒纵装置"，"不管你探究哪一项，中国总是一个接一个地位居'世界第一'"。

中华医学是当今世界科学史上唯一留存的传统医学。东汉末年，华佗发明世界上最早的麻醉剂——麻沸散，比西方早1600多年。明代医学家李时珍的《本草纲目》，对16世纪以前的药物知识进行了全面整理和系统总结。除药物外，中医还有针灸、推拿、按摩、拔罐、气功等多种治疗手段。其中，针灸因其疏通经络、调和阴阳、扶正祛邪等方面的独特疗效而越来越受到国内外的重视。目前，已经有120余个国家和地区用针灸术为本地人民治病。2010 年 11 月 16 日，中医针灸被列入“人类非物质文化遗产代表作名录”。

发达的农业生产科技为古代中华文明提供了坚实的基础。恩格斯曾指出：“农业是整个古代世界的决定性的生产部门。”中国不仅是世界上最早的农耕文明发祥地之一，而且达到了很高的生产水平。农业生产工具、选种育种、轮种复作、施肥灌溉、农田水利建设等，长期走在世界前列。中国的铸铁技术比西欧要早 1900 多年。犁壁、楼车、翻车、石碾、水碾、扇车等农机具也都是我国最先发明的。据考证，西方使用这些农机具都比中国晚了一两千年。至于播种方法，“在中国人的种子条播思想引起欧洲人注意之前，欧洲每年大约要浪费一半以上的谷种”。

在造船、冶金、纺织等众多领域，古代中国的科技成就亦不胜枚举。据统计，公元前 6 世纪至 11 世纪，世界上的重要科学成就、发明或创造共 231 项，其中中国有 135 项，占总数的 58.4%；从 11 世纪到 16 世纪，世界上的科学成就、发明或创造有 67 项，中国有 38 项，占总数的 56.7%。然而，“基本发明和发现可能有一半以上源于中国”却是一个令西方人和中国人都惊讶的论断。当西方各国沉浸在近代社会翻天覆地变化中自我陶醉的时候，并没有意识到最初带给他们灵感和智慧启发的是古老的中国。而今天的中国，更应正视历史、静心思考，不在曾经的辉煌中迷醉，不在某些领域的暂时落后中自卑，而是善于学习，开拓进取，努力赢得新的发展机遇。

三、“学问虽远在中国，亦当求之”

伊斯兰教创始人穆罕默德是中国文化的敬仰者之一。为了鼓励穆斯林到中国打开眼界、增长知识，他为后人留下了“学问虽远在中国，亦当求之”的训示。而中国也一直以宽厚广博的胸怀、兼容并蓄的态度对待远道而来的人们。东亚、西欧、北非等不同地区的国家，都受过中国的影响。

怀揣着先知的鼓励和对中华文明的向往，651 年，阿拉伯使者第一次来到中国长安。此后，在一个半世纪内，阿拉伯使者进入长安达 30 多次。760 年，仅扬州一地的大食人和波斯人就有好几千。在广州的阿拉伯人和其他从事贸易活动的外国人，有一个时期甚至达到 12 万人。不少阿拉伯人被中国的风土人情和先进生活方式吸引，在中国娶妻生子，留华不归。其中既有“家资数百万缗”的富商巨贾，又有才华出众的“官至左班殿直者”。848 年，汉学造诣极深的阿拉伯人李彦升进士及第，成为录取的 22 人中唯一的外国人。也有一些阿拉伯人将中国先进的技术带了回去。最早从中国学去罗盘导航技术的正是航行于波斯湾、阿拉伯海和地中海的阿拉伯水手。从阿拉伯人那里，欧洲人学会了火药、火器的使用和制造技术。

中阿交流的主旋律是和平，但少量的战争和碰撞同样促进了文化的传播。751 年，唐朝与黑衣大食（阿拔斯王朝）为了争夺中亚的石国（塔什干）发生过一场小规模战争。战后，一些成为俘虏的中国士兵把造纸技术介绍给阿拉伯人，使他们告别了用笨重的黄纸、羊皮纸书写的年代。撒马尔罕、大马士革、埃及、摩洛哥建起了造纸厂，造纸技术才逐渐传播到欧洲。

文明的交流是相互的。阿拉伯人也给中国带来了可以丰富和发展自己的营养。元世祖忽必烈曾经征召大批“回回”天文学家来中国，撰修《回回星历》《万年历》等天文历书。还设立回回天文台，进行天文实测。不少西亚的天文仪器和天文历算等被介绍到中国来。大批波斯和阿拉伯的药材也被输入中国，为中国医药界采用。中国还从伊朗引进了唢呐、扬琴等乐器，拓展了音乐的表现力。

不远万里来华求学的还有日本人。隋唐时期，随着日本主动派出“遣隋使”“遣唐使”，这种学习达到了顶峰。

当时的大唐王朝已进入封建社会的全盛时期，政治经济文化蓬勃发展，首都长安更是世界上首屈一指的繁华大都市。而日本还处在奴隶制社会，急需大规模的改革与发展。肩负着“增强国力，震慑四方，与隋唐王朝并趋”的重托，遣唐使们不辞艰险、远渡重洋来到中国。他们来时如饥似渴，还时“尽市文籍”，中国大量的经史典籍随之输入日本。

以日本古代法律为例，最为详细的《大宝律令》的主体便是来自中国。日本学者也承认：“我国大宝律大体上是采用唐律，只不过再考虑我国国情稍加斟酌而已。”

日本还仿照唐制进行了著名的大化改新，孝德天皇的主要“参谋”就是在唐朝学习多年的高向玄理和僧旻。大化改新在日本历史上具有划时代意义，将日本从奴隶社会推进到了封建社会。日本学者内藤虎次郎形象地比喻中国古代文化对日本民族发展进步的作用：与中国文化接触之前，日本民族好比是豆汁，中国文化好比是卤水，日本民族与中国文化一经接触，立即变成了豆腐。通过学习，日本在较短的时间内借鉴了中国劳动人民世代的心血和努力，缩短了其历史发展进程，快速进入文明社会。

1271年，在遥远的西半球，17岁的马可·波罗正跟随着父亲和叔父去谒见新教皇格里高利十世。这位威尼斯的少年没有想到，这是他走向中国的开端。

谒见后，他与教皇派出的使节一起，经过三年半的跋涉，在1275年到达元上都开平，向大汗忽必烈呈上了教皇的信件和礼物。

大汗非常喜欢年轻的马可·波罗，携他们同返大都，并留他们在宫中任职。马可·波罗在中国居留了17年，学会了蒙古语和汉语，经常奉命巡视各地，足迹遍及大江南北，还出使过越南、缅甸和苏门答腊。后来，他参加了威尼斯对热那亚的海战，不幸被俘。在监狱里，他讲述了东方见闻，后来被整理成闻名世界的《马可·波罗游记》。

马可·波罗，13世纪世界著名的意大利旅行家和商人

在《马可·波罗游记》中，元大都（北京）无比繁华，“凡世界上最为稀奇珍贵的东西，都能在这座城市找到”。该书还记述了扬州、杭州、福州、泉州等数十

个城市的民俗风情。它第一次较全面地向欧洲人展示了一个地大物博、文教昌明的中国。《马可·波罗游记》在当时相对落后的欧洲引起了轰动，引发了不少欧洲人对东方的强烈神往。

巍峨的崇山峻岭、浩瀚的荒漠、无边的海洋，都无法阻隔人类对先进文化的向往。尽管在生产力水平低下、交通条件十分困难的古代，中华文化依然以其独特的魅力吸引着远方的来客。这是古代的辉煌成就，亦应成为今天的文化自信。

第二节　由盛转衰的国运

中国是中世纪世界上最发达的国家，它创造了封建社会最强大、最先进的社会生产力。西方的封建社会虽远落后于东方，但当古老的中国还在封建社会中徘徊的时候，西方已经找到了新的生产方式，发现了新的世界。由于种种原因，中国社会未能跟上世界历史转变的潮流，一再错失发展机遇，在不知不觉中落后了一个历史时代。

一、帆船征服海洋，工业摇撼世界

有历史学家认为，真正意义上的世界历史，是从 1500 年前后开始的。因为在那以前，世界各地的人们生活在相互隔绝的几块陆地上，只有局部的接触和交往，没有人知道完整的世界究竟是什么样的。

1500 年前后，中国正处在明朝的统治之下。从 1405 年开始，一个叫郑和的人曾经率领 200 多艘海船、2.7 万多人，完成了 7 次下西洋的壮举。通过郑和的船队，中国人拜访了 30 多个国家和地区，最远到达了非洲东海岸。然而，这样轰轰烈烈的航海运动并不是为了开拓贸易，而是宣扬国威。继郑和之后，碧波万顷的大洋上，再也没有了中国人的身影。

但就在这一时期，欧洲的航海家们通过船帆征服了海洋，将世界联结了起来。这就是地理大发现，又称新航路开辟。

推动欧洲航海家冒险的原因，在于“金钱”二字。随着货币经济的发展，西欧兴起了一个寻找黄金的热潮。西班牙和葡萄牙王室对新航路的开辟都十分支持。著名的冒险远航由此拉开序幕。

1492 年，哥伦布在西班牙王室的支持下，横渡大西洋。10 月 12 日，欧洲人在西半球看到了第一片土地，美洲新大陆由此被发现。这一天后来被指定为西班牙的国庆日，许多美洲国家则将它称作“哥伦布日”。

1497 年，葡萄牙人达·伽马绕过非洲南端的好望角，于次年到达印度西南海岸。他开辟的新航路，联系起欧、亚、非三大洲，在西方被称作“海角航路”。即使 370 年后苏伊士运河开通，往来东西方的巨轮仍要通过这条航线。

1519 年，麦哲伦率领西班牙船队绕过南美洲南端驶入太平洋，到达菲律宾岛。麦哲伦在一次和菲律宾土著居民的冲突中被杀，他的同伴经马鲁古群岛，大体上沿着葡萄牙人所经过的航线于 1522 年回到西班牙。

循着那些航海家的足迹，西欧各国的殖民者、贵族和商人、牧师、盗匪纷纷涌向亚洲、非洲和美洲广袤而富饶的土地，开始了殖民掠夺的血腥行径。此后，人类社会改变了互相孤立的状态，开始相互联系、相互了解，但同时也进入了欧洲主导的时代。

地理大发现敲响了欧洲迈向资本主义新时代的钟声。从殖民地掠夺的大量贵金属源源不断流入欧洲，致使物价飞涨、金银贬值，出现了“价格革命”。依靠定额货币地租的封建地主实际收入减少，遭到严重打击；劳动人民实际购买能力下降，不得不沦为雇佣劳动者；而新兴的资产阶级则乘机牟取暴利，实力得到进一步增强。正如马克思所指出的那样，“封建主和人民衰落了，资本家阶级，资产阶级则相应地上升了”。

反观各沦为殖民地、半殖民地的国家，正常的历史发展进程被打断，为西欧各国的资本积累付出了沉重的代价。

当历史的车轮缓缓驶入 18 世纪，康熙皇帝正在用他卓越的文治武功，开辟中国封建社会的又一个辉煌时代。而地球另一端的英国，却在进行一场与封建农业生产完全不同的生产方式的革命。在这场变革中，蒸汽动力、机器得到了广泛应用，成为“工业用来摇撼旧世界基础的三个伟大的杠杆”。

这个摇撼旧世界的生产方式的变革就是工业革命。

英国是工业革命开始最早的国家，也是世界上第一个完成工业革命并实现了资本主义工业化的国家。

蒸汽机是第一次工业革命的图腾。1782 年，瓦特制造出了全新的联动式蒸汽机，这是第一台现代意义上的蒸汽机。它的出现，使古老的人力、畜力和水力被蒸汽动力所代替，大规模的工业生产成为可能。

1812 年，以蒸汽为动力的汽船在英国投入使用；1825 年，英国人建造了第一条铁路，并正式使用蒸汽机车。到 19 世纪 40 年代，英国的主要铁路干线已经基本建成，铁路长度增长至 2235 英里。和 1770 年相比，1840 年每个工人的日生产率平均提高 20 倍；和 1800 年相比，1840 年原煤消耗量从 5200 万磅增加到 4.59 亿磅；和 1720 年相比，生铁产量从 260 万吨增加到 3000 万吨。机器制造业的规模化和在生产生活中的广泛运用，标志着英国工业革命的完成。随后，英国以巨大的优势，成为当之无愧的“世界工厂”和世界贸易中的霸主。

在迅速将“日不落帝国”的荣耀推上历史巅峰的同时，工业革命也在世界范围内产生了巨大的连锁效应，不仅扩展到西欧和北美，推动了法、德、美等国的技术革新，而且影响到东欧和亚洲，俄国和日本也出现了工业革命的高潮。在工业革命的带动下，这些国家先后崛起，在国际舞台上扮演着越来越重要的角色。相比之下，东方的中国、印度、奥斯曼帝国都处在慢性衰落之中。

工业革命说明，工业及隐藏在其后的科技将成为决定国家力量的关键。工业文明具有农业文明无法比拟的巨大力量，科技进步直接推动了社会生产力的发展，提高了国家的竞争能力。第一次、第二次工业革命时期，东方诸国为社会提供的产品一般是手工作坊生产的大众日常生活用品或供贵族享用的奢侈品，而西方提供的一般是有一定科技含量的工业品。科技成为推动国家走向强盛的关键。

英国工业革命的过程中，以蒸汽机的发明和应用为代表的科学技术，推动了热学、热力学和能量及其转化方面的基础理论的研究，开辟了近代科学的新纪元。随着历史的不断发展，工业革命对社会生产力的巨大推动作用被反复验证。以发电机、电动机为代表的电力应用为标志的第二次工业革命和以电子计算机为代表的信息技术的应用为标志的第三次工业革命都证明了这一点。

西方学者贡德·弗兰克指出：直到大约1800年为止，世界经济绝不是想象中的以欧洲为中心，在任何重要方面也不能用所谓从欧洲起源的（和由欧洲体现的）“资本主义”来界定或标示。世界经济主要是以亚洲为基础的。尽管如此，欧洲已经站在了世界潮流的前端。地理大发现将整个世界连成一片，资产阶级拥有了更为广阔的贸易场所，激发了他们征服世界的欲望；工业革命则以先进的生产方式，为资本主义的发展提供了技术和物质的支持，使得西方资本主义国家实力大增。

此时，古老的中国还在封建社会里缓慢前行着。巍峨的紫禁城笼罩在一抹黄晕的夕阳下，显得格外孤独、冷峻。

二、紫禁城的黄昏

在西方各国大力推行拓海政策，鼓励航海贸易的时候，东方的中华大地上却表现出了一幅完全不同的景象。

1757年，乾隆以“民俗易嚣，洋商错处，必致滋事”为由，将通商口岸限制在广州一地。英国人大惊：“准许在中华帝国东部口岸贸易的时代宣告结束了！”

中国历代封建王朝均以农立国。自给自足的自然经济使得封建统治者对海外贸易的经济利益极不重视。只要求“外夷”归附，对航海探险、远洋贸易等没有兴趣。就连郑和下西洋的壮举，也因为财力的不堪重负而中止。为了不再让后人因航海梦给国家增添负担，连归入官方档案的最完整的航海资料也被下令烧掉了。

尽管清政府视海外贸易无足轻重，但18世纪中外交往最频繁、发展最快的仍然是商业贸易。从伦敦开到中国的船舶，常常装载90%甚至高达98%的黄金，剩下的才是货物。1793年8月，英国特使马嘎尔尼和他率领的外交代表团来到中国。他们借庆贺乾隆皇帝83岁寿辰的机会，希望“平等”地与帝国互派使臣谈判，签订两国贸易协定。

对第一个仰慕天朝并来恭贺大寿的英国“朝贡”使团，乾隆皇帝感到心满意足，并亲自对接待规格做了指示：“宜妥为照料，不可过于简略，致为远人所轻。”这本是个与世界接触的好机会，但当了解使团扩展商务的要求时，乾隆却敕谕给予了逐条驳斥。他“义正词严”地表示，“天朝物产丰盈，无所不有，原不借外夷货物以通有无”，现有的贸易已是“加恩体恤”，英使的要求“皆不可行”。

当亚当·斯密高举着自由贸易的旗帜时，中国社会还秉持着农本商末的古老理念。其实，从中英互换的礼品当中已经可以看出中西的差距。马嘎尔尼带来的是天体运行仪、地球仪、战舰模型、枪支、利剑以及望远镜和钟表等先进技术品，而中国赏赐的东西还是丝绸、茶叶、瓷器一类手工艺品或初级产品。

之后，英国又派遣了阿美士德使团来华，他们带着和马嘎尔尼同样的要求，但却重蹈了马嘎尔尼使团的覆辙。阿美士德甚至还不如他的先行者：因为口头礼仪而闹成僵局，连嘉庆皇帝的面都没有见到。

贸易的大门没有开启，然而中外贸易还在继续发展着，而且增长得越来越快。中国正一天比一天更深地卷入世界性的交往之中。清朝的闭关政策不可能阻挡这一世界潮流，反而阻碍了中国人了解和学习先进事物，丧失了对外贸易的主动权，使中国的经济、政治、文化日益落后于西方国家。

谨慎小心的乾隆皇帝，担心英国“未遂所欲，或致稍滋事端”，因此命令沿海督府小心防备，必要时“不妨慑以兵威”。但是他没有想到，中国已经无法阻挡先进工业国的坚船利炮，仅仅半个世纪不到的时间，英国就用武力打开了中国的大门。

在思想领域，15—16 世纪的中国也没有能形成如西方社会那样产生如文艺复兴、启蒙运动等巨大助推力的思想解放的潮流，本应该成为中坚力量的知识分子，并没有在政治变革中起到思想先驱和思想解放的作用。

这种情况的出现，与统治阶级苛严的文网有关。“八股取士”制度和“文字狱”的阴影，钳制了知识分子思想的发展，使整个社会出现死气沉沉、万马齐喑的政治局面。一大群有才华的知识分子开始逃避现实，到故纸堆里去讨生活，“著书只为稻粱谋”。至于与国家、民族命运相关的问题，几乎没有人去关心了。“士子不敢治史，尤不敢言近代事。”在清朝文化专制的高压下，知识分子丧失了独立个性，远离了自己的思想引领政治的使命，俯首于封建专制政权。

而现代社会所需要的科学、技术、商务和工业等人才，更是难以培养。正如后来的维新派改革家梁启超所言，功名富贵，皆出于八股，有谁肯抛弃这种捷径，学此艰辛、迂远的科学呢?

事实上，明清之际，带有若干近代色彩的启蒙思想的社会学说和自然科学已经在我国萌发，如顾炎武的“经世致用”，黄宗羲对君主专制制度的抨击，王夫之的朴素唯物主义思想和辩证观等。还有《徐霞客游记》《本草纲目》《农政全书》《天工开物》等杰作。这些著作并不比同时代出现的欧洲文艺复兴取得的成果逊色。然而清朝文化专制的盛行，使民主与科学刚刚处于萌芽状态就被无情扼杀了。

黄宗羲

顾炎武

王夫之

黄宗羲、顾炎武、王夫之被并称为明末清初三大思想家。他们的思想对于中国传统哲学具有重要意义西方世界的17—18世纪正是个人价值和自由、民主、平等的思想被不断宣传，逐渐深入人心的时候。人的权利正在成为政治准则和社会共识。在相对自由的环境中，洛克、孟德斯鸠等启蒙思想家们，为如何建构一个更加合理、更加有效的政府和社会进行了超前的系统思考。而中国正在经历一个历史的回流，封建君主专制达到了顶峰。专制和独裁不需要思想，也不允许独立判断的存在。当知识分子的命运与其关心现实的程度成反比的时候，一个国家也即将丧失思想启蒙、自我更新、突破桎梏的发展能力。

在嘉庆皇帝继位前后，湖北爆发了白莲教起义。此时，“康乾盛世”积聚的各种矛盾已经开始爆发，国家帑藏困匮，军备不修，吏治腐败，内乱四起，严重的社会危机已现端倪。为镇压白莲教，自嘉庆元年到嘉庆四年，清政府已拨军费7000万两，可是“教匪”非但未平且有愈盛之势，而各路军队“兵丁衣服褴褛，几同乞丐”。

究其原因，在于贪吏的蚕食，将官兵们的军饷空耗。由于军费被大量侵吞，军士到了难以存活的程度，哗变、集体逃跑、反叛甚至抢劫百姓的事件屡有发生。也正是由于吏风的腐败，广大劳动人民在沉重的苛捐杂税之下到了难以存活的地步，只有举行起义的唯一出路。而镇压起义又要耗用大量的库银，嘉庆一朝深深地陷入了这样一个恶性循环的怪圈中无法自拔。

更重要的是，对乾隆中期以后社会经济停滞这个事关清朝兴衰的重要问题，嘉庆皇帝并没有采取得力措施，社会经济难以获得新的发展活力。相反，国内阶级矛盾的激化，使他在经济政策上显得比康、乾更为保守。他还对反映时代技术进步的东西采取排斥态度。如果说在19世纪到来之际，资本主义在西方的胜利已成定局，那么，这一时期清朝封建专制的衰落已经难以挽救。

1820年，嘉庆薨。次子旻宁奉遗诏继位，改年号为道光。道光皇帝上台后，也想过整顿吏治，振刷纲纪，但同样没有解决问题。美国学者费正清考察这段历史时写道：“帝国国库的白银储蓄已经枯竭……帝国军队的力量已被侵蚀，皇帝的统治已经失去了十七和十八世纪时期的雄伟气魄。”当

19 世纪中期到来的时候，中国面临的已经不是单纯的“内忧”，还有被先进工业文明成果所武装的“外患”。

三、半殖民地半封建社会的血与泪

1839 年，一个叫林则徐的清朝官员离京赴任。他焚香九拜，开启了严封的关防大印。冬日淡淡的阳光，洒在南去的路上。就在 14 天前，林则徐刚刚奉旨抵京，并在不到半个月的时间里，被道光皇帝召见了 19 次。如今，这位林大人将以“钦差大臣”的身份“驰驿前往广东”，为道光皇帝除去一个影响江山社稷的重要祸患——鸦片。

鸦片走私是英国殖民者为打开中国大门所采取的罪恶手段。依靠这种方式，英国不仅平衡了巨大的对华贸易逆差，而且取得了相当可观的额外收益。而中国，却因此造成了巨额白银的外流和急剧增加的鸦片吸食者。使有识之士不得不呐喊：“若犹泄泄视之，是使数十年后，中原几无可以御敌之兵，且无可以充饷之银。”

到达广州之后的林则徐，开始收缴、查禁鸦片。并上演了虎门销烟的一幕，“第一次向世界表示中国人民纯洁的道德心和反抗侵略的坚决性，一洗多少年来被贪污卑劣的官吏所给予中国的耻辱”。英国人却以此为借口，挑起了鸦片战争。

两年多后，鸦片战争以英国的大获全胜而告终。中英签订了中国近代史上的第一个不平等条约《南京条约》。随后，又签订了《虎门条约》和《五口通商章程》作为《南京条约》的补充条约。

根据《南京条约》，英国割占香港岛，获得了片面协定关税权，中国赔款 2100 万银元，广州、厦门、福州、宁波、上海五处开放为通商口岸。中国被迫打开国门，领土主权、关税自主权遭到严重破坏。正是从这个条约开始，自诩为“天朝上国”的中国低下了她高贵的头，开始滑向半殖民地半封建社会的深渊。

鸦片战争让西方国家看到了中国的虚弱，他们竞相效尤，胁迫中国签订了《望厦条约》《黄埔条约》《天津条约》《北京条约》等一系列不平等条约，中国的关税自主权、领事裁判权、领海权等一系列主权几乎丧失殆尽。

美国南北战争时北方联军总司令格兰特曾评价："中国大害在一弱字。"他还打了个形象的比喻："国家譬如人身，人身一弱则百病来侵，一强则外邪不入。"看到中国衰弱的，不仅是西方，还有中国曾经的学生——日本。

经过 1868 年的明治维新，日本已经在政治、经济、文化等方面进行了一系列改革，走上了资本主义道路，实力大增，主动挑起了 1894 年的中日甲午战争。

经此一役，中国号称世界第六、亚洲第一的海军舰队——北洋水师，全军覆没。

在这场战争中，日军占领了大连、旅顺，并制造了惨绝人寰的大屠杀。而千里之外的北京城里却是热闹非凡，慈禧极尽奢华的万寿庆典正式拉开帷幕。面对十万火急的军情，她只淡淡一句："今日令吾不欢者，吾亦将令彼终生不欢。"

随后的中日谈判，日方掌握了中方往来密电，了解了中方底线，不做丝毫让步，但有允、不允两句话而已。

1895 年，丧权辱国的《马关条约》在日本马关春帆楼正式签订。条约规定：中国向日本赔款白银 2 亿两，开放沙市、重庆、苏州、杭州为商埠，割让台湾、澎湖列岛和辽东半岛给日本。《马关条约》的签订，大大刺激了列强觊觎中国的野心，引起了帝国主义瓜分中国的狂潮。中国的社会危机步步加深。"四万万人齐下泪，天涯何处是神州。"

此后，东亚的政治格局出现了新变化，中国的大国地位发生了根本动摇，而日本乘势崛起，为东亚乃至世界的未来变化注入了不可预测的变数。

1900 年，新世纪的钟声在世界各地敲响。祈盼幸福的中华民族没有想到，这个新千年的开篇之年，居然成为后人不堪回首的屈辱过去。历史用近乎嘲讽的手法，掀开了 20 世纪的第一页。

这一年，以“扶清灭洋”为旗号的“义和团”和一部分清朝军队联合起来，与外国侵略势力进行了殊死搏斗。几乎可以说，外国侵略势力遇到了 60 年来侵华战争中最顽强的抵抗。

然而，血肉之躯的前仆后继并不能弥补国力之间的巨大差距。慈禧挟光绪皇帝西逃，北京最终被攻陷，被肆意蹂躏，“成为一个强盗的世界”，“成了真正的坟场”。

逃离北京的慈禧，并不在意曾经在她统治之下的子民们受到怎样的伤害，她最关心的是西方侵略者们会如何处置她。为了求得各国谅解，她要求军队严厉镇压义和团，令地方官员好好接待前去杀人放火的侵略军队，同时派李鸿章与侵略者议和。对侵略者的要求，她几乎有求必应。慈禧的态度使得西方侵略者更加肆无忌惮，他们很乐意用对慈禧的宽恕换取更多的在华利益。一个无以复加的苛刻条约被放到了谈判桌上。

在这个条约里，有 4.5 亿两白银的巨额赔款；有不许中国人居住，却允许各国驻兵保护的使馆界；有对清政府禁止人民参加反帝运动的要求；有允许列强驻兵的北京到山海关铁路……唯独没有的，是中国的“主权”与“尊严”。沙俄外交大臣拉姆斯道夫得意洋洋地表示，1900 年的对华作战是历史上少有的最够本的战争。

这是中国近代史上赔款数量最大、主权丧失最严重的不平等条约。统治阶级彻底沦为帝国主义在华代理人，中国完全沦为半殖民地半封建社会。

1901 年，条约正式签订，因这一年是农历辛丑年，故又称为《辛丑条约》。签订的日子被国人称为“九七”国耻日。但清政府的最高统治者慈禧却很满意帝国主义对她的“宽宏大量”。她谄媚地表示，要“量中华之物力，结与国之欢心”。

在外流浪了一年多的慈禧和光绪皇帝乘火车回京，迎接场面十分隆重。有军乐队的鼓乐齐鸣，有大清朝官员的列队欢迎，有八抬黄缎轿的皇家气派。在慈禧看来，她没有失去什么。只是，更多的中国人已经在血与火的洗劫中成长起来，已经阻碍民族复兴的清政府，必定会在救国的大潮中被彻底推翻！

第三节　救国先行者的早期探索

面对西方列强的铁蹄，坚毅而顽强的中国人民没有屈服，他们一次次提出不同的救国方案，并用自己的鲜血加以践行，为漫长的复兴之路树立起一座座丰碑。这些努力虽然最终都一一失败了，但他们反抗侵略、奋发图强的风骨与勇于探索、不惧失败的复兴精神都将浩然长存。

一、"凡天下田，天下人同耕"

鸦片战争失败后，大清朝弊病丛生，积重难返。官场腐败触目惊心，土地兼并日益严重，涌入的鸦片、外国商品和赔款使中国的经济状况越来越恶化。各地抗租抗粮风潮不断，尤以广西为最。当时，广西全省形势"如人满身疮毒，脓血所至，随即溃烂"，终至一发而不可收了。

1851 年年初，太平天国起义爆发。起义地点是广西金田。仅仅两年多的时间，从西南边陲到东南沿海，太平军席卷 6 省，从广西经湖南、湖北、江西、安徽一直打到江苏。这次起义有着坚强的组织、严明的纪律，很快便显示出强大的生机。

太平天国运动的最初发动者和最高领导者洪秀全，本来梦想着有一天能通过科举考试"朝为田舍郎，暮登天子堂"，却屡试屡败。1843 年又一次落榜后，他愤然发誓："等我自己来开科取天下士吧！"谁也没有料到，他日后果真成为挖起清朝第一锨墓土的人。

1853年，太平军攻占南京，改称天京，并将其定为首都。没过多久，太平天国制定了体现其社会经济政策基本构想的系统、翔实的纲领性文件——《天朝田亩制度》。

这是农民阶级勾勒出的新制度蓝图，是对近代国家出路的可贵探索。这幅蓝图以宗教语言提出了否认一切私有财产权、废除一切私有制的总原则，“天下人人不受私，物物归上主”。根据这个思想，形成了废除封建土地所有制，把全部土地平均分配给天下人耕种的土地制度总方针。

《天朝田亩制度》规定的土地分配制度，在中国农民战争史上第一次系统、完整地表达了2000年来中国农民反对封建剥削、要求土地平分的迫切心愿，但是它所设计的平分土地的办法以及“天下皆一式”的社会生活组织制度，是一种农业社会主义空想，不可能实现。事实也是如此，《天朝田亩制度》公布之后，未能付诸实施。

太平天国定鼎南京后，又拿下镇江、扬州，大清帝国的东南一隅换了新主人。新政权还先后进行了西征、北伐，并攻破了清政府围攻南京的江南大营、江北大营。对于清政府来说，太平天国的打击几乎是致命的：不仅赖以维持生命的江南漕运瘫痪，连天津都险陷敌手。

此时在位的是咸丰皇帝。面对八旗和绿营正规军的溃败，他想到了一种拯救危机的方法。1853年年初，他下令各省在籍官绅举办团练，组织地方武装。正是咸丰皇帝的这道谕旨成就了曾国藩此后数十年的功业。

曾国藩出生于湖南世代农家，长咸丰皇帝20岁，长洪秀全3岁。他6岁上学，读“四书五经”。与洪秀全科场失意相反，曾国藩23岁中举人，27岁中进士，入翰林院。36岁那年，又被破格提拔为正二品的内阁学士兼礼部侍郎衔，连升四级。

开始时，团练这种民兵式的半军事组织没什么效用，但曾国藩使湖南的团练气象全新。他完全依照自己的设计，不受干扰地编练出一支迥异于清朝各类武装力量的新军——湘军。

这是一支强大的生力军。清朝先前镇压太平天国时，还从未派出过如此军容整齐的部队。曾国藩以他坚毅的性格，逐一克服来自清朝内部的种种困难，其目的就是为了保全即将倾颓的大清帝国。湘军的崛起，使得太平军很快发现：一个难以对付的新的敌人出现了。

前方将士在浴血苦战的时候，洪秀全正在金碧辉煌的天王府中安享着太平富贵。天王尚且如此，不少官员更是大兴土木，争相攀比。连太平天国的对手都感叹："千村万落尽焦土，宫中尚挂珠灯红。"昔日团结如一人的领导群体，开始了权势和地位的争夺。1856 年 9 月，"天京事变"爆发。东王杨秀清、北王韦昌辉在这场事变中被先后诛杀，数万名精英将士死于非命。事变发生后不久，翼王石达开率大批精锐部队出走，最终在四川大渡河畔全军覆没。

经历了天京事变的太平天国，开始从极盛的巅峰滑落，后虽在陈玉成、李秀成等年轻将领的努力下，在不少战役中取得胜利，却也不能挽回败亡的结局。

而湘军经过战争的磨练进一步壮大。除了湘军以外，外国侵略势力也在渐渐向清政府靠拢。太平天国绝不承认不平等条约的态度和禁止贩卖鸦片的政策让外国列强意识到，要保持获得条约中的特权，就必须保证清王朝在中国的统治。外国侵略者开始和清政府合作，几方力量联合起来，共同镇压太平天国运动。

1861 年 9 月 5 日，湘军用地道火药炸毁安庆西北门，攻入城内。安庆陷落，太平天国西线战场开始崩溃。

从 1862 年开始，外国侵略者组织洋枪队在上海、苏州等地协助清军向太平军进攻，太平天国的东部战线几乎全被瓦解。

1864 年 3 月，清军攻陷杭州，围困天京。6 月 1 日，在内外交困的局面下，天王洪秀全病逝。7 月 19 日，太平军城垣被湘军炸塌，湘军涌入城内。李秀成被俘。曾国藩事后向清政府报告："三日之间毙贼共十余万人。秦淮长河，尸首如麻。"

李秀成在被杀前悲愤地写道："天王失国丧邦，实其自惹而亡！"领导集团在太平天国运动还没取得最后胜利的时候，就骄奢攀比，内讧不断，蜕变成又一个腐败的封建王朝，这就注定了太平天国覆灭的悲剧。

然而，这场运动毕竟“带有群众性的民族主义的性质和民主主义的性质”。奋起救亡的反抗精神和空想的《天朝田亩制度》，为后人回望这场悲壮历史留下了一缕余音。

秦淮流水淙淙，台城柳色依旧。农民起义拯救中国的道路失败，而贵族地主“自强”“求富”的努力已经开始。

二、“中学为体，西学为用”

林则徐是在中国近代史上享有盛名的人物。这不仅因为他是虎门销烟的领导者，更因为他是近代中国开眼看世界的第一人。早在鸦片战争前，因为防备英国侵略的需要，林则徐就已经主动着手去认识和了解外部世界的情况。在他的大力推动下，不少引起国人注目的书籍被编译出来，如《滑达尔各国律例》《四洲志》等。

继林则徐之后，魏源、徐继畬都著书介绍世界，希望唤醒国人、挽救危局。魏源在林则徐《四洲志》的基础上编写了《海国图志》，提出了“师夷长技以制夷”的观点。徐继畬则著述《瀛环志略》，在专制主义的封建中国点燃了幽微的民主烛光。

然而，许多顽固的封建士大夫仍然无法接受书中对“夷狄”的赞美，魏源等人的观点不仅没有引起国人的重视，甚至遭到了抵制。再加上林则徐在鸦片战争中被革职查办，魏源为了全心著书毅然辞职，没有重权的他们不可能将这些思想付诸实践。

19 世纪 60 年代初，清王朝在第二次鸦片战争中与英法媾和，同时利用外国侵略势力镇压太平天国运动。在这个过程中，清政府更清楚地看到了洋枪洋炮的力量。在奕䜣、李鸿章、曾国藩、左宗棠、张之洞等“洋务派”官员的努力下，一场以引进西方军事装备、机器生产和科学技术为主要内容，以挽救统治危机、富国强兵为目的的“洋务运动”开展起来。

1865 年，东亚最大的兵工厂——上海江南制造总局在李鸿章的筹办下成立，创办不久，就仿制出了大量的英、德枪炮弹药，1891 年更是为中国首次炼出钢铁。

1866 年，远东第一大船厂——福州船政局在左宗棠的一手操办下成立。福州船政局同时设有船政学堂，不仅是中国近代最重要的军舰生产基地，而且还培养了大量海军军事人才。

1867 年，崇厚在天津建立规模仅次于江南制造总局的天津机器局。1880 年，该机器局建造了中国第一艘潜水艇。

此外，比较有名的还有曾国藩创办的安庆军械所，李鸿章创办的金陵机器局，张之洞创办的湖北枪炮厂等。从 1860 年到 1890 年的 30 年间，洋务派在中国创立了 20 多个军工局、厂。这些近代军用工业在“自强”“御辱”过程中发挥了重要作用。中法、甲午等战争中的舰炮弹药，大多来源于洋务运动中兴办的军用企业。

福州船政局建造的“扬武”号巡洋舰

由于这些军事工业都是国家投资，生产不计成本，导致耗费日益增大。军事工业中遇到了资金短缺、工业原料不足的问题。洋务派开始创办以“求富”为目的的近代民用工业。在洋务运动中，清政府共创办了民用企业20余个，重点集中在矿业、纺织、交通等领域，包括轮船招商局、开平矿务局、天津电报局和上海机器织布局等，在一定程度上达到了“分洋商之利”的效果。

“自强以练兵为要”，在工业近代化的同时，洋务派也在着手建立新式军队。从19世纪60年代开始，北京、天津、上海、广州等地的军队纷纷改用西式武器，并由外国军人担任教练。淮军和湘军也大规模配备了洋枪。以李鸿章为代表的洋务派还关注到了“海防”问题，开始筹建海军，在接下来的30年间，分别建成了福建、南洋、北洋水师。军舰总数达到90多艘。

洋务运动同时带动了教育的近代化，为中国培养出了一批重要人才。洋务派先后创办了30多所新式学堂，培养翻译、电报、铁路、矿务、西医、军官等多种类型的人才。清政府还多次派遣留学生到国外学习，遍及美、英、法、德等国，这些留学生为中国近代事业发挥了重要作用。著名的铁路工程师詹天佑就是其中的重要代表。

毫无疑问，洋务运动的成就是显著的。正是这场运动，使中国在近代化的道路上大大前进了几步。

应该说，奕䜣、李鸿章、曾国藩、左宗棠等官员在洋务问题上已经采取了很多在当时看来具有创建性的举措，可最终还是失败了。问题究竟出在什么地方？

让我们来看看封建统治者们为中国设计的改革之路：“以中国之伦常名教为原本，辅以诸国富强之术。”这个思想后来被进一步概括为“中学为体，西学为用”。“中学”主要指三纲五常这样的儒家道统，是中国文化的“本”和“体”，它是不能改变的。“西学”是指西方的科学技术，并不包括民主政治体制。然而，中国问题的根本在于腐朽落后的封建君主专制，没有先进政治制度的保障，所谓的“外国利器”只是徒有其表。

维新派思想家严复等人曾经尖锐地指出，中学有中学的体用，西学有西学的体用。“中体西用”就是“牛蹄马用”，是不能够真正实现的。英国学者蒂姆·莱特也认为：“仅仅要采取西方的实用技术是行不通的，因为这些技术都根植于特殊的思想观念、社会和经济结构，而这些都是中国没有的，也是真正做到‘西学为用’所必需要具备的。”

洋务派作为封建统治阶级的组成部分，不可能去否定封建制度本身，他们坚信：“中国文武制度，事事远出于西人之上，独火器万不能及。”但他们又认识到西方的强大和中国的落后，希望用近代工业技术来维护以封建伦理纲常为本的统治。他们没有看到的是，新的生产力不可能同旧的生产关系及上层建筑相容，资本主义的工业和技术不可能在封建主义的桎梏下得到发展。这种内在的矛盾性是造成洋务运动失败的根本原因。

历史的机遇总是稍纵即逝。在对封建制度的维护中，洋务派没能阻止社会状况的进一步恶化。

中华民族的复兴之路究竟在何方？

三、“各国变法，无不从流血而成”

甲午战败，创巨痛深；洋务运动，难救中华。人们在悲痛中思索，在思索中觉醒。他们从危局中看到了清朝的积弱和国力的衰微，从而认识到要救亡必先改革旧制。康有为和他的维新派就是在这样的时局中登上了清末的政治舞台。

1891年至1894年，康有为在广东、广西讲学，培养了一批维新运动骨干，其中最著名的就是梁启超。在弟子们的协助下，康有为撰写了《新学伪经考》《孔子改制考》，利用孔教的名义，提出变法维新的主张。康有为的理论在思想界引起了极大震荡，被称为“火山大喷火”。一些开明士大夫逐渐相信维新变法会有益于中国的政治改革和社会进步，开始暗中支持康有为，其中包括光绪皇帝的老师翁同龢。

1895年，强学会在北京成立。这是中国民族资产阶级成立的一个具有近代政党性质的政治团体。在接下来的三年中，康有为在湖南、广东、江苏、北京、上海等多地演讲，推动变法进程。

1897年，德国率先发难，要求租借胶州湾；俄国不甘落后，派兵占领了旅顺、大连；法国趁火打劫，强占广州湾；英国则抢占山东威海，还强行租借九龙新界……列强瓜分中国的狂潮引起了各个阶层的高度关注。康有为第五次给光绪皇帝上书，警示改革势在必行。在帝师翁同龢的推荐下，光绪皇帝命令大臣在总理衙门接见了康有为。

面对大臣们的各种质疑，康有为侃侃而谈，将变法理论阐释得淋漓尽致。从零星记录的史料中，我们可以还原当时的一部分对话：

慈禧亲信荣禄："祖宗之法不能变。"

康有为："祖宗之法，以治祖宗之地也，今祖宗之地不能守，何有于祖宗之法乎？"

兵部尚书廖守恒："如何变法？"

康有为："宜变法律，官制为先。"

李鸿章："然则六部尽撤，则例尽弃乎？"

康有为："今为列国并立之时，非复一统之世，今之法律官制，皆一统之法，弱亡中国，皆此物也，诚宜尽撤，即一时不能尽去，亦当斟酌改定，新政乃可推行。"

这就从根本上否定了中国已有的政治制度，提出了各方面仿效西方制度进行变法的要求。他们倡导日本的"君主立宪制"。认为日本维新，效仿西法，法制甚备，与我相近，最易模仿。这就冲破了"中体西用"的樊篱，为维新派用先进政治体制改革封建制度，开展变法运动扫除了思想障碍。

事实上，光绪皇帝早已痛感国事艰难，在慈禧的默认下，1898年6月11日，光绪皇帝颁布《明定国是诏》，向中外宣布了清政府维新变法的决心。6月16日，光绪亲自召见了康有为，任命他为总理衙门章京上行走，赋以专折奏事的特权。

维新派设计的变法蓝图涉及政治、经济、文教、军事等各个方面，大大有利于中国民族资本主义的发展和资产阶级先进文化科学的传播。它给开明绅士和民族资产阶级以参政议政的机会，并在一定程度上打击了封建官僚制度，具有相当的进步意义。然而，这些诏令中，并没有提到维新派梦寐以求的“君主立宪”，也就是说，维新变法并没有触动清朝的统治基础。

维新派推行不彻底的改革，很大程度上是顾忌守旧势力。维新变法运动最主要的权力依靠是光绪皇帝，但真正掌权的，是经验丰富、政治手段强硬的慈禧太后。而康有为等人，只能算作理想主义者或者思想家。他们没有实际斗争经验，急于求成，缺乏策略，只是天真地相信，在皇帝的支持下一切困难都会克服。这几乎注定了变法的悲剧性。

1898 年 9 月 13 日，光绪皇帝提出开懋勤殿、设顾问官的要求，这实际上是另设一个直接对皇帝负责的决策机构。再加上大量变革传统程序的其他措施，慈禧终于忍无可忍。经过周密谋划，1898 年 9 月 21 日，守旧势力发动政变，慈禧以“训政”的名义，重新“垂帘听政”，光绪皇帝则被软禁在中南海瀛台，搜捕维新人士的命令也被签发。

康有为在事变的前一天已经从大沽乘船赴香港，梁启超则在日本公使馆的帮助下逃往日本。本来谭嗣同也可以出逃，但他拒绝了日本使馆的保护，表示：“各国变法，无不从流血而成，今中国未闻有因变法而流血者，此国之所以不昌也，有之，请自嗣同始！”他安静地等待着清政府搜捕士兵的到来，和刘光第、杨锐、林旭、杨深秀、康广仁一起，在菜市口慨然赴死。刽子手举刀的时候，监狱的墙壁上还留着谭嗣同最后的笔迹：“我自横刀向天笑，去留肝胆两昆仑。”中国的知识分子，终于不再埋首于经学考古，重新拾起了关注现实、救国为民的风骨。

从《明定国是诏》到“垂帘听政”，新政仅仅进行了 103 天就戛然而止。空有报国之志而无推行方法的维新运动，如昙花一现，很快归于失败。

维新变法的失败证明，企图依靠清政府自身进行从上而下进步的改革是不可能的。中国的前途命运在于彻底推翻清王朝。这样的事业无法通过和平的变革实现。

就义前，谭嗣同在绝命书中字字铿锵地写下：“嗣同不恨先众人而死，而恨后嗣同而死者虚生也。啮血书此，告我中国臣民，同兴义举。”他的确用自己的鲜血唤醒了国人。接下来，一个叫孙中山的人将带领一群有识之士，实现20世纪中国第一次历史性巨变。

四、“予三十年如一日之恢复中华、创立民国之志，于斯竟成”

1894年年初，在广州的康有为接到友人转达的信息，一位姓孙的医生想与他结交。康有为并未上心，表示：“宜先具‘门生帖’拜师乃可。”这位孙姓医生认为康有为“妄自尊大”，“卒不往见”。

同年6月，这位医生来到天津，上书李鸿章提出“人能尽其才，地能尽其利，物能尽其用，货能畅其流”的改革主张。他自称是一个游历海外的人，“尤留心于富国强兵之道”。结果却如石沉大海，毫无音讯。

屡屡碰壁并没有挫伤这位医生救国的积极性，反而坚定了他推翻清政府的信念。这年秋天，他辗转来到美国檀香山，建立了中国资产阶级革命派团体兴中会，提出“驱除鞑虏，恢复中华，创立合众政府”的革命纲领，开始了武装救国的历程。他就是中国封建帝制的终结者——孙中山。

1885年，中法战争爆发，中国战败。目睹了国家走向衰亡的孙中山“始决倾覆清廷，创建民国之志”。他怀着“上医医国”的信念，一边学习医术治病救人，一边探索中国革命发展之路。由此，便有了拜见康有为、上书李鸿章的两幕。

经过孙中山的不懈努力，1905年8月20日，中国同盟会在日本东京成立。孙中山被推选为总理。同盟会以“驱除鞑虏，恢复中华，创立民国，平均地权”为民族民主革命纲领，核心内容是推翻清政府，建立民主共和国。同盟会机关刊物《民报》的发刊词中，孙中山把他全部的革命主张概括为“民族、民权、民生”。他满怀信心地写道，只要实行这三大主义，就可以“举政治革命、社会革命毕其功于一役”，使国家臻于独立富强之境。孙中山的革命主张，是一个与以往不同并被众多人接受的新理想和目标，燃起人们新的希望。

同盟会成立后，分散的革命力量有了统一的指导，革命的进程大大加快。在孙中山的领导下，全国各地的武装起义此起彼伏。虽然各次起义都因为武装力量薄弱、缺乏群众基础而失败，但革命党人前赴后继的英勇战斗，给清政府以极大的打击，并鼓舞了更多人加入到革命队伍中来。

1911 年夏，全国各地已处于“山雨欲来风满楼”之际，四川、湖北、湖南等省爆发了“保路运动”，反对清政府把铁路权利卖给外国列强。运动规模最大、斗争最激烈的是四川省。1911 年 9 月，四川保路同志军发动起义，围攻成都。清政府慌忙“救火”，将部分湖北新军调入四川，镇压“保路运动”。

新军被调入川，大大减弱了武汉的防御力量。仅剩的湖北新军中，参加革命团体进而倾向革命的士兵又占了三分之一以上。这就给革命党人提供了难得的契机。革命的风潮已经酝酿成熟，就等这一声惊雷！

10 月 10 日，驻扎在武昌城内的新军工程八营发生了一起士兵哗变事件。排长陶启胜发现士兵金兆龙臂缠白巾，手持步枪，似有枕戈待旦之势，心生警觉，怀疑金兆龙意图谋反，便上前缴枪，两人揪斗起来。金兆龙大呼：“同志动手！”士兵程定国赶来相助，一枪打伤陶启胜，这便是武昌起义的第一枪。

枪响之后，该营革命党人总代表熊秉坤当机立断，高声宣布起义。革命士兵迅速行动起来，占领了军械库，缴获了大量武器。武昌城外的革命党人也纷纷加入到起义队伍中。经过一夜的浴血奋战，到 10 月 11 日上午，占领武昌全城，起义成功。到 12 日，汉阳、汉口也被拿下，武汉三镇全部光复。

武昌起义打开了清王朝统治的缺口，辛亥革命的浪潮迅速席卷全国各地。大江南北，长城内外，到处燃起了革命的烈火。在一个月内，就有 13

个省和上海及许多州县宣布起义，脱离清政府的统治。清朝地方当局已无斗志，几乎是不战而屈。

1912 年 1 月 1 日，这注定是要被载入中国史册的一天。这一天，“中华民国”临时政府在南京成立。中华民国临时政府是一个资产阶级共和国性质的革命政权。“主权属于国民全体”，“国民一律平等”。刚从海外匆匆赶回的孙中山以绝对多数票当选为第一任临时大总统。

“中华民国”临时大总统莅位典礼上，各省代表及文武官员齐聚一堂。听着众人的欢呼声和嘹亮的军乐声，孙中山感慨地说：“予三十年如一日之恢复中华、创立民国之志，于斯竟成。”短短的 22 个字，饱含了多少艰难与辛酸，凝聚了多少牺牲与鲜血。这一路太不容易，在场的革命人士无不动容。

尽管南京临时政府已经成立，尽管清政权已经摇摇欲坠，但毕竟还存在着。如何使清帝退位，实现国家统一，是南京临时政府绕不过的问题。

从 1911 年 12 月起，南北双方开始议和。北方和谈代表、掌握清政府全部的军政大权的袁世凯，不仅是个富有政治经验和权谋的野心家，而且得到了西方国家的支持。而南方的革命党人正面临着“有党无枪”、财政匮乏等重重困难，处境日益孤立。最终，孙中山被迫妥协退让，南北双方达成协议：袁世凯赞成共和，逼迫清帝退位，作为回报，革命党人让出大总统职位。

1912 年 2 月 12 日，6 岁的溥仪在养心殿举行了清王朝的最后一次朝见礼。随后下发诏书，宣布退位，实行共和。清王朝在中国 260 多年的统治画上了句号。

1912 年 3 月 10 日，袁世凯在北京就任临时大总统。辛亥革命的成果，就这样落到了北洋军阀的手中。取得全国最高统治权以后，袁世凯立刻暴露出专制独裁的本性，在他的手里，共和国名存实亡。

在此之后，中国又进入到另一个充满暴力和混乱的军阀统治时期，在遭遇外来列强侵略的同时，也在经历着连绵不断的国内战争。

尽管如此，辛亥革命仍以其巨大的历史功绩彪炳史册。毛泽东指出：

"中国反帝反封建的资产阶级民主革命，正规地说起来，是从孙中山先生开始的。"这次革命是以孙中山为代表的中国人民对帝国主义侵略和清政府腐朽统治长期积郁的愤怒的大爆发，是救亡图存、振兴中华道路上的里程碑。它不仅推翻了清政府，扫除了民族进步道路上的巨大障碍，而且结束了统治中国2000多年的封建君主专制制度，建立了中国历史上甚至是亚洲历史上第一个共和制国家。

更为可贵的是辛亥革命给人们带来的思想解放。辛亥革命使得民主共和的观念开始深入人心。此后，无论是谁，"敢有帝制自为者，天下共击之"。一旦从思想上摆脱了数千年来的"封建君权"，还有什么样的沉重传统束缚得住不断前进的大潮呢？

中华复兴之路道阻且长，推翻封建帝制只能算作一个开始。谁能上下求索出前行的方向？

一位叫陈独秀的知识分子提出，有两位先生"可以救治中国政治上道德上学术上思想上一切的黑暗"。这就是在波澜壮阔的20世纪前半叶享誉中国的"德先生"（"Democracy"，即"民主"）和"赛先生"（"Science"，即"科学"）。正是在对它们的不懈追寻中，中国人开始在黑暗的乱局中闯出一条路。

第二章

中国共产党的创建和大革命的洪流

1840 年的鸦片战争拉开了近代中国历史的大幕，古老的中国从此开始一步步沦入半殖民地半封建社会的苦难深渊。以此为转折点，争取民族独立和人民解放，实现国家繁荣富强和人民共同富裕，便成为中华民族面对的两大历史任务。爆发于 1911 年的辛亥革命，不仅推翻了统治中国几千年的君主专制制度，也为中国的进步打开了闸门。但是，这场开启了“民主共和新纪元”的革命，却并没有改变中国半殖民地半封建的社会性质和中华民族的悲惨境遇。中国的状况仍然在一天天地坏下去。因此，在遍布荆棘的道路上，中国的先进分子们又开始了新的艰难求索。

第一节 空前的思想大解放

辛亥革命后，面对专制主义、蒙昧主义的旧文化，中国的先进分子们又开始了新的深刻思考：如何冲破古老中国的思想樊篱，追赶世界先进潮流，走向现代化。他们高举“民主”和“科学”两面大旗，掀起了20世纪中国的第一次思想大解放。

一、“德先生”与“赛先生”

辛亥革命后，“中华民国”的成立并没有给热切期盼民族独立和国家富强的广大民众带来预期的成功。国家积贫积弱的残酷现实，使中国的先进分子们沉浸在极度的苦闷和彷徨之中。他们不禁在问：从洋务运动到戊戌变法，从义和团运动到辛亥革命，中华民族一次次地付出了如此沉重的代价，作出了如此多的流血与牺牲，为什么换得的却不是民族独立与国家富强，而是“城头变幻大王旗”的荒唐画面？这个问题困扰着他们，也使他们原来的种种幻想渐渐破灭了。多年后，毛泽东在《论人民民主专政》一文中曾十分有代表性地谈到了这一情景。他说：“中国人向西方学得很不少，但是行不通，理想总是不能实现。多次奋斗，包括辛亥革命那样全国规模的运动，都失败了。国家的情况一天比一天坏，环境迫使人们活不下去。怀疑产生了，增长了，发展了。”

家国破碎的痛苦经历，深深地触发了那个时代中国的一代精英们对于国家和民族命运的普遍担忧。既然“帝国主义的侵略打破了中国人学习西方的迷梦”，既然旧的道路已为现实证明走不通了，那么他们就继续在黑暗中求索出一条正确的民族复兴之路。在这种无声力量的推动和呼唤之下，一场更加巨大的革命风暴正在酝酿。而作为这场大风暴的预兆和前奏，一场以“德先生”和“赛先生”为口号的新文化运动却先期来到了古老的中国大地上。

1915年9月，早年曾留学日本、参加过辛亥革命及反对袁世凯复辟帝制斗争的陈独秀，在上海创办《青年杂志》。不同于以往，这份杂志不仅高举“德先生”和“赛先生”两面旗帜，大力宣扬民主与科学，还冒天下大不韪地公开发表抨击“尊孔复古”的文章，并且提出了否定儒家学说的“打倒孔家店”的口号。在该杂志创刊号上，陈独秀发表了《敬告青年》一文，提出了“民主”和“科学”的口号，并向封建主义及其意识形态发动进攻。他号召国人应该建设一个青年中国，并提出这个中国应当具有六个特点，即：自主而非奴隶的、进步而非保守的、进取而非退隐的、世界的而非锁国的、实利的而非虚文的、科学的而非想象的。以此为标志，新文化运动开始在中国发端。

一年后，该杂志出版第二卷第一期时正式改名为《新青年》，后又迁往北京。此后，陈独秀、李大钊、胡适、鲁迅、刘半农、钱玄同等一大批进步的知识分子开始汇聚在它的周围，并从政治观点、学术思想、伦理道德、文学艺术等方面向封建复古势力发起了猛烈冲击，《新青年》实际上成了新文化运动的思想领导中心。他们从总结辛亥革命的经验教训着手，通过对辛亥革命失败的反思，尤其是对帝制对共和反扑的反思，掀起了一场“打倒孔家店”的潮流。他们提倡科学，反对迷信；提倡民主，反对独裁。从1917年起，他们又举起“文学革命”的大旗，开始大力提倡白话文，反对文言文；提倡新文学，反对旧文学。他们还大力主张男女平等，个性解放，并且积极宣传西方的进步文化。以后，陈独秀、李大钊等又广泛传播社会主义思想，在社会上产生了巨大的反响。

随着新文化运动的发展，陈独秀等一大批知识分子认识到中国的问题不是简单的政治革命可以解决的，并认为以往中国的先觉者们所进行的救国斗争之所以屡屡失败，根源在于国民对于国家危亡“若观对岸之火，熟视而无所容心”，这是“亡国灭种之病根”。他们由此认定，要想在中国建立名副其实的共和国，必须从根本上改造中国的国民性。他们提出：要想“救中国，建共和”，“首先得进行思想革命”。以此，他们提出了“破除迷信”的口号，并号召国人“冲决过去历史之网罗，破坏陈腐学说之囹圄”，以求得到思想的解放，使人们从封建思想的束缚中解脱出来。就这样，思想革命渐渐成为了当时中国知识分子的共识。

《青年杂志》

新文化运动的基本口号是“德先生”和“赛先生”，也就是民主和科学。“德先生”与“赛先生”的提出不是偶然的。“德先生”的对立面是专制，“赛先生”的对立面则是愚昧和迷信。“德先生”与“赛先生”所反对的，正是中国几千年封建统治的糟粕。因此，“德先生”与“赛先生”的提出有着巨大的历史进步意义。它不仅成为此后十余年间中国人耳熟能详的词汇，更成为新文化运动和五四运动的一面崭新旗帜和重要的精神遗产。

二、五四风暴的袭来

从 1914 年到 1918 年，持续四年之久的第一次世界大战，是全人类面对的一场空前浩劫。第一次世界大战结束后，派出 20 万华工参战的中国成为战胜国之一。中国人理所当然地为这一胜利而欢欣鼓舞。除了庆幸世界和平之外，中国人还冀望能通过战胜国的身份改变自己以往在国际舞台上备受欺凌的屈辱局面。与此相呼应的是，第一次世界大战结束后，“公理战胜强权”一时之间也成为世界范围尤其是西方列强的一个流行口号。这个流行口号，无疑深深地吸引着正苦苦求索民族振兴之路的中国人。

从 1919 年 1 月开始，第一次世界大战的战胜国在法国巴黎召开和平会议。此前，美国总统威尔逊提出了战后世界蓝图的“十四项原则”。“十四项原则”的核心要点是：要想世界永久和平，必须有一个新秩序；不应该用老一套的外交方式来解决战争问题；应该废除秘密外交；应该通过建立维护世界和平的组织来创立新秩序；等等。这些十分漂亮的言辞，使世界范围的众多国家均对此次和会能切实实现“公理战胜强权”产生了热切的希望。

也正是在这种热切的希望中，为改变中国在国际上的不平等地位，作为第一次世界大战战胜国之一，中国派出了由外交总长陆徵祥、驻英公使施肇基、驻美公使顾维钧、驻比公使魏宸组及王正廷等组成的代表团出席和会。由于国内对此次和会抱有很大希望，因此中国代表团在巴黎和会揭幕之际即提出了七项“希望条件”：（1）废弃势力范围；（2）撤退外国军队、巡警；（3）裁撤外国邮局及有线无线电报机关；（4）撤销领事裁判权；（5）归还租借地；（6）归还租界；（7）关税自主权。在这其中，关于“归还租借地”的要求最受国内关注。此外，中国政府还提出取消“二十一条”和要求收回大战时被日本乘机夺去的德国在山东权利的陈述书。

然而，事与愿违，有 20 多个国家 1000 多名代表参加的，希望通过媾和建立世界永久和平的此次和会，却成了英国、法国、美国、日本、意大利五个帝国主义国家重新划分世界格局的会议。按照会议规定，会议一切重大问题都由美、英、法、意四国首脑和外交部长以及日本两个特别代表组成的“十人会议”闭门议定，决定后再没有商量的余地。3 月中旬，中国代表团将反映中国迫切要求的 7 份备忘录送交给“十人会议”。但是，中国的这些正当要求，却都遭到了无理拒绝。关于“归还租借地”一事，巴黎和会议长、法国总理克里孟梭复中国代表团函称：“联盟共事领袖各国最高会议，充量承认此项问题之重要，但不能认为在和平会议权限以内。”在讨论德属殖民地问题时，中国代表又提出战前德国在山东攫取的各项特殊权益应该直接归还中国。但日本代表却蛮横无理地提出，在大战期间由德国强占的胶州湾的租借地、胶济铁路以及德国在山东的其他特殊权益，应该无条件让与日本。

4 月 22 日，美、英、法三国首脑约见中国代表团，由威尔逊向中国代表团公布了“十人会议”对于上述问题所决定的方案。方案提出：“日本将获有胶州租借地和中德条约所规定的全部权利，然后再由日本把租借地归还给中国，但归还之后仍享有全部经济权利，包括胶济铁路在内。”4 月 29 日至 30 日，美、英、法三国在议定巴黎和约中关于山东问题的条款时，又完全接受日本的提议。这样，这一明显对中国不公平的“既成事实”又被明文确定了下来。

面对这一结局，中国代表团竭力争辩，强烈要求由德国直接向中国归还夺去的权益，并对和会的这种做法提出抗议。但是，弱国无外交。中国的争辩毫无结果，会议依然把“十人会议”的方案列入巴黎和会的对德和约，决定由日本继承德国在山东的权益，同时拒绝取消“二十一条”。这就意味着，通过此次和会，日本已经成功获得了战前德国在中国山东的特殊权益。

外交失败的沉痛消息，很快便传回国内。中国人不仅没有看到巴黎和会上“公理战胜强权”的奇迹，且再一次领受了帝国主义列强通过“秘密外交”宰割弱势国家的屈辱。这个消息一经传回国内，便迅速激起了各阶层人民的强烈愤怒。此后，以学生斗争为先导的五四爱国运动如狂飙一般席卷中国大地。

1919 年 5 月 3 日晚，北京大学 1000 多名学生和北京十几所学校的代表在北京大学法科礼堂举行集会，通报巴黎和会的情况。会场上群情激愤。一个学生当场咬破中指，撕断衣襟，血书“还我青岛”四字，其余与会者也群情汹涌，个个声泪俱下。大会当场通过决议：（1）联合各界一致力争；

（2）通电巴黎专使，坚持不在和约上签字；（3）通电全国各省市，于5月7日国耻日举行群众游行示威运动；（4）定于5月4日齐集天安门举行学界大示威。

5月4日下午，北京大学等13所大中专学校的学生3000余人，不顾北京政府教育部代表及警察的阻拦，齐集天安门，并大声疾呼“外争主权、内除国贼”“废除二十一条”“还我青岛”等爱国口号。就这样，轰轰烈烈的五四运动爆发了。学生们强烈要求中国代表团拒绝在和约上签字，并惩办北京政府的三个亲日派官僚曹汝霖、章宗祥、陆宗舆。为此，他们前往日本驻华使馆抗议。由于中途被警察阻拦两个小时仍无法通过，激愤之下，学生们转奔位于赵家楼胡同的曹汝霖住宅。学生们冲入曹宅，痛打了正在曹宅的章宗祥，并放火焚烧了曹宅。这就是著名的“火烧赵家楼”事件。

“火烧赵家楼”之后，北洋军阀政府出动了大批军警对学生进行弹压，学生被捕者达32人。北洋军阀政府的这些举动，更加激化了这场来势凶猛的“大风暴”的爆发。第二天，北京各大中专学校学生宣布实行罢课，并通电各方请求支援。北京学生的爱国运动迅速得到全国各地学生的声援和社会舆论的广泛支持，而且学生们开始在斗争中迅速联合起来。他们不仅广泛组织各种讲演团，踊跃走上街头向群众讲演，并发动了一系列抵制日货、提倡购买国货的行动，还推选出代表赶赴天津、济南、南京、上海等地，积极宣传自己的主张，呼吁得到社会各界的支持。学生的爱国行动开始得到越来越多各界人士的同情和支持，社会影响也更加扩大。

6月5日，为声援学生的反帝爱国行动，上海市的工人们由日货棉纱厂工人带头，开始走上街头，举行了声势浩大的罢工。这意味着，中国工人开始以新的独立的姿态登上了中国的政治舞台。在上海产业工人的带动下，上海市出现了大规模的工厂罢工和商店罢市，其规模和声势甚至超过了北京。上海的工人运动迅速推动了全国各地的罢工风潮。随后，北京、唐山、汉口、南京、长沙等地工人也相继举行罢工，许多大中城市的商人举行了罢市。斗争如燎原之火持续蔓延，很快便扩展到了全国20多个省区100多个城市。就这样，五四爱国运动开始逐渐突破学生、知识分子的狭小范围，一步步地发展成为有工人阶级、小资产阶级和资产阶级参加的全国范围的群众性反帝爱国的革命运动。

五四运动发生在俄国十月革命所开创的世界无产阶级革命的新时代，它是中国革命史上具有划时代意义的事件。这是一场以救亡和爱国为动因、以思想解放为前提、以民主和科学为灵魂、以唤醒和结合民众为途径的政治运动和思想运动。它像从天降落的狂飙一样，既给人们带来从未有过的思想大解放，又使千百万人热血沸腾、殚精竭虑地为了中华民族的伟大复兴而奔走呼号。它的爆发，标志着中国新民主主义革命的伟大开端，标志着一场新的伟大的反帝反封建斗争的开始，并由此引起一场广泛的深层次的马克思主义传播运动。

三、“走俄国人的路——这就是结论”

爆发于1917年的俄国十月革命对中国产生了巨大而直接的影响。这种影响最为集中地体现在——它迅速激起了中国的先进知识分子对马克思主义和社会主义的浓厚兴趣和热烈向往。此后，在俄国十月革命的影响下，马克思主义在中国开始迅速而广泛地传播。

在这一过程中，新文化运动旗手之一的李大钊发挥了主要作用。他以敏锐的眼光，深刻认识到这场革命将对20世纪世界历史进程产生划时代的影响；他也从中看到了中华民族争取独立和中国人民求得解放的希望。1918年7月，李大钊发表了《法俄革命之比较观》一文。在这篇文章中，他正确地区分了法国大革命与十月革命的本质不同，并且十分大胆地指出十月革命预示着社会主义革命时代的到来。同年11月，他又接连发表了《庶民的胜利》和《布尔什维主义的胜利》两篇文章，热情讴歌十月革命。他还强调无产阶级的社会主义革命是世界历史的潮流，并且满怀信心地预言：“人道的警钟响了！自由的曙光现了！试看将来的环球，必是赤旗的世界！”

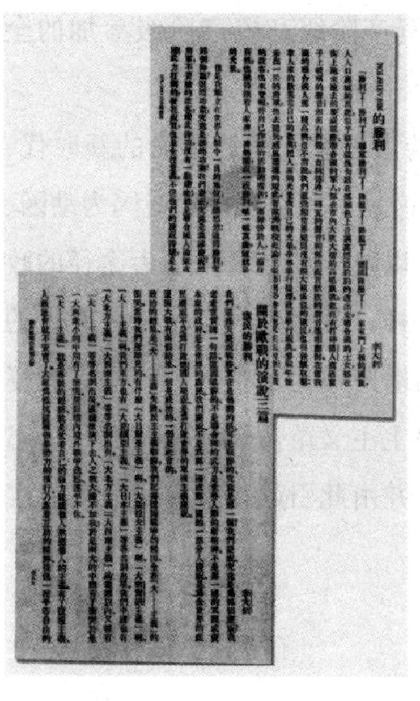

李大釗

關於歐戰的演說三篇

庶民的勝利

李大钊在《布尔什维主义的胜利》一文中，指出第一次世界大战的结束是社会主义的胜利，是布尔什维主义的胜利。图为《新青年》上刊登的这两篇文章

五四运动是中国近代历史上第一次彻底的不妥协的反帝反封建的爱国运动。李大钊热情投入并参与领导了五四运动。在这场运动之后，他更加致力于马克思主义的宣传，并且做了大量工作。1919年，李大钊分两次在《新青年》上发表了《我的马克思主义观》一文，系统介绍了马克思主义学说，特别是唯物史观和剩余价值学说，在当时的中国思想界产生了很大影响。

五四运动时期是中国先进分子思想发生急剧变化的时期，一批先进分子相继从激进民主主义者转变为马克思主义者。除李大钊外，新文化运动初期的主要代表人物陈独秀，在五四运动的推动下，也开始逐渐否定过去信仰的资产阶级民主主义，主张改造中国必须走马克思主义指引的道路。1920年9月，他发表了《谈政治》一文，明确宣布要用革命的手段建设劳动阶级（即生产阶级）的国家。这表明，陈独秀也已经从激进的民主主义者转变为马克思主义者。此后，在李大钊、陈独秀等人的积极推动下，马克思主义在中国的传播过程中逐渐形成了北京和上海两个宣传中心。在北京，1920年3月，在李大钊的主持下，北京大学的一批青年学生组织了马克思学说研究会，其成员大多是五四爱国运动的骨干和积极分子。同年秋，他又领导建立了北京的共产党早期组织和北京社会主义青年团，并积极推动建立了全国范围的共产党组织。在上海，五四运动后来到这里的陈独秀也在积极宣传马克思主义。在他的领导下，上海也于 1920 年 5 月发起成立了马克思主义研究会。北京和上海这两个中心，一北一南，开始分别向各地迅速辐射，极大地促进了马克思主义在中国的广泛传播。

正是在这种社会思潮的背景下，经历了辛亥革命前后无数风云变幻之后的董必武，开始认真地阅读有关十月革命的书籍和思考中国的问题，也开始谈论马克思主义。也就是在此前后，湖南学生运动领袖毛泽东开始如饥似渴地搜寻并阅读中文本的共产主义书籍，并逐步建立起对马克思主义的信仰。他后来回忆说："我第二次到北京期间，读了许多关于俄国情况的书。""我一旦接受了马克思主义是对历史的正确解释以后，我对马克思主义的信仰就没有动摇过。""到了 1920 年夏天，在理论上，而且在某种程度的行动上，我已成为一个马克思主义者了，而且从此我也认为自己是一个马克思主义者了。"同时，身在法国、正"猛译猛看"马克思主义著作的蔡和森也致信毛泽东，表明了自己对信仰的最终选择。他说："我近对各种主义综合审谛，觉社会主义真为改造现世界对症之方，中国也不能外此。"

这些有着不同经历的先进分子在思想上殊途同归的选择表明，抛弃资本主义的建国方案，走马克思主义的科学社会主义道路，这是相当多的中国先进分子经过反复比较、深入研究、深思熟虑后共同作出的历史性抉择，这是一个完全基于对国家、对民族责任的选择。他们真诚地信仰马克思主义并希望以此来拯救中国，以此来实现民族的复兴。

第二节　开天辟地的大事变

1921年7月在上海召开的党的一大，宣告了中国共产党的正式成立。中国共产党的成立，给灾难深重的中国人民带来了光明和希望，给中国革命指明了方向，具有划时代的意义。

一、“南陈北李，相约建党”

五四运动后，中国一些接受了马克思主义的先进分子们，勇敢地承担起救亡图存，实现民族独立、人民解放的重大历史使命。

中国的出路在哪里？五四运动以后，随着马克思主义在中国的传播及其与工人运动的初步结合，许多先进分子开始在时代潮流的激荡下，聚集到马克思主义的旗帜下，继续寻求民族独立和国家富强的正确道路。正是在这样一个大的背景下，建立一个以马克思主义理论为指导的中国无产阶级政党的任务，被提上了中国先进分子的议事日程。

最早酝酿在中国建立共产党的是陈独秀和李大钊。

陈独秀和李大钊既是新文化运动的旗手，也是五四运动的主将。通过对马克思主义的传播和对俄国十月革命经验的学习，以及通过中国工人运动的实践，他们逐步认识到，要用马克思主义改造中国，走十月革命的道路，就必须像俄国那样，建立一个无产阶级政党，使其充当革命的组织者和领导者。与此相呼应，1920 年 1 月有人在报刊上发表了一篇题为《劳动团体与政党》的文章，呼吁“劳动团体应当自己起来做一个大政党”。也就是在此前后，1920 年 2 月为躲避反动军阀政府的迫害，在李大钊的护送下，陈独秀从北京秘密迁移至上海。在途中，陈独秀与李大钊交换了在中国建党的意见。

到达上海之后，为了适应马克思主义在中国的广泛传播以及马克思主义同中国工人运动初步结合的形势需要，陈独秀开始将关注的主要目光从青年学生转向了工农大众，将对先进思想、文化的研究和传播转向了建立共产党的组织。对于马克思主义在中国的传播历程而言，这是一个重大转折。这意味着，中国的先进分子开始“以俄为师”，并通过切实的行动，要在中国建立一个新型的无产阶级政党。作为筹建中国无产阶级政党的第一步，他们先是深入到工人群众中去宣传马克思主义，去了解他们的疾苦，去把他们组织起来。“到工人中去”，便是他们的响亮口号。

1920 年 4 月，陈独秀参加了上海码头工人发起的“船务栈房工界联合会”成立大会，并在大会上发表《劳动者底觉悟》的演说。在这次著名的演说中，他不仅热情地向工人们宣传了马克思主义关于革命的道理，号召他们团结起来为本阶级的利益而奋斗。他还指出，中国的劳动运动应该分两步走：第一步，要求改善待遇；第二步，要求管理权。之后，陈独秀还发表了《真的工人团体》等多篇文章，对工人运动进行了十分广泛的宣传和鼓动。此外，他还约请北京大学进步学生和各地的革命青年，深入到厂矿企业进行调查，深入了解工人的实际状况，向他们宣传马克思主义，并先后写出了一批关于工人状况和工厂企业的调查报告，为建党积极准备。

在此基础上，这年的五一国际劳动节，《新青年》《星期评论》《北京大学学生周刊》等刊物，都刊发了《劳动节纪念号》。《劳动节纪念号》的编辑发行，较为全面地反映了全国各地的工人状况，较为深入地介绍全国的劳动组织和工人运动情况。此后，陈独秀又通过主持创办《劳动界》《伙友》等刊物，继续广泛地向工人宣传马克思主义，以启发他们的觉悟，组织真正的工会。

正当中国先进知识分子积极筹备建党的时候，经共产国际批准，俄共（布）远东局海参崴（今符拉迪沃斯托克）分局外国处派出全权代表维经斯基等18人来华，了解五四运动后中国革命运动的发展情况和能否建立共产党组织等问题。在北京和上海，通过同李大钊、陈独秀深入会谈，维经斯基等人认为中国已经具备建立共产党的条件，并对李大钊和陈独秀的建党工作给予了帮助。

此后，在他们的帮助下，陈独秀以1920年5月在上海成立的马克思主义研究会为基础，加快了建党的步伐。他多次召集研究会成员开会，商讨建党各种具体问题。1920年6月，陈独秀同李汉俊、俞秀松、施存统、陈公培等开会最终决定成立共产党组织。他们还起草了党纲草案，党纲草案共10条，其中包括运用劳工专政、生产合作等手段达到社会革命的目的。关于党的名称是叫社会党还是共产党，陈独秀在征求李大钊意见后最终决定叫共产党。此后，在陈独秀主持下，又经过酝酿和准备，1920年8月，上海的共产党早期组织在上海法租界老渔阳里2号《新青年》编辑部正式成立。这是中国的第一个共产党组织，当时取名为“中国共产党”，其成员主要是马克思主义研究会的骨干，陈独秀为书记。上海的共产党早期组织，作为中国共产党的发起组织和联络中心，在全国统一的无产阶级革命政党的建立过程中，起到了十分重要的作用。

北京的共产党早期组织是在李大钊的直接指导和筹划下成立的。李大钊与陈独秀通信相商，一致认为需要加快建党进程，并同时在北方和南方从事建党的筹备工作。后来人们所说的“南陈北李，相约建党”，形象地说明了他们在中国共产党的创建过程中所起到的倡导、推动和组织领导作用。

早在1920年1月，在李大钊的号召和组织下，北京一些先进分子为了了解工人群众疾苦，唤起工人的觉悟，积聚工人阶级的力量，曾深入到工人居住区进行社会调查，了解他们的生活疾苦和思想状况。同年3月，李大钊又主持成立了北京大学马克思学说研究会。这个研究会，是中国最早学习和研究马克思主义的团体，它的成员大多是五四运动骨干和积极分子。李大钊创办这个研究会的目的，是进一步宣传马克思主义，推动马克思主义与中国工人运动相结合，并让青年学生懂得什么是真正的马克思主义。在李大钊的指导下，研究会成员发起并组织了北大平民教育讲演团的工作。他们深入农村、工厂，把马克思主义与工人运动结合起来。嗣后，在工人、学生中进行宣传鼓动工作的同时，李大钊等人还积极联络北京、天津等地的先进分子，努力促成进步团体的联合。经过一系列准备工作，北京的早期共产党组织于1920年10月在北京大学正式成立，当时取名为“共产党小组”。党小组成员最初有李大钊、张申府、张国焘三人。北京党组织的成员，大多是北京大学的进步师生。

中国共产党是马克思列宁主义同中国工人运动相结合的产物。作为中国最早的马克思主义传播者，“南陈”和“北李”为中国共产党的诞生作出了巨大的历史贡献。

二、党的八个早期组织

上海和北京的共产党早期组织成立后，推动了全国范围内建党活动的开展。此后，党的早期组织在各地相继建立。

武汉的共产党早期组织，是在上海的共产党早期组织直接领导下成立的。五四运动后，为传播马克思主义，董必武、张国恩与陈潭秋等人在武汉创办了私立武汉中学。他们以此为基础，除了深入工厂，接近工人群众，进行深入的社会调查，还通过举办工人夜校、举办识字班等方式，吸引工人群众参加，以广泛宣传马克思主义和十月革命。1920年夏，上海党的早期组织成立后，参与组织创建的李汉俊即从上海写信给董必武和张国恩，后来又亲自赶到武汉，与董必武等商议在武汉建立共产党组织的问题。与此同时，曾在广东从事社会主义宣传工作的刘伯垂也由广州回到武汉，途经上海时，受陈独秀委派到武汉来组建党组织。在他们的共同努力下，这年的8月，在武昌董必武的寓所，由刘伯垂主持召开会议，正式成立了武汉党的早期组织。当时取名为“共产党武汉支部”，并推选包惠僧任书记。

长沙党的早期组织是在毛泽东等人的筹划下创立的。在这个过程中，毛泽东深受陈独秀、李大钊等人的影响。1918 年 8 月，毛泽东第一次到北京就认识了陈独秀。1920 年夏，在酝酿筹备建党期间，他又先后在北京、上海与李大钊和陈独秀有了更为直接的接触和联系。而且，这两个地区的马克思主义传播情况和共产主义分子的活动情况，也对毛泽东产生了很大影响。1920 年 7 月，他回到长沙后，即从寻找志同道合的“真同志”入手，先后成立了文化书社、俄罗斯研究会等团体，大力宣传俄国十月革命和马克思主义，并与在法国留学的蔡和森及新民学会的其他中坚分子积极讨论建党问题。在他们的通信中，蔡和森明确提出中国必须建立共产党。对蔡和森的这一主张，毛泽东十分赞同。他在回信中对“和森的主张，表示深切的赞同”。在这一思想指导下，经过毛泽东、何叔衡等人的积极活动，1920 年冬，长沙早期的共产党组织在新民学会的先进分子中秘密诞生。

广州的共产党早期组织是在与无政府主义的斗争中建立起来的，相较于其他地方，建党过程更为曲折。1920 年 7 月，在北京参加过五四运动并初步接受了马克思主义的谭平山、陈公博、谭植棠等人回到广州。遵照陈独秀的意见，他们于同年 8 月开始组织广州社会主义青年团。广州社会主义青年团成立后，在工人中开展社会主义的宣传活动，影响很大，一些认同社会主义的青年纷纷要求加入青年团。尽管广州的无政府主义者和马克思主义者曾一度合作宣传过社会主义，但是他们所倡导的社会主义与马克思的科学社会主义毕竟存在着本质的区别，因而在改造社会的实际工作中往往难以达成共识，思想分歧也越来越大。

促使马克思主义者与无政府主义者由矛盾冲突走向彻底决裂的，还是陈独秀。同年 12 月，陈独秀到广州任广东政府教育委员会委员长。到达广州之后，陈独秀即约见谭平山、陈公博、谭植棠等人，商谈在广州建党事宜。就在陈独秀到达广州的三个月前，俄共（布）党员斯托扬诺维奇和别斯林也来到广州，准备建立共产党组织。他们到广州后即与区声白等取得联系，并于同年年底开始正式组织建党活动。参加这个组织的共有 9 人，除两个俄国人外，其余 7 个中国人都是无政府主义者。由于与无政府主义者的思想分歧，谭平山、陈公博、谭植棠等人拒绝参加这个组织。而且，当陈独秀把自己起草的党纲拿到上述组织进行讨论时，党纲中有些条文遭到无政府主义者的激烈反对。

在此局面下，陈独秀认为“必须摆脱无政府主义者”。他通过演讲或撰文的方式，一方面广泛宣传马克思主义，另一方面猛烈批判无政府主义，最终使社会主义者从思想上划清马克思主义和无政府主义的界限。无政府主义者退出了党组织。这样，在陈独秀的领导和主持下，1921 年春，广州“开始成立真正的共产党”，当时取名为“广州共产党”。广州党的早期组织先后由陈独秀、谭平山任书记，陈公博负责组织工作，谭植棠负责宣传工作。

济南党的早期组织，是王尽美、邓恩铭等先进分子在上海、北京党组织的影响和帮助下于 1921 年春建立起来的。早在 1920 年秋，王尽美、邓恩铭等便在济南成立了马克思学说研究会，专门学习和研究马克思主义。这个组织曾被反动政府以“宣传过激主义”的罪名予以取缔。此后，它又半公开地活动了一段时间。随着马克思主义传播的深入，会员们的思想认识发生了分歧。他们中的一些先进分子，成为济南早期共产党组织的成员。

这样，在陈独秀、李大钊、毛泽东等人的努力下，从 1920 年 8 月到 1921 年春，经过半年多的工作，上海、北京、武汉、长沙、广州、济南等 6 个城市建立起中国共产党的早期组织。

与此同时，在旅日、旅法的华人中，也成立起了由留学生中先进分子组成的中国共产党早期组织。

在党的一大前各地建立起来的中国共产党的早期组织，表明马克思列宁主义同中国工人运动的初步结合。这些早期组织的相继建立，使共产党组织在全国形成了北起北京、南至广州、上海居中的发展态势，从而为党的一大的召开，为中国共产党的诞生奠定了基础。

三、从望志路106号到嘉兴南湖

经过一系列努力，中国共产党的成立被正式提上了日程。

1921年3月，李大钊在《曙光》第2卷第2号发表《团体的训练与革新的事业》一文，呼吁创建工人阶级政党。他说：中国现在既无一个真能表现民众势力的团体，C派（共产主义派）的朋友若能成立一个强固的精密的组织，并注意促进其分子之团体的训练，那么中国彻底的大改革，或者有所附托！

同月，在俄共远东局和共产国际的建议和支持下，各地党的早期组织代表举行了一次会议。张太雷在向共产国际第三次代表大会提交的书面报告中这样记载此次会议：此次会议制定的"临时性的纲领"，确定了共产主义组织的工作机构和工作计划，表明了共产主义组织对社会主义青年团、同业公会、行会、文化教育团体、军队和工会的态度。这次代表会议，实

中共一大会址（上海望志路106号）和会场

际上是中国共产党成立前的一次预备会议，它在思想上、政治上、组织上为党的一大成功召开做了重要准备。

在这样的背景下，1921年7月23日，中国共产党第一次全国代表大会正式开幕。此次会议的召开，意味着中国共产党正式出现在中国的历史舞台上。会场设在上海法租界望志路106号，会场陈设简朴，但气氛庄重。出席者共13人，他们是上海的李达、李汉俊，北京的张国焘、刘仁静，长沙的毛泽东、何叔衡，济南的王尽美、邓恩铭，武汉的董必武、陈潭秋，广州的陈公博，旅日的周佛海以及由陈独秀指定的代表包惠僧。他们代表着全国50多名党员。共产国际代表马林和尼克尔斯基列席了会议。

党的一大召开期间，陈独秀任广东政府教育委员会委员长，正在筹款办学；李大钊除任北大教授外，还兼任北京国立大专院校教职员代表联席会议主席。两人均因事务繁忙，未能出席此次会议。

在党的一大上，张国焘向大会报告了会议的筹备情况，说明了会议的重要意义，并提出了会议应当具体讨论和解决的诸如制定党纲和实际工作计划等各种问题。共产国际代表马林在会议上致辞，对中国共产党成立表示祝贺，并介绍了共产国际的概况，还建议把会议的进程及时报告共产国际远东书记处。

随后，代表们具体商讨了大会的任务和议程。7月24日，各地代表汇报了工作，并交流了经验。7月25日至26日，大会休会，由党纲起草委员会起草党的纲领和今后工作计划。7月27日至29日，大会继续进行，连续3天对党的纲领和决议做了较为详尽的讨论。各地代表在党的性质、纲领和组织原则等主要问题上取得了基本一致的意见。

7月30日晚，正当举行第六次会议时，一个法租界的侦探突然闯进了会场。他环视了一周后说："我找错了地方。"之后，便匆匆离开了。具有丰富秘密工作经验的马林断定此人是敌探，建议立即停会，大家分头离开。十几分钟后，法租界巡捕包围和搜查了党的一大会场，结果一无所获。

由于代表们的活动已受到监视，会议无法继续在上海举行。在这种突发情况下，当晚，代表们便商量改换会议地点，在李达夫人（她是浙江桐乡人）的提议下，会议代表决定到嘉兴南湖去开完最后一次会议。按照这一决定，代表们开始分批转移到浙江嘉兴南湖。7 月 31 日，代表们来到南湖，在一艘游船上召开了最后一天的会议。陈公博和共产国际代表没有参加南湖会议。党的一大通过的《中国共产党的第一个纲领》，确定了党的名称、奋斗目标、基本政策，提出了发展党员、建立地方和中央机构等组织制度，兼有党纲和党章的内容，是党的第一个正式文献。

考虑到党员数量少和地方组织尚不健全的情况，党的一大决定暂不成立中央执行委员会，只设立中央局作为中央的临时领导机构。大会选举陈独秀、张国焘、李达组成中央局，选举陈独秀任书记，张国焘负责组织工作，李达负责宣传工作。

中国共产党第一次全国代表大会宣告了中国共产党正式成立。从此，一个新的革命火种在沉沉黑暗的中国大地上点燃了。这意味着，在古老落后的中国，自此出现了一个完全新式的、以马克思列宁主义为行为指南的、以实现社会主义和共产主义为奋斗目标的统一的无产阶级政党。这既是中国历史上开天辟地的大事件，也是近代中国革命历史上划时代的里程碑。正如毛泽东所说："自从有了中国共产党，中国革命的面目就焕然一新了。"

第三节 “和平、奋斗，救中国”

从 1924 年 1 月起至 1927 年 7 月止的三年半时间里，中国共产党和中国国民党两党进行了第一次合作。第一次国共合作加速了中国革命的进程，开创了中国现代历史上轰轰烈烈的“大革命”。这场大革命，不仅推翻了北洋军阀的反动统治，沉重地打击了帝国主义的侵略势力，还宣传了中国共产党的纲领，扩大了党在群众中的影响，并使广大的人民群众受到一次普遍的革命洗礼。

一、“联俄、联共、扶助农工”

20 世纪 20 年代初，中国仍处于军阀割据、四分五裂的状态。在这种境地下，“打倒列强，除军阀”便成为其时大多数中国人的共同愿望。但是，帝国主义和封建军阀的力量是如此强大，如果只靠少数人孤军奋战，或是只通过几支力量分散地各自为战，是很难实现这一目标的。京汉铁路工人大罢工的惨痛教训，无疑证明了这样一个道理：要推翻帝国主义和封建军阀在中国的统治，仅仅依靠工人阶级的力量是远远不够的。

血的教训使中国共产党自然地产生了联合和合作的需要——共产党需要寻找朋友，需要采取积极的步骤去联合孙中山领导的国民党，去建立工人阶级和民主力量的联合战线，以实现中国革命的胜利。

然而，此时的国民党不仅内部成分十分复杂，而且还存在着严重脱离群众等问题。但是，这个党却因其领袖孙中山、因其推翻了中国2000多年的封建专制制度、建立共和国政体而在中国享有一定的威信。除孙中山之外，在国民党内还有一批忠于民族民主革命的先进分子，如宋庆龄、廖仲恺等。他们对革命的认识，虽然跟共产党有区别，但他们对革命的态度却是坚决的，并且也愿意跟共产党合作。而且，国民党在南方已经有了一块根据地。正是基于上述原因，中国共产党第一次对于时局的主张已表明："中国现存的各政党，只有国民党比较是革命的民主派，比较是真的民主派。"1922年，中共二大又通过了关于"民主的联合战线"的决议。

当然，对国共合作，共产国际也起了十分重要的作用。特别是共产国际代表马林，他曾向共产国际提出"在国民党内开展工作"的建议，得到共产国际的同意。1922年8月，中共中央执行委员会在杭州西湖开会，这是中国共产党在国共合作问题上有转折意义的一次决策性会议。会议根据共产国际的指示，决定在孙中山改组国民党的条件下，采取共产党员以个人身份加入国民党的方式实行国共合作。

1923年1月12日，共产国际执行委员会根据马林的建议作出《共产国际执行委员会关于中国共产党与国民党的关系问题的决议》。决议认为：中国"独立的工人运动尚不强大"，工人阶级"尚未完全形成为独立的社会力

孙中山的新三民主义成为国共合作的政治基础。这是1924年孙中山在广州大本营办公的情景

量”；中国国民党是“中国唯一重大的民族革命集团”，中国共产党在民主革命中同国民党合作是必要的，它的党员应该“留在国民党内”，但共产党要保持自己在政治上的独立性。这个决议传到中国后，对促进国共合作起了重要作用。

1923年6月12日至20日，中国共产党第三次全国代表大会在广州召开。中共三大与前两次不同，由于孙中山回到广州掌握了政权，共产党人不必隐藏而可以半公开地活动。陈独秀主持会议并代表第二届中央执行委员会做报告。大会在讨论共产党员加入国民党时，发生了激烈争论。陈独秀和马林认为，中国革命目前的任务，只是进行国民革命，不是进行社会主义革命；国民党是代表国民革命运动的党，应成为革命势力集中的大本营；共产党和无产阶级现在都很幼弱，还没有形成一个独立的社会力量。因此，全体共产党员和产业工人都应参加国民党，全力进行国民革命；凡是国民革命工作，都应当由国民党组织进行，即所谓“一切工作归国民党”，只有这样才能增强国民革命的力量。陈独秀、马林的这些观点，符合列宁关于殖民地半殖民地国家的无产阶级可以和资产阶级暂时妥协与合作的策略思想。但是，在客观上却低估了共产党和无产阶级的作用，高估了国民党和资产阶级的作用，从而使共产党在同国民党的合作中降到了从属地位，不利于保持党的独立性。

张国焘、蔡和森等虽承认反帝反封建的国民革命是中国革命的重要任务，但认为共产党还有它的特殊任务，即领导工人运动并同资产阶级做斗争，这两个任务同等重要。因此，他们反对全体共产党员特别是产业工人加入国民党，认为那样做就会取消共产党的独立性，把工人运动送给国民党。他们强调保持共产党的独立性和加强党对工人运动的领导是正确的，但是如果脱离了建立联合战线的任务，势必导致共产党的孤立。从争论中看出，双方的认识都有正确的一面，同时又都存在着片面性。

经过两天的激烈争论，大会最终接受了共产国际关于同国民党合作的指示，通过了《关于国民运动及国民党问题的议决案》《中国共产党第三次全国代表大会宣言》等文件。这些决议和宣言明确指出：党的现阶段“应该以国民革命运动为中心工作”，共产党员以个人身份加入国民党，采取党内合作形式，同国民党建立联合阵线，以完成反帝反封建的国民革命的重要任务，还规定了保持党在政治上独立性的原则。

党的三大根据马克思列宁主义的策略原则和共产国际的指示，结合中国革命的具体情况，在分析中国社会矛盾和明确中国革命性质的基础上，正确地解决了建党初期党内在国共合作问题上存在的重大分歧，统一了全党的认识，正式确定了共产党员以个人身份加入国民党，与国民党进行党内合作的策略方针，使党能够在孙中山这面颇有号召力的革命旗帜下，通过国共两党共同努力，团结一切可能联合的力量，共同完成反帝反封建的民主革命任务，从而促进了中国革命的高涨。国共两党的合作，不仅有利于国民党的改造，使国民党获得新生，也有利于共产党走上更为广阔的政治舞台，从而在波澜壮阔的大革命洪流中得到进一步锻炼和发展。

党的三大以后，为了使国民党能适应国民革命运动形势发展的需要，国共合作的步伐逐步加快，国民党的改组工作也由此进入了实质性阶段。

1923 年 10 月，应孙中山之邀苏联代表鲍罗廷到达广州。此后，在共产国际和中国共产党的建议和帮助下，在鲍罗廷的具体指导下，国民党改组的步伐大大加快。为了具体筹划改组工作，孙中山又专门聘请鲍罗廷担任国民党组织教练员（后又聘为政治顾问）。此外，为了推进这项重要工作，他还任命廖仲恺、汪精卫和共产党员李大钊等 5 人为国民党改组委员，其后又委任廖仲恺、胡汉民和谭平山（共产党员）等 9 人为国民党临时中央执行委员，李大钊等 5 人为候补执行委员。

与此同时，为了推动国民党的改组，1923 年 12 月 25 日，中共中央又发出《中央通告第十三号——国民党改组及收回海关主权问题》，明确要求全体共产党员积极参加国民党改组工作，并部署了参加改组工作的具体步骤。1923 年年底，李大钊应孙中山的邀请到达广州，积极协助筹备国民党一大的工作。李大钊、瞿秋白等还参与讨论和起草了国民党一大宣言。而且，为了使国民党彻底改变依靠军阀、脱离群众等倾向，共产党人还多次发表文章，对国民党改组提出了许多中肯的批评和建议。

经过一系列的努力，1924年1月20日，国民党第一次全国代表大会在广州召开。这次大会的召开，标志着第一次国共合作的正式形成。出席此次会议的165名代表中，李大钊、毛泽东等共产党员占20多位，他们在这次大会上的“表现是十分出色的”。大会通过了《中国国民党第一次全国代表大会宣言》和党章，接受了中国共产党提出的反帝反封建的政治主张，重新解释三民主义，确立了“联俄、联共、扶助农工”的三大政策，容纳共产党员以个人身份加入国民党。23日，孙中山对此做了说明，并强调对内要反抗封建军阀，对外要反抗帝国侵略主义。他说：此次我们通过宣言，就是从新担负革命的责任，就是计划彻底的革命。终要把军阀来推倒，把受压的人民完全来解放，这是关于对内的责任。至对外的责任，有要反抗帝国侵略主义，将世界受帝国主义所压迫的人民来联络一致，共同动作，互相扶助，将全世界受压迫的人民都来解放。

这个大会宣言，对孙中山历来提倡的“三民主义”做了适应时代潮流的新解释：“民族主义”，对外主张“中国民族自求解放”，反对帝国主义侵略；对内则主张“各民族一律平等”，反对民族压迫。“民权主义”，主张民主自由权利“为一般平民所共有，非少数者所得而私”，“凡卖国罔民以效忠于帝国主义及军阀者，无论其为团体或个人，皆不得享有此等自由及权利”。“民生主义”的重要原则是，“一曰平均地权；二曰节制资本”。“平均地权”，就是“私人所有土地，由地主估价呈报政府，国家就价征税，并于必要时依报价收买之”；“农民之缺乏田地沦为佃户者，国家当给以土地，资其耕作”。“节制资本”，就是要将“本国人及外国人之企业，或有独占的性质，或规模过大为私人之力所不能办者，如银行、铁道、航路之属，由国家经营管理之，使私有资本制度不能操纵国民之生计”，等等。新三民主义这些新的革命精神和新的内容同中国共产党的民主革命纲领在基本原则方面是一致的，因而成为了国共合作的共同纲领，国民党一大也事实上确立了“联俄、联共、扶助农工”的三大政策。

此次大会还选举了国民党中央执行委员会，共产党员李大钊、谭平山、于树德、毛泽东等当选为中央执行委员或中央候补执行委员，约占委员总数的四分之一，并有多名共产党员在国民党中央领导机构中担任重要职务。

中国国民党第一次全国代表大会的召开，不仅标志着国民党改组的完成和第一次国共合作的正式建立，也标志着国民大革命的兴起。这是中国共产党实践民主革命纲领和民主联合战线政策的重大胜利，也是孙中山晚年推进中国革命的一大历史功绩。

二、铁血北伐

1925年3月12日，孙中山病逝于北京。孙中山生前一直想把广东建设成一个巩固的革命基地，但由于种种原因这个夙愿一直未能实现。

为了巩固革命根据地，1925年2月，广东革命政府组织了东征军，分三路讨伐陈炯明。刚刚组建不久的黄埔军校的3000名学生和许崇智部的粤军，在右翼以破竹之势，迅速击溃了陈炯明军的主力，并且控制了东江地区。第一次东征告捷。

乘东征军回师之际，原来已被打败的陈炯明残部又于1925年9月重占东江地区。为了彻底消灭陈炯明残部，巩固广东革命根据地，国民政府决定第二次东征。在当地群众的支持下，东征军连战皆捷，并于11月全歼陈炯明军在东江的主力，取得第二次东征的胜利。

与此同时，为统一广东革命根据地，国民革命军另一部又通过南征，消灭了盘踞在广东南路和海南岛的地方军阀势力邓本殷部。由此，广东全省结束了四分五裂的局面，获得了统一，成为全国唯一的革命根据地，国民革命军也扩大到8个军，从而奠定了北伐出师的基础。

推翻帝国主义支持的北洋军阀的反动统治，实现中华民族的独立、自由和统一，这是孙中山多年的愿望，也是全国人民的共同要求。到1926年，北洋军阀统治中国已有14年时间。在这个国内外形势均发生深刻变化的关键历史时期，北洋军阀却从来没有提出过一个可以凝聚人心的、使中国逐步走向繁荣富强的目标或纲领。到了这时，打倒祸国殃民的军阀，结束北洋政府的黑暗统治，已成为中国社会各阶层的共同呼声。

也正是在这样的背景下，1926 年 7 月 9 日，黄埔军校师生与广大国民革命军将士一道，在工农民众的支持下，在当时的革命中心城市广州誓师北伐。随之，“打倒列强，除军阀”“打条血路，引导被压迫民众”便成为了凝聚人心、响彻云霄的战斗号角。

然而，此时北洋军阀的力量还十分强大。直系军阀吴佩孚控制着湖北、湖南、河南三省及直隶保定一带，大约有兵力 20 万人；号称“五省联帅”的孙传芳，则盘踞于江苏、安徽、浙江、江西和福建五省，拥兵 20 万人，且战斗力较强；势力最为雄厚的是奉系军阀张作霖，控制着东三省、热河、察哈尔、京津地区和山东，兵力达 30 余万人。反观国民革命军，其时只有 8 个军，兵力仅有 10 万人左右。如果单从双方总兵力来看，北洋军阀占有很大优势。但是，北伐军却拥有着得天独厚的优势：首先，北洋军阀的统

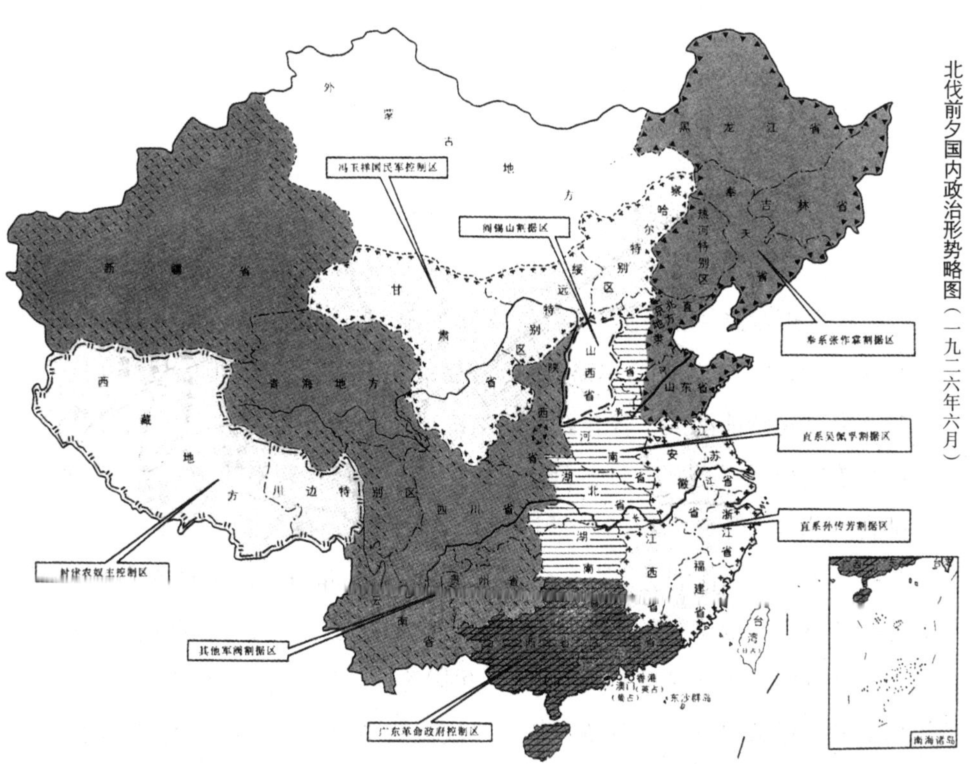

北伐前夕国内政治形势略图（一九二六年六月）

治已失尽了人心，而国民政府则是在实现第一次国共合作和国民党改组后，被全国进步人士特别是进步青年视为中国革命的希望所在，在人心向背上国民革命军占有明显优势；其次，经过两次东征和南征，国民革命军已经形成相对巩固的广东革命根据地，全国的有志青年也从四面八方纷纷南下广东参加革命军，国民革命军的士气十分高昂；再次，国民革命军还得到了苏联在军械和经费上的有力支援；最后，北洋军阀的三支主要力量虽然都各据一方，并有一定的军事、政治实力，但彼此之间勾心斗角、相互疑忌，存在着深刻矛盾，难以一致行动，这就在军事上便于北伐军各个击破。以上这些因素，都大大增强了广东革命政府的力量，使其完全具备兴师北伐的实力。

北伐战争开始后，在苏联军事顾问加伦的建议下，国民革命军制定了集中兵力、各个歼敌的战略方针。即首先向湖南、湖北进军，长驱直进，迅速消灭吴佩孚所部。其次，争取张作霖、孙传芳两部在一段时间内保持中立；待两湖战场取得胜利后，再集中兵力消灭孙传芳。最后，集中兵力消灭张作霖，统一全中国。后来的事实证明，这个战略方针是正确的。

根据这个战略方针，1926 年 5 月，国民革命军第七军一部和第四军所辖叶挺独立团作为先头部队，出兵援助被吴佩孚援军击退而退守湖南衡阳的第八军唐生智部，由此拉开了北伐进军的序幕。

在国民革命军的 8 个军中，第四军内共产党员最多，叶挺独立团又是其中战斗力最强的一支部队。6 月初，独立团以引人注目的战功，占领了湖南攸县。7 月初，国民革命军第四军、第七军主力同第八军会师。7 月 9 日，也就是克复长沙前两天，蒋介石就任国民革命军总司令。7 月 11 日，国民革命军攻占长沙。7 月 27 日，蒋介石决定亲赴前线，并率其嫡系第一军两个师自广州北上。8 月 12 日，抵达长沙之后，蒋介石主持召开军事会议。在苏联军事顾问加伦的努力下，会议作出了集中力量进军武汉打击吴佩孚、对孙传芳继续采取中立的决策。此后，北伐军首先集中兵力在两湖战场打击吴佩孚所部，并连克复长沙、平江、岳阳等地。8 月底，北伐军取得两湖战场上的关键战役——汀泗桥、贺胜桥战役的胜利。叶挺独立团在这两场战役中英勇搏杀，建立了卓越功勋。10月，北伐军又进抵武汉，并先后占领武昌、汉阳、汉口，全歼吴佩孚部主力。攻打武昌时，叶挺独立团再次立下战功，他们率先攻入武昌城。独立团所在的第四军，因此赢得了“铁军”的称号。与此同时，在苏联和中共的帮助下，同年9月17日，以冯玉祥为总司令的国民军在绥远五原誓师，率部进军陕西、河南，从而有力地配合了北伐军攻击河南。

自1926年11月起，北伐军在南浔路一带发动攻势，消灭孙传芳部主力，占领南昌、九江，随后又攻占福建、浙江。1927年3月下旬，北伐军又先后攻占安庆、南京。3月21日，为配合北伐军进军上海，中国共产党领导上海工人取得第三次武装起义的胜利，占领上海。至此，长江以南地区完全为北伐军控制。

北伐战争是国共两党共同进行的一场革命的、正义的战争。两党团结合作、一致对敌，北伐军将士英勇奋战，以鲜血和生命换来了辉煌战果。在不到10个月的时间里，北伐军从广州打到武汉、上海、南京，打垮两大军阀，歼敌数十万，一场规模空前的盛大的人民革命战争席卷了大半个中国，在中国革命历史上写下了光辉的篇章。这是国共两党合作的硕果。在北伐过程中，国共两党间虽有矛盾，但基本上是团结的，双方均能集中力量对敌。人民群众的支援也是北伐战争能够迅速取得胜利的重要保障。在广东，省港罢工委员会组成3000人的运输队、宣传队、卫生队随军北上，广东韶关等地的农民也积极支援北伐军；在湖南，中共党组织积极发动群众，参加带路、送信、侦察、运输、担架、救护、慰劳、扰乱敌人后方等任务，还组织农民自卫军直接参加战斗，等等。这种热烈的场面，在中国以往的战争史上是十分罕见的。

中国共产党的政治工作对北伐军迅速取胜也起到了重要作用。中国共产党通过广泛而有效的政治工作，使广大普通士兵深刻地认识到国民革命是为了打倒军阀、解放人民，因此极大地凝聚了人心，鼓舞和提升了士气。但是，在北伐胜利进军的同时，也产生了另外一个严重后果：身为国民革命军总司令的蒋介石，因为北伐胜利极大地提高了个人威望，此后他通过收编军阀部队等手段，进一步加紧了对军队和政权的控制，为他后来发动反革命政变准备了条件。

三、从“中山舰事件”到“整理党务案”

1926年3月18日，黄埔军校驻广东省办事处主任欧阳钟，“奉蒋校长的命令”，通知海军局代局长、共产党员李之龙派有战斗力的军舰到黄埔听候调遣。当李之龙派出中山舰开到黄埔后，蒋介石却否认曾发出过调舰命令。就在这时，广州城内谣言蜂起，说苏联顾问和共产党要劫持蒋介石。在这种十分诡异的气氛中，3月20日，蒋介石宣布在广州全城实行戒严。随后，又逮捕了李之龙，监视和软禁了大批共产党人，并解除了省港罢工委员会的工人纠察队武装，包围了苏联领事馆，密切监视苏联顾问。紧接着，3月22日，国民党中央政治委员会又通过蒋介石提出的在黄埔军校和第一军中排除共产党员、解除苏联顾问季山嘉等人职务的提案。这一事件即为“中山舰事件”（又称“三二〇事件”）。

“中山舰事件”发生后，毛泽东、周恩来等果断提议要对蒋介石采取强硬态度，中共广东区委负责人也主张给蒋介石以坚决回击。但是，其时在广州的由联共（布）中央委员、苏联红军总政治部主任布勃诺夫率领的联共（布）使团却不赞成反击。他们认为，左派力量不足以同蒋介石对抗；冯玉祥的国民军已在北方遭受重大挫折，反击会在南方同蒋介石的关系搞得紧张起来，影响苏联对华政策的实施；事件的发生是苏联顾问团的工作，“主要是军事工作方面所犯的错误”所致，等等。由此，这一事件成为国共关系发展中的一个重要转折点。通过“中山舰事件”，蒋介石不仅打击了共产党，而且打击了汪精卫和国民党左派，进一步加强了他在政治上、军事上的地位，也为他在国内取得最高权力扫清了道路。

“中山舰事件”一个多月后，在5月15日召开的国民党二届二中全会上，为了从国民党的领导机构中进一步排挤出共产党人，全面控制国民党的党权，蒋介石又采取了一个重要举措。他借口要改善两党关系，并扬言为避免共产党内的力量发展引起“党内纠纷”，需要找出一个“消除误会的具体办法”。这个“具体办法”，便是所谓的《整理党务决议案》。该案的主要内容是：共产党员在国民党省市以上高级党部任执行委员的人数不得超过总数的三分之一，共产党员不能担任国民党中央各部部长，加入国民党的共产党员名单须全部交出，等等。

对于这个提案，国民党左派柳亚子、何香凝等投票反对，出席国民党二届二中全会的中共党员意见也并不一致。但是，由于会前蒋介石曾同鲍罗廷数次商谈，要他接受这个要求，鲍罗廷又根据联共（布）中央政治局要中共党员继续留在国民党内的方针，对蒋介石这个提案采取了退让的态度，在未同中共中央协商的情况下，便同意了蒋介石的要求。

在这种情况下，对这个暗伏杀机、“其目的完全在压共产党”的反动提案，虽然中国共产党内很多同志坚决反对，但由于鲍罗廷的“忍让”和压制，《整理党务决议案》最终得以顺利通过。《整理党务决议案》的通过，对国共两党关系产生了深刻影响：一方面，担任国民党中央部长和代理部长的共产党员谭平山、林祖涵、毛泽东等只得辞职，在国共合作中共产党的地位也由此变得十分被动；另一方面，蒋介石的权力迅速膨胀，很快便直接控制了国民党、国民政府和国民革命军的大权，成为在南方掌握最高权力的实力派人物。

从“中山舰事件”到“整理党务案”，蒋介石在北伐开始前这个关键时期，毫不手软地接连向中国共产党发动进攻，并在中国共产党的节节退让下，逐个夺取阵地，从而把权力一步步地集中到自己手里，为日后发动反革命政变奠定了基础。

此后，随着北伐战争的迅速推进，蒋介石的反共面目也越来越公开地暴露出来。1927 年 2 月，他在南昌的一次演讲中公开表示：“我是中国革命的领袖”，“所以共产党员有不对的地方，有强横的行动，我有干涉和制裁的责任及其权力。”3 月 1 日，他指使当地驻军残酷杀害赣州总工会委员长、共产党员陈赞贤。3月16日，他从南昌赴上海，途经九江、安庆等地时，指使青帮流氓暴徒捣毁当地拥护孙中山三大政策的国民党党部和工会、农会组织，杀害革命群众，制造白色恐怖。

蒋介石的反共决心虽然已经下定，但是，要采取“反共”这样重大的行动，他除了自身在军事、政治方面的必要准备之外，还需要得到帝国主义列强的支持和江浙财阀的资助。为此，1927年3月26日，他赶赴上海同帝国主义列强、江浙财阀及上海的流氓势力进行了一系列秘密会谈。在这些会谈中，帝国主义列强公然鼓动蒋介石“迅速而果断地行动起来”，“使长江以南的区域免于沦入共产党之手”；江浙财阀也允诺会在财政上全力支持；上海青帮头子黄金荣、杜月笙则保证会把大批流氓、暴徒组织起来充当打手。

为了确保反共的成功，蒋介石又把不受他控制的部队陆续调离上海。在完成了这些“周密”准备之后，4月初，蒋介石与李宗仁、白崇禧等密议，决定以暴力手段实行“清党”。4月11日，上海总工会委员长汪寿华被诱捕杀害。4月12日凌晨，上海的大批青帮分子冒充工人，臂缠白底黑“工”字符号，从租界冲出，向分驻在闸北、南市、沪西、浦东、吴淞等地的工人纠察队发动突然袭击。工人纠察队虽然奋起抵抗，但是国民革命军第二十六军却声称要“调解工人内讧”，并将武装流氓的枪械先行收缴。工人纠察队轻信了他们的欺骗，在毫无戒备的情况下，2700多名工人的纠察队亦被全部解除武装，工人死伤达300多人。

事件发生后，上海工人和市民悲愤交加，纷纷集会抗议，各革命团体均发宣言电文斥责反动派倒行逆施，要求惩办反动分子，发还枪支。12日下午，闸北5万多工人的游行队伍徒手夺回总工会会所。4月13日上午，上海工人和市民又召开10万人的群众大会，会后整队游行，要求释放被捕工友，交还纠察队被缴枪械。但是，当队伍行进到宝山路时，第二十六军却用步枪、机关枪向密集的游行群众扫射，当场打死100多人，伤者不计其数。据不完全统计，反革命政变后的3天中，被杀害300多人，被捕500多人，5000多人下落不明。蒋介石势力范围所及之处，如广州、南京、杭州、宁波、福州、厦门等地也都发生大屠杀，著名共产党人陈延年、赵世炎、萧楚女、熊雄等先后在蒋介石的屠刀下英勇牺牲，白色恐怖笼罩东南各省。这就是震惊中外的“四一二”反革命政变。

继上海发生反革命政变后，全国各地也发生了类似的以“清党”为名对共产党人和革命人士进行屠杀的事件。北方的奉系军阀张作霖捕杀大批共产党员和革命群众，中国共产党的主要创始人和领导人李大钊在北京英勇就义。“清党”让整个中国血流成河。在其后一年时间里，被杀害的共产党人达2.6万人，革命群众近30万人。在这种背景下，因北伐战争的迅速胜利而蓬勃发展起来的农民运动被镇压了下去，中国革命由此转入低潮。

尽管大革命失败了，并且使中国共产党和中国革命遭受了惨重的损失，但是中国前进的步伐并没有停止。中国共产党人从革命失败的痛苦经历中获得极为深刻的经验教训。他们逐渐认识到：党的领导、统一战线和武装斗争是中国革命的基本问题。正是在这种认识和思索之中，中国共产党人不断地探索一条适合中国国情的革命道路。

第三章

土地革命的风暴和全民族的抗日战争

随着红军和农村革命根据地的建立和发展，消灭封建地主土地所有制，开展土地革命，“没收地主的土地归农民”，便成为中国共产党领导广大根据地人民进行的一场重大的社会变革。

1937 年 7 月 7 日，日军在北平附近制造卢沟桥事变。在国难当头、民族危亡的关键时刻，在中国共产党的不懈努力下，国共两党以民族利益为重，捐弃前嫌，同仇敌忾，建立了抗日民族统一战线，进行了第二次“国共合作”。

第一节 “枪杆子里面出政权”

国共合作破裂以后，中国国内的政治局势开始急遽逆转。中共党组织虽然遭到了严重破坏，但是英勇的中国共产党人并没有被国民党的屠杀政策所吓倒，他们冲破重重高压，在黑暗中继续高举着革命的光辉旗帜。

一、“武装反抗的第一枪”

轰轰烈烈的大革命中途夭折了，原本生气蓬勃的中国南部也随之陷入了一片腥风血雨的白色恐怖中。事实无情地说明，反革命的力量大大超过了中国共产党所领导的革命力量，中国革命已进入低潮。面对这种极其险恶的局势，中国共产党内出现了相当严重的消极情绪，党的队伍中一些人在政治上、思想上陷入了混乱状态。那么，在革命遭受惨重失败的极为严峻的形势下，如何才能坚持革命呢？南昌起义，便是中国共产党人对这个问题所作出的第一声响亮回答。

在大革命时期，由于中共中央忽视了掌握军队的极端重要性，因此南方绝大部分军队都控制在国民党手中，中国共产党所掌握或能直接影响的军队则主要集中于张发奎所统率的国民革命军第四集团军第二方面军中。这其中，就包括贺龙、叶挺等人的部队。1927年7月间，贺、叶在武汉政府“东征讨蒋”的口号下，率部驻兵于江西九江至南昌一带。巧的是，这一地区还有曾担任国民革命军军官教导团团长兼南昌市公安局局长的朱德，以及其他倾向革命的武装力量2万人左右。鉴于这一地区的兵力，各方都十分瞩目。7月15日，武汉政府宣布“分共”以后，便准备采取措施，对这支武装力量下手。正是在这样的危难关头，为了反抗国民党反动派的屠杀政策，挽救中国革命，7月下旬，中共中央决定集合这一部分军事力量，并联合以张发奎为总指挥的第二方面军南下广东，会合当地革命力量，实行土地革命，恢复革命根据地，然后举行新的北伐。

据此，中共中央指定周恩来、李立三、恽代英、彭湃等人组成中共中央前敌委员会，并以周恩来为书记，前往南昌领导发动这次武装起义。7月27日，周恩来等抵达南昌。抵达当日，周恩来等人就在城内的江西大旅社正式组成前敌委员会，开始加紧筹划进行起义的各项准备工作。共产国际对此次起义也十分支持，向中共中央发出电报说：“如果有成功的把握，我们认为你们的计划是可行的。”7月30日，张国焘赴南昌，传达了部署共产国际和中共中央的指示。按照这一指示，以周恩来为书记的前敌委员会决定于8月1日举行起义。

8月1日凌晨，周恩来、贺龙、叶挺、朱德、刘伯承等人率领在中共直接掌握和影响下的2万多人在南昌宣布起义。起义爆发后，经过4个多小时的激烈战斗，全歼守敌3000余人，并占领了南昌城。南昌起义成功后，中共前敌委员会按照中共中央关于这次起义仍用国民党“左”派名义号召革命的指示精神，以宋庆龄等人的名义发表了《中央委员宣言》，揭露了蒋介石、汪精卫背叛革命的种种罪行，表达了拥护孙中山“三大政策”和继续反对帝国主义、封建军阀的斗争决心。

南昌起义后，汪精卫十分慌张，急令张发奎、朱培德等人率部向南昌进攻。中共前敌委员会按照中共中央原定计划，决定迅速撤离南昌，经过赣南、闽西直奔广东潮汕地区。这一计划的目的，就是准备同富有革命传统的广东东江地区的农民起义军汇合，以发动土地革命，进军广东，恢复广东革命根据地，进而夺取出海口，以争取共产国际的援助，重新举行北伐。但是，此时国民党军的大部分已转到反革命方面，而共产党所领导的南昌起义的部队力量又过于弱小，事实上已经不可能再进行像大革命时期北伐那样的以占领城市为目标的革命战争了。8 月 3 日至 6 日，起义军分批撤出南昌，沿抚河南下。退出南昌后，起义军没有立即进入江西、湖北、湖南等广大农村，同这些地方尚未完全被反革命势力镇压的农民运动相结合，以便逐步积蓄和扩大革命的力量，而是忙着南下广东，争夺城市和出海口，这就必然使自己陷入十分不利的境地。由于撤离南昌比较仓促，起义部队又未经整顿，加上酷暑远征，部队减员较多。8 月 7 日，部队到达临川时，总兵力已由起义成功时的 2 万人减至 1.3 万人。8 月下旬，起义军在瑞金、会昌地区击破国民党军的拦阻，歼敌 6000 余人的同时，自身伤亡也近 2000 人。

会昌战斗后，起义军又折返瑞金，改道东进，并经福建省长汀、上杭，沿汀江、韩江南下，进入广东潮汕地区。国民党随即调集重兵合围起义部队。在众寡悬殊的情况下，起义部队激战不胜。10 月初，起义部队大部溃散。保存下来的部队，一支 1300 余人进入广东海丰、陆丰地区，同当地农民运动汇合，加入到了该地区的革命斗争，并创建了海陆丰根据地；另一支则在朱德、陈毅率领下，经赣南、粤北转入湖南，开展游击战争，最后保存起义军约 800 人，参加了湘南起义，并于 1928 年 4 月到达井冈山革命根据地，同毛泽东领导的湘赣边界秋收起义部队会合。

南昌起义在中国共产党历史上开辟了一个新的时期，正如周恩来后来所说，"'八一'起义在共产党领导下，向国民党反动派打响了第一枪，这在大方向上是对的"。它在全党和全国人民面前树立起一面革命武装斗争的旗帜，标志着中国共产党独立地创建革命军队和领导革命战争的开始，具有重大的历史意义。

二、"旗号镰刀斧头"

面对大革命失败的惨痛经历，为了总结经验教训，并确定今后革命斗争的方针，在南昌起义后的第六天，中共中央便在湖北汉口秘密召开了一次紧急会议。这次紧急会议，就是在中国共产党历史上具有重大转折意义的“八七会议”。

八七会议是中国共产党处在生死存亡关头召开的一次十分重要的会议。出席会议的部分中央委员、候补中央委员及中央机关、共青团中央、地方代表共20余人，共产国际驻中国代表罗米纳兹等也参加了会议。会议由瞿秋白、李维汉主持。罗米纳兹做了《党的过去错误及新的路线》的报告和结论，瞿秋白代表中央常委会做将来工作方针的报告。这次会议着重批评了以陈独秀为首的中共中央在同国民党的关系上的一味妥协退让，指出其“没有想着武装工农的必要，没有想着造成真正革命的工农军队”，而且“受着国民党领袖恐吓犹豫的影响，不能提出革命的行动政纲来解决土地问题”。此外，会议上有些同志还批评了中央在处理国民党问题、农民土地问题、武装斗争问题等方面的右倾错误，以及苏联顾问、共产国际代表的一些错误。

毛泽东在发言中，从国共合作时不坚持政治上独立性、党中央不倾听下级和群众意见、抑制农民革命、放弃军事领导权等四个方面批评陈独秀的右倾错误。毛泽东尖锐地指出：“从前我们骂中山专做军事运动，我们则恰恰相反，不做军事运动专做民众运动。”并强调：“以后要非常注意军事，须知政权是由枪杆子中取得的。”毛泽东的这个论断是从大革命失败的血的教训中取得的。这个论断，不仅指出了中国革命的特点，实际上也提出了以军事斗争为党的工作重心的问题，是一个对中国革命有着极为重要意义的论断。

会议讨论通过了《中共“八七”会议告全党党员书》《最近农民斗争的议决案》《最近职工运动议决案》《党的组织问题议决案》等决议，明确提出土地革命是中国资产阶级民主革命的中心问题，是中国革命新阶段的主要的社会经济内容，党的最主要的现实任务是有系统地、有计划地、尽可能地在广大区域内准备农民的总暴动。为此，会议决定调派最积极的、坚强的、有斗争经验的同志，到各主要省区发动和领导农民暴动，组织工农革命军队，建立工农革命政权，解决农民的土地问题。此外，会议还撤销了陈独秀的领导职务，并选举瞿秋白、李维汉、苏兆征等组成中共中央临时政治局，毛泽东当选为中共中央临时政治局候补委员。

八七会议是在中国革命的危急关头召开的。在当时极为险恶的环境下，会议虽然只开了一天，却总结了大革命失败的教训，讨论了党的工作任务，正式确定了实行土地革命和武装起义的总方针，并把领导农民进行秋收起义作为当时党的最主要任务，从而指明了今后革命斗争的正确方向，使原来处在思想混乱和组织涣散中的中国共产党看到了新的出路，从而使全党在精神上迅速振奋起来，燃起了新的希望，为挽救党和革命作出了巨大贡献。中国革命也由此开始了由大革命失败到土地革命战争兴起的历史性转变。

八七会议结束后，主持中共中央工作的瞿秋白征求毛泽东的意见，准备让他到上海中央机关去工作。毛泽东则回答，他不愿去住高楼大厦，要上山结交绿林朋友。不久，毛泽东便以中央特派员的身份回到湖南。

回到湖南后，毛泽东即忙于传达八七会议精神，改组中共湖南省委并筹备秋收起义。8 月 18 日至 30 日，改组后的湖南省委多次开会讨论发动秋收起义问题。在会上，毛泽东就发动起义的一系列重大问题提出了鲜明主张。他指出："我们党从前的错误，就是忽略了军事，现在应以百分之六十的精力注意军事运动。实行在枪杆上夺取政权，建设政权。"会议还强调，武装起义不能单靠农民的力量，需要有一两个团的军队做骨干；武装起义不应再打着国民党的旗帜，而应直接打出共产党的旗帜，并决定毛泽东到湘赣边界担任中共湖南省委前敌委员会书记，领导秋收起义。

按照会议决定，9 月上旬，毛泽东到达安源、铜鼓等地，领导秋收起义。为了加强领导，中共湖南省委前敌委员会还将位于修水铜鼓、安源等地的武装，统一编成工农革命军第一军第一师。全师共 5000 余人，由共产党员卢德铭任总指挥，余洒度任师长，下辖 3 个团。此外，按照毛泽东的要求，起义人员还仿照苏联红军军旗式样，设计制作了中国工农革命军第一面军旗。红底象征革命，旗中五星代表中国共产党，镰刀斧头代表工农群众。这面军旗鲜明地表达了工农革命军的政治理念，也表明了这次起义

秋收起义武装工农革命军第一军第一师的军旗

一个明显的特点，就是它不只是军队武装力量的单独起义，而是有着数量众多的工农大众参加的武装起义，因此受到了全军官兵的衷心拥护。这是中国共产党独立领导的革命力量。

1927 年 9 月 9 日，根据中共湖南省委的部署，长沙的铁路工人和部分农民，开始分头破坏长沙至岳阳和长沙至株洲段的铁路，并一度中断了敌方的铁路运输。9 月 11 日，工农革命军第一师按照预定计划，正式发动了湘赣边界秋收起义。第一师第三团在毛泽东直接指挥下由铜鼓出发，11 日下午攻占浏阳的白沙，12 日又攻克东门市。在起义军分路进攻期间，在各地共产党组织的领导下，平江、浏阳、醴陵、株洲、安源等地的工农群众，都举行了不同规模的武装起义。他们手持梭镖、大刀和为数很少的长短枪，英勇地袭击团防局，打击土豪劣绅。

但是，秋收起义初期的指导思想仍然是以进攻并夺取像长沙这样的中心城市为目标的。加之，在进军途中本来就很薄弱的力量被分散使用，以及对敌情估计不足、缺乏战斗经验等因素，起义军虽然一度占领了醴陵、浏阳县城和一些集镇，但是却遭到远远比自己强大的反革命军队的激烈抵抗。各路起义部队先后均遭受挫败，夺取长沙的目标已经无法实现了。在这种十分不利的局面下，毛泽东当机立断，于 9 月 17 日命令各团向浏阳城东南的文家市集中。9 月 19 日晚，十分善于从实际工作中总结经验的毛泽东在文家市里仁学校主持召开了前委会议。在前委会议上，毛泽东否定了一部分人“取浏阳直攻长沙”的原定计划。经过激烈争论，会议决定迅速撤离容易遭受国民党军围攻的平江、浏阳地区，改向敌人统治力量薄弱的湘赣边界的山区进军，保存力量，再图发展。从进攻大城市转为向农村进军，这是中国革命史上具有决定意义的新起点，也是一条前人从来没有走过的道路。

按照这一部署，9月20日，工农革命军开始从文家市南进。在南进过程中，由于党的组织不健全，起义部队的思想十分混乱。加之缺乏弹药、给养，队伍中的伤病员也不断增多。尤为不利的是，在转战途中，部队遭到国民党军的突然袭击，总指挥卢德铭为掩护主力安全转移而壮烈牺牲。在这种情况下，起义军情绪十分低落，不少人还离开了部队。工农革命军处境十分困难。部队于9月29日抵达江西省永新县的三湾村后，在毛泽东领导下进行了著名的三湾改编。三湾改编的主要内容是：

第一，整编部队。把已经不足千人的部队由原来的一个师缩编为一个团；对起义部队，愿留则留，愿走的则发给路费，将来愿回来的还欢迎。

第二，建立党的各级组织和党代表制度，并确立了“党指挥枪”的原则。党的支部建在连上，排有小组，班内有党员，营团以上建立党委。对这一举措，毛泽东后来在《井冈山的斗争》一文中曾给予高度评价。他说：“红军所以艰难奋战而不溃散，‘支部建在连上’是一个重要原因。”

第三，在部队内部实行民主制度。官兵平等，待遇一样，连以上建立士兵委员会，并初步酝酿提出了“三大纪律、六项注意”。

三湾改编，不仅开始改变工农革命军旧式军队的习气和农民的自由散漫作风，确立了中国共产党对军队的绝对领导，还确保了工农革命军的无产阶级性质，从而在政治上、组织上奠定了新型人民军队的基础。三湾改编是把工农革命军建设成为无产阶级领导的新型人民军队的重要开端，在人民军队的建军史上具有重要意义。

三湾改编之后，10月3日，起义部队抵达宁冈县古城。在毛泽东的领导下，10月27日起义部队进至罗霄山脉中段井冈山的茨坪，由此开始了创建井冈山革命根据地的伟大斗争。

湘赣边界的秋收起义，不仅第一次在武装斗争中公开打出中国共产党的旗帜，还进一步表明了中国共产党独立领导革命战争的决心。由毛泽东点燃的井冈山之火，照亮了一条与俄国革命以城市为中心的完全不同的道路。这就是在农村开展游击战争，建立革命根据地，以保存和发展革命力量。这条道路代表了大革命失败以后中国革命的正确发展方向。后来，人们把这条正确道路称为“井冈山道路”。

三、“星星之火，可以燎原”

井冈山地区原有袁文才、王佐领导的一支绿林式的农民武装。袁、王二人都参加过大革命，袁文才还是共产党员，他们二人都有同工农革命军联合的意愿。因此，通过努力，在取得他们二人的信任和支持后，毛泽东率领的秋收起义军就在井冈山站稳了脚跟，并由此开始了创建革命根据地的艰苦努力。为此，毛泽东反复教育工农革命军的干部战士，要坚决为建立以宁冈为中心的罗霄山脉中段政权而奋斗。

在创建井冈山革命根据地的过程中，除了要应对革命自身所面对的异常复杂的生存与发展问题，还要回答一系列针对性很强的重要理论问题。毛泽东在这方面作出了十分卓越的贡献。在异常艰苦的井冈山岁月中，毛泽东围绕革命根据地为什么能够存在、“红旗能打多久”，以及工农武装割据需要什么样的条件等一系列攸关中国革命前途的重大问题，作出了深入、系统的阐述。

对于革命根据地为什么能够存在，为什么在敌我力量悬殊、周围笼罩着一片白色恐怖的情况下，井冈山的斗争不仅能够坚持下来，而且还能得到很大的发展这个十分现实的问题，毛泽东在《井冈山的斗争》一文中非常有针对性地给出了回答。在他看来，国民党各派军事势力彼此间你死我活的争夺，使他们无力顾及当时正被他们所轻视的工农武装割据。他说：一国之内，在四围白色政权包围中间，产生一小块或若干小块的红色政权区域，在目前的世界上只有中国有这种事。我们析它发生的原因之一，在于中国有买办豪绅阶级间的不断的分裂和战争。只要买办豪绅阶级间的分裂和战争是继续的，则工农武装割据的存在和发展也将是能够继续的。当然，只有这个外部条件是远远不够的，毛泽东又写道：此外，工农武装割据的存在和发展，还需具备下列条件：（1）有很好的群众；（2）有很好的党；（3）有相当力量的红军；（4）有便利于作战的地势；（5）有足够给养的经济力。

按照上面所提到的几个条件，毛泽东到井冈山后，即全力进行井冈山革命根据地党、军队和政权的建设。当时，井冈山地区的党组织全部遭到了破坏，只剩下一些避难散居的党员。为此，毛泽东不仅把在该地区的建党工作放在了首位，也把党的建设看作该地区一切工作的根本。他认为，如果没有一个坚强有力、齐心一致的共产党组织在当地民众中生根，并成为团结群众的核心，革命就难以持久。在他的正确领导下，经过3个多月的努力，井冈山周围各县便相继恢复了党的组织。

对于工农革命军的建设问题，毛泽东则明确提出要改变过去军队只顾打仗的旧传统。为此，在总结攻打茶陵的经验教训时，毛泽东明确提出了打仗消灭敌人、打土豪筹款子和宣传群众、组织群众建立工农兵政权是工农革命军的三大任务。在军队内部，他还强调要加强政治教育和实行民主制度这两个环节。他的这些针对性很强且十分新颖的观点，对此后中国工农红军的建设和发展都产生了十分深远的影响。

此外，在工农革命军扩大根据地、筹备粮饷的斗争中，为了加强军队建设，毛泽东还初步总结了从事部队工作的经验，正式提出了“三大纪律、六项注意”（以后根据新的斗争经验，又不断地充实丰富，发展为“三大纪律、八项注意”）。“三大纪律、六项注意”的提出，不仅更加密切了工农革命军与人民群众的关系，同时也巩固了工农革命军本身，从而成为工农革命军能够战胜一切强敌的源泉之一。由于严格执行这些规定，工农革命军同当地民众建立了密切关系，取得了民众的信任和支持。

按照上述建军的理念，工农革命军还对袁文才、王佐的农民武装进行了改造，并积极帮助井冈山周围各县和乡建立赤卫队等地方武装。在粉碎国民党军队第一次“进剿”后，工农革命军还先后攻克了茶陵、遂川、宁冈三个县城。在此基础上，以宁冈为中心的湘赣边界革命根据地就初步形成了。

1928年4月下旬，朱德、陈毅率领的南昌起义军余部，在发动湘南起义后，带领1万多人向井冈山转移，并与毛泽东领导的部队在宁冈砻市会师。从此，毛泽东和朱德的名字便紧紧地联系在一起。这是中国共产党历史上光辉的一页。两军会师后，合编为工农革命军第四军。朱、毛会师有着重大的历史意义，它不仅使由中国共产党领导的两支具有北伐战争传统和战斗力很强的部队聚集到一起，使井冈山的武装力量从原来的2000人增加到1万多人，大大增强了井冈山革命根据地的军事力量和战斗力，还对红军的创建和发展以及井冈山地区的武装割据都产生了深远影响。

朱、毛会师后，国民党军队接连不断地向井冈山根据地发起“进剿”。为此，中共湘赣特委和红四军委根据井冈山革命根据地的实际情况，共同制定了一系列正确的政策，坚决地和敌人做斗争。毛泽东、朱德把红军和赤卫队作战的经验概括为“敌进我退，敌驻我扰，敌疲我打，敌退我追”十六字诀。十六字诀是适应当时情况、带着朴素性质的游击战的基本原则，对红军游击战争起了有效的指导作用。红四军在毛泽东、朱德的领导下，依据十六字诀所规定的战略战术，多次以少胜多，成功击破了敌军的大规模“进剿”。到1928年6月下旬，红四军取得龙源口大捷后，井冈山根据地也达到了全盛时期。其范围扩大至宁冈、永新、莲花三县的全部及周围五县的部分地区，面积达7200多平方公里，人口50多万人。同年12月，由彭德怀、滕代远率领的红五军主力到达了井冈山，与红四军会师，从而进一步壮大了井冈山革命根据地的力量。此后，红军多次粉碎了敌人的“进剿”，根据地不断扩大。

井冈山根据地是中国共产党领导工农群众建立的具有重大影响的农村革命根据地。它的创建和发展，不仅为后来中央革命根据地的建立奠定了基础，还成为照耀各根据地胜利前进的灯塔，对各地红军游击战争的发展和根据地的建设起了巨大的鼓舞和示范作用。同一时期，除赣南、闽西根据地之外，湘赣、湘鄂赣、湘鄂西、鄂豫皖等全国范围内的红色政权和革命根据地也都获得了重大发展。这些革命根据地分布在湖南、湖北、江西、福建、广东、广西、河南、安徽、江苏、浙江、四川等10多个省的边界地区或远离中心城市的偏僻山区。到1930年上半年，全国红军已发展到十几个军，约7万人，连同地方革命武装共约10万人，在10多个省的100多个县境内建立了十几个革命根据地。中国革命的星星之火，已渐成燎原之势。

第二节　“红军不怕远征难”

由于农村革命根据地和红军的发展壮大，引起了国民党反动派的恐慌不安，国民党军队接连对中央苏区和其他根据地发动军事“围剿”。1934年10月初，国民党军队推进到中央苏区腹地。10月10日，中央红军被迫开始实行战略转移。10月17日，中共中央、中革军委率领中央红军主力8.6万余人在雩都渡河，被迫踏上万里长征。

一、血色湘江

红军长征，是在极其险恶的处境中进行的。

1934年10月21日，中革军委以红一军团为左路前卫，红三军团为右路前卫，红九军团掩护左翼，红八军团掩护右翼，中央和军委机关及直属队编成的两个纵队居中，红五军团担任后卫，从王母渡、新田之间突破国民党军第一道封锁线，并于25日全部渡过信丰河。

此后，中央红军以两个军团在左、两个军团在右、一个军团在后、军委两个纵队居中的“甬道式”的队形继续西进。11月8日，利用粤军陈济棠部与南京政府的矛盾，中央红军通过敌第二道封锁线；11月15日，又通过敌第三道封锁线。但是，这种“大搬家式”的转移和“甬道式”的行军队形，增加了部队的疲劳和减员数量，削弱了红军的作战能力。此时，蒋介石已判明红军转移的战略意图，遂于 11 月 12 日任命何键为“追剿”军总司令，企图一举聚歼红军于湘江以东地区。

湘江之战是关系到中央红军生死存亡的关键一战。这时，各路敌军虽有 25 个师，但他们之间存在着十分复杂的矛盾，且从宜章至湘江广大地区，敌人防御力量薄弱，又属无堡垒区域，便于红军机动作战。如于此时乘各路敌军调动之际，寻机歼敌一路或一部，战局必将出现有利于红军的变化。但是，面对敌人重兵逼近，博古、李德等人却一筹莫展。部队到达湘南之后，他们一味地主张退却逃跑，消极避战，从而丧失了在该地歼敌的战机，致使中央红军继续处于十分被动的地位。11 月 25 日，中革军委决定，中央红军分四路纵队，从全州、兴安之间抢渡湘江，突破国民党军第四道封锁线，前出到湘桂边境的西延地区。11 月 27 日，中央红军先头部队渡过湘江，并控制了脚山铺（亦名觉山铺）至界首间 30 公里的湘江两岸渡口。但是，由于后续部队辎重过多，道路狭窄，行动迟缓，未能赶到渡口。此时，国民党“追剿”军行进至全州、零陵、道县、东安地区，桂军五个师开至灌阳、兴安一线。为掩护中央、军委纵队及后续军团渡过湘江，红一军团、红三军团在桂北湘江两岸的新圩、脚山铺、光华铺等地区，红五军团在永安关、水车一带与国民党军血战五昼夜，阻住优势之敌的进攻，掩护中共中央、中革军委和直属机关于 12 月 1 日渡过湘江，进至西延地区。红五军团第三十四师、红三军团第十八团被阻于湘江东岸，转战于灌阳、道县一带，虽经英勇战斗，重创敌军，终因寡不敌众，弹尽粮绝，大部壮烈牺牲，其他各部也遭受重大伤亡。

湘江之战是中央红军长征以来最为壮烈的一战。红军以饥饿疲惫之师，苦战五昼夜，终于突破敌军重兵设防的第四道封锁线，粉碎了蒋介石围歼中央红军于湘江以东的企图。但是，红军也为此付出了极为惨重的代价。渡过湘江后，中央红军和中央机关从长征出发时的 8.6 万余人，锐减至 3 万余人，损失了半数以上。而且，各种辎重、机器乃至上十担各种资料文件等在激战中大部分散失。

湘江之战的惨痛事实，已经使红军中越来越多的人感到再也不能照原来的办法打下去了，必须下决心有一个根本的改变。

就在这十分危急的关头，毛泽东力主中央红军放弃北上湘西同红二、红六军团会合的原定计划，立即转向西行，向国民党兵力薄弱的贵州前进，以摆脱敌人，争取主动，去开辟和建立新的革命根据地。12月12日，中共中央负责人在湖南通道举行紧急会议，讨论红军行动方向问题。与会的王稼祥、张闻天和周恩来等多数人赞成毛泽东提出的上述方针。但是，李德等人却拒不接受这一提议，仍然主张北上湘西与红二、红六军团会合的行军路线。由于通道会议未能采纳毛泽东的正确意见，也未从根本上改变中央红军原定的行军计划，红军如果继续往湘西进军，则必定会钻进敌人布下的“口袋”。在这种情况下，为了挽救党和红军的前途与命运，时任中央政治局常委、中革军委副主席、红军总政委的周恩来经过反复思考，决定在交通闭塞、粮草富足的贵州黎平召开中央政治局会议来解决红军行动方针这个重大问题。

12月18日，中央政治局在黎平举行会议。在会上，博古、李德仍然坚持由黎平北上湘西与红二、红六军团会合，创造新的根据地。毛泽东则主张继续向贵州西北进军，在川黔边建立根据地。经过激烈争论，王稼祥、张闻天等多数人赞成毛泽东的意见，主持会议的周恩来决定采纳毛泽东的意见，西进渡乌江北上。博古和李德也放弃了自己的意见，同意对行军路线进行战略调整。会议通过的《中共中央政治局关于战略方针之决定》，明确否定在湘西创立根据地的可能性，从而结束了自老山界以来关于红军战略行动方针的争论问题，改变了长征的前进方向。此外，会议还根据中央领导人内部存在争论的情况，决定到遵义地区后开会总结第五次反“围剿”以来在军事指挥上的经验教训。

黎平会议有着巨大的历史功绩。它不仅肯定了毛泽东的正确意见，还改变了中央红军的前进方向，使红军避免了可能覆灭的危险。黎平会议以后，中央红军分左右两路直下贵州的施秉、黄平地区，并相继强渡黔北的天然屏障乌江天险成功，于1935年1月7日出敌不意地占领了黔北重镇遵义，把敌人数十万“追剿军”甩在乌江以东、以南地区，从而为中共中央总结经验教训、纠正错误提供了必要条件。

二、生死攸关的转折

到 1935 年 1 月红军占领遵义为止，王明“左”倾错误统治全党已达四年之久，给党和红军造成了极其严重的损失。早在中央苏区时，许多干部就对中共中央主要领导人在军事指挥上的错误产生怀疑和不满。一些军团指挥员也多次在作战电报、报告中提出批评和意见，有的同志甚至同李德等人发生过激烈的争论。毛泽东等人也多次提出自己的正确主张，但都没有被接受。党和红军的许多领导人和广大干部战士，从革命战争正反两方面的经验教训中认识到，第五次反“围剿”的失败和红军战略转移中遭受的挫折，是排斥了以毛泽东为代表的正确领导，贯彻执行错误的军事指导方针的结果，强烈要求改换领导，改变军事路线，对博古、李德的军事指导方针日益不满。长征开始后，随着红军作战的接连失利，特别是湘江之战的惨重损失，红军上下这种不满情绪达到顶点。他们中的许多人为红军前途深感焦虑，认为不解决这个关键问题，党和红军就难以摆脱极为被动的困境。

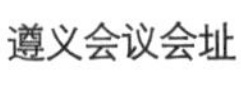

遵义会议会址

在行军途中，毛泽东还对王稼祥、张闻天及一些红军干部反复进行了深入细致的讲解工作，向他们深入分析第五次反“围剿”和长征以来中央在军事上的错误。毛泽东的正确意见，逐渐得到了王稼祥、张闻天等人的支持。周恩来、朱德与博古、李德的分歧越来越大，他们也支持毛泽东的正确意见。

在这种情况下，召开一次中央政治局会议，总结经验教训，纠正领导上的错误，已经有了成熟的条件。1935 年 1 月 15 日至 17 日，中央政治局在遵义召开扩大会议。出席会议的政治局委员有毛泽东、张闻天、周恩来、朱德、陈云、博古，候补委员有王稼祥、刘少奇、邓发、何克全（凯丰），还有红军总部和各军团负责人刘伯承、李富春、林彪、聂荣臻、彭德怀、杨尚昆、李卓然以及中央秘书长邓小平。共产国际驻中国军事顾问李德及担任翻译工作的伍修权也列席了会议。会议集中解决了当时具有决定意义的军事问题和组织问题。

会议着重总结了第五次反“围剿”失败的经验教训，纠正了王明“左”倾冒险主义在军事上的错误，重新肯定了毛泽东根据战争实践经验总结出来的一系列正确战略、战术。博古首先在会议上做了关于反对敌人第五次“围剿”的总结报告，为其错误辩护。他过分强调客观困难，而不承认主要是由他和李德压制正确意见，在军事指挥上犯了严重错误而造成的。接着，周恩来就军事问题做副报告，指出第五次反“围剿”失败的主要原因是军事领导的战略、战术错误，并主动承担责任，做了诚恳的自我批评，同时也批评了博古和李德。张闻天按照会前与毛泽东、王稼祥共同商量的意见，做反对“左”倾军事错误的报告，比较系统地批评了博古、李德在军事指挥上的错误。

毛泽东在会上做了重要的发言，对博古、李德在军事指挥上的错误进行了切中要害的分析和批评，并阐述了中国革命战争的战略战术问题和今后在军事上应采取的方针。王稼祥在发言中也批评博古、李德的错误，支持毛泽东的正确意见。周恩来、李富春、聂荣臻、朱德、刘少奇、陈云以及其他许多同志也在会上发言，支持毛泽东的正确意见，反对“左”倾错误的军事路线。会议指定张闻天起草决议，委托常委审查，然后发到支部讨论。

张闻天会后根据与会多数人特别是毛泽东发言的内容，起草了《中共中央关于反对敌人五次“围剿”的总结的决议》(即《遵义会议决议》)。这个决议，在中共中央离开遵义到达云南扎西县境后召开的会议上正式通过。决议明确指出，博古、李德在军事上的单纯防御路线，是我们不能粉碎敌人五次“围剿”的主要原因。决议还充分肯定了毛泽东等在领导红军长期作战中形成的战略战术基本原则。

遵义会议还改组了中央领导机构，增选毛泽东为中央政治局常委，取消长征前成立的“三人团”，仍由中革军委主要负责人朱德、周恩来指挥军事，并以周恩来为“党内委托的对于指挥军事上下最后决心的负责者”，以毛泽东为“恩来同志的军事指挥上的帮助者”。随后，进一步调整了中央领导机构。2 月 5 日，在川滇黔交界的一个叫“鸡鸣三省”的村子，中央政治局常委分工，决定由张闻天代替博古负中央总的责任（习惯上也称之为总书记）。3 月中旬，在贵州鸭溪、苟坝一带，成立了由毛泽东、周恩来、王稼祥组成的新的“三人团”，周恩来为团长，负责指挥全军的军事行动。此外，遵义会议还制定了红军之后的任务和战略方针，决定改变黎平会议关于在川黔边建立根据地的决定，北渡长江，到成都之西南或西北建立根据地。会后，又根据敌情的变化，决定中央红军在川滇黔三省广大地区创造新的根据地。

在紧急战争形势下举行的遵义会议，是一次具有历史意义的会议，会议明确地回答了红军战略战术方面的是非问题，解决了党内所面临的最迫切的组织问题和军事问题，也结束了支配中共中央长达四年之久的“左”倾教条主义错误，从而确立了毛泽东在中共中央和红军的领导地位。这些成果，是中国共产党在同共产国际中断联系的情况下独立自主地取得的，标志着中国共产党在政治上开始走向成熟。这次会议，在极端危急的历史关头，挽救了党，挽救了红军，挽救了中国革命，为中央红军胜利地完成长征，开展中国革命新局面奠定了最重要的基础，也成为中国共产党和红军历史上一个生死攸关的转折点。

三、“毛主席用兵真如神”

中央红军进占遵义后，蒋介石调集薛岳兵团和黔军全部，滇军主力和四川、湖南、广西军队各一部，共150个团、40万兵力，向遵义地区进逼，企图阻止中央红军北进四川同红四方面军会合，或东入湖南同红二、红六军团会合，围歼红军于乌江西北回旋余地不大的川、黔两省边境地区。

与国民党的重兵云集相比，此时中央红军只有16个团、3.5万多人，敌我兵力极为悬殊。在这种情况下，中共中央和中革军委决定，由遵义地区北上，在四川泸州西南北渡长江，进至川西北，同红四方面军一起实行总的反攻，争取赤化四川。如渡江不成，则暂时留在川南活动，并伺机从宜宾上游北渡金沙江。

从1935年1月19日起，红军兵分三路，先后从遵义、桐梓、松坎地区出发，向土城、赤水方向前进。黔敌随即进占遵义、湄潭；川敌则以一部兵力防守宜宾、泸州，另调集8个旅，分路向松坎等地推进。1月24日，红军右纵队红一军团击溃黔敌教导师的抵抗，攻占土城；中纵队红九军团攻占习水，红五军团进至三元场；左纵队红三军团进至土城东南之回龙场地区。

就在这时，先于红军进入赤水城的川敌教导师一部对旺隆场、复兴场红军进行反扑；川敌教导师第三旅、独立第四旅由东胜场进至温水，先头部队进至土城以东之木栏坝，尾随红军攻击，另两个旅随后跟进；川敌第一师第三旅主力正向叙永开进，另一部重占习水。在此局面下，中革军委果断决定：乘敌薛岳部主力尚在乌江以南，黔敌新败的有利时机，在土城以东青杠坡地区围歼尾追的川军郭勋祺部，以保障红军下一步顺利北渡长江。

1月28日拂晓，中央红军发起了土城战役。战斗打响后，军委纵队干部团、红三军团、红五军团、红一军团一部，从南北两面向青杠坡地区尾追的川军两个旅发起猛攻，激战终日，虽然予敌重创，但是红军也付出不小代价。此时，川军后续部队两个旅迅速增援上来，位于旺隆场的川军两个旅也从侧背攻击中央红军。在这种情况下，在毛泽东提议下中央政治局于当晚召开紧急会议。会议认为，根据各路国民党军队正赶来进行围堵的新情况，原定在这里北渡长江的计划已不能实现，并果断决定迅速撤出战斗，渡赤水河西进，向古蔺以南地区前进，寻机北渡长江。由此，拉开了四渡赤水的序幕。

按照中央政治局会议的精神，1月29日凌晨，中央红军除少数部队阻击川军外，主力则分三路从猿猴场、土城南北地区西渡赤水河，进入川南古蔺、叙永地区，寻机北渡长江。这就是一渡赤水。为此，中共中央和中央军革委还发布了《共产党中央委员会与中央革命军事委员会告全体红色指战员书》，明确指出：红军必须经常地转移作战地区，有时向东，有时向西，有时走大路，有时走小路，有时走老路，有时走新路，而唯一的目的是为了在有利条件下求得作战的胜利。

中央红军的这一行动使敌人非常恐慌。蒋介石判断中央红军将西入云南，随即重新调整部署，企图围歼中央红军于长江以南、横江以东、叙永以西地区。

鉴于敌军已加强了长江沿岸防御，并以优势兵力分路向红军进逼，毛泽东认为渡江北上已不可能，遂提出回师东进再渡赤水，向国民党军兵力薄弱的黔北地区发动进攻，重占遵义的主张。2月7日，中共中央和中革军委决定放弃北渡长江的计划，改取“以川、滇、黔边境为发展地区，以战斗的胜利来开展局面，并争取由黔西向东的有利发展”的方针，并要求各军团迅速脱离四川追敌，向滇境镇雄集中，进行与滇敌作战的一切准备。接着，中央红军即向川滇边的扎西地区集中。这时，敌孙渡纵队和川军潘文华部分别从南北两面迫近扎西；周浑元纵队主力正从黔西、大定地区向古蔺、叙永方向追击。为了迅速脱离川、滇两敌之侧击，毛泽东又提出回师东进、再渡赤水、重占遵义的方针。2月11日，中央红军分3个纵队由扎西地区东进，于18日至21日分别由太平渡、二郎滩二渡赤水河，向黔北的桐梓地区疾进；同时以红五军团的1个团向温水开进，以吸引追敌。

红军二渡赤水，回师黔北，完全出乎国民党军的意料。在这种局面下，中共中央、中革军委决定乘追击之敌大部尚未到达之际，迅速击破黔军的阻拦，占领娄山关及其以南地区，再取遵义，以争取主动。24日，红一军团先头部队攻占桐梓，桐梓守军被迫退守娄山关。25日晚，在粉碎敌人向娄山关的多次反扑之后，红一军团主力和红三军团1个团又从娄山关东、西两侧向敌后方之板桥地区迂回，经激烈战斗，击溃了进攻娄山关之敌，并相继攻占了娄山关以南之黑神庙、板桥、观音阁等地，残敌向遵义逃跑。遵义战役历时5天，红军连下桐梓、娄山关、遵义，共击溃和歼灭国民党军2个师又8个团，俘敌3000余人。这是中央红军长征以来所取得的最大一次胜利，充分表现了毛泽东的指挥艺术和红军的骁勇善战。这次胜利，不仅鼓舞了全军士气，获得了物资补充，打击了敌人，还打击了蒋介石嫡系部队的嚣张气焰，使中央红军得到了短期休整的机会。

蒋介石打了败仗之后，极为恼火，由汉口飞抵重庆坐镇指挥，并改以堡垒主义和重点进攻相结合的战法，指挥多路敌军向遵义一带合围，企图南北夹击，围歼中央红军于遵义、鸭溪地区。面对这种局面，为了进一步调动敌人，寻求新的战机，中央红军于3月16日、17日，在茅台及其附近三渡赤水河，并疾向四川南部的古蔺、叙永方向前进。

红军三渡赤水再入川南之后，蒋介石判断中央红军又要北渡长江，急令所有部队向川南进击，企图围歼红军于古蔺地区。在国民党军重兵再次向川南集中的情况下，毛泽东又决定，乘来敌不备之际，再次折兵向东，在赤水河东岸寻机歼敌。为了迷惑敌人，3月20日，以红一军团1个团大张旗鼓地向古蔺前进，诱敌向西；主力则由镇龙山以东地区突然折向东北，于21日晚至22日分别经二郎滩、九溪口、太平渡四渡赤水，从敌重兵集团右翼分路向南疾进，26日进至遵义至仁怀大道北侧干溪、马鬃岭等地区。3月31日，经江口、大塘、梯子岩等处南渡乌江，把敌人几十万大军甩在乌江以北。4月2日，又以一部兵力佯攻息烽，主力则进至狗场、扎佐地域，佯攻贵阳，以诱出滇军来援。在部署这次行动时，毛泽东说："只要能将滇军调出来，就是胜利。"此时，国民党军在贵阳及其周围地区只有4个团。果不其然，正在贵阳督战的蒋介石发觉红军逼近贵阳时，急令滇军孙渡纵队3个旅火速东进"救驾"，同时令守城部队死守飞机场，并准备轿子、马匹、向导，以便随时逃跑。滇军主力被调往贵阳后，出现了毛泽东所预料的有利形势。

在此形势下，在毛泽东的指挥下，乘各路敌军纷纷向贵阳以东调动时，在贵阳虚晃一枪的红军，又抓住"滇军主力全部东调，云南后方空虚"的机会，突然于4月8日急转向南，分两路从贵阳、龙里之间突破敌军防线，接着出其不意地以每天120里的速度，向敌兵力空虚的云南疾进，使敌围歼红军于黔东的计划又一次落空。进入云南后，为了进一步调动敌人，把一直紧紧围追堵截的国民党军队抛在后面，抢渡天险金沙江，毛泽东再次施展调虎离山计：红九军团由水城向滇东北的宣威地区进发，吸引追敌向北；中央红军主力则以神速向西疾进，并于4月27日攻占马龙，继占寻甸、嵩明，一部进至杨林，前锋直逼昆明，从而迫使"云南王"龙云调兵固守昆明，进一步削弱滇北各地和金沙江南岸敌之防御力量，为红军北渡金沙江提供了有利条件。

四渡赤水后，毛泽东指挥中央红军南渡乌江，威逼贵阳。随后，又疾进云南，巧渡金沙江，摆脱了几十万国民党军的围追堵截，取得了长征中具有战略意义的胜利。在此局面下，中央红军主力利用缴获的6只木船抢渡金沙江。活动在乌江以北地区的红九军团，也从树节、盐井坪渡过金沙江。这样，红军摆脱了几十万国民党军队的围追堵截，取得了战略转移中具有决定意义的胜利。

四渡赤水，是中国革命战争史上以少胜多、变被动为主动的光辉战例。在这次作战中，毛泽东充分利用敌人内部矛盾，发扬红军运动战的优势，指挥中央红军纵横驰骋于川黔滇广大地区，迂回穿插于敌人重兵集团之间，声东击西、出其不意、避实击虚，陷前堵后追的国民党军于徒劳往返、疲于奔命的境地，牢牢地掌握战场的主动权，从而取得了战略转移中具有决定意义的胜利。这一胜利是在改变了中央军事领导之后取得的，充分显示出了毛泽东高超的军事指挥艺术。25年后，毛泽东还对来访的英国陆军元帅蒙哥马利说："四渡赤水是我军事生涯中的得意之笔。"

后来，又经过千辛万苦，红一方面军主力最终胜利地完成了历时一年、纵横11个省、行程两万五千里的长征，开始为实现党中央新的战略任务而斗争。长征的胜利，是中国革命转危为安的关键，这是一个具有伟大历史意义的事件。长征实现红军的战略大转移，是在遵义会议确立以毛泽东为核心的新的中央正确领导下取得的。它的胜利表明，中国共产党及其所领导的中国工农红军具有战胜任何困难的无比顽强的生命力，是一支不可战胜的力量。

第三节 “到敌人后方去”

卢沟桥事变爆发后，全国性的抗日战争开始。在此形势下，中共中央于 1937 年 8 月在陕西洛川召开了政治局扩大会议。这次会议，为全国抗战制定了正确路线和战略总方针，阐明了中国共产党在抗日战争时期的基本政治主张，对推动全民族抗战和争取抗战的最后胜利都具有重大意义。

一、洛川会议

卢沟桥事变爆发以后，为了迅速灭亡中国，日军采取了速战速决的战略方针，并同时在华北和淞沪地区开辟了南北两个战场，对国民党军展开了全面的大规模的战略进攻。掌握全国政权的国民党当局，接受中国共产党关于团结抗日、一致对外的建议，成为正面战场的组织者。在抗战初期的战略防御阶段，国民党军担负起了抗击日军战略进攻的主要任务，并组织了淞沪、忻口、徐州、武汉等一系列会战，为国家和民族作出了积极贡献。但是，由于实行的是单纯依靠政府及军队的片面抗战路线和消极防御的战略方针，尽管国民党军队发动组织过几场大规模的军事会战，但从总体上看，都是以退却和失败而告终，甚至付出了巨大代价。

1937 年 8 月 22 日至 25 日，中共中央在陕西洛川县冯家村召开政治局扩大会议，深入分析当时敌强我弱的战争形势，明确抗日战争的艰苦性和持久性。对于此前国民党当局的抗日方针，会议通过的《中共中央关于目前形势与党的任务的决定》一针见血地指出：国民党还不愿意发动全国人民参加抗战。这种抗战可能取得局部的胜利，然而决不能取得最后胜利。据此，此次会议确定了“全面的全民族的抗战”路线以及持久战和积极防御的战略方针，强调：“今天争取抗战胜利的中心关键，在使已发动的抗战发展为全面的全民族的抗战。只有这种全面的全民族的抗战，才能使抗战得到最后的胜利。”

毛泽东、张闻天、周恩来、朱德、任弼时等23人出席了会议。张闻天主持会议。毛泽东代表中央政治局做关于军事问题、国共两党关系问题的报告，全面分析了抗日战争的形势、任务及国共两党关系，指出抗日战争的持久性，提出八路军的基本任务和战略方针，强调共产党在统一战线中的独立自主原则。

就抗日战争的前途，毛泽东指出，中国抗战存在着两种政策和两个前途，即全面的全民族抗战的政策和国民党的单纯政府抗战的政策，坚持抗战到胜利的前途和大分裂、大叛变的前途。

就中国共产党领导的红军的基本任务和战略方针，毛泽东指出，我们的任务是动员一切力量争取抗战胜利，最基本的方针是持久战。八路军的基本任务是：创造根据地，钳制和相机消灭敌人，配合友军作战（战略支援任务），保存和扩大八路军，争取民族革命战争领导权。八路军的战略方针是独立自主的山地游击战，包括在有利条件下消灭敌人兵团和在平原发展游击战争。

就共产党在统一战线中的独立自主原则，毛泽东指出：在统一战线下是相对的独立自主，但一定要争取战略方针的共同商量；游击战争的作战原则是分散以发动群众，集中以消灭敌人，打得赢就打，打不赢就走；山地战要达到建立根据地，发展游击战争，小游击队可到平原地区发展。要坚持抗日民族统一战线，要巩固和扩大抗日民族统一战线，共产党在统一战线中必须坚持独立自主的原则，对国民党要保持高度的阶级警觉性。

会议通过了《中共中央关于目前形势与党的任务的决定》《中国共产

党抗日救国十大纲领》和毛泽东为中共中央宣传部门起草的宣传鼓动提纲《为动员一切力量争取抗战胜利而斗争》。《中共中央关于目前形势与党的任务的决定》指出，中国的抗战是一场艰苦的持久战。争取抗战胜利的关键，在于使已经发动的抗战发展为全面的全民族的抗战。要求共产党及其领导的民众和武装力量站在抗战的最前线，使自己成为全国抗战的核心。抗日救国十大纲领的主要内容是：（1）打倒日本帝国主义；（2）全国军事的总动员；（3）全国人民的总动员；（4）改革政治机构；（5）抗日的外交政策；（6）战时的财政经济政策；（7）改良人民生活；（8）抗日的教育政策；（9）肃清汉奸卖国贼亲日派，巩固后方；（10）抗日的民族团结。

为在新形势下加强中国共产党对军队的绝对领导，会议还决定成立中共中央革命军事委员会，由毛泽东、朱德、周恩来、彭德怀、任弼时、张浩、叶剑英、林彪、贺龙、刘伯承、徐向前 11 人组成，毛泽东任书记（亦称主席），朱德、周恩来为副书记（亦称副主席）。并确定了八路军的基本任务是：深入冀、察、晋、绥 4 省交界地区，开辟敌后战场，发动和组织群众，实行兵民结合，进行独立自主的山地游击战，钳制和消耗日军，配合友军作战，在战争中壮大实力，创建抗日根据地。

洛川会议是中国共产党在重大历史转折关头召开的一次重要会议。这

洛川会议上组成了新的中共中央革命军事委员会，毛泽东当选为主席。图为毛泽东（中）、周恩来（右）和任弼时（左）的合影

次会议，为全国抗战制定了全面抗战的正确路线和战略总方针，阐明了党在抗日战争时期的基本政治主张，明确了我军的战略任务和战略方针，对进行抗战和争取抗战的最后胜利具有重大意义。

二、“红军参战以来的第一次胜利”

日本军国主义发动全面侵华战争之后，认为只要给中国“有力一击”，便能在几个月时间里迫使中国屈服。在北线，为了造成“迅速对河北省内的中国军队以及中国的空军主力给予打击”，“以期根本解决华北问题”，自恃军事实力大大超过中国的日军，倚仗其在装备、训练上的优势，兵分三路，沿津浦、平汉、平绥三条铁路干线做扇面式进攻和推进，企图一举围歼在华北地区的中国军队。在此战局之下，国民党军的各个防线不断被突破，阎锡山指挥的晋绥军也纷纷向雁门关方向撤退。中日双方的主战场随之转移到了山西。

山西的战略地位十分重要，历来为兵家所必争。对于山西在抗日战争中极为重要的地缘价值，任弼时在1938年1月曾有一段精辟的概括。他指出：山西自雁门关以南，井陉、娘子关以西系高原多山地区，对保卫华北地区、支持华北地区战局，有极重大的意义。敌人要完成其军事占领华北，非攻占山西不可。如山西全境在我军手中，则随时可以居高临下，由太行山脉伸出平汉北段和平绥东段，威胁敌在华北之平津军事重地，使敌向平汉南进攻及向绥远的进攻感到困难。故山西为敌我必争之战略要地。

正因为山西有如此重要的战略价值，1937年8月底9月初，中共中央、中央军委即果断命令八路军第一一五师和第一二〇师赴山西前线抗日。中共中央给予八路军的战略任务是：一方面配合国民党战场的蒋（介石）阎（锡山）军作战，从侧翼阻击进犯山西之敌，以打击日军锐气和掩护友军退却；另一方面伺机深入敌人占领区，密切协同地方党组织，广泛组织和武装群众，发展敌后抗日游击战争。在此前后，为尽快攻陷山西，日军兵分两路向太原方向疾进：一路由大同进攻雁门关，南下直取太原；一路由蔚县、广灵进攻灵丘、平型关，对国民党第二战区阎锡山部实行迂回，并配合沿同蒲路南下之敌夺取太原。

情况十分危急。在这种局面下，为了阻滞日军攻势，打击日军的嚣张气焰，9月23日，八路军总部命令第一一五师向平型关、灵丘间出动，相机侧击向该线进攻的日军。

根据八路军总指挥部的指示精神，第一一五师决定利用在平型关东北关沟至东河南镇之间长约13公里的险要地段，配合友军在平型关的正面防御，并利用公路两侧居高临下的有利地形，待日寇进攻平型关时，出其不意，从侧后伏击由灵丘向平型关进犯的日军。按照这一计划，当夜，第一一五师部率主力进至平型关东南15公里的冉庄地区，断绝交通，封锁消息，并令该师独立团、骑兵营向灵丘方向运动，以钳制和打击增援平型关的日军，保障主力侧翼安全。9月24日，第一一五师各级指挥员又亲临前

1937年9月25日，八路军首战平型关告捷。图为平型关战场远眺

线侦察敌情，并判断日军将于次日大举进攻平型关，遂命令部队于当夜冒雨在平型关东北公路的两侧山地设伏，待机歼敌。

果不出所料，9月25日晨，日军第五师团第二十一旅团一部乘汽车百余辆，附辎重大车200余辆，沿灵丘至平型关公路西进。7时许，当该敌全部进入第一一五师设伏地域时，由于道路狭窄，雨后路面泥泞，日军车辆人马拥挤堵塞，行动十分缓慢。乘此良机，八路军第一一五师在公路以南的山地上，居高临下，突然以密集的火力向日军发起了猛烈攻击。日军的人和车互相碰撞，十分混乱。为了不让其跑掉，八路军战士又在10多里长的山沟里，迅速将日军包围、割裂，并随即展开激烈的白刃格斗。经过一天的激战，最终将平型关以东的日军全部消灭。是役，是八路军首次集中较大兵力对日军所进行的一次成功的伏击战，也是全国抗战开始以来中国军队的第一个大胜利，共击毙日军精锐第五师团第二十一旅团1000余人，击毁汽车100余辆、马车200余辆，缴获火炮1门、机枪20余挺、掷弹筒20余具、步枪1000余支、军马50余匹及大批军用物资，取得了全国抗战以来第一个歼灭战的胜利。

在日军长驱直入、国民党军节节后退的形势下，八路军在平型关首战告捷，不仅破坏了日寇进攻平型关的计划，沉重地打击了日本侵略者的嚣张气焰，粉碎了“日本皇军不可战胜”的神话，还极大地振奋了全国军民的抗战意志和胜利信心，提高了中国共产党和八路军的威望，广大人民的胜利信心也更为高涨。据统计，自1937年9月平型关初战到1938年10月武汉失守，八路军、新四军对日军作战计1600多次，毙伤日军6万余人，并先后建立了晋察冀、晋西北、晋冀豫、冀鲁豫、苏南、淮南、豫皖苏边等大小24块抗日根据地。这些抗日根据地的开辟，不仅打乱了侵华日军作战前线与后方的划分，还形成敌后与正面两个战场夹击日军的有利战略格局。因此，敌后战场的开辟和抗日根据地的建立，成为中国人民坚持长期抗战的中流砥柱，为赢得抗日战争的彻底胜利作出了巨大的历史贡献。

三、《论持久战》的发表

历史证明，为了组织和动员全国的抗日力量进行全面抗战，打败日本侵略者，夺取抗日战争的胜利，就必须明确地提出抗战的军事战略方针，而这个唯一正确的战略方针就是实行持久战。

卢沟桥事变前，中共中央就预见到抗日战争将是一场持久的战争。早在1935年12月，毛泽东就曾指出："要打倒敌人必须准备做持久战。"1936年7月，他在会见美国记者时，再次提出要通过持久抗战取得胜利的方针。1937年7月，朱德在《实行对日抗战》一文中，也指出中国的抗日战争"将是一个持久的、艰苦的抗战"。

卢沟桥事变之后，随着全国抗战的开始，中国共产党又及时提出了关于全国抗战的战略方针和作战原则。1937年8月，周恩来、朱德在南京国民政府军委会军政部的谈话会上，再次提出持久抗战的思想。同月召开的洛川会议，在深入分析中日敌强我弱的战争形势后，又强调了抗日战争的艰苦性和持久性。洛川会议以后，张闻天、周恩来、刘少奇等相继发表文章，深入论述抗日战争的持久性以及实行持久战和争取抗战胜利的条件、方法，等等。

但是，当时在中国特别是在国民党内部，对于抗战却存在着两种错误倾向：一种是轻敌的"速胜论"。有人认为，只要打3个月，国际局势一定变化，最大的希望是苏联出兵，次之就是美英在上海的干涉。在共产党内，"亡国论"一般是没有的，但一些人有轻敌思想，认为依靠国民党200万正规军就可使抗战速胜。台儿庄大捷后，全国范围内的"速胜论"又开始急剧滋长。另一种则是悲观的"亡国论"。有人说："中国武器不如人，战必败。"徐州失陷后，"亡国论"又迅速抬头。国民党亲日派的汪精卫集团便是"亡国论"的突出代表。此外，虽然也有一部分人认为中日之间会是一场持久战，但是他们对持久战的理解却大不相同。例如，蒋介石的“持久战”基本上限定为一种军事上的指导方针，而在事实上还缺乏广泛的群众动员和全民抗战的群众基础；另一些人，包括一些共产党员，他们虽然也赞同持久战，但是对于抗日战争的客观规律和中日两国的实际情况，缺乏正确的认识和科学的分析，因而对战争的发展趋势和结局也缺乏冷静的思考，等等。

面对当时党内、军内乃至全国范围关于抗日战争前途的复杂思想状况，为了肃清“速胜论”和“亡国论”造成的思想混乱，并初步总结全国抗战的经验，批驳当时流行的种种错误观点，从而系统阐明中国共产党的抗日持久战方针和争取抗战胜利的正确道路，1938 年 5 月，毛泽东集中全党智慧，发表《论持久战》和《抗日游击战争中的战略问题》两篇重要军事著作。这两篇重要的军事著作，不仅从理论上科学说明了抗战的进程和前途，驳斥了“速胜论”和“亡国论”，透彻地阐述了抗战必须坚持持久战的方针，指出了游击战在抗战中具有重要战略地位，还对持久战问题进行了全面、系统、深刻的论述，明确指出了抗日战争将经过战略防御、战略相持和战略反攻三个阶段，并强调持久战是抗日战争总的战略方针，中国的抗战是持久的，最后的胜利是属于中国的。

在《论持久战》一文中，毛泽东提出：“中日战争不是任何别的战争，乃是半殖民地半封建的中国和帝国主义的日本之间在二十世纪三十年代进行的一个决死的战争。”并强调：“全部问题的根据就在这里。”他高屋建瓴地指出了中日双方存在着互相矛盾的四个基本特点，即敌强我弱；敌退步我进步；敌小我大；敌失道寡助，我得道多助。他认为，第一个特点决定了日本的进攻能在中国横行一时，中国不能速胜，中国的抗战不可避免地要走一段艰难的路程；后三个特点则决定了中国不会亡国。据此，他得出了中国既不能速胜也不会亡国，只有经过持久战，才能取得抗战最后胜利的结论。他指出：这些特点，规定了和规定着双方一切政治上的政策和军事上的战略战术，规定了和规定着战争的持久性和最后胜利属于中国而不属于日本。战争就是这些特点的比赛。毛泽东还大胆预言：只有战略的持久战才是争取最后胜利的唯一途径。持久战将经过战略防御、战略相持和战略反攻三个阶段。通过三个阶段，在双方力量对比上，中国必将由劣势到平衡到优势，而日本则必将由优势到平衡到劣势。在战略相持阶段，游击战应成为主要的作战形式，而运动战和阵地战则为辅助形式。战略相持阶段时间最长，斗争也最艰苦，然而抗战力量的成长壮大也正在这一阶段，是持久抗战转到最后胜利的“枢纽”。经过战略相持阶段，中国的抗战力量将转弱为强，敌我力量也将由此发生根本性变化，从而进入以运动战为主要作战形式、陆续收复失地、最后取得胜利的战略反攻阶段。毛泽东指出：中国将变为独立国，还是沦为殖民地，不决定于第一阶段大城市之是否丧失，而决定于第二阶段全民族努力的程度。如能坚持抗战，坚持统一战线和坚持持久战，中国将在此阶段中获得转弱为强的力量。据此，毛泽东又引用中外的大量材料，有理有据地驳斥了“亡国论”和“速胜论”。他严正指出：亡国论者看敌人如神物，看自己如草芥，速胜论者看敌人如草芥，看自己如神物，这些都是错误的。我们的意见相反：抗日战争是持久战，

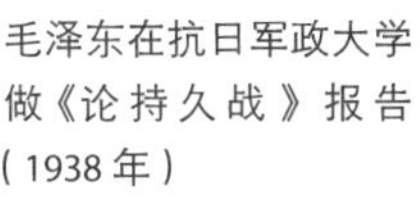
毛泽东在抗日军政大学做《论持久战》报告（1938年）

最后胜利是中国的——这就是我们的结论。此外，毛泽东还论述了游击战对抗日战争的重大意义，并强调争取抗战胜利的唯一正确道路是充分动员和依靠群众，实行人民战争。他说："我在敌后游击战争的广大发展，则使其占领地的守军完全处于被动地位。""兵民是胜利之本。""战争的伟力之最深厚的根源，存在于民众之中。"

《论持久战》是中国共产党领导抗日战争的纲领性文件，它不仅科学地论证了抗日战争的发展规律，以无可辩驳的逻辑阐明了争取抗战胜利的正确道路，以及夺取最后胜利切实可行的办法，也指明了必须持久抗战才能取得最后胜利，从而从思想上武装了全党、全军和广大人民，极大地鼓舞和坚定了广大军民争取抗战胜利的信心和决心。

第四节　夺取抗战的胜利

1945 年，经过浴血奋战，中国人民终于取得了抗日战争的伟大胜利，维护了国家主权、民族尊严以及人类的和平进步事业。抗日战争的胜利是 20 世纪人类历史上的重大事件，对于推动中华民族发展和人类文明进步事业具有重大的意义。

一、“赫尔利政策”

太平洋战争爆发后，美国与中国结盟，在亚洲太平洋地区共同抵抗日本侵略者。美国向中国提供相当数量的武器、军用物资和贷款，并向中国派遣大批军事顾问和专家，装备和训练国民党军队，援助中国抗战，从而大大提高了美国朝野对中国问题的关注和介入程度。美国之所以这样做，是因为太平洋战争爆发以后的一段时期，美国从其国家利益出发，仍然把战略重点放在集中力量击败纳粹德国上，而在亚洲和太平洋地区则没有更多的力量用来对付日本。因此，美国特别需要此时中国能顶住日本，并钳制、分散出尽可能多的日本兵力。同时，美国还考虑到随着太平洋战争形势的发展，以后美国还会更加需要中国的有力配合，以便能在最短的时期内打败日本。

1944 年以后，随着世界反法西斯战争的局势日渐明朗，美国开始更多地考虑战后世界格局的问题，而蒋介石无疑又是美国政府心目中在东亚地区建立亲美政府的最佳人选。因此，基于当时的国际形势和中美关系，1944 年 9 月美国政府决定派赫尔利以美国总统私人代表的身份来华，11 月下旬又决定由赫尔利担任美国驻华大使。

美国政府为赫尔利确定的对华使命是：（1）防止国民政府的崩溃；（2）支持蒋介石做中华民国的主席与军队的委员长；（3）使蒋委员长与美国司令官间的关系和谐；（4）增进中国境内战争物资的生产并防止经济崩溃；（5）为击败日本，统一中国境内一切军事力量。在美国决策者的考虑中，在世界反法西斯战争临近胜利的时候，日本的投降只是一个时间问题，打击共同敌人日本的现实需要已开始日益淡化，而在战后如何对付苏联的问题则开始日益突出。为了在战后推行称霸世界的全球战略，取代日本控制中国，美国政府认为必须加紧巩固蒋介石的统治地位，扶助蒋介石“统一中国”。为此，美国希望通过国共谈判，让共产党交出军队，以政治手段来解决中国国内的纷争。总之，赫尔利来华的主要任务便是支持蒋介石国民党的统治。

为此，赫尔利一方面需要运用美国的影响使中国共产党就范，另一方面则需要游说苏联，使之支持国民党政府。从 1944 年 10 月到 1945 年 11 月辞职，赫尔利主要就是在做这两件事。也正因为这个原因，在来华途中，赫尔利先去了解了苏联领导人的态度。赫尔利归纳的苏联外长莫洛托夫发表的意见大致如下：苏联政府并不再支持中国共产党；苏联不愿中国有纷争或内战；苏联不满中国对在华苏联公民的待遇，但坦白希望在中国有日趋密切和和睦的关系。吃了苏联的这颗“定心丸”以后，赫尔利来到中国，开始全力“调解”国共关系。

中共中央对美国政府采取了有原则的区别对待政策：一方面，欢迎美国对中国的积极态度，愿意与其友好交往，同意在美国调处下进行国共谈判；另一方面，反对美国干涉中国内政并支持蒋介石的反共独裁政策。

赫尔利来华时，正值中国共产党在国民参政会上提出废除国民党一党专政、建立民主联合政府的主张，国共两党重开谈判之际。因此，初到中国的赫尔利便介入了国共谈判。

1944 年 11 月 7 日，赫尔利飞抵延安，同毛泽东、周恩来、朱德等中共领导人接连举行了 4 次会谈。赫尔利带来了一份他和蒋介石共同草拟的文件，内容主要是要中国共产党的军队遵守并执行国民党政府及其军事委员会的命令，要共产党军队的一切军官和士兵接受政府的改组，然后国民党政府才承认共产党的合法地位。在会谈中，赫尔利宣读了这一文件，并做了一些说明。11 月 8 日、9 日，经过数次会谈，赫尔利表示赞同中国共产党关于废除国民党一党专政、成立民主联合政府的主张，双方还共同拟定了《中国国民政府、中国国民党与中国共产党协定（草案）》。其主要内容有：（1）国共两党应通力合作，为打败日本而统一所有国内武力，并共同致力于中国复兴工作；（2）改组国民政府，成立各党各派和无党无派的联合政府，成立代表所有抗战力量的联合统帅部；（3）实行民主改革，给人民以自由；（4）承认中国所有抗日的武装力量，公平分配所有获自友邦的军事装备；（5）承认所有党派的合法地位。

11 月 9 日晚，毛泽东主持中共六届七中全会全体会议，向全会报告同赫尔利会谈的基本情况和修改后的五项协定。11 月 10 日，中共中央政治

毛泽东在延安迎接赫尔利、张治中（1945 年）

局授权毛泽东在《中国国民政府、中国国民党与中国共产党协定》上签字，赫尔利则以美国总统私人代表身份签字作证。这个协定还有待于国民党政府主席蒋介石签字。赫尔利在签字前向毛泽东表示，“这些条款是公平合理的”。毛泽东则对赫尔利说：“我们以全力支持赫尔利将军所赞助的这个协定，希望蒋先生也在这个协定上签字。”

当日下午，赫尔利携带签字后的协定乘机离开延安赶赴重庆，周恩来和包瑞德同行，准备同国民党商谈实现协定事宜。

赫尔利本来认为，这个协定以国民党实行某些民主改革为代价，可以达到换取共产党交出军队的目的，因此对国民党是有利无害的。但是，当赫尔利把“五项协定”带回重庆同蒋介石研究时，蒋介石和国民党其他要人都明确反对“五项协定”。蒋介石表示他“不赞成联合政府和联合军事委员会”，他“不愿意造成南斯拉夫和波兰的那种局势”，并认为这个协定所规定的民主改革会威胁国民党的统治，因此拒绝接受。蒋介石还对赫尔利说，同共产党达成的协议，在华盛顿或者在伦敦，作为解决类似的争论问题，“是可以接受的”；但是在中国，由于人们的特殊心理状态，这样的协议“意味着他本人和他的党的完全失败”。

在这种情况下，赫尔利背弃了他在延安的诺言，完全跟蒋介石一致起来。11 月 21 日，赫尔利向共产党方面转交国民党提出的旨在坚持一党专政，否认人民军队和抗日民主政权存在的 3 条“提示案”，要求共产党把军队和敌后抗日民主政府都移交给国民党当局，然后才给共产党以“合法地位”，并挑选一些共产党的高级军官参加国民政府军事委员会。赫尔利还企图施加压力，迫使共产党接受国民党提出的不合理要求。

中国共产党当然不能接受这个“提示案”。周恩来在给赫尔利的信中当即严正表示：“在这些新建议里面，不可能找到基本的共同基础。”毛泽东也在接见美军观察组时严正指出：共产党不能被双手反绑着参加政府。如果美国要继续支持蒋介石，那是美国的权利，但不管美国做什么，蒋介石注定是要失败的。

1945 年 2 月中旬，赫尔利和魏德迈一起回国述职。4 月 2 日，赫尔利在华盛顿举行记者招待会并发表声明，攻击和诬蔑中国共产党，极力替蒋介石主张召开的“国民大会”捧场，还威胁性地宣称美国政府只同国民党“合作”，不同共产党合作。对美国政府这一扶蒋反共政策，中国共产党进行了针锋相对的斗争。6月11日，毛泽东在中共七大闭幕词中指出：“美国政府的扶蒋反共政策，说明了美国反动派的猖狂。但是一切中外反动派的阻止中国人民胜利的企图，都是注定要失败的。”7月12日，毛泽东在《评赫尔利政策的危险》一文中再次尖锐指出：这个以赫尔利为代表的美国对华政策的危险性，就在于它助长了国民党政府的反动，增大了中国内战的危机。

与此同时，美国国内对赫尔利的非议也越来越多，舆论指责他“颠倒了”罗斯福的对华政策。在此背景下，1945年11月26日，赫尔利迫于国内外的压力，向杜鲁门总统提出辞职。11月27日，美国政府宣布接受赫尔利的辞职，随即任命前陆军参谋长马歇尔上将以总统特使的身份赴华“调处”国共争端。

二、“两个会议，两个目标”

1945年是世界反法西斯战争的最后一年，也是中国抗日战争的最后一年。这年上半年，世界反法西斯局势的发展已完全明朗。在抗日战争即将取得胜利的前夜，为了系统总结中国革命的基本经验，为彻底打败日本侵略者、建立新中国做准备，这一年的4月23日至6月11日，中国共产党在延安举行了第七次全国代表大会。这是一次有着深远意义的会议。

从1928年党的六大召开到1945年，其间整整相隔17年。早在1931年1月，中共六届四中全会即提出要召开七大，并把总结苏维埃运动经验、通过党纲等作为七大的主要任务。但是，由于国民党军队接连不断地大规模“围剿”红军和根据地，致使七大未能如期召开。卢沟桥事变后，随着全国抗战的爆发，1937 年 12 月中共中央政治局会议又决定近期召开七大，并成立了以毛泽东为主席的准备委员会，负责大会的具体筹备工作。1938 年 3 月，中央政治局会议讨论了召开七大的问题。同年 11 月，中共六届六中全会还再次通过决议，指出七大的中心任务是讨论坚持抗战、争取和保证抗日战争的最后胜利等问题。1941 年和 1943 年，中共中央又两次讨论七大的问题。但是，由于战争环境及其他条件不成熟，七大的召开继续延期。中共七大的召开，经过了长期的、充分的准备。在这 17 年中，中国共产党的力量有了很大发展。毛泽东在此期间撰写的大量文章和中共中央发布的许多文件，也已经对党的历史经验从各个方面进行了总结。特别是以毛泽东为核心的中央领导集体的形成和整风运动的成功，使全党的思想、政治和组织状况都发生了根本性的变化。所有这些，都为七大的召开创造了良好的条件。

1945 年 4 月 23 日，在延安杨家岭的中央大礼堂，中共七大正式开幕。毛泽东在开幕词中高屋建瓴地指出：在中国人民面前摆着两条路，光明的路和黑暗的路。有两种中国之命运，光明的中国之命运和黑暗的中国之命运。我们应当用全力去争取光明的前途和光明的命运，反对另外一种黑暗

中共七大会场

的前途和黑暗的命运。我们的任务就是这一个！

中共七大原定会期较短，大会开始后，代表们纷纷要求延长会期，大会发言人数也突破了原定人数，任弼时、陈云等20多人做了大会发言。毛泽东向大会提交了《论联合政府》的书面政治报告，并就报告中的一些问题以及其他问题做了口头政治报告。朱德做《论解放区战场》的军事报告和关于讨论军事问题的结论。刘少奇做《关于修改党章的报告》和关于讨论组织问题的结论。周恩来做《论统一战线》的重要讲话。大会充分发扬民主，对重要报告进行了认真深入的讨论，尤其对毛泽东的政治报告，先后讨论修改达9次之多。大会经过深入讨论，一致通过了关于政治、军事、组织方面的报告，通过了政治决议案、军事决议案和新的党章。

中共七大认为，经过长期锻炼，中国人民已经大大提高了觉悟和团结的程度。同近百年来历次人民斗争的失败和挫折相比较，这一次不同了，已经存在着避免失败和取得胜利的一切必要条件。中国人民克服一切困难，实现其具有伟大历史意义的基本要求的时机已经到来，这是一个光明的前途。

中共七大同时认为，在中国人民面前，还有很大的困难。这是因为抗战以来，国民党与共产党两党不同的抗战路线，即使日本侵略者被打败了，中国仍然可能发生内战，将中国拖回痛苦重重，不独立、不民主、不统一、不富强的老状态去，这就是一条黑暗的前途。中国共产党的任务，就是要竭尽全力去争取光明的前途反对黑暗的前途。这也是七大的中心任务。

中共七大提出党的政治路线是："放手发动群众，壮大人民力量，在我党的领导下，打败日本侵略者，解放全国人民，建立一个新民主主义的中国。"这条政治路线阐明了全党全国人民的奋斗目标是打败日本侵略者，建立一个新民主主义的中国；阐明了为实现这一奋斗目标，就要放手发动群众，壮大人民力量；阐明了加强党的领导是革命取得胜利的关键。

中共七大深刻揭示了中国新民主主义发展的规律，对中共领导中国革命的三条基本经验即武装斗争、统一战线和党的建设问题进行了系统总结，指出："没有中国共产党的努力，没有中国共产党人做中国人民的中流砥柱，中国的独立和解放是不可能的，中国的工业化和农业近代化也是不可能的。”

为加强党的领导，中共七大还明确指出：“以马克思列宁主义的理论思想武装起来的中国共产党，在中国人民中产生了新的工作作风，这主要的就是理论和实践相结合的作风，和人民群众紧密地联系在一起的作风以及自我批评的作风。”这就是影响深远的“三大作风”。“三大作风”是共产党区别于其他政党的显著标志，也是使党的路线、方针得以顺利贯彻的根本保证。

中共七大另一个重大历史性贡献是将毛泽东思想写在了党的旗帜上，确立毛泽东思想为党的指导思想并写入党章。刘少奇在七大《关于修改党章的报告》中深入论述了毛泽东和毛泽东思想在中国革命中的地位和作用，对毛泽东思想做了较为全面、系统和科学的概括，揭示了毛泽东思想的丰富内涵和本质特征，使全党对毛泽东思想有了比较完整的认识和深刻的理解。据此，七大通过的新党章指出：“毛泽东思想，就是马克思列宁主义的理论与中国革命的实践之统一的思想，就是中国的共产主义，中国的马克思主义。”党章中还规定：中国共产党以马克思列宁主义的理论与中国革命的实践之统一的思想——毛泽东思想，作为自己一切工作的指导方针，反对任何教条主义的或经验主义的偏向。

中共七大确立毛泽东思想为党的指导思想，是近代中国历史和人民革命斗争发展的必然选择，是实现中华民族伟大复兴的必然选择。中国共产党成立后，以毛泽东为主要代表的中国共产党人，根据马克思列宁主义的基本原理，经过20多年的艰苦探索，把中国革命实践中的一系列独创性经验进行理论概括，创造性地发展了马克思列宁主义，形成了适合中国情况的科学指导思想。毛泽东思想是马克思列宁主义在中国的运用和发展，是被实践证明了的关于中国革命的正确的理论原则和经验总结，是中国共产党集体智慧的结晶。把毛泽东思想确立为党的指导思想，表明中国共产党已决心把马列主义理论同中国革命实践统一起来，独立自主地走自己的路，这是一项意义深远的宣告。

这次大会选举产生了新的中央委员会和中央领导机构。其中，中央委员 44 人，中央候补委员 33 人。随后召开的七届一中全会，选举毛泽东、朱德、刘少奇、周恩来、任弼时、陈云、康生、高岗、彭真、董必武、林伯渠、张闻天、彭德怀为中央政治局委员，选举毛泽东、朱德、刘少奇、周恩来、任弼时为中央书记处书记，选举毛泽东为中央委员会、中央政治局主席，选举任弼时为中央秘书长、李富春为副秘书长。这是一个具有很高威信的、能够团结全党的坚强的领导集体。

中共七大是中国共产党在新民主主义革命时期极其重要的一次也是最后一次代表大会。它总结中国新民主主义革命 20 多年曲折发展的历史经验，制定了正确的路线、纲领和策略，克服了党内的错误思想，使全党特别是党的高级干部对于中国民主革命的发展规律有了比较明确的认识，从而使全党在马克思列宁主义、毛泽东思想的基础上达到了空前的团结。这次大会作为“团结的大会、胜利的大会”而载入史册。它为党领导人民去争取抗日战争的胜利和新民主主义革命在全国的胜利，奠定了政治上、思想上和组织上的深厚基础。

中国共产党在抗战即将胜利的前夜召开了第七次全国代表大会，提出了废止国民党一党专制、建立联合政府的主张，立即得到了全国人民和各民主党派的积极响应和支持。但是，国民党为了抵制联合政府，在中共七大召开期间，于同年 5 月 5 日至 21 日也在重庆举行了第六次全国代表大会。

这两个大会开会的时间重叠在一起，自然不是偶然的。与中共七大的路线截然相反，国民党第六次全国代表大会走的却是另一条路。在这次会议上，国民党当局把反共作为中心议题，并确定了实行独裁和内战的政策。蒋介石在国民党六大上明确宣示：“今天的中心工作，在于消灭共产党！日本是我们国外的敌人，中共是我们国内的敌人，只有消灭中共，才能达成我们的任务。”

在这次会议上，国民党当局通过了两份有差异的文件。第一份文件是 5 月 17 日通过的对外公开发表的《对于中共问题之决议案》，第二份文件是供国民党内部使用的《本党同志对中共问题之工作方针》。在这两份文件中，国民党一方面厉声斥责“中共一贯坚持其武装割据，借以破坏抗战，致本党委曲求全，政治解决之苦心，迄无成效，而本党同志在各地艰苦奋斗惨遭中共残害，书不胜书”；另一方面又把中共提出的联合政府的口号和召开解放区人民代表会议攻击为“企图颠覆政府，危害国家”，并要求国民党“整军肃政，加强力量”，使政治解决中共的方针得以贯彻。

此外，国民党当局还把妨碍抗战、危害国家等罪名强加在共产党头上，为其准备和发动内战制造借口。它预示着，在不久的将来，国民党政府一定会迫不及待地挑起全国内战。

三、“对日寇的最后一战”

1945 年夏，世界反法西斯战争进入最后胜利的阶段。随着德国法西斯的垮台以及盟军在太平洋战场的接连获胜，日本法西斯的末日已经为时不远。同年 7 月 26 日，中、美、英三国发表《波茨坦公告》(苏联于 8 月 8 日正式声明加入)，促令日本立即无条件投降。8 月 6 日和 9 日，美国先后在日本广岛和长崎投下原子弹，两地共死伤 20 多万人。与此同时，8 月 9 日苏联军队以 150 多万兵力，从东、西、北三面进入中国东北，向日本关东军发动全面进攻，加速了日本法西斯的灭亡。苏联出兵和美国投掷原子弹，对日本帝国主义的投降起了加速作用，使中国抗战出现了空前有利的形势。

在上述国际、国内形势下，敌后解放区战场的广大军民连续发动声势浩大的局部反攻作战，收复大片失地，猛烈地扩大解放区和缩小敌占区。至 1945 年 8 月，抗日根据地遍布 19 个省区，面积近 100 万平方公里，人口 1 亿多人，控制县城 100 多座，把日伪军压缩到了主要城市、交通线及沿海地区。同时，解放区的武装力量也获得了很大发展，军队达 93 万多人、民兵达 220 余万人。特别是经过整风、生产两大运动，深入贯彻了中共中央提出的“十大政策”，解放区党政军民的思想觉悟进一步提高，工农业生产获得很大发展，这就从思想和物质两方面为全面反攻奠定了胜利基础。而且，经过一年多的局部反攻作战和1944年的冬季整训，八路军、新四军和华南各抗日游击队，还大大提高了战术水平和进行较大规模运动战与攻坚战的组织指挥能力，这就在军事方面为举行全面反攻做了较充分的准备。

在这些有利条件下，8月9日，中共中央主席毛泽东发表《对日寇的最后一战》的声明，庄严宣告：八路军、新四军及其他人民军队，应在一切可能条件下，对于一切不愿投降的侵略者及其走狗实行广泛的进攻，歼灭这些敌人的力量，夺取其武器和资财，猛烈地扩大解放区，缩小沦陷区。

8月10日，日本政府向同盟国发出乞降照会，而日军大本营仍命令各地日军坚持继续作战。为歼灭顽抗的日本侵略军，同日，中共中央又发出指示，要求各地应立即布置动员一切力量，向敌伪进行广泛进攻，迅速扩大解放区，壮大人民军队。8月10日24时至11日18时，朱德总司令又连续发布关于受降和对日展开全面反攻等7道命令，命令华北、华中和华南

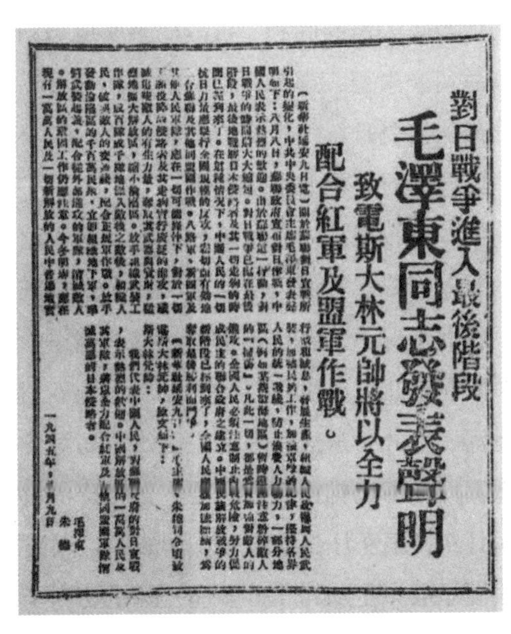

對日戰爭進入最後階段
毛澤東同志發表聲明
致電斯大林元帥將以全力
配合紅軍及盟軍作戰

新华社刊发的《对日寇的最后一战》声明

各解放区的人民军队，向本区一切敌占交通要道展开进攻，迫使日、伪军无条件投降，对收复的城镇实行军事管制，维持秩序，保护人民。

正当解放区战场军民向日、伪军展开大规模反攻之际，8 月 10 日，美国参谋长联席会议指示驻华美军司令魏德迈，要他指挥美军控制中国战场的关键港口和交通枢纽，连同美军所控制的地区和受降的日本军队统统只转交给国民党蒋介石政府。同时，美国总统杜鲁门发出关于日军受降的第一号命令，要求所有在中国（东北除外）的日本陆海空军，只能向国民党政府及其军队投降，不得向中国共产党领导的人民武装力量缴械。与此同时，美国还用各种方法紧急把国民党军队运往被解放区人民抗日武装力量包围的大城市和主要交通线去"接收"。蒋介石也连发 3 道"命令"：一是令共产党领导的第十八集团军"原地驻防待命"，不得向日、伪军"擅自行动"；二是要日、伪军不得向共产党领导的抗日军队投降，"切实负责维持地方治安"，等待国民党军收编；三是令国民党各部队"积极推进，勿稍松懈"。显然，他妄图独吞抗战胜利果实。

针对蒋介石的这一反动行径，毛泽东于 8 月 13 日在延安召开的干部会上发表谈话，表示坚决反对。他说：抗战胜利是人民流血牺牲得来的，抗战的胜利应当是人民的胜利，抗战的果实应当归给人民。据此，第十八集团军正副总司令朱德、彭德怀两次致电蒋介石，据理驳斥并坚决拒绝他不准解放区部队接受日、伪投降的错误命令。8 月 15 日，朱德总司令除令被解放区军民包围的日军迅速投降外，又在致美、英、苏三国政府的"说帖"中，阐明我军有权根据《波茨坦公告》及同盟国规定的受降办法接受被我军包围的日军投降。然而，上述正义要求却遭到美帝国主义和蒋介石的无理拒绝。在此情况下，各抗日根据地的八路军、新四军、华南抗日游击队等人民军队在东北、平津、归绥、太原、平汉、陇海、济南、胶东、津浦、沪宁、运河、广九、东江、琼崖、雷州半岛等各抗日前线向日、伪军发出最后通牒，并立即以排山倒海之势，对拒降的日、伪军发起猛烈的全面反攻。从 8 月 9 日至 9 月 2 日的反攻作战中，八路军、新四军和华南各抗日游击队收复了县以上城市 150 多座，几乎切断了日军占领区的所有铁路交通线，迫使其纷纷向大中城市撤退。日军在中国解放区军民的全面反攻和苏联军队的沉重打击下，迅速土崩瓦解。

8 月 9 日，日本政府最后决定接受《波茨坦公告》。8 月 14 日，日本政府正式照会中、美、英、苏 4 国政府，表示接受《波茨坦公告》。8 月 15 日中午，日本天皇裕仁以广播《终战诏书》的形式，宣布无条件投降。9 月 2 日，在东京湾的美国军舰密苏里号上，日本外相重光葵和日军参谋总长梅津美治郎分别代表日本天皇、日本政府和日本帝国大本营在投降书上签字。至此，中国人民抗日战争暨世界反法西斯战争胜利结束。9 月 3 日成为中国人民抗日战争胜利纪念日。

中国人民抗日战争的胜利，是正义战胜邪恶、光明战胜黑暗、进步战胜反动的胜利，是近代以来中国抗击外敌入侵的第一次完全胜利。这一伟大胜利，不仅彻底粉碎了日本军国主义殖民奴役中国的图谋，洗刷了近代以来中国抗击外来侵略屡战屡败的民族耻辱，还开辟了中华民族伟大复兴的光明前景，开启了古老中国凤凰涅槃、浴火重生的新征程。

第四章

夺取新民主主义的胜利

随着抗日战争的结束，中国共产党和国民党的共同敌人消失了，两党长期以来累积的矛盾以及对国家前途命运主张的分歧开始浮出水面。在这样的形势下，中国共产党领导全国人民，为努力争取实现光明的命运，赢得光明的前途，与蒋介石集团进行了艰苦卓绝的斗争。

第一节　两种命运、两种前途

随着抗日战争的胜利，经过浴血奋战，从生死存亡中挣扎出来的中华民族迫切希望能走上一条和平发展的复兴之路。然而，此时的中国却出现了两种命运、两种前途的抉择。

一、“桃子该由谁摘?”

1945年8月，美国用各种办法把国民党军队紧急运往大城市和主要交通线，去接受日军的投降。在美国的大力帮助下，蒋介石集团的大批军队从西南一隅一拥而出，奔赴全国各地。之后，国民党不仅阻止日军向共产党领导的人民军队投降，还对解放区发动局部进攻，大规模的内战一触即发。

针对蒋介石集团抢夺抗战胜利果实和消灭人民革命力量的企图，中国共产党从实际出发，决定继续放手发动群众，坚决保卫抗战胜利成果。1945年8月11日，中共中央发出《关于日本投降后我党任务的决定》，明确提出应集中主要力量迫使敌伪向我投降，猛力扩大解放区，占领一切可能与必须占领的大小城市与交通要道，夺取武器与资源，并放手武装基本群众。8月13日，毛泽东又在延安干部会议上做了题为《抗日战争胜利后的时局和我们的方针》的报告，系统阐述了这一思想。针对蒋介石独吞抗战胜利果实的阴谋，报告指出：抗日时期，我们在敌后，他上了山。现在他要下山了，要下山抢夺抗战胜利果实了。针对桃子“属于人民”和“能不能归于人民”的问题，毛泽东强调必须“力争”。他指出：抗战胜利的果实应该属谁？这是很明白的。比如一棵桃树，树上结了桃子，这桃子就是胜利果实。桃子该由谁摘？这要问桃树是谁栽的，谁挑水浇的。我们解放区的人民天天浇水，最有权利摘的应该是我们。抗战的胜利应当是人民的胜利，抗战的果实应当归给人民。

据上述思想，8月26日毛泽东在为中央起草的《中共中央关于同国民党进行和平谈判的通知》中更进一步地明确了中国共产党的争夺重点是华北和华中地区，即今后一时期内仍应继续攻势，以期尽可能夺取平绥线、同蒲北段、正太路、德石路、白晋路、道清路，切断北宁、平汉、津浦、胶济、陇海、沪宁各路，凡能控制者均控制之，哪怕暂时也好。同时以必要力量，尽量广占乡村和府城县城小市镇。

从日本宣布投降到1945年9月中旬，蒋介石在国共谈判中借口所谓军令、政令必须统一，妄图取消中国共产党所领导的解放区和军队，使谈判处于僵持局面。按照蒋介石的命令，国民党军在日、伪军的接应下，迅速进占了临近解放区的徐州、开封、郑州、洛阳、太原、归绥等城市，并继续沿平汉、同蒲、平绥、津浦各铁路推进。在这种情况下，由中国共产党所领导的华中、苏南、浙东、皖南、皖中等解放区和豫西、中原、湘粤边等解放区，已处于国民党军重兵包围之下。在这些地区的部队，也有被国民党军各个击破的危险。而且，晋冀鲁豫、晋察冀、晋绥、山东、华中各解放区也均面临着国民党军的严重威胁。

根据上述情况，1945年9月19日，中共中央下发了《中共中央关于目前任务和战略部署的指示》。该指示提出：全国战略方针是向北发展，向南防御，只要我能控制东北及热察两省，并有全国各解放区及全国人民配合斗争，即能保障中国人民的胜利。“向北发展”，就是完全控制已经解放的热河、察哈尔两省，并力争控制东北；“向南防御”，就是收缩南部防线，巩固华北以及华东、华中解放区，保证“向北发展”。中共中央关于“向北发展，向南防御”战略方针的中心思想，就是集中力量控制和发展东北，以改变敌人在战略上对我长期四面包围的局面，并依靠已有的工业和资源，将东北建成我党我军的主要战略基地，支援关内解放区的斗争。

此后，为了保卫抗战胜利果实，全面贯彻“向北发展，向南防御”的战略方针，壮大人民革命力量，各中央局和各战略区遵照中共中央的上述方针和有关的具体指示，迅速调整了部署，形成了有利于应付全面内战的战略布局。中共中央从各解放区主力部队中抽调11万人，并选派2万名地方干部先期进入东北，建立根据地。同时收缩战线，将人民军队从广东、浙江、苏南、皖南、皖中、湖南、湖北、河南（豫北除外）等8个省区撤到长江以北。在华北则开展自卫战争，夺取了邯郸战役、绥远战役和津浦路徐（州）济（南）段战役的胜利，先后歼敌6万余人。特别是在邯郸战役中，采取军事打击与政治争取相结合，促使国民党第十一战区副司令长官兼新八军军长高树勋率部起义，开创了解放战争中国民党军整军起义的先例。蒋介石迫于军事受挫和政治输理，只好按照《双十协定》规定的和平建国方针，同意召开有各党派和无党派代表参加的政治协商会议。

二、和战大计

中国人民经过艰苦卓绝的十四年浴血奋战，付出了巨大的民族牺牲，终于迎来了抗日战争的最后胜利，全国人民沉浸在极大的欢喜中。然而，正当全国人民要求和平、反对内战，希望和平建国的呼声越来越高的时候，蒋介石却加紧盘算着如何消灭共产党。

通过对国际国内形势的深入观察，毛泽东在《抗日战争胜利后的时局和我们的方针》一文中对这一形势作出了深刻分析。他指出：“从整个形势看来，抗日战争的阶段过去了，新的情况和任务是国内斗争。蒋介石说要‘建国’，今后就是建什么国的斗争。是建立一个无产阶级领导的人民大众的新民主主义的国家呢，还是建立一个大地主大资产阶级专政的半殖民半封建的国家？这将是一场很复杂的斗争。”就此，他强调：“公开的全面的内战会不会爆发？这决定于国内的因素和国际的因素。国内的因素主要是我们的力量和觉悟程度。会不会因为国际国内的大势所趋和人心所向，经过我们的奋斗，使内战限制在局部的范围，或者使全面内战拖延时间爆发呢？这种可能性是有的。”中国共产党力争的就是实现这种可能性。

正如毛泽东所分析的那样，为争取时间，积极准备发动全面内战，蒋介石开始玩弄和平欺骗的手腕。与此同时，美国也想建立一个由敌对的两党共同参加的、以蒋介石为首的、经过改组的联合政府。正是在这样的背景下，国民政府文官长吴鼎昌向蒋介石建议：可邀中共领袖毛泽东来重庆举行和平谈判，共商国是，如毛泽东来，则谈；若毛泽东不来，则是无视和平、失理之举。若谈得成，可迫使中共交出军队，若谈不成，则共产党是破坏和平。无论谈与不谈，我党均能争取时间，加紧部署，择机讨伐！

按照这一建议，蒋介石于8月14日、20日、23日接连发出3封电报，邀请中共中央主席毛泽东到重庆进行和平谈判，共同商讨“国际国内各种重要问题”。

中国共产党对争取和平有着真诚的愿望，对局势也有着清醒的认识。8月23日，毛泽东在中共中央政治局扩大会议上做长篇发言，分析国内外形势，说明党在新的环境下所采取的方针和对策。毛泽东认为，“蒋介石要消灭共产党的方针没有改变，也不会改变。他所以可能采取暂时的和平是由于上述各种条件的存在，他还需要医好自己的创伤，壮大自己的力量，以便将来消灭我们。我们应当利用他这个暂时和平时期”。据此，会议决定先派周恩来前往重庆，随后毛泽东再去谈判。

8月28日，毛泽东偕周恩来、王若飞，在国民党政府代表张治中、美国驻华大使赫尔利陪同下，从延安乘专机抵达重庆。毛泽东不顾个人安危亲赴重庆这一举动，有力地宣告了中国共产党是真诚谋求和平的，是真正代表人民的利益和愿望的。毛泽东等到达重庆后，受到各阶层民众的热烈欢迎，在国内外引起巨大的反响。民主人士柳亚子赋诗称颂毛泽东亲临重庆的行动是“弥天大勇”。重庆《大公报》发表社评说：“毛先生能够惠然肯来，其本身就是一件大喜事。”

然而，重庆谈判却是一场复杂而异常艰苦的斗争。谈判从8月29日开始，到10月10日结束。中国共产党对于会谈始终抱着极大的诚意，首先提出了和平建国的具体方案，并由周恩来做了详尽的阐述。9月3日，周恩来、王若飞同张治中、张群、邵力子会谈。中国共产党将十一项“谈判要点”面交国民党代表。而蒋介石对于谈判却毫无诚意，更无准备，仅派几名代表虚与周旋。对于十一项要点，国民党代表以“距离太远”为由拒不接受。9月8日，国共双方继续谈判军队与解放区问题。国民党在答复文件中，无理拒绝中共关于解决解放区政权和军队整编方案，致使会谈陷于僵局。在此情况下，为了力争和平，使内战局限在局部范围内，或者延缓全面内战爆发的时间，在19日国共双方谈判席上，中共方面提出愿在9月3日谈判基础上再作让步，即将国民党军队和中共军队的整编比例由五比一改为中共军队仅占全国军队的七分之一，并将中共军队从广东、苏南、浙江、皖南、皖中、湖南、湖北、河南（豫北不在内）8个解放区撤出。但是，国民党方面又以“军令政令要统一”为借口，表示“甚难考虑”。周恩来、王若飞根据事实给予有力驳斥，指出解放区和人民抗日武装力量是中国共产党领导人民同日本侵略者长期浴血奋战的结果，完全是属于人民和保护人民的。鉴于国民党方面不做任何松动，谈判在艰难中缓慢推进，斗争十分激烈。

最终，经过43天的艰苦谈判，1945年10月10日，国共双方代表签订《政府与中共代表会谈纪要》，即《双十协定》，并公开发表。国民党政府接受中共提出的和平建国的基本方针。双方协议“必须共同努力，以和平、民主、团结、统一为基础”，“长期合作，坚决避免内战，建设独立、自由和富强的新中国”。双方还确定召开各党派代表及无党派人士参加的政治协商会议，共商和平建国大计。这是重庆谈判最重要的两项成果。此外，谈判还达成迅速结束国民党的“训政”，实现政治民主化；党派平等合法；释放政治犯等协议。

有国共双方代表签字的《双十协定》

重庆谈判的结果，是人民力量的一个胜利。毛泽东指出：“这个东西，第一个好处是采取平等的方式，双方正式签订协定，这是历史上未有过的。第二，有成议的六条，都是有益于人民的。”重庆谈判达成的协议，使和平民主的呼声大大高涨，也有力地推动了国民党统治区的民主运动。

《双十协定》签订第二天，毛泽东返回延安，周恩来继续同国民党谈判，并于 1946 年 1 月 10 日签订了“停战协定”。但是，蒋介石要打内战的方针早就确定了。不久，在完成打内战的军事部署之后，在美国的支持下，他最终撕毁了《双十协定》，并于 1946 年 6 月向中原解放区大举进犯，发动了全国规模的内战。

三、重庆政协会议前后

《双十协定》签订后，国民党当局表示接受中共提出的“和平建国的基本方针”；“长期合作，坚决避免内战”，召开政治协商会议，共商和平建国大计。此后，中国一度露出了和平曙光。

1945年12月16日，中国共产党派出由周恩来等组成的代表团飞抵重庆，出席政治协商会议。会前，中共代表同国民党、民主同盟的代表以及各方面人士广泛接触，反复阐述无条件停止内战是召开政治协商会议的前提，停战以后的一切具体问题均可用商谈方法求得解决。12月27日，中共代表团向国民党政府代表提交一份书面建议，要求无条件停战，以利于政治协商会议的进行。这个建议立即得到各民主党派和广大人民群众的支持。经中共代表团多次呼吁和奔走，国民党方面不得不接受这个建议，同意进行停战谈判。1946年1月10日，双方代表正式签订“停战协定”，双方达成于1月13日午夜生效的停战令。国共两党签订的停战协定，为政治协商会议的召开扫除了障碍。

1月10日，在发布停战令的同一天，全国瞩目的政治协商会议在重庆开幕。会议由国民党政府召集，出席会议的有国民党、共产党、民主同盟、青年党和无党派人士的代表共38人。会议的中心议题是关于政治民主和军队国家化的问题。在会议参加者中，政治倾向各不相同。国民党及其追随者（从民主同盟中分离出来的青年党）代表大地主、大资产阶级的政治主张，民主同盟基本上代表民族资产阶级、小资产阶级及其知识分子的政治主张，无党派人士中也以代表中间势力者居多。中共同以民盟为代表的中间派，在反对国民党一党专政、反对内战、要求和平民主这些基本问题上，有着许多共同点。在会议召开之前，民盟代表同中共代表约定：双方携手合作，互相支持。在会议进行期间，中共代表经常同民盟代表和无党派民主人士在会下进行磋商，并在一系列问题上同他们采取联合行动。而且，由中共主办的《新华日报》《解放日报》和一些民主党派、民主人士主办的报刊，连续发表社评和评论，反映各界人民的愿望和要求，对政协会议各项议题的进展加以评论。舆论的支持和配合，对政治协商会议取得积极成果起到了良好的推动作用。

由于共产党与民主党派和无党派人士密切合作，经过同国民党的激烈交锋，会议通过了《政府组织案》、《和平建国纲领》、《军事问题案》、《国民大会案》和《宪法草案案》五项协议，核心是改组政府。《政府组织案》规定：国民政府委员会为政府之最高国务机关，委员名额定为40人，半数由国民党充任，但议案涉及施政纲领的变更，必须有三分之二的出席委员赞成方能通过；改组后的政府是结束国民党“训政”向实施宪政过渡的政府，负责召集国民大会并制定宪法。《宪法草案案》确定了国会制、内阁制、省自治等原则，规定：立法院为最高立法机关，由选民直接选举；行政院为国家最高行政机关，对立法院负责；如立法院对行政院不信任，行政院或辞职或提请总统解散立法院。同时规定：中央与地方分权，省为地方自治的最高行政单位，可制定省宪。

重庆政治协商会议的这些规定，是中国共产党同各民主党派、民主人士共同努力的结果，是中国人民在政治上的胜利。虽然不同于中国共产党所主张的新民主主义纲领，但政协协议对国民党的一党专政、个人独裁的政治制度和反人民的内战政策，具有明显的限制作用，基本上符合全国人民的和平民主愿望，有利于和平建国，有利于解放区民主政权的存在和发展，因而在相当程度上有利于人民，受到人民群众的欢迎，激起了亿万善良的中国人对实现全国的和平、民主、团结、统一的热烈期望。

对于1946年1月达成的“停战协定”和政协协议，中国共产党是准备严格履行的。政协会议闭幕后第二天，中共中央就在《中共中央关于目前形势与任务的指示》中明确指出：中国革命的主要斗争形式，目前已由武装斗争转变到非武装的群众的与议会的斗争，国内问题由政治方式来解决。党的全部工作，必须适应这一新形势。与此同时，中共中央也提醒全党："蒋介石接受协议是被迫的"，"中国民主化的道路，依然是曲折的、长期的"，要做好一切准备。

与共产党的所作所为相反，国民党一开始就反对政协协议。尽管被迫在政协协议上签了字，但它千方百计地破坏政协协议。政治协商会议召开期间，陈果夫就上书蒋介石称："政治协商会议必无好结果。且无论如何，共党已得到好处，本党已受害。"政协会议闭幕前后，在国民党中央常务委员会会议上，一些人更是公然诋毁政协协议，认为："政协协议不利于国民党"，"系国民党的失败"；还有人提出，要监察院弹劾国民党出席会议的代表。蒋介石本人也说："我对宪草也不满意，但事已至此，无法推翻原案，只有姑且通过，将来再说。"

不祥之兆很快就现端倪。政协会议后，国民党特务捣毁了重庆各界庆祝政协胜利闭幕的会场，打伤郭沫若等民主人士多人，制造了"较场口血案"。更有甚者，国民党当局还在各地镇压群众的游行集合，策动反苏反共活动。而且，国民党当局还采取恐怖的暗杀手段，先后杀害了著名爱国民主人士李公朴、闻一多；国民党军警特务还在北平包围搜查军调部中共人士滕代远的住宅，拘捕 40 多名中共方面的工作人员。这一系列事件，表明了国民党正在蓄意破坏"停战协定"和政协协议，暴露出国民党当局的真实面目。

令和平建国更为无望的事情是，1946 年 3 月 1 日至 17 日，国民党在重庆召开六届二中全会，全面推翻了他们签字赞成的政协协议。这次会议彻底否定了政协会议制定的议会制、内阁制、省自治制等民主原则，从根本上破坏了中国政治民主化进程，为各党派合作成立联合政府蒙上了一层阴影。对此，4 月 1 日蒋介石在中共代表拒绝出席的国民参政会上公然说："政治协商会议在本质上不是制宪会议"，"如果真成立这样一个会议"，那么"是决不能承认的"。这样，国民党政府就从根本上推翻了政协会议关于改组政府等项协议。

在破坏政协协议的同时，蒋介石还频繁调兵遣将，制造"关外大打，关内小打"的内战局面，从而使政协协议成为一纸空文。政协协议的通过，曾经激起中国人民对实现和平、民主、团结、统一的热烈期望。因此，当国民党统治集团撕毁政协协议、背离人民的根本利益时，也就不可避免地把自己置于人民的对立面。为应对全面内战的爆发，中共中央逐步加强了对蒋介石集团破坏“停战协定”和政协协议的揭露和斗争，使全国人民逐渐认清了国民党统治集团坚持独裁统治和内战政策的真面目。

第二节　国共双方的军事斗争

1946年6月26日，国民党军队22万人进攻中原解放区，全面内战爆发。战争初期，双方力量对比悬殊，国民党扬言要在三五个月内消灭共产党领导的人民军队。然而，在中共中央和毛泽东的正确领导下，全面内战爆发头8个月，人民解放军便歼敌71万余人，挫败了国民党的全面进攻，蒋介石速战速决的企图成为泡影。

一、“蒋若全面打来，我必全面抵抗”

1946年5月初，随着国民党政府宣布还都南京，国共谈判的中心亦从重庆移至南京。为了求得举国上下和平建国愿望的最终实现，周恩来所率的中共代表仍在继续与国民党进行着艰苦谈判，并力争能在最后时刻避免全面内战的发生。

但是，树欲静而风不止。此时，自恃兵力雄厚的蒋介石却认为发动全面内战的时机业已成熟。他甚至表示，共果不就范，一年期可削平之。在完成必要的战争准备后，6月26日，国民党撕毁政协协议和“停战协定”，悍然向解放区发动全面进攻，全面内战爆发。

战争首先在中原解放区的湖北宣化店展开。在蒋介石看来，中原解放区不仅威胁武汉，而且成为阻挡国民党北上进攻解放区的一道屏障，又同其他解放区隔离，处境比较孤立。战争爆发后，遵照中共中央“立即突围，愈快愈好，不要有任何顾虑，生存第一，胜利第一”的指示，中原解放军用少量兵力就地坚持游击战争，以部分兵力佯装向东转移来迷惑敌人，将2.5万人的主力部队分成两路向西突围，经过历时2个月的激烈战斗，打破国民党军的围追堵截，跳出国民党军队的包围圈，并分别到达陕南和鄂西北地区，创建了2个游击根据地。这就是著名的“中原突围”。这一行动在战略上有力配合了其他战场的作战，对解放区自卫战争全局作出了巨大贡献。

蒋介石发动全面内战的战略方针是全面进攻、速战速决。攻占中原解放区后，他的这一想法更加膨胀。他声称，只需3个月到6个月，就可以取得胜利。国防部参谋总长陈诚也吹嘘“也许3个月至多5个月便能解决”中共军队。

国民党军队的全面进攻是从苏中地区开始的。苏中解放区同南京、上海隔江相望，向西又可以切断津浦铁路。在粟裕、谭震林指挥下，华中野战军3万人主动迎击国民党军队12万人的进攻，七战七捷，先后共消灭国民党军队6个半旅，共计5万余人，占进攻苏中地区国民党军力的40%以上。苏中战役之后，陈毅指挥的山东野战军和华中野战军发动鲁南战役，攻打驻守峄县、枣庄一带装备精良的国民党军，歼敌5.3万人，创造了以劣势装备歼灭机械化部队的经验。鲁南战役后，山东野战军和华中野战军又在陈毅、粟裕的指挥下，组织莱芜战役，歼敌5.6万人。从9月初开始，国民党军队加强了淮北战场的兵力，并自宿迁、睢宁地区南攻，于9月19日占领苏皖解放区首府淮阴。华中野战军迅速自苏中北撤，与山东野战军会师，准备投入新的战斗。

刘伯承、邓小平指挥的晋冀鲁豫野战军先是向陇海路中段开封至徐州一带发起攻击，歼敌1.6万人，迫使南线国民党军抽兵回援，支援了中原突围和华中战场作战。随后进行定陶战役，歼敌1.7万人，对扭转南线战局作用很大。继而又进行巨野、鄄城、滑县、巨（野）金（乡）鱼（台）、豫皖边等战役，取得歼敌4万余人的重要战果。

林彪、罗荣桓指挥的东北民主联军采取坚持南满，巩固北满，南北密切配合的作战方针，先后进行了新开岭战役和三下江南、四保临江战役，歼灭国民党军4万余人，粉碎了国民党妄图实现“南攻北守，先南后北”，吃掉东北战场人民军队的阴谋。

从1946年7月至10月，在全面内战爆发的最初4个月中，人民解放军共歼灭国民党正规军32个旅，连同非正规军在内，共约30万人。人民解放军损失约12万余人，但由于补充俘虏、组织伤员归队，再加上动员解放区翻身农民参军，兵力已上升到137万人。在这4个月中，国民党军队占领了解放区县以上城市153座，解放军则收复和攻占了48座县城，得失相较，解放区损失105座城市。一方得地失人，另一方失地得人，战争的形势正在向着有利于人民解放军的方向发展。

在认真研究战争初期的上述军事形势的变化之后，同年9月16日，毛泽东在为中共中央军事委员会起草的对党内的指示中明确指出：集中兵力各个歼敌的原则，以歼灭敌军有生力量为主要目标，不以保守或夺取地方为主要目标。而蒋介石所奉行的战略指导方针却恰好与此相反。他依仗自己在兵力上、武器装备上的优势，以夺取城市和占领地盘为主要目标。其战略企图是，沿铁路干线由南向北、由西向东夺取重要城市，控制交通线，分割解放区，再对被分割的解放区进行“分区清剿”，力争在3个月至6个月消灭关内解放军主力，变解放区为国民党统治区，下一步再解决东北问题。

傅作义部占领晋察冀解放区首府张家口后，被“胜利”冲昏头脑的蒋介石，于11月15日至12月25日在南京召开由国民党包办的“国民大会”。出席大会的代表中，国民党代表占85%，只有依附于国民党的青年党、民主社会党和若干“社会贤达”参加了大会。会议通过了“中华民国宪法”。“中华民国宪法”虽然在条文上体现了一定的民主原则，但是它从根本上代表和维护的是大地主、大资产阶级的利益，只能成为国民党一党专政和蒋介石个人独裁的装饰品。

蒋介石的一意孤行，使民主党派、民主人士和广大人民进一步认清了国民党当局坚持独裁和内战的真面目。中国共产党和民主同盟也坚决反对国民党这一行径。11月2日，中共代表团发言人声明：现在国民党政府片面决定召开国大，不唯其代表系十年前国民党一党包办选出者，则其筹备事务亦属一党包办，完全违背政协关于国大问题决议之规定，应被认为非法（不合政协之法）集议，我们坚决反对。11 月 16 日，周恩来又在南京举行记者招待会，宣布：由于国民党当局单方面召开“国大”，把政协协议破坏无遗，和谈之门已被关闭，中共代表团人员即将撤回延安。至此，国共关系已经濒于完全破裂。

面对新的形势，中国共产党最终作出了以革命战争方式最后解决国内问题的抉择。11 月 21 日，中共中央在延安举行会议，周恩来报告国共谈判情况和国民党统治区情况。会议根据毛泽东的提议，决定以“打倒蒋介石”来最终解决国内问题。由“自卫战争”到“解放战争”，由“制止内战、恢复国内和平”到“打倒蒋介石”，这是中国革命发展进程中党的战略指导思想的一个根本性的转变。在会上，毛泽东还明确表示：战后的世界变成了美国反动派与世界人民的对立，这种对立也反映在中国……在中国人民中间以及在我们党内都存在着内战打不打得起来的问题……现在这个问题已经解决了……剩下的便是我们能不能胜利的问题了。

二、拖住“西北王”，消灭“御林军”

从 1946 年 6 月到 1947 年 2 月，人民解放军坚持以歼灭敌人有生力量为主，不计一城一地的得失，先后消灭国民党军 71 万余人。由于有生力量不断被歼，国民党兵力不足的矛盾日益突出，从 1947 年 3 月起，蒋介石不得不放弃全面进攻而转入重点进攻，集中兵力对解放区两翼的山东和陕北进行钳形攻势，妄想在消灭这两区的解放军后，再将主力转向其他战场，各个击破，达到消灭解放军的目的。依据这一计划，蒋介石集中了 94 个旅的兵力在陕北、山东两个解放区，占其进攻解放区的解放军总兵力的 43%。同时，强使黄河在花园口合拢回归故道，构成从风陵渡到济南约 1000 公里正面的所谓“黄河防线”，以缩小其驻防兵力，进而阻止晋冀鲁豫地区的解放军向南支援山东战场。

在粉碎国民党军全面进攻之后，人民解放军的力量得到了进一步壮大。到1947年3月，解放军全军总兵力已发展到168万人，特别是炮兵建设已初具规模，大军区和野战军还建立了炮兵团、旅或炮兵纵队，步兵纵队也大多建立起炮兵营，有的纵队还建立了炮兵团，部队的攻坚能力和工程保障能力得到了很大的增强。而且，经过近8个月作战，人民解放军还积累了打较大规模的歼灭战的丰富经验。以上这些措施，都为彻底粉碎国民党军的重点进攻奠定了良好基础。据此，1947年2月1日，中共中央向全党发出了《迎接中国革命的新高潮》的指示，确定全军继续执行积极防御战略方针，在内线作战，并要求陕北、山东两区我军实行诱敌深入，集中优势兵力，抓住战机，逐批歼灭进犯之敌，为日后转入战略进攻创造条件。

1947年2月下旬，蒋介石飞抵西安，部署进攻延安。国民党军集中34个旅约25万兵力，从南、西、北三面进攻陕甘宁边区。号称“西北王”的

西北野战兵团指挥员彭德怀（中）、习仲勋（右）等在青化砭战役的前沿阵地上

胡宗南亲自统领 14 万人担任主攻，由宜川、洛川一线向北直奔延安。当时，在这个地区迎击国民党军队的是西北人民解放军彭德怀、习仲勋所部 6 个旅 2.6 万余人，另 3 个地方旅和一个骑兵师 1.6 万余人，兵力上处于绝对的劣势，装备也远不如敌军。中共中央全面分析了敌我情况，认为陕北战场敌情虽十分严重，但群众条件和地形条件均极有利于我而不利于敌。我军如能利用各种有利条件，必能达到钳制并逐步削弱、最后消灭胡宗南部的目的。鉴于敌我兵力过于悬殊，中共中央决定暂时放弃延安，依靠陕北优越的群众条件和有利地形，采取"蘑菇战术"与敌周旋，寻机歼敌。

3 月 13 日，胡宗南部向延安和陕甘宁边区发起大规模进攻。毛泽东自信地对保卫延安的部队领导干部说，请告诉大家，少则一年，多则两年，我们还要回到延安来的。我们拿一个延安城换一个全中国。3 月 18 日，在延安老百姓安全疏散的情况下，在已经扑入延安城内的国民党军队的枪炮声中，毛泽东、周恩来等在黄昏时离开延安。

3 月 19 日，在掩护延安党政军民安全转移后，西北野战兵团主动撤离延安。撤出延安后，按照中央军委和毛泽东确定的"蘑菇战术"，针对胡宗南急于同解放军决战的急躁心理，在彭德怀指挥下，西北野战兵团与胡宗南部在陕北高原盘旋打转。在此后 2 个多月时间里，胡宗南部以重兵寻找西北野战兵团主力决战，大军竟日"游行"，到处扑空，粮食困难，士气低落，战斗力日减，疲惫不堪。西北人民解放军则抓住有利战机，采用运动战、阵地攻坚战等战法，相继发起青化砭、羊马河、蟠龙镇战役，三战三捷，歼灭胡宗南部共 1.4 万多人，不仅基本稳定了陕北战局，也为打破蒋介石重点进攻陕甘宁边区的部署取得了良好开局。陕北战场上的形势发展，为国民党军所始料不及。此后，胡宗南部始终被牢牢拖在陕北战场上无法自拔，一筹莫展。

除西北战场之外，国民党军队重点进攻的另一个主要方向是山东解放区。在这一方向，国民党军统帅部调集 24 个整编师 60 个旅约 45 万人的兵力用于这个地区，企图迫使华东解放军在沂蒙山区与之决战，或逼迫华东解放军放弃沂蒙山地区，北渡黄河，从而占领整个山东解放区。

此时，由山东野战军和华中野战军合编的华东野战军，在陈毅、粟裕、谭震林的指挥下，实力已大为增强，且积累了同国民党军队作战的诸多经验。1947 年 4 月下旬，按照内线作战的方针，在泰安歼灭国民党军整编第七十二师师部及两个旅约 2 万余人之后，华东野战军即主动放弃新泰、蒙阴，主力转至临（沂）蒙（阴）公路以东待机。解放军数次出击后便撤回，并避免同国民党主力轻易交战，这使蒋介石和陈诚等人产生了错觉，他们误认为这是解放军“攻势疲惫”的表现，因而催促各部向鲁中山区进犯。

5 月，国民党开始全线进攻，而在进攻的各路国民党军队中，孤军突出的是汤恩伯第一兵团的骨干——整编第七十四师。这支队伍最初由蒋介石心腹俞济时组建，是国民党军中最为精锐的部队，全部美械装备，且受过美国的特种训练，具有相当的指挥、战术水平，是国民党军“五大主力”之一，颇为蒋介石所倚重。抗战胜利后，整编第七十四师最早被空运到南京，因此有“御林军”之称。全面内战爆发后，第七十四师从南京调出，成为进攻华东解放区的主力。国民党方面狂妄地自称，“有七十四师，就有国民党”。根据该师孤军突出的实际情况，5 月中旬，华东野战军采取大规模的运动战和阵地战相结合的方式，在临沂以北山区的孟良崮地区，经过鏖战，一举毙伤俘敌 3.2 万余人，击毙中将师长张灵甫。此役，给国民党军队以沉重打击。

在迎击国民党军队向陕北、山东实施重点进攻的同时，其他解放区的军民，也对收缩兵力、转入守势的国民党军队实施了战略性的反攻。国民党军在陕北和山东战场上损兵折将，越陷越深，在其他战场上也接连损兵失地，重点进攻已成强弩之末。反观人民解放军，则在战斗中不断发展壮大，并积累了大兵团作战的经验，从而为解放战争从战略防御转入战略进攻，进而把整个革命推向新的高潮，创造了极为有利的条件。

三、“三军出击，经略中原”

解放战争进行一年后，战争形势发生了有利于革命力量的变化。经过一年的军事较量，人民解放军歼灭国民党军96个半旅共78万人，伪军、保安队等杂部34万人，共计112万人。国民党军队的总兵力已由战争开始时的430万人减少到373万人，其中正规军由200万人减少到150万人。而且，由于重兵深陷在山东、陕北战场，国民党军队在这两个战场之间的鲁西南、豫皖苏直至大别山区的兵力十分空虚，形成两头强、中间弱的哑铃状布局。

根据国民党军的布防情况，中共中央和毛泽东抓住有利时机，果断地作出了一个人们难以想到的大胆决策：由刘伯承、邓小平率领晋冀鲁豫野战军主力12万人，强渡黄河，千里跃进大别山。

大别山地理位置十分重要。它雄峙于国民党首都南京和长江中游重镇武汉之间的鄂豫皖3省的交界处，是国民党军在战略上最敏感而兵力又最薄弱的地区。而且，作为一块老革命根据地，大别山不仅一直存在着坚持斗争的游击队，还有经历过长期革命斗争锻炼的广大群众，解放军到达这里，易于立足生根。从战略上讲，人民解放军若占据大别山地区，就可以东慑南京，西逼武汉，南扼长江，瞰制整个中原。千里跃进大别山，是人民解放军由战略防御转入战略进攻的关键。毛泽东既分析了其有利条件，又充分估计到了到外线作战的严重困难。为此，他向刘伯承、邓小平指出可能有三个前途：一是付出了代价，但站不住脚，再转回来；二是付出了代价站不稳脚，在周围打游击；三是付出了代价，站稳了脚。同时，还告诫刘邓，要做好充分准备，从最坏处着想，努力争取最好前途。

按照毛泽东的这一战略构想，1947年6月30日，刘邓大军12万人，在山东省的临濮集至张秋镇150公里的地段上，一举突破黄河天险，在鲁西南地区强渡黄河。此后，在约一个月的时间内，他们采取突然奇袭、各个突破的战术，发起鲁西南战役，共歼敌4个整编师师部、9个半旅共五六万人之多，从而揭开了全国性战略进攻序幕。鲁西南战役之后，国民党军被迫从西北、山东和中原等地抽调7个整编师17个半旅向这一地区驰援，不仅打乱了国民党原有的战略部署，有力地配合了西北和华东野战军粉碎敌人重点进攻的作战，亦为刘邓大军挺进大别山开辟了道路。

8月7日，刘邓主力突然甩开敌人，兵分三路，向南疾进，开始了千里跃进大别山的壮举。刘邓大军不怕疲劳、不怕酷暑，奋勇前进，以锐不可当之势，先后跨过陇海线、黄泛区、沙河、涡河、洪河、汝河、淮河等重重障碍，经过20多天的艰苦跋涉和激烈战斗，于8月末进入大别山区，胜利完成了千里跃进大别山的重任。蒋介石完全没有料到他们会走这样一着险棋，还以为这是共军"不能北渡黄河而南窜"。因而只派了少数兵力追击，而当他察觉解放军挺进大别山的战略意图时，已丧失了战机。

到达大别山，只是跨出了胜利的第一步。在国民党调集重兵前来"围剿"的严峻形势下，在大别山地区站稳脚跟，并建立起巩固的根据地，任务还十分艰巨。为此，刘邓大军克服极度疲劳、疾病流行、减员严重、缺乏粮弹衣物等多重困难，摆脱国民党重兵的合击，以主力乘虚出击皖西、

1947年6月30日夜，刘邓大军强渡黄河天险，千里跃进大别山，揭开了中国人民解放军战略进攻的序幕

鄂东，并先后在安徽六安东南的张家店战役和湖北广济西北的高山铺战役中，取得歼敌一个整编师师部及3个半旅的胜利。经过艰苦奋斗，到1947年11月下旬，共歼敌3万余人，解放县城24座，建立了33个县的政权，初步在大别山地区完成了战略展开。之后，刘邓大军又积极寻机歼敌，进一步完成战略展开，并终于在大别山站稳了脚跟，胜利实现了毛泽东估计的三个前途中最好的一个。

刘邓大军千里跃进大别山后，人民解放军另两支大军从左右两翼相继南下。依据中央军委指示，陈赓、谢富治兵团于1947年8月20日进抵晋南、豫北交界处，准备渡黄河南进。8月22日晚，陈谢大军8万余人在晋南强渡黄河，挺进豫西作战。截至11月底，陈谢兵团共歼敌5万余人，并建立了豫陕鄂边区行政公署，8个专署和39个县政权，成立了豫陕鄂军区和组成8个军分区，从而完成了豫陕鄂边区的战略展开，有力地配合了刘邓大军和西北野战军作战。

另一路挺进中原的大军是陈粟大军。中央军委和毛泽东指示陈毅、粟裕迅速将华东野战军主力组成西进兵团，准备挺进豫皖苏地区，在黄河以南、淮河以北、运河以西、平汉路以东的广大地区实施战略展开，恢复和扩大豫皖苏解放区，与刘邓大军和陈谢大军共同“经略中原”。1947年9月初，华东野战军主力8个纵队在鲁西南会合。9月26日，陈粟大军由鲁西南出动，南下跨越陇海路，挺进豫苏皖地区，执行外线作战任务。至11月中旬，已建立起25个县的民主政权，扩大了豫皖苏解放区，完成了在豫皖苏地区的战略展开。

这样，刘邓、陈谢、陈粟三路大军都打到了外线。三路大军相互呼应，互为犄角，在中原布成“品”字形阵势，在黄河以南、长江以北，西起汉水、东至海滨的广大中原地带，以鼎足之势紧逼国民党的长江防线，直接威胁敌人的统治中心南京和战略要地武汉，从而把战线由黄河南北推进到长江北岸，使中原地区由国民党军队进攻解放区的重要后方而变为解放军夺取全国胜利的前进基地。纵横驰骋于江淮河汉之间的三路大军，经过四个月的作战，共歼灭国民党军队19.5万人，解放县城近百座，吸引和调动南线敌军全部兵力160多个旅中约90个旅，对于改变整个战争形势，“迫使蒋军处于被动地位，起了决定性的战略作用”。国民党当局也不得不承认，由于中原战场的失利，其“全盘战略形势，乃从此陷于被动”。

第三节　历史的新纪元

1948 年秋，全国解放战争进入了第三个年头，中国的军事、政治和经济形势发生了更加有利于人民，而不利于国民党统治集团的重大变化。在此背景下，人民解放军以摧枯拉朽之势横扫几百万国民党军队。1949 年 10 月 1 日，在人民解放军向全国进军途中，中华人民共和国在北京宣告成立。新中国的成立，开辟了中华民族历史上新的纪元。

一、伟大的战略决战

1948 年秋，全国解放战争进入了第三个年头。这时，人民解放军已由战争开始时的 120 万人发展到 280 万人，其中野战军 149 万人。敌我兵力对比，已由战争初期的 3.4 ∶ 1 缩小为 1.3 ∶ 1，正规军对比为 1.32 ∶ 1。经过两年的战争锻炼，解放军不但有了丰富的打大规模运动战的经验，而且积累了城市攻坚战的经验。活跃在南方各省的游击队不断发展壮大，到 1948 年秋已发展到 4 万余人，并在闽粤赣、湘粤赣、粤桂、桂滇、皖浙赣等边区及云南南部、浙江东部和南部、海南岛等地区，建立并发展了游击根据地，威胁着国民党军的大后方，并钳制了一部分国民党的正规军。各解放区相继连成一片，面积达 235.5 万平方公里，并拥有县城以上城市 579 座，分别占全国总面积和城市总数的 24.5% 和 29%。而且，经过一年休养生息，解放区的生产得到了恢复和发展，增强了支援战争的物资力量。此外，中共在国民党统治区的工作也得到了很大的发展，广大中间阶层迅速觉醒，积极反对蒋介石的卖国独裁统治，拥护中共提出的建立民主联合政府、建立新中国的主张。国民党中的一些地方实力派开始同中共积极联系，准备投向人民。

与此相反，经过两年多的战争，国民党军总兵力下降到 365 万人，其中正规军 198 万人。由于大批部队担任守备，可用于第一线的兵力仅 174 万人。国民党虽然还统治着全国四分之三的地区和三分之二的人口，但由于遭到广大人民的强烈反对，处境十分孤立，军队士气普遍低落，战斗力不强。在这种情况下，国民党政府在军事上不得不放弃“全面防御”，而实行“重点防御”。而且，随着军事上的失败和军费支出的不断膨胀，国民党政府的财政经济陷入了空前的危机。在此背景下，人民解放军同国民党军队进行战略决战的时机已经到来。

当时，东北战场敌我力量对比发生了根本的变化，形势对解放军最为有利。东北解放军总兵力有 103 万人，正规军 70 万人，并有一支颇有威力的炮兵部队，解放军士气高昂，早已蓄势待发。国民党军队在东北地区虽然有总兵力 50 万人左右，且包括战斗力很强的精锐主力新一军和新六军在内。但是，他们却长期被分割在长春、沈阳、锦州等互不相连的孤立地区内，后勤补给十分困难，军心涣散。早在 1948 年春，蒋介石就曾设想放弃沈阳，打通北宁线，将主力撤往锦州，伺机转用于华北、华中，但又顾忌这样做将给国民党政府在政治上、军事上造成严重后果，因而迟疑未决。最后，蒋介石仍决定采取固守东北，以利于巩固华北的策略，并决定采用“集中兵力，重点守备，确保沈阳、锦州、长春，相机打通北宁路”的方针。中共中央军委根据东北国民党军队有可能撤退的情况，曾于 1948 年 2 月 7 日致电东北野战军，提出下一步作战应考虑以主力转至北宁线，截断敌军由陆上撤退的通路，封闭敌军在东北各个歼灭的战略设想。9 月 7 日，中央军委进一步确定了以上方针。毛泽东在《关于辽沈战役的作战方针》中明确指出：东北野战军南下后，进攻重点应指向北宁路上的重镇锦州。

东北野战军在锦州西南塔山、高桥地区顽强阻击国民党军。图为荣立战功的“塔山英雄团”

中央军委还一再强调，攻占锦州是东北“整个战局的关键”。

按照这一部署，1948年9月12日，辽沈战役首先在北宁路打响。辽沈战役爆发后，东北野战军5个纵队及炮兵纵队主力共约25万人，在司令员林彪、政委罗荣桓的指挥下，迅速占领锦州周围各要点，完成对锦州的包围。这时，国民党才如梦初醒，发觉解放军的目标是要攻占锦州。蒋介石深感形势严重，于9月30日飞抵北平，10月2日又飞往沈阳，同傅作义、卫立煌商讨对策，决定从关内紧急海运7个师到葫芦岛，连同锦西、葫芦岛原有的4个师共11个师，组成“东进兵团”，并从沈阳抽出11个师组成“西进兵团”。蒋介石的企图已不仅是救援锦州，而是力图东西夹击，与驻守锦州的范汉杰部7个师会合，在锦州地区同解放军进行一次战略性决战。

战局万分紧张。人民解放军既要阻击分别从东西两路来增援的国民党军重兵，又要迅速攻克锦州。其中，尤以迅速攻下锦州为关键。为此，10月10日，毛泽东致电林彪、罗荣桓、刘亚楼说：你们的中心注意力必须放在锦州作战方面，求得尽可能迅速地攻克该城。即使其他的一切目的都未达到，只要攻克了锦州，你们就有了主动权，就是一个伟大的胜利。

10月10日，国民党“东进兵团”开始出援，猛攻锦西通往锦州的要隘塔山。预先设置在塔山的东北解放军两个纵队进行了顽强阻击，先后激战了6个昼夜，打垮国民党军队的数十次攻击，成功地阻止了它的东进。国民党“西进兵团”在遭到解放军3个纵队的阻击后，逗留于彰武一带，未敢继续南进。这样，就为解放军攻锦部队赢得了宝贵的时间。10月14日，东北野战军向锦州发起总攻，激战31个小时攻占锦州，全歼东北“剿总”副总司令兼锦州指挥所主任范汉杰部10万人，范汉杰被俘，更重要的是关闭了东北国民党军进出的大门，为辽沈战役的完全胜利迈出了关键一步。

锦州攻克的当天，蒋介石即令长春守军向沈阳方向突围。但是，在人民解放军强大的军事压力和政治攻势下，10月17日，长春国民党守军第六十军军长曾泽生率部起义。19日，新七军投诚，东北“剿总”副总司令兼第一兵团司令郑洞国率余部放下武器，长春宣告和平解放。锦州、长春相继解放之后，蒋介石命第九兵团司令官廖耀湘率“西进兵团”夺取锦州，沿北宁路向关内撤退。东北野战军乘胜组织辽西会战，10月26日至28日，将廖耀湘部合围在黑山、大虎山以东，饶阳河以西约120平方公里地区，经过激战，全歼国民党军10万人，廖耀湘被俘。廖耀湘兵团被歼后，卫立煌奉命从沈阳乘飞机逃走。东北野战军乘胜迅速分多路向沈阳、营口猛追疾进，于11月2日占领沈阳、营口。辽沈战役至此胜利结束。11月9日，锦西、葫芦岛的国民党军队随杜聿明从海上逃跑。东北全境解放。辽沈战役历时52天，解放了东北全境，并歼灭国民党军1个战略集团，共47.2万人，加上这期间在其他各个战场的胜利，1948年7月至11月，人民解放军共歼灭国民党军队100万人，使其总兵力下降到290万人；人民解放军则增加到310万人。至此，人民解放军不但在质量上占有优势，而且在数量上也取得优势。这样，就使中国的军事形势达到一个新的转折点，改变了长期以来敌强我弱、敌优我劣的基本格局。而且东北地区的解放，不仅使近百万东北野战军成为一支强大的战略后备队，还使解放战争获得了一个巩固的、具有一定工业基础的战略后方，并为稍后解放平津与华北地区创造了十分有利的条件。

辽沈战役刚结束，一场规模空前的以徐州地区为中心的淮海战役便接着开始了。参加作战的有华东、中原两个野战军以及部分地方武装共60万人，其主攻目标是约80万人的国民党军南线主力，即占据徐州的刘峙、杜聿明集团，在以徐州为中心，东起海州、西至商丘、北到临城、南达淮河的地区进行。为此，中央军委于11月16日指出：淮海战役为南线空前大决战，“此战胜利，不但长江以北局面大定，即全国局面亦可基本解决”。为了集中领导、统一指挥，中共中央决定由刘伯承、邓小平、陈毅、粟裕、谭震林组成前敌委员会，刘伯承、陈毅、邓小平为常委，临机处置一切。邓小平为总前委书记。

淮海战役从1948年11月6日开始，到1949年1月10日结束，分三个阶段进行。

11月6日至22日为战役的第一阶段。在这一阶段，人民解放军在碾庄地区歼灭黄百韬兵团10万人，并击毙黄百韬。攻克战略枢纽宿县后，切断徐蚌线，把从平汉路赶来增援的黄维兵团阻止在安徽蒙城东北的双堆集地区，使徐州守敌孤立无援，完成对徐州包围。

11月23日至12月15日为战役的第二阶段。在这一阶段，中原野战军主力和华东野战军一部，一举全歼黄维兵团12万人，黄维被俘。国民党军徐州“剿总”副总司令杜聿明率邱清泉、李弥、孙元良3个兵团撤离徐州，被华东野战军合围在陈官庄、青龙集一带，孙元良兵团2个军约4万人被歼。

12月16日到1949年1月10日为战役的第三个阶段。这一阶段，遵照中央军委指示，为了稳住平、津的国民党军队不迅速南撤，人民解放军暂时对杜聿明集团的攻击转入战地休整，同时对国民党军队展开强大的政治攻势。杜部粮草断绝，饥寒交加，军心动摇，官兵整排整连甚至整营向解放军投诚，但杜聿明等高级将领拒绝投降。华东野战军遂于1月6日发起总攻，经过4个昼夜激战，全歼邱清泉、李弥2个兵团约20万人，俘杜聿明，击毙邱清泉，仅李弥等少数人逃脱。至此，淮海战役胜利结束。

淮海战役历时66天，歼敌55.5万人，是解放战争战略大决战承前启后的第二个大战役，是人民解放军在战场兵力、装备都不占优势的情况下战胜国民党重兵集团的一场大决战。经过这一战役，南线国民党军队的精锐主力已被消灭，长江中下游以北的广大地区获得解放，并同华北解放区连成一片，解放区直逼长江北岸，国民党政府首都南京直接暴露在解放军面前，国民党的反动统治陷入土崩瓦解的状态。

淮海战役刚刚进入第二阶段，东北野战军和华北军区第二、第三兵团连同地方部队共约100万人，又在华北地区发动了平津战役。平津战役的矛头所指，是占据以北平、天津为中心的华北地区国民党傅作义集团。当时，这个集团拥有60万兵力，其中50万驻守在东起北宁路的山海关、西至平绥路的张家口约500公里的狭长地带，其中包括海上出口塘沽港。

根据中央军委的部署，从1948年11月29日至12月20日，人民解放军采用“围而不打”和“隔而不围”的战法，先后完成对张家口、新保安、北平、天津、塘沽等地守敌的战略包围和战役分割，切断其南逃或西退的后路，为各个歼灭敌人创造了有利条件。按照中央军委先打两头、后取中间的战略步骤，于12月22日、24日分别攻克新保安、张家口，歼灭傅作义部7万多人。1949年1月10日，为了统一指挥战役和接管城市，中共中央决定成立由林彪、罗荣桓、聂荣臻组成的平津前线总前委，林彪任总前委书记。1月14日，由于天津的国民党军拒绝接受和平改编，人民解放军发起总攻，经过29个小时的激战，第二天便解放了国民党重兵守备、坚固设防的天津城，全歼国民党守军13万人，俘虏天津警备司令陈长捷。

天津解放后，孤守北平的傅作义部25万人，陷入了百万人民军队的重围之中。为了完好地保护这座驰名世界的文明古都，解放军主动派出代表同傅作义接触，就和平接管北平举行谈判。在中国共产党的感召和各界爱国人士的敦促下，傅作义顺应民心，于1月21日与解放军达成《关于和平解决北平问题的协议》，命令所部出城接受改编。1月31日，双方交接完毕，人民解放军举行入城仪式，北平宣告和平解放。至此，平津战役胜利结束。

平津战役历时64天，歼灭和改编国民党军52万人，基本上解放了华北全境并使华北、东北两大解放区连成一片。北平的和平解放，使这座举世闻名的文化古都免遭了破坏。而且，平津战役中实施的“天津方式”、“北平方式”和“绥远方式”，对后来处理残余的国民党军，加速解放战争进程和取得最后胜利，具有重要的示范作用和战略意义。

辽沈、淮海、平津三大战役，历时4个月19天，共歼灭国民党军队154万人，使国民党赖以维持其反动统治的军事力量基本上被摧毁，为中国革命在全国的胜利奠定了基础。三大战役，无论是战争的规模或取得的战果，在中国战争史上都是空前的，在世界战争史上也是罕见的。三大战役得到了广大人民的大力支持，他们以源源不断的人力、物力给予前线以空前规模的支援。与此同时，国统区的中共地下组织和革命群众也为战争的胜利作出了巨大贡献。三大战役的胜利，奠定了全国胜利的基础。

二、“宜将剩勇追穷寇”

辽沈、淮海、平津三大战役以及在战略决战阶段进行的其他战役，消灭了国民党军主力，从根本上动摇了国民党的反动统治。国民党统治集团在军事、政治、经济等方面都已陷入绝境。而且，随着军事、经济形势的进一步恶化，国民党统治集团内部的矛盾日益尖锐，互相倾轧愈演愈烈。在美国的支持下，长期受排挤的桂系首领李宗仁、白崇禧等乘机对蒋介石施加压力，提出应与中国共产党谈判，谋求“划江而治”，并要求蒋介石“下野”。他们企图利用和平谈判的手段，达到划江而治的目的，以便争取喘息时间和保存残余的反革命势力，然后伺机卷土重来。在此背景下，蒋介石迫于内外交困，最终于1949年元旦发表了要求和谈的《新年文告》，表示愿与共产党商讨“停止战事，恢复和平的具体办法”。但同时，他又提出要以保存伪宪法、伪法统及反动军队等作为谈判的条件。

对于这场主要由桂系势力掀起的新的“和平运动”，一部分中等资产阶级和上层小资产阶级曾寄予希望。有的资产阶级右翼分子还极力劝说共产党把人民革命战争“立即停下来”。这样的形势，给中国共产党和中国人民提出了一个尖锐的问题：是将革命进行到底，还是让革命半途而废，使反动势力得到喘息机会卷土重来呢?

对这个重大的战略问题，毛泽东很快便给出了明确回答。1948 年 12 月 30 日，在为新华社所写的新年献词中，毛泽东发出了“将革命进行到底”的伟大号召。他说：现在摆在中国人民、各民主党派、各人民团体面前的问题，是将革命进行到底呢，还是使革命半途而废呢？如果要使革命进行到底，那就是用革命的方法，坚决彻底干净全部地消灭一切反动势力，不动摇地坚持打倒帝国主义，打倒封建主义，打倒官僚资本主义，在全国范围内推翻国民党的反动统治，在全国范围内建立无产阶级领导的以工农联盟为主体的人民民主专政的共和国。毛泽东还借古代希腊寓言“农夫与蛇”的故事，庄严地表明：“中国人民决不怜惜蛇一样的恶人”，“已经有了充分经验的中国人民及其总参谋部中国共产党，一定会像粉碎敌人的军事进攻一样，粉碎敌人的政治阴谋，把伟大的人民解放战争进行到底。”“如果要使革命半途而废，那就是违背人民的意志。”

1949 年 1 月 6 日至 8 日，中央政治局举行会议，讨论并通过毛泽东起草的决议，重申了党“必须将革命进行到底，而不容许半途而废”的坚定立场，要求在党内、军内和人民群众中进行有力的教育和解释工作，继续揭露国民党的“和谈”阴谋。据此，新华社发表毛泽东撰写的《评战犯求和》，全面揭露和逐条批驳了蒋介石新年文告的虚伪性和反动性。1 月 14 日，毛泽东又以中共中央主席的名义发表关于时局的声明，强调：虽然中国人民解放军具有充足的力量和充足的理由，确有把握，在不要很久的时间之内，全部地消灭国民党反动政府的残余军事力量；但是，为了迅速结束战争，实现真正的和平，减少人民的痛苦，中国共产党愿意和南京国民党反动政府及其他任何国民党地方政府和军事集团，在下列条件的基础之上进行和平谈判。这些条件是：（一）惩办战争罪犯；（二）废除伪宪法；（三）废除伪法统；（四）依据民主原则改编一切反动军队；（五）没收官僚资本；（六）改革土地制度；（七）废除卖国条约；（八）召开没有反动分子参加的政治协商会议，成立民主联合政府，接收南京国民党反动政府及其所属各级政府的一切权力。

这一系列坚决有力的声明，是对蒋介石虚伪的求和声明的有力揭露。与此同时，国民党政府要求美、英、法、苏四国政府“调停”中国内战的请求，也先后遭到四国政府的拒绝。在这样的形势下，1949 年 1 月 21 日，蒋介石以“因故不能视事”为由宣布“决定身先引退”，由李宗仁副总统代理总统职权。

李宗仁上台后，大力开展谋和活动。1 月 22 日，即李宗仁上台后的第二天，他便以“代总统”的身份表示愿以中共的八项条件为基础进行和平谈判。接着，他又采取了一些“培养国内和平空气”的措施。这时，蒋介石虽然回到家乡浙江奉化溪口，但仍以国民党总裁的名义，“以党控政”，指挥军队和特务系统，操纵党政大权，进行幕后指挥，国民党政府的实权仍然操纵在蒋介石及其亲信手里。国民党政府一边准备计划争取 3 个月至 6 个月时间，在江南重新编练 200 万新兵，凭借长江天险继续顽抗，确保长江以南各省及西北的一些地区，实现“划江而治”的局面。

4 月 1 日，国共双方代表在北平举行和平谈判，双方代表进行了广泛的商谈。经过半个月的协商，4 月 15 日，中共代表团在尽可能地采纳南京政府代表团提出的意见之后，提出八条二十四款的《国内和平协定》（最后修正案），宣布 4 月 20 日为最后签字日期。国民党政府代表团经过认真研究，一致同意接受中国共产党提出的《国内和平协定》，并派代表黄绍竑和顾问屈武回南京复命。国民党和谈最高指导委员会按照蒋介石的旨意，拒绝接受和平协定。4 月 20 日，李宗仁、白崇禧致电张治中，不得在《国内和平协定》上签字，遂使和平谈判破裂。谈判破裂后，以张治中为首的国民党政府全体谈判代表在共产党的真诚挽留下，决定留在北平，其中的多数参加了随后召开的筹建新中国的中国人民政治协商会议。

由于国民党政府拒绝在《国内和平协定》上签字，4 月 20 日夜，中国人民解放军遵照毛泽东在中共七届二中全会提出的“不拒绝谈判，要求对方完全承认八条，不许讨价还价”，“四月或五月占领南京”的方针，按预定计划发起渡江战役。21 日凌晨，毛泽东和朱德发布了“向全国进军的命令”，命令中国人民解放军“奋勇前进，坚决、彻底、干净、全部地歼灭中国境内一切敢于抵抗的国民党反动派，解放全国人民，保卫中国领土主权的独立和完整”。

遵照这个命令，人民解放军向尚未被解放的广大地区举行了规模空前的大进军。4 月 20 日夜至 21 日，在西起江西九江东北的湖口东至江苏江阴长达千里的战线上，百万解放军分成东、中、西 3 个突击集团强渡长江。解放军用木帆船做主要的渡江工具，迅速摧毁了国民党军苦心经营的长江防线，于 4 月 22 日胜利突破了国民党军队近千里的长江防线阵地，登上南岸，并争取了江阴要塞守军起义，控制了江阴炮台，封锁了长江。23 日晚，人民解放军解放了南京，宣告国民党反动统治的灭亡。南京的解放，标志着国民党 22 年反动统治的崩溃。消息传到北平，毛泽东写下了《七律・人民解放军占领南京》的不朽诗篇：

钟山风雨起苍黄，百万雄师过大江。
虎踞龙盘今胜昔，天翻地覆慨而慷。
宜将剩勇追穷寇，不可沽名学霸王。
天若有情天亦老，人间正道是沧桑。

南京解放后，人民解放军又以风扫残云之势，向华东、中南、西南和

图为人民解放军占领南京总统府

西北等尚未解放的地区进军。到1949年9月底，人民解放军各部解放了除西南滇、黔、川、康、藏及中南的两广以外的全国大陆大部分地区。

新中国成立后，为迅速肃清残余的国民党军队，人民解放军按预定战略部署，继续向尚未解放的地区进军。到1950年6月，全国解放战争的大规模作战行动结束。

三、"进京赶考"

1949年1月6日至8日，中共中央在河北平山的西柏坡召开政治局会议，决定在北平解放后召开第七届中央委员会第二次全体会议，确定组建新中国的有关事项。

经过充分准备，1949年3月5日至13日，中共七届二中全会在西柏坡举行。出席这次中央全会的有中央委员34人（中央委员出缺4人，由候补中央委员递补出席3人），候补中央委员19人，列席会议的11人。这次会议是中国革命胜利前夕召开的一次极其重要的会议。毛泽东在报告中提出了中国共产党在全国胜利以后，在政治、经济、外交方面应当采取的基本政策，特别着重分析了当时中国经济成分的状况和党所必需采取的正确政策，指出了中国由农业国转变为工业国，由新民主主义社会转变为社会主义社会的发展方向。

全会着重讨论了党的工作重心的战略转移，即工作重心由乡村转移到城市的问题。全会指出，党着重在乡村聚集力量、用乡村包围城市这样一种时期已经完结，从现在起，开始了由城市到乡村并由城市领导乡村的时期。当然，城乡必须兼顾，决不可以丢掉乡村，仅顾城市。但是工作重心必须放在城市，必须用极大的努力去学会管理城市和建设城市。在领导城市工作时，党必须全心全意地依靠工人阶级，吸收大量工人入党，团结其他劳动群众，争取知识分子，争取尽可能多地能够同共产党合作的民族资产阶级及其代表人物，以便向帝国主义者、国民党统治集团、官僚资产阶级做政治斗争、经济斗争和文化斗争，并向帝国主义者做外交斗争。同时，党要立即开始着手建设事业，一步一步地学会管理城市，并将恢复和发展城市中的生产作为中心任务。城市中的其他工作，都必须围绕着生产建设这个中心工作并为这个中心工作服务。

全会充分地研究了经济政策问题。全会指出，当前全国工农业总产值中，现代工业大约占 10%，农业和手工业占 90%。这是党在中国革命胜利后一个相当长的时间内考虑一切问题的基本出发点。全国现代工业虽然仅占工农业总产值的 10% 左右，但是其最大的和最主要的部分是集中在官僚资产阶级手里，没收这些资本归人民共和国所有，就可使社会主义性质的国营经济成为整个国民经济的领导成分。在工农业总产值中占 90% 左右的分散的个体的农业和手工业，在今后一个相当长的时间内，还不能从基本性质上改变过来，但我们是可能和必须谨慎地、逐步地而又积极地引导它们向着现代化和集体化的方向发展的。私人资本主义经济是不可忽视的力量。在革命胜利以后一个相当长的时期内，还需要尽可能地利用城乡私人资本主义的积极性，以利于国民经济的发展；同时要对它不利于国计民生的消极作用进行限制。

此外，毛泽东还高瞻远瞩地向全党敲响了警钟："夺取全国胜利，这只是万里长征走完了第一步。""务必使同志们继续地保持谦虚、谨慎、不骄、不躁的作风，务必使同志们继续地保持艰苦奋斗的作风。"此后，"两个务必"便成为中国共产党走向全面执政的政治保证，成为党全心全意为人民服务的座右铭，成为跳出"历史的周期率""考试合格"的法宝。

中共七届二中全会闭幕后，为适应形势的发展，中共中央和毛泽东于 1949 年 3 月 23 日告别西柏坡，踏上进京的征程。上午 11 时，毛泽东、周恩来和一部分机关工作人员离开西柏坡，开始了进京"赶考"。这一天正好是中共中央离开陕北、东渡黄河的周年纪念日。毛泽东精神特别好，他风趣地说："今天是进京的日子，不睡觉也高兴啊。今天是进京'赶考'嘛，进京'赶考'去，精神不好怎么行呀？"周恩来笑着说："我们应当都能考及格，不要退回来。”毛泽东也笑着说：“退回来就失败了。我们决不当李自成，我们都希望考个好成绩。”在离开西柏坡前，熟知历史的毛泽东对古往今来、兴衰成败的历史经验教训，特别是对李自成取得政权后，居功自傲，贪图安逸，结果导致失败的历史教训进行了深入的思考。早在1944年，他就把郭沫若写的史学论文《甲申三百年祭》列为整风学习文件，要求全党引以为鉴，不要重犯胜利后的骄傲错误。

3月25日凌晨，毛泽东一行到达北平。下午5时整，在北平西苑机场正式举行了阅兵式，毛泽东、朱德、刘少奇、周恩来、任弼时等在叶剑英、聂荣臻陪同下检阅了部队。之后，毛泽东和其他主要领导同志，又在检阅机场分别接见了北平市1万多名群众代表和100多位民主党派领导人和无党派人士，同大家亲切握手，热情问候。

在离开机场前往香山的路上，毛泽东欣慰地说，今天总算完成了一件大事啊！从现在起，我们就可以向全中国和全世界宣布，中国共产党中央委员会和中国人民解放军总部已经进驻北平，这标志着中国革命已经取得了伟大胜利。但这还不是完全胜利。今天还不能开大的庆祝会，等全国都解放了，再开大的庆祝会，意义就更大了。

进京“赶考”，是中国共产党人在中国革命大转折关头对建设新中国

1949年3月23日，毛泽东率领中共中央机关和人民解放军总部离开西柏坡，25日到达北平。图为北平市市长、北平军管会主任叶剑英在西苑机场迎接毛泽东、朱德、刘少奇、周恩来、任弼时等中央领导

前景的瞻望和信心的展示，充满了必胜的信念和乐观主义精神。进京“赶考”，一是考试必须有充分的思想准备和组织准备；二是一定要考出好成绩。这个好成绩，就是共产党人决不要犯李自成那样的错误，要坚持好两个“务必”，把共产党的优良传统和作风永远传下去；这个好成绩，就是共产党人继续带领全国人民在新的起点上建立一个强大的中国，实现国家的独立、富强和中华民族的伟大复兴。

四、历史的新纪元

1948 年 4 月 30 日，中共中央发布“五一”口号，向全国发出关于召开没有反动分子参加的新的政治协商会议和成立民主联合政府的口号。这一号召，立即得到全国各民主党派和无党派民主人士、各人民团体、各少数民族以及爱国华侨和全国各界群众的热烈响应和支持。

从 1948 年 8 月起，各民主党派的领导及著名爱国民主人士李济深、沈钧儒、郭沫若、黄炎培、茅盾等陆续进入解放区。北平解放后，他们又纷纷云集北平；与此同时，许多全国性的人民团体也相继恢复建立起来，全国的职工、妇女、青年、学生以及文学艺术工作者等，都先后召开了代表大会。这些全国性群众团体的组成和全国会议的召开，是人民民主统一战线扩大和巩固的标志。这意味着，召集新政治协商会议和成立民主联合政府的一切条件都已经成熟。

1949 年 6 月 15 日至 19 日，新政治协商会议筹备会第一次全体会议在北平召开。参加这次会议的，包括中国共产党和各民主党派、各人民团体、各界民主人士、国内少数民族、海外华侨等，共 134 人。此次会议通过了《新政治协商会议筹备会组织条例》，选举出由 21 人组成的新政协筹备会常务委员会，推选毛泽东为主任，周恩来、李济深、沈钧儒、郭沫若、陈叔通为副主任，决定李维汉为秘书长。毛泽东在会上发表讲话指出，“这个筹

1949年6月15日至19日，新政治协商会议筹备会第一次全体会议在北平中南海勤政殿举行。左图为筹备会会场外景，右图为全体代表合影

备会的任务，就是：完成各项必要的准备工作，迅速召开新的政治协商会议，成立民主联合政府”。

这次会议决定筹备会下设6个小组开展工作：第一小组，负责核定参加新政治协商会议的单位及其代表名额；第二小组，负责起草新政治协商会议组织条例；第三小组，负责起草共同纲领；第四小组，负责起草中华人民共和国中央人民政府组织法；第五小组，负责起草大会宣言；第六小组，负责拟定国旗、国徽及国歌方案。经过3个多月紧张、认真和周密的筹备，筹备委员会确定了参加新政治协商会议的代表分为党派代表、区域代表、军队代表、团体代表、特邀代表五大类，共46个单位，代表662人。在参加新政协的代表中，共产党员约占44%，各民主党派代表约占30%，形成了一个由共产党、各民主党派、工人、农民和无党派人士民主协商、团结合作、共筹建国大计的政治局面；经过筹备委员会的反复讨论和修改，就《中国人民政治协商会议共同纲领（草案）》《中国人民政治协商会议组织法（草案）》《中华人民共和国中央人民政府组织法（草案）》3个文件中的一些重要问题取得了一致认识。1949年9月17日，政协筹备会召开第二次全体会议，基本通过由各小组分头起草的草案。会议一致通过将新政治协商会议改称为中国人民政治协商会议。至此，召开中国人民政治协商会议和成立中华人民共和国的一切准备工作全部完成。

9月20日，筹备会常委会举行第八次会议，决定于21日召开中国人民政治协商会议第一届全体会议。1949年9月21日，中国人民政治协商会议第一届全体会议在北平中南海怀仁堂隆重开幕，出席会议的600多名代表，代表着中国共产党、各民主党派、各人民团体、人民解放军各军区、各民族及海外华侨。大会选举产生了由毛泽东等89人组成的主席团，会议由主席团成员轮流主持。毛泽东宣布中国人民政治协商会议第一届全体会议开幕。他在开幕词中阐明了这次会议的性质和任务。他说：现在的中国人民政治协商会议是在完全新的基础之上召开的，它具有代表全国人民的性质，它获得全国人民的信任和拥护。因此，中国人民政治协商会议宣布自己执行全国人民代表大会的职权。中国人民政治协商会议在自己的议程中将要制定中国人民政治协商会议的组织法，制定中华人民共和国中央人民政府的组织法，制定中国人民政治协商会议的共同纲领，选举中国人民政治协商会议的全国委员会，选举中华人民共和国中央人民政府委员会，制定中华人民共和国的国旗和国徽，决定中华人民共和国国都的所在地以及采取和世界大多数国家一样的年号。

接着，中国共产党代表刘少奇、特邀代表宋庆龄、中国国民党革命委员会代表何香凝、中国民主同盟代表张澜、民主建国会代表黄炎培、中华全国总工会代表李立三、华侨代表司徒美堂、中国人民解放军代表陈毅、解放区代表高岗、新疆代表赛福鼎·艾则孜、特邀代表张治中和程潜相继发言，对中国人民政治协商会议一致表示衷心的拥护，对新中国的光明前途充满了信心和希望。

9月22日，全体会议继续举行，刘少奇、何香凝、章伯钧、黄炎培、陈毅任执行主席。大会在听取了主席团的报告以后，通过了由主席团提议设立的6个分组委员会：政协组织法草案整理委员会，共同纲领草案整理委员会，政府组织法草案整理委员会，宣言起草委员会，国旗、国徽、国都、纪年方案审查委员会，代表提案审查委员会。会议就《中国人民政治协商会议组织法》《中华人民共和国中央人民政府组织法》《中国人民政治协商会议共同纲领》3个重要文件草案进行了认真审议，提出修改意见。此后，从23日到27日，先后有85位代表在大会上发言，就建设新中国的大政方针，各抒己见。

9月27日，全体会议讨论通过了《中国人民政治协商会议组织法》、《中华人民共和国中央人民政府组织法》和中华人民共和国国都、纪年、国歌、国旗4个决议案。决定：以北平为国都，并从即日起北平改名为北京；中华人民共和国采用公元纪年；在国歌未正式制定以前以《义勇军进行曲》为国歌；中华人民共和国的国旗为五星红旗。大会还决定会后组织人员设计国徽，提交有关会议审定通过。29日，全体会议讨论通过了《中国人民政治协商会议共同纲领》《中央人民政府副主席和全体委员名额》《关于选举中国人民政治协商会议全国委员会和中央人民政府委员会的规定》3个议案。30日，全体会议选举出由180人组成的中国人民政治协商会议第一届全国委员会。根据《中华人民共和国中央人民政府组织法》的规定，选举毛泽东为中央人民政府主席，朱德、刘少奇、宋庆龄、李济深、张澜、高岗为副主席，陈毅等56人为中央人民政府委员会委员。下午6时，全体代表来到天安门广场，参加人民英雄纪念碑的奠基典礼。在奠基典礼上，毛泽东宣读了由他起草并为大会通过的纪念碑碑文。碑文中这样写道：

三年以来，在人民解放战争和人民革命中牺牲的人民英雄们永垂不朽！

三十年以来，在人民解放战争和人民革命中牺牲的人民英雄们永垂不朽！

由此上溯到一千八百四十年，从那时起，为了反对内外敌人，争取民族独立和人民自由幸福，在历次斗争中牺牲的人民英雄们永垂不朽！

中国革命的胜利来之不易。它既是1840年鸦片战争以来，千百万革命先烈前仆后继、抛头颅洒热血的奋斗成果，又是中国共产党领导全国各族人民，经过28年艰苦卓绝的英勇斗争，特别是经过北伐战争、土地革命战争、抗日战争和全国解放战争，推翻帝国主义、封建主义和官僚资本主义的反动统治，取得的新民主主义革命的伟大胜利。横空出世的中华人民共和国，结束了过去100多年帝国主义和封建主义压迫、奴役中国人民的历史，实现了民族独立和人民解放。以此为标志，站立起来的中华民族从此踏上了伟大复兴的新征程。

第五章

中国人从此站立起来了

“历尽天华成此景，人间万事出艰辛。”新中国的成立，标志着中国人民经过 100 多年的浴血奋战，终于完成了人民解放、民族独立的历史任务，标志着具有 5000 多年文明历史的中华民族进入了发展进步的历史新纪元，开始了为完成国家富强、人民富裕这个历史任务而奋斗的新征程。

“没有共产党，就没有新中国。”新中国的成立，也揭开了中国共产党历史的新篇章。它开始从领导人民为夺取全国政权而奋斗的党，变为领导人民掌握全国政权、进行社会主义革命和建设，并长期执政的党，担负起建设新国家、新社会的历史重任。

第一节　新中国的诞生

1949 年 10 月 1 日，星期六，农历己丑年八月初十。这一天，中华人民共和国成立了，中华民族告别百余年的战乱屈辱，获得了新生。这是中国有史以来最伟大的事件，也是 20 世纪世界最伟大的事件之一。

打江山不易，守江山更难。新中国成立之初，国内外不少人对中国共产党存有怀疑：虽然夺取了政权，但能不能把政权巩固下来并领导国家向前发展呢？但短短几年时间里，中国共产党就用事实给出答案："旧面貌的中国正在迅速地消失，新的人民的中国已经确定地生长起来了。"

一、开国大典

为了迎接新中国成立这个庄严时刻的到来，毛泽东一直在中南海内的菊香书屋紧张地工作着。作为中国共产党和全国各族人民的领袖，他需要思考和决策的问题千头万绪。当然，毛泽东和他的战友们一样，此时的心情格外激动。他为人民而激动，为革命胜利而激动。这从他的两篇重要文献中可以窥见一斑。

1949 年 6 月 30 日，毛泽东在他为纪念中国共产党成立二十八周年而写的《论人民民主专政》中不无感慨地说："党的二十八年是一个长时期，我们仅仅做了一件事，这就是取得了革命战争的基本胜利。这是值得庆祝的，因为这是人民的胜利，因为这是在中国这样一个大国的胜利。”

9月21日，毛泽东在中国人民政治协商会议第一届全体会议上发表的开幕词中，有一段令人难忘的豪迈之言：“诸位代表先生们，我们有一个共同的感觉，这就是我们的工作将写在人类的历史上，它将表明：占人类总数四分之一的中国人从此站立起来了。”

9月30日，新中国成立的前一天，中国人民政治协商会议胜利闭幕。这次会议选举产生了以毛泽东为主席的中央人民政府委员会。576位有选举权的代表，将575票投给了毛泽东。这是四万万七千五百万人民的心声。当晚，毛泽东和政协全体代表一起来到天安门广场，为人民英雄纪念碑举行隆重的奠基典礼，缅怀和纪念在长期斗争中为民族独立和人民解放而英勇献身的革命先烈。

10月1日，迎着东方黎明的曙光，雄伟的北京天安门城楼上，8个大红灯笼喜气洋洋，8面巨大的红旗迎风飘扬。城楼的重檐下，“中华人民共和国中央人民政府成立典礼”的会标，宣示着一个神圣的时刻即将到来。下午2时，毛泽东主持召开中央人民政府委员会第一次会议，并率全体委员宣布就职。这次会议一致决议，宣布中华人民共和国中央人民政府成立，决定接受中国人民政治协商会议通过的共同纲领为中央人民政府的施政纲领，并选举毛泽东为中央人民政府人民革命军事委员会主席。会议同时决议，向各国政府宣布中华人民共和国中央人民政府为中国唯一合法政府，愿与遵守平等、互利及互相尊重领土主权原则的任何外国政府建立外交关系。

下午3时，在金秋时节的灿烂阳光下，北京30万群众云集天安门广场，举行隆重的开国大典。在人民群众的热烈欢呼声中，毛泽东用浓重的湘音和激昂的语调，向全世界庄严宣告：“中华人民共和国中央人民政府今天成立了！”顿时，广场上沸腾了，人们欢声雷动，喜悦之情弥漫整个天空。接着，在《义勇军进行曲》的雄壮旋律中，毛泽东按动电钮，亲手升起了新中国的第一面国旗——五星红旗。天安门广场上，54门礼炮齐鸣28响，象征着中国共产党领导各族人民艰苦奋斗的28年历程，每一响都仿佛诉说着峥嵘岁月。

1949年10月1日下午3时，开国大典在天安门广场隆重举行。毛泽东庄严宣告：“中华人民共和国中央人民政府今天成立了！”

下午4时，盛大的阅兵式开始举行。朱德总司令在阅兵总指挥聂荣臻的陪同下，乘敞篷汽车检阅受阅部队。随后，在雄壮的《中国人民解放军进行曲》中，人民解放军的步兵、骑兵，坦克、大炮、汽车等，以连为单位，列成方阵，威武雄壮地通过天安门前。与此同时，由新中国第一代飞行员驾驶的战斗机、轰炸机，凌空掠过，格外引人注目。

最后，群众游行的队伍高举红旗，纵情欢呼人民当家作主的共和国的诞生。“中国共产党万岁”“中华人民共和国万岁”“毛主席万岁”的口号声响彻云霄。天安门城楼上的扩音器里，也不断地传出毛泽东洪亮的声音：“同志们万岁！”这是一个载入中国共产党和新中国史册的光辉时刻，值得领袖和人民如此欢呼。

这一天的《人民日报》发表了署名林韦的文章《记中央人民政府成立盛典》，文中写道：“经历过无数次深重灾难的中华民族与中国人民将永远记得这个可珍贵的时刻：它宣布了旧中国完全死亡，宣布了人民的新中国的诞生。中国，中国人，将不再是屈辱的殖民地与殖民地奴隶的代名词，而要永远地受到全世界爱好和平民主的人民的尊敬了。中国人民从此有了屹立于世界和平民主阵营的祖国，有了真能保护自己，代表自己的政府。”喜悦的心情，洋溢在字里行间。

二、共同建设新中国

1948年4月30日，中共中央发表“五一口号”，郑重地号召全国各民主党派、团体、各界人士，迅速召开政治协商会议，讨论并实现召集人民代表大会，成立民主联合政府。5月5日，在香港的李济深、何香凝、沈钧儒、章伯钧等民主人士联名致电毛泽东并转解放区人民，认为中国共产党的“五一口号”适合人民、时势之要求，表示要通电国内外各界及海外侨胞，共同完成大业。这标志着各民主党派和无党派人士公开、自觉地接受了中国共产党的领导，标志着各民主党派和无党派人士坚定地走上了新民主主义、社会主义的道路。8月1日，毛泽东复电民主人士，对他们拥护“五一口号”表示钦佩，希望以后能团结合作，共商国家大计。

在党的感召下，全国民主人士分两大部分，陆续进入解放区。1949年1月22日，到达解放区的李济深、沈钧儒、马叙伦、郭沫若、谭平山等55人，联合发表题为《我们对于时局的意见》的声明，旗帜鲜明地指出，“人民民主阵线之内，决无反对派立足之余地，亦决不容许有所谓中间路线之存在”。他们宣告，“愿在中共领导下，献其绵薄，共策进行，以期中国人民民主革命之迅速成功，独立、自由、和平、幸福的新中国之早日实现”。

北平和平解放后，各民主党派和爱国民主人士在古都实现了大汇合。1949年2月25日，在中国共产党的精心安排下，李济深、沈钧儒、马叙伦、郭沫若、谭平山、章伯钧等35位民主党派领导人和著名民主人士，顺利地从东北抵达北平，中共中央代表林伯渠前往迎接。第二天，中共北平方面负责人举行各界欢迎民主党派人士的盛大集会，京城一时风云涌动。这些与共产党共商建国大计的民主人士，都是当时的民主精英。他们冒着危险北上，说明了共产党强大的感召力和吸引力，也说明这是顺应历史发展潮流、符合全国人民意愿的。

宋庆龄是孙中山先生的夫人，是民主人士的代表人物。经过几次交流，宋庆龄同意以特别邀请代表的名义北上参加新政协。8 月 28 日，宋庆龄抵达北平。毛泽东、朱德、周恩来、刘少奇等党中央领导人早已在前门车站站台上迎候她。当晚，毛泽东设宴为宋庆龄洗尘，热烈欢迎她前来共商国家大事。

6 月 15 日，新政治协商会议筹备会第一次全体会议在北平开幕。毛泽东在讲话中深情地说："中国人民将会看见，中国的命运一经操在人民自己的手里，中国就将如太阳升起在东方那样，以自己的辉煌的光焰普照大地，迅速地荡涤反动政府留下来的污泥浊水，治好战争的创伤，建设起一个崭新的强盛的名副其实的人民共和国。"

经过充分讨论和民主协商，政协会议于 9 月 29 日通过了《中国人民政治协商会议共同纲领》，明确规定了中华人民共和国的国家性质以及国家各个领域的基本方针和政策，展示了新中国的宏伟建设蓝图。第二天，全体会议一致通过《中国人民政治协商会议第一届全体会议宣言》，向全世界庄严宣布："中华人民共和国现已宣告成立，中国人民业已有了自己的中央政府。""中国的历史，从此开辟了一个新的时代。"在致闭幕词时，朱德满怀信心地指出："我们既然能够团结一致开创了中华人民共和国，我们就一定能够团结一致把我们的国家建设好，把我们的国家引导到繁荣昌盛的境地。"

这次新政协会议选出的中央人民政府委员会，6 位副主席中，民主党派和无党派民主人士有 3 人，他们是宋庆龄、李济深、张澜；56 位委员中，民主党派和无党派民主人士有 27 人。随后，中央人民政府委员会第三次会议通过中央人民政府各机构负责人的任命。在政务院 4 位副总理中，民主党派和无党派民主人士有 2 人，他们是郭沫若、黄炎培。在 15 位政务委员中，民主党派和无党派民主人士有9人。在政务院所辖的34个部委中，担任正职的民主党派和无党派民主人士有14人。

在民主人士纷纷北上，与共产党共同筹建新中国的时候，许多知识分子也完成了人生的一个重大选择。在败退台湾之前，蒋介石特意在南京举行过一个宴会，邀请大部分刚刚由国民政府中央研究院评选出来的院士参加。蒋介石深知，他们比抢运到台北的黄金更加珍贵。但是，人心可不像黄金那样容易被搬走。最后，81位院士中只有9位去了台湾，留在大陆的则有60人。著名数学家苏步青回忆说："对国民党有什么好感没有呢，也没什么好感，尽管我当时是国民党中央研究院的院士，也穷得没办法。当了院士以后，才借了75块钱，做了一套西装，连穿的衣服都没有。虽然对共产党没什么认识，对国民党是看透了的，再加上我有几个学生是地下党员，在他们的帮助下面，我当然不会到台湾去。"

身在海外的游子，也纷纷作出改变人生的决定：回祖国去，报效人民！新中国成立的消息传到大洋彼岸的美国，著名数学家华罗庚感到无比兴奋，立即决定放弃普林斯顿大学高等研究员及伊利诺伊大学终身教授的优厚待遇，回到自己的祖国，参加祖国的建设！1950年年初，华罗庚带着家人乘船离开美国，并顺利于2月到达香港。在香港，他发表了一封字里行间充满激情的《致中国全体留美学生的公开信》，号召他们为国家民族早日归来，为了抉择真理，我们应当回去；为了国家民族，我们应当回去；为了为人民服务，我们也应当回去；就是为了个人出路，也应当早日回去，建立我们工作的基础，为我们伟大的祖国的建设和发展而奋斗！

1950年3月11日，这封信经新华社向全世界播发，在海外游子中产生了热烈反响。回国后，华罗庚先后担任中国科学院数学研究所所长、科学院数理化学部委员、中国科技大学副校长等职，是我国解析数论、典型群、矩阵几何学、自守函数论以及复变函数等方面研究的创始人和开拓者。他还把数学方法运用在生产实践上，创造了"优选法"和"统筹法"，并作出了重大贡献。

华罗庚回国不久，"娃娃博士"邓稼先也迫不及待地回来了，带着最新的科学知识，还有一颗赤子之心。1950 年 8 月，年仅 26 岁的邓稼先以优异成绩获得美国普渡大学博士学位 9 天后，谢绝了恩师和同校好友的挽留，毅然决定回国，把自己的一生都献给了我国原子弹和氢弹的研制事业。为了完成这项神圣的使命，邓稼先隐姓埋名 28 年，在大漠戈壁中忘我工作，连妻子也不知道他去了哪儿，在做什么。1985 年 7 月，邓稼先被检查出患了直肠癌。手术后，他在国庆节提出的唯一要求是去看看天安门。住院期间，国防科工委的同志探视他时，问他："我们国防科工委的同志们都很敬重你，想听听你的人生箴言。"邓稼先稍加思索，说道："选择了核武器，就意味着选择了牺牲和付出。可是，我对自己的选择，终生无悔。""假如生命终结之后能够再生，那么，我仍选择中国，选择核事业……"

据统计，从新中国成立前夕的 1949 年 8 月到 1950 年年底，有近 400 名中国留美学生、200 多名中国留英学生，放弃优越条件，回到祖国参加建设。到 20 世纪 50 年代末，旅居海外的专家、学者和优秀留学人员，回国人数达到 2500 名。他们为新中国科教事业、经济建设和国防建设的发展，作出了永载史册的重大贡献。

三、各族人民大团结

我国自古以来就是一个统一的多民族的国家，各民族共同创造了灿烂的中华文明，形成了相互依存、不可分离的关系。但在旧中国，少数民族长期遭受民族压迫和民族歧视，经济和文化都很落后。新中国成立后，中国共产党非常重视民族工作，强调各族人民都是新中国的主人，要在实现民族平等的基础上，实现民族团结和各民族共同发展进步。

经中国人民政治协商会议讨论达成一致，共同纲领明确规定："中华人民共和国境内各民族一律平等"；"各少数民族聚居的地区，应实行民族的区域自治，按照民族聚居的人口多少和区域大小，分别建立各种民族自治机关。”自此，确立了在新中国实行民族区域自治这一基本政治制度。1950年春，根据毛泽东的建议，中央人民政府决定向全各民族地区派遣访问团，进一步宣传和贯彻共同纲领中的民族政策，传达党中央和人民政府对各族人民的关怀和慰问，并征求他们对于中央各种政策实施的意见。

1950年7月2日，由刘格平担任团长，费孝通、夏康农担任副团长的西南访问团离京前往西康、四川、云南、贵州等少数民族地区，拉开了这项重要活动的帷幕。临行前，毛泽东接见了访问团全体同志，并亲笔题写条幅“中华人民共和国各民族团结起来”，作为礼物送给各兄弟民族。当天的《人民日报》发表题为《送西南访问团》的社论，指出：“这个访问团是代表中央人民政府，向西南地区各兄弟民族进行慰问；以加强与各兄弟民族人民的联系、加强国内各民族人民的团结为使命的”，“西南访问团的出发，正是我国各民族真正友爱合作的一个象征。”

在7个月的时间里，西南访问团分组深入西康、四川、云南、贵州等少数民族地区慰问，极大地增强了各民族之间的凝聚力和向心力，巩固了祖国大家庭的团结。之后，西北访问团、中南访问团、东北内蒙古访问团也相继组建、出发、工作。四路民族访问团，总行程达8万公里，充分体现了党和政府对少数民族的关心和重视。这项活动不仅在中国几千年历史上从未有过，标志着我们民族关系和民族工作跨入了一个新时代，在世界各国历史上也未曾有过，是彪炳世界民族关系史册的一大壮举。

从1950年开始，中央人民政府有计划组织边疆少数民族代表，分批到北京参加国庆观礼，或是到内地参观。这一年10月3日晚，毛泽东在中南海怀仁堂观看由西南各民族文工团、新疆文工团、吉林省延边文工团、内蒙古文工团联合演出的歌舞晚会。毛泽东请一起观看演出的柳亚子填词一首，以述各民族大团结之盛况。柳即席写了一首《浣溪沙》：“火树银花不夜天，弟兄姊妹舞蹁跹，歌声唱彻月儿圆。不是一人能领导，那容百族共骈阗？良宵盛会喜空前！”毛泽东看后，兴奋地写了他在新中国成立后的第一首词和之：“长夜难明赤县天，百年魔怪舞翩跹，人民五亿不团圆。一唱雄鸡天下白，万方乐奏有于阗，诗人兴会更无前。”

随着国家的安定发展，民族区域自治政策稳步推进。1950年5月、7月、9月，甘肃省率先建立了三个民族自治县：天祝藏族自治县、肃北蒙古族自治县和东乡族自治县。同年11月24日，四川省建立了中国第一个自治州——甘孜藏族自治州。1951年5月12日，云南省建立了中国第一个彝族自治县——峨山彝族自治县。作为中国人口最少的民族之一，当时还处于原始社会末期的游猎民族鄂伦春族，也于1951年10月1日在内蒙古呼伦贝尔盟建立了鄂伦春自治旗。当时全旗只有778人，其中724人为鄂伦春族。

1952年8月，毛泽东签署颁布的《中华人民共和国民族区域自治实施纲要》明确规定：各民族自治区统为中华人民共和国领土的不可分离的一部分。各民族自治区的自治机关统为中央人民政府领导下的一级地方政权，并受上级人民政府的领导。各少数民族聚居的地区，依据当地民族关系，经济发展条件，并参酌历史情况，得分别建立各种自治区：（一）以一个少数民族聚居区为基础建立自治区。（二）以一个大的少数民族聚居区为基础建立自治区，包括在该自治区内的各个人口很少的其他少数民族聚居区，均应实行区域自治。（三）以两个或多个少数民族聚居区为基础联合建立自治区。

实施纲要对民族区域自治的有关制度和重大政策做了比较全面的规定，使民族区域自治在法律化、制度化的道路上迈出了重要一步，为后来制定宪法有关条款提供了依据。1954年，民族区域自治的内容被载入毛泽东亲自主持制定的《中华人民共和国宪法》中，并被称为“中国的基本政治制度之一”。继1947年5月1日内蒙古自治区成立之后，1955年10月1日新疆维吾尔自治区成立，1958年3月15日广西壮族自治区成立，1958年10月25日宁夏回族自治区成立，1965年9月9日西藏自治区成立。至此，我国五大民族自治区全部成立。

实践证明，中国共产党的民族政策非常合理有效。从雅鲁藏布江畔到长白山下，从西双版纳雨林到塔克拉玛干沙漠……各个民族自治区建立后，经济不断发展，各族人民由衷地感谢毛泽东给他们带来新的美好生活。新疆和田地区维吾尔族老人库尔班·吐鲁木多次萌发要骑着毛驴到北京看望、感谢毛泽东的心愿，并最终受到毛泽东两次亲切接见，这个故事后来经王洛宾谱曲，成为脍炙人口的民歌——《萨拉姆毛主席》，直到今天仍被广为传唱。

第二节　巩固新生的人民政权

在开国大典上，朱德总司令在天安门城楼上宣读了《中国人民解放军总部命令》，命令中国人民解放军全体指战员，坚决执行中央人民政府和中央人民政府人民革命军事委员会主席毛泽东的一切命令，迅速肃清国民党反动军队的残余，解放一切尚未解放的国土，同时肃清土匪和其他一切反革命匪徒，镇压他们的一切反抗和捣乱行为。

不期而遇的朝鲜战争，更是使新中国的国家安全处于严重的威胁之中。这场战争的胜利，粉碎了帝国主义扩大侵略的野心，维护了亚洲和世界和平，使中国的国际威望空前提高，包括美、苏在内的世界各国都感到必须重新估计中国在世界上的分量。帝国主义从此不敢轻易欺侮和侵犯中国，为我国新民主主义改革和建设赢得了一个相对稳定的和平环境。

事非经过不知难。中国共产党领导全国各族人民，经过艰辛工作，在巩固新生人民政权的“赶考”中，交出了一份合格的答卷。

一、实现中国大陆的统一

新中国成立初期，中国共产党面临着很多困难和严峻考验。国民党还有以白崇禧、胡宗南两股武装力量为主的上百万军队，占据以广州为中心的华南地区、以重庆为中心的西南地区。肃清国民党反动军队残余，解放一切尚未解放的国土，在全国建立起自上而下统一的人民政府，是党和人民政府巩固新兴人民政权面临的紧迫任务。

为了迅速彻底地歼灭残敌，避免将敌驱赶到不利于行军作战的云贵高原、个别海岛或使敌人逃往境外，毛泽东明确提出人民解放军在消灭国民党残敌的作战中，必须实行完全不理会敌人的防线而远远超过它，迂回并占领它的后方，迫使其不得不与解放军作战并一举歼灭它的大迂回、大穿插、大包围作战方针。

遵照中央军委的统一部署，人民解放军向国民党残余部队展开了最后的围歼。在华中、华南战场，第四野战军分东、中、西三路挺进广东、湖南，于9月13日发起衡宝战役，消灭白崇禧集团近四个师的精锐部队，迫其由湘西退入广西。10月2日，陈赓指挥三路大军南下，发起广东战役，一举歼灭余汉谋集团大部。10月14日，华南最大的城市广州解放。11月6日，第四野战军发起广西战役，以大迂回大穿插的果敢动作，截断敌人西逃南撤之路，歼灭国民党军基干部队白崇禧集团，解放了广西全境。

在华东战场，第三野战军于9月19日发起漳厦战役，经激烈战斗，全面突破敌军防线，解放了厦门全岛及鼓浪屿，漳州、泉州等闽南地区随之全部解放。

在西北战场，陕西、甘肃、宁夏、青海在新中国成立前夕已经解放，新疆也宣布和平解放。为接管新疆防务和改编起义部队，第一野战军第一兵团在西北各族人民和苏联方面的支援下，以空运、车运和徒步行军三种方式，穿越戈壁沙漠，行程1000多公里，于10月20日进驻新疆首府迪化，完成了挺进西北边陲的艰巨任务。

在西南战场，第二野战军从11月1日开始进军大西南。在第四野战军和第一野战军各一部的南北协同下，二野部队先从湘西进占贵州，旋即直入川南，截断川敌逃往康、滇的退路；同时进击川东，向重庆合围。11月30日，人民解放军渡过嘉陵江，解放了西南最大的中心城市重庆。蒋介石原本对这个抗日战争时期的陪都抱有幻想，期待国际局势变化，以此为“大后方”，负隅顽抗。但是，解放军势如破竹，让他的幻想很快就破灭了。

在人民解放军的军事打击和政治瓦解工作的推动下，12 月 9 日，云南省政府主席卢汉，西康省政府主席刘文辉，西南军政长官公署副长官邓锡侯、潘文华分别在昆明、雅安等地起义。二野部队和进入川北的一野部队从四面八方向成都合围，歼灭了国民党军在大陆的最后一支基干部队胡宗南集团。西南地区除西藏以外全部解放。进军大西南的胜利，标志着国民党反动集团在大陆统治的终结。

全国大陆的战役基本结束后，中央军委立即部署了解放海南岛和东南沿海诸岛屿的战役。1950 年 4 月 16 日晚，人民解放军发起渡海战役，迅速突破敌人防线，5 月 1 日解放了海南岛及附近岛屿。之后几个月，浙江沿海的舟山群岛、广东珠江口外香港澳门之间的万山群岛等，也相继解放。截至 1950 年 6 月，中国人民解放军经过一年的艰苦作战，共歼灭国民党正规军 128 万余人，收编改造了 170 万起义投诚的国民党官兵。从 1946 年 7 月到 1950 年 6 月，人民解放军歼灭国民党军队的总数达到 807 万余人。

随着国内外形势的变化和发展，进军西藏的时机日益成熟，1949 年 12 月至 1950 年年初，毛泽东就解放西藏作出具体部署，果断提出“进军西藏宜早不宜迟”，并指导确立了和平解放西藏方针。由于西藏地方政府中的部分顽固势力不但拒绝和平谈判，而且杀害解放军派出的联络人员，并调集

1951 年 5 月 23 日，中央人民政府全权代表同西藏地方政府全权代表在北京签订《中央人民政府和西藏地方政府关于和平解放西藏办法的协议》

藏军阻止解放军从金沙江进入西藏。10月6日，进藏部队分南北两线渡过金沙江，发起昌都战役。在强大攻势下，西藏地方政府噶伦、昌都总管阿沛·阿旺晋美毅然命令所部放下武器，向解放军投诚。昌都的解放，给西藏上层反动分裂势力以沉重打击，打开了进军西藏的门户，为和平解决西藏问题铺平了道路。

1951年4月22日，以阿沛·阿旺晋美为首席代表的西藏地方政府代表团来到北京。中央人民政府当即指派李维汉为首席代表，与他们进行谈判。经过反复协商，中央人民政府和西藏地方政府于5月23日在北京正式签署《中央人民政府和西藏地方政府关于和平解放西藏办法的协议》，即著名的“十七条协议”。

为落实“十七条协议”的内容，人民解放军进藏部队遵照毛泽东主席的命令，按照“多路向心进兵”的既定部署，克服了气候严寒、空气稀薄等重重困难，和平进驻西藏。10月26日，人民解放军进驻拉萨，受到了藏族人民的热烈欢迎。西藏的和平解放，掀开了西藏历史新的一页，巩固了祖国的西南边防，沉重地打击了帝国主义和西藏上层分裂势力，捍卫了国家主权和领土完整，实现了祖国大陆的基本统一。西藏开始逐步从黑暗走向光明，从落后走向进步，从此进入了历史新时期。

二、大规模的剿匪斗争

国民党在其军队主力被歼灭后，不甘心在大陆的失败，把大批特务和正规军遣散为匪，潜留大陆，伺机东山再起。这些匪特竭力网罗反动分子，扩充武装，组织反革命武装暴动，无时无刻不在寻找一切可能的机会向人民政府进攻，企图颠覆新生的人民政权，一度成为危害很大的反动势力。据统计，1950年1月至10月，全国共发生妄图颠覆新生政权的武装暴动816起；匪患最为活跃的西南地区，曾被匪特攻打、攻陷的县城有100座以上，贵州省会贵阳曾被匪特进攻 5 次；在安徽大别山区的 14 个县及广西部分地区，匪特还一度建立了伪政权；1950 年，全国有近 4 万名干部和群众积极分子惨遭匪特杀害。

新解放区人民群众强烈要求人民政府和人民解放军坚决消灭土匪，保护人民生命财产的安全。时任西南局书记的邓小平给中共中央的报告中提出："剿匪已成为西南全面的中心任务，不剿灭土匪，一切无从着手。"有鉴于此，毛泽东指令人民解放军："必须限期剿灭股匪，加速进行土改，发展地方武装和坚决镇压反革命活动，我党我军方能取得主动，否则有陷入被动的危险。"

为了保证剿匪作战的顺利进行，毛泽东提出军事进剿、政治瓦解、发动群众武装自卫三者相结合的方针。在匪情严重的地区，要以军事打击为主，政治争取为辅，军事政治双管齐下；在一般情况下，则以政治争取为主，军事打击为辅；在实行军事打击或政治争取的同时，均应与充分发动群众、建立政权、加强地方武装、进行民主改革等项工作结合进行，以求从根本上消除匪特生存活动的条件。对匪特实行的政策是镇压与宽大相结合，即首恶者必办，胁从者不问，立功者受奖。通过上述方针政策的贯彻执行，达到争取多数、打击少数、利用矛盾、各个击破、彻底消除之目的。

为彻底歼灭各路土匪，中共中央西南局、西南军区专门下达了《关于组织一元化剿匪斗争的指示》，要求各军区、军分区至县、区、乡、保都应成立剿匪委员会，作为一元化剿匪领导的组织形式。剿匪委员会原则上以同级党委书记为主任或副主任，将广大人民群众发动与组织起来，形成党政军民协同的轰轰烈烈的剿匪局面。

1951 年上半年，各地清剿的股匪已逾百万人，大陆上的匪患基本上平息。以匪情严重的广西为例，人民政府先后调集 20 余万人，在大瑶山、六万大山、十万大山、灵山、永淳和钦州等地重点进剿，歼灭"粤桂边反共救国军""广西游击联军"等股匪 33 万余人，受到毛泽东的嘉奖。30 多年后，邓小平同原二野的老同志座谈时，十分兴奋地回忆说："进军西南，同胡宗南那一仗打得很容易，同宋希濂也没有打多少仗。真正打了一场的是剿匪战斗，打得很漂亮！”

湘西地区也是匪患的重灾区。新中国成立初期，在这块只有4万多平方公里的地方，各类土匪武装达到了10余万人。匪多、枪多、鸦片多的混乱局面，使当地百姓生活在抢劫、杀戮的恐怖之中。1950年春，人民解放军四十七军大举进剿湘西一带的土匪，并将矛头首先对准土匪中最顽固、最嚣张的势力。1月，解放军依靠当地群众，越过天险，攻克了八面山燕子洞，捣毁了盘踞于此地的陈子贤、师兴周匪部。3月，剿匪部队兵分三路，从泸溪、凤凰、麻阳向兴隆场合围徐汉章匪部，同时采取分进合击战术，围攻张平的老巢李家洞，并在4月取得胜利。紧接着，我军又开展了中心区、边缘区的清剿残匪的斗争，击毙了张平、曹振亚、曹子西、杨树臣、龙云飞等多名匪首。

在西北解放区，匪患主要是国民党军胡宗南、马步芳、马鸿逵的残部。他们纠集散兵游勇、职业土匪及会道门反动分子，欺骗群众，组织暴乱，破坏民族团结。从1949年11月开始，人民解放军先后投入2个兵团、11个军、38个师另1个旅3个团的兵力，在陕、甘、宁、青、新地区进行剿匪作战，歼灭了陕西王凌云、甘肃马英贵、青海马成贤、宁夏马绍武、新疆乌斯满等股匪，沉重打击了匪徒的嚣张气焰。

根据中央“除恶务尽、不留后患”的方针，一些地方肃清残散土匪的斗争持续进行到1953年。人民解放军大规模的剿匪作战，共歼灭土匪、武装特务和争取投降自新260余万人，使旧中国历史上遗留下来而为广大人民深恶痛绝的匪患得到根绝，有力地保护了人民安居乐业，稳定了社会秩序。

三、镇压反革命

面对人民政府各项工作的顺利开展，反革命分子制定了“长期潜伏，等待时机，重点破坏与暗害活动”的策略，尤其是着重在财政经济部门中进行抢劫物资、破坏机器、纵火、爆炸、盗窃、暗杀、窃取国家机密等破坏活动，以达到干扰和破坏人民政权之目的。据铁道部不完全统计，1950年前8个月，全国超负荷的铁路网遭受了401次破坏，造成大量的机车、火车车厢和桥梁被损毁，另有412次破坏被成功避免。

1950年6月，朝鲜战争爆发后，美国把战火烧到中国的大门口。反革命分子以为“第三次世界大战”将要爆发，蒋介石将要“反攻大陆”，“变天”的日子将要到来，气焰更加嚣张，加紧进行破坏活动。然而，不少地方面对严峻的形势，没有采取有力的措施，发生了过分宽大的偏向，引起人民群众的不满。为了巩固新生的人民政权，保护人民生命财产安全，稳定社会生活秩序，中共中央和人民政府决定放手发动群众，严厉打击反革命分子。1950年7月23日，政务院和最高人民法院公布《关于镇压反革命活动的指示》，要求各级人民政府对一切反革命活动必须及时地采取严厉的镇压。

1950年国庆节前夕，公安侦查人员截获了一封寄往日本的可疑信件，里面藏有一张画有天安门的草图。公安部门以这封信为突破口，破获了一起境外反革命势力派遣间谍，图谋在国庆之时炮击天安门的重大案件，震惊了全国。10月10日，中共中央作出《关于镇压反革命活动的指示》，要求各级党委对已被逮捕和尚未逮捕的反革命分子，按照罪恶的轻重，分别地加以处理。对于罪大恶极怙恶不悛的反革命分子，应当坚决镇压。对于真正的胁从分子、自动坦白和立功分子，应分别予以宽大的待遇。

从1950年12月起，镇压反革命运动在全国范围内开展起来。中央确定镇反的工作路线是：党委领导，全党动员，群众动员，吸收各民主党派及各界人士参加；统一计划，统一行动，严格地审查捕人和杀人的名单；注意各个时期的斗争策略，广泛地进行宣传教育工作，打破关门主义和神秘主义，坚决地反对草率从事的偏向；要把公安、司法等专门机关的工作和广大人民群众的积极性密切结合起来。1951年2月21日，中央人民政府公布《中华人民共和国惩治反革命条例》，使镇压反革命斗争有了法律武器和量刑标准。这方面的政策，被概括为五句话：“首恶必办，胁从不问，抗拒从严，坦白从宽，立功者受奖。”

毛泽东亲自领导了镇压反革命运动。他在一开始就提出“打得稳，打得准，打得狠”的方针。他说，“打得稳，就是要注意策略。打得准，就是不要杀错。打得狠，就是要坚决地杀掉一切应杀的反动分子”。他还强调，要采取放手发动群众的方针，在城市和乡村都大张旗鼓，广泛宣传，努力做到家喻户晓。

至 1951 年春夏，镇压反革命形成了全国性的高潮，广大人民群众积极投入到这场斗争中，纷纷起来控诉和检举反革命分子的活动。许多潜伏特务、血债累累的恶霸分子无处可藏，落入法网。潜伏在武汉的原国民党少将胡振南无奈自首，并说：“群众都起来了，不登记也会被检举，还是自己坦白登记好。”

1951 年 1 月 10 日，四川成都市公审杀害李公朴、闻一多的凶手王子民，当庭判处死刑；4 月 29 日，杀害毛泽民、陈潭秋、林基路的凶手李奇英被处以死刑；6 月 24 日，在山西文水县云周西村，两万多人在刘胡兰烈士遇难的地点，公审杀害刘胡兰的凶手张全宝、侯雨寅，并押赴刑场；7 月 16 日，杀害二七大罢工领导人林祥谦的刽子手赵继贤，在林祥谦遇害的地方被执行枪决……一个个反革命凶手被正法，是人们对革命先烈的告慰。

1951 年 5 月，中央召开第三次全国公安会议，鉴于镇压反革命运动已经达到预期目标，决定实行“谨慎收缩”的方针，集中力量处理积案，并且采取两项措施：一是严格规定捕人杀人的批准权限；二是对犯有死罪的罪犯绝大部分采取判处死刑缓期执行的政策。

镇压反革命运动历时 3 年，到 1953 年取得了全面的胜利。这场斗争基本肃清了旧社会遗留的残余反动势力，巩固了人民民主专政，安定了社会秩序，提高了广大人民群众的觉悟，密切了党和人民政府同人民群众的联系，保证了抗美援朝、土地改革、其他各项民主改革和恢复国民经济工作的顺利进行。在全国很多地方，出现了历史上少有的“路不拾遗，夜不闭户”的状况。

四、“抗美援朝，保家卫国”

1950年6月25日，朝鲜战争爆发，东北亚的这个半岛成为全球热点，北纬38度线即“三八线”更是成为举世瞩目的一个名词。战争爆发后，美国迅速作出反应。6月26日，美国调动其驻日本的空军和海军部队侵入朝鲜，支援韩国军队作战。与此同时，美国派遣其驻菲律宾的海军第七舰队侵入台湾海峡。朝鲜是中国唇齿相依的邻邦，台湾更是中国的固有领土。这一切都预示着，新中国的国家安全已经处于严重的威胁之中，一场战争在所难免。

7月7日，美国操纵联合国安理会通过非法决议，纠集以美国为首的16个国家组织“联合国军”，成立由美国指挥的“统一司令部”。7月8日，麦克阿瑟被任命为“联合国军”总司令。9月15日，“联合国军”从仁川登陆，使朝鲜战局急转直下。9月28日，“联合国军”攻占汉城，截断朝鲜人民军南进部队的后路，9月29日，进抵“三八线”，叫嚣要在“三八线以北进行军事行动”。9月30日，周恩来在庆祝新中国成立一周年的讲话中，向美国发出严正警告：“中国人民热爱和平，但是为了保卫和平，从不也永不害怕反抗侵略战争。中国人民决不能容忍外国的侵略，也不能听任帝国主义者对自己的邻人肆行侵略而置之不理。”

10月1日，韩国军队越过“三八线”；麦克阿瑟向朝鲜发出“最后通牒”，要朝鲜人民军无条件“放下武器停止战斗”。同日，朝鲜政府请求中国政府出兵支援；斯大林也致电毛泽东，建议中国派遣部队援助朝鲜。当时，苏联担心自己公开援助朝鲜，会有同美国发生直接冲突的危险。这就使中共中央要在极端困难的情况下作出抉择：出不出兵？胡乔木回忆说，我在毛主席身边工作20多年，记得有两件事毛主席很难下决心。一件是1950年派志愿军入朝作战，一件就是1946年我们准备同国民党彻底决裂。

1950 年 10 月 19 日，中国人民志愿军分三路跨过鸭绿江，与朝鲜人民军共同抗击美国侵略者，开始了抗美援朝战争

10 月 3 日至 5 日，中共中央政治局继续召开会议，反复权衡出兵的利弊得失。毛泽东说：“别人处于国家危急时刻，我们站在旁边看，不论怎么说，心里也难过。”彭德怀也说：“出兵援朝是必要的，打烂了，等于解放战争晚胜利几年。如美军摆在鸭绿江岸和台湾，它要发动侵略战争，随时都可以找到借口。”最后，与会者经过慎重讨论，取得共识，作出了派遣中国人民志愿军入朝作战进行抗美援朝、保家卫国的斗争的决定。

10 月 5 日上午，毛泽东与彭德怀倾心长谈，将挂帅出兵的重任交给他。1935 年 10 月，中央红军主力到达陕北吴起镇时，宁夏马鸿逵、马鸿宾的骑兵跟了上来。击败敌兵后，毛泽东写了一首六言诗送给彭德怀：“山高路远坑深，大军纵横驰奔。谁敢横刀立马？惟我彭大将军！”这次，毛泽东略带感慨地对老战友说：“现在美军已分路向三八线冒进，我们要尽快出兵，争取主动。”后来，彭德怀这样评价毛泽东的出兵决策：“这个决心不容易定下，这不仅要有非凡的胆略和魄力，最主要的是具有对复杂事物的卓越洞察力和判断力。历史进程证明了毛主席的英明正确。”

10 月 19 日，以彭德怀为司令员兼政治委员的中国人民志愿军奉命开赴朝鲜战场，以大无畏的英雄气概，毅然承担起保卫和平的历史重任。一支靠着小米加步枪打下红色江山的人民军队，在全国政局尚未安稳，也没得到休整，并且后勤、重武器、空中掩护全方位缺乏的情况下，向世界霸主美国发出了挑战。骄横的美帝国主义根本没有料到中国会出兵参战。“联合国军”总司令麦克阿瑟自恃美军的优势，并没有把新中国放在眼里。他在回忆录中这样写道："由于我们的基本上无敌的空军具有随时可以摧毁鸭绿江南北的进攻基地和补给线的潜在威力，所以我本人的军事上的估计是，没有任何一个中国军事指挥官会冒这样的风险把大量兵力投入已被破坏殆尽的朝鲜半岛。这样，他们要冒的由于给养短缺而毁灭的风险就太大了。"

中国人民志愿军入朝时，由麦克阿瑟指挥的"联合国军"已进占平壤、元山一线，并分东西两线以最快速度向朝中边境推进，形势非常严峻。鉴于志愿军隐蔽入朝尚未被敌察觉，敌人放胆分兵冒进、长驱直入、兵力分散的情况，毛泽东、彭德怀当机立断，改变原定入朝后先组织防御战的计划，决定采取在运动中各个歼灭敌人的方针，立即发起进攻。

10月25日，已做好战斗准备的志愿军，在利洞、两水洞分别与韩军第一师、第六师遭遇并将其大部歼灭，打响了抗美援朝战争的第一仗，揭开了第一次战役的序幕。不过，麦克阿瑟认为中国只是象征性的出兵，继续命令后续部队向中朝边境推进。10月底，号称"王牌军"的美军第一骑兵师一个团，冒进北渡清川江，到达云山。11月1日至3日，彭德怀集中志愿军主力，发起云山战斗，给这支美军"王牌"部队以沉重打击，并在东线成功阻击了北上驰援的美军。

经过连续作战，至11月5日第一次战役结束时，志愿军共歼敌1.5万余人，"联合国军"从鸭绿江边退到清川江以南。第一次战役的胜利，是志愿军入朝作战的开门红。它初步稳定了朝鲜战局，使志愿军在朝鲜站住脚跟，为此后几次战役创造了有利条件。

第一次战役后，麦克阿瑟立即由东京飞到朝鲜前线，部署全面攻占朝鲜北部、于"圣诞节前结束战争"的总攻势。他坚持认为，中国不敢也没有能力与美国较量，即使出兵也不过是为保卫边防安全和中朝边界的电力设备。

为了增强志愿军的实力，第九兵团3个军12个师于11月中旬秘密入朝，使志愿军一线总兵力增加到38万余人，在东西两线上都占有兵力上的优势。此时，麦克阿瑟估计的中国在朝兵力不过六七万人。针对美方的错误判断和骄傲心理，毛泽东、彭德怀决定继续采取诱敌深入，集中优势兵力各个歼灭的方针，出其不意，猛烈打击，部署志愿军准备第二次战役。

从 11 月 6 日开始，志愿军以一部兵力在朝鲜东北部长津湖地区节节阻击，诱使敌军逐步深入预设战场。11 月 25 日，志愿军主力猛烈反击，发起第二次战役。志愿军分东西两线包围、歼灭和重创包括美军“王牌”部队陆战第一师在内的大批敌军，连连告捷。12 月 3 日，麦克阿瑟不得不命令东西两线军队向“三八线”总退却。12 月 6 日，中国人民志愿军和朝鲜人民军收复平壤。至 12 月 24 日战役结束时，中朝军队共歼敌 3.6 万余人，收复了“三八线”以北除襄阳以外所有地区，朝鲜人民军一部并进至“三八线”以南部分地区。第二次战役大大鼓舞了中朝人民的士气，进一步显示了中国人民志愿军的军威，迫使“联合国军”转入战略防御，扭转了朝鲜战局。

为了不给敌人喘息的时间，争取政治上的主动地位，志愿军总部下达了继续南进的部署。1950 年 12 月 31 日，志愿军和朝鲜人民军发起第三次战役，一举突破敌人在“三八线”的设防。中朝军队乘胜追击，1951 年 1 月 4 日进占汉城，5 日渡过汉江，8 日收复仁川，最终将战线向南推进 80 至 110 公里，迫使“联合国军”后撤至北纬 37 度线附近地区。这一仗共歼敌 1.9 万余人，在国际社会引起强烈的震撼。

第三次战役胜利后，志愿军主力后撤进行休整，准备春季攻势，只留少数部队在第一线担负警戒任务。但“联合国军”在 1 月 25 日即开始反击，妄图乘志愿军连续作战、极度疲劳、运输线延长、补给困难之机，猛打猛冲，扭转战局，并为以后的谈判创造有利条件。中国人民志愿军立即停止休整，同朝鲜人民军共同进行第四次战役。根据“联合国军”在战场上遭到打击时撤退快，转入反扑也快，致使志愿军没有时间进行休整的情况，中央军委根据毛泽东的意见，于 2 月 7 日作出决定，不再从国内部队抽调老兵补充志愿军，而是以军为单位，成建制地由国内调往朝鲜战场，实行轮番作战，从而保持志愿军的战斗力。

3 月 7 日，“联合国军”集结兵力 23 万余人，以大量飞机、坦克、火炮支援，在 200 公里宽的战线上发起全线反扑。中朝军队采取坚守防御、战役反击和运动防御等多种作战方式，把运动战与阵地战紧密地结合起来，在予敌以大量杀伤后，主动撤离汉城，在向北转移中继续抗击敌人。至4月21日，志愿军终于制止了敌人的进攻，将战线稳定在“三八线”附近。整个第四次战役，是在极为困难的条件下进行的，但中国人民志愿军发扬了特别能吃苦、特别能战斗的精神，与朝鲜人民军一起连续奋战，从被动中争取了主动。这次战役历时87天，共歼灭敌人7.8万余人，数量超过前三次战役的总和。其中，志愿军歼敌5.3万余人，自身伤亡4.2万余人。

1951年4月初，志愿军总部根据种种迹象判断，“联合国军”进占“三八线”以后，很可能从侧后登陆配合正面进攻，企图再次以两面夹击的战法，将战线推进至平壤、元山一线。为夺取战争主动权，中朝军队于4月22日发起第五次战役。针对美军装备优良、机动性强的特点，毛泽东提出了“零敲牛皮糖”的作战方针，即实行战术的小包围，打小歼灭战，经过打小歼灭战进到打大歼灭战。

第五次战役先后在西线和东线进行两个阶段的进攻作战。取得胜利后，主力向北转移准备休整时，对敌情估计不足，转移部署不够周密，在“联合国军”趁机快速反扑时，一度陷于被动地位，志愿军一个师遭受重大损失。中朝军队随即展开全线阻击，至6月10日将敌阻止于“三八线”附近地区，结束战役。第五次战役是抗美援朝战争期间规模最大的一次战役。中朝军队共投入11个军和4个军团的兵力，“联合国军”投入几乎所有地面部队并有大量航空兵部队的支援。交战双方兵力都在百万左右，展开了连续50天的激烈战斗。中朝军队歼敌8.2万余人，其中志愿军歼敌6.7万余人，最终取得了战役的胜利。在这次战役中，志愿军自身战斗减员为7.5万余人。

第五次战役后，敌我双方均转入战略防御，出现了胶着相持的局面。1951年6月，在美国参议院军事委员会和外交事务委员会举行的听证会上，魏德迈无可奈何地说：“朝鲜战争是一个无底洞，看不到联合国军有胜利的希望。”这就为迫使美国同意举行停战谈判创造了条件。

朝鲜停战谈判从1951年7月10日开始。谈判地点最初设在开城，10

月25日移至板门店。根据双方协议，谈判只涉及军事方面而不包括政治方面。要解决的主要问题是：第一，设立军事分界线；第二，停战监督和战后限制朝鲜全境的军事设施；第三，交换战俘。谈判拖延两年之久，中间打打谈谈，直至1953年7月才结束。7月27日，美国不得不在停战协定上签字。时任“联合国军”总司令的美军克拉克上将，在自己的回忆录中说：“我获得了一项不值得羡慕的荣誉：那就是我成了历史上签订没有胜利的停战条约的第一位美国陆军司令官。我感到一种失望的痛苦，我想，我的前任，麦克阿瑟与李奇微两位将军一定具有同感。”

抗美援朝战争不但没有削弱或拖垮新中国，而且为我国社会主义改造和建设赢得了一个相对稳定的和平环境。战争开始后，全国以此为中心，实行边打、边稳、边建的方针，在战场不断取得胜利的同时，国内经济迅速发展，财政收入明显增加。1951年消灭了财政赤字，到1952年年底全面完成了国民经济恢复任务。声势浩大的抗美援朝运动，也有力地促进了国内各方面工作的开展。从1953年起，开始实施发展国民经济的第一个五年计划。

抗美援朝战争的洗礼，荡涤了中国军民中长期存在的崇洋媚外情绪，使爱国主义精神和民族自豪感得到空前的振奋，极大地增强了全民族的凝聚力。诚如彭德怀在《关于中国人民志愿军抗美援朝工作的报告》中所述：“它雄辩地证明：西方侵略者几百年来只要在东方一个海岸上架起几尊大炮就可霸占一个国家的时代是一去不复返了。”

五、“三反”“五反”运动

治国安邦，巩固政权，不仅要在战场上消灭国内外的敌人，还要打赢“没有硝烟的战争”。新中国成立后，部队、厂矿、农村、机关和学校等各条战线上的共产党员，绝大多数起到了模范带头作用。但大环境的变化，也使一些意志薄弱的党员滋长了骄傲自满、官僚主义、贪图享受的情绪和倾向。与此同时，不法资产阶级分子为了牟取利益，大肆进行行贿、偷税漏税等违法犯罪活动，不仅严重腐蚀了干部队伍，而且威胁国家经济社会发展的安全。

新中国成立初期，由于党已经在全国范围内执掌政权，担负着多方面全新的任务，党的队伍也面临新的考验。在资产阶级的腐蚀和影响下，政府机关里贪污、浪费、官僚主义现象不断滋长，有的干部堕落变质。正如毛泽东在中共七届二中全会上所预料的那样："可能有这样一些共产党人，他们是不曾被拿枪的敌人征服过的，他们在这些敌人面前不愧英雄的称号；但是经不起人们用糖衣裹着的炮弹的攻击，他们在糖弹面前要打败仗。"

1951 年 10 月，中共中央召开政治局扩大会议，决定在全国各条战线开展一个精兵简政、增产节约运动。它的主要内容是：整编部队，加强国防力量；精简机构，提高工作效率；增产节约，准备国家大规模建设；平衡收支，继续稳定物价。10 月 23 日，毛泽东在全国政协一届三次会议上提出，为了继续坚持抗美援朝这个必要的正义的斗争，我们需要继续加强抗美援朝的工作，需要增加生产，厉行节约，以支持中国人民志愿军，这是中国人民今天的中心任务。全国各地的增产节约运动蓬勃展开后，揭露出大量令人震惊的贪污和违法乱纪现象。11 月 1 日，东北局向中央报告开展增产节约运动的情况，列举沈阳市部分单位揭发出有贪污行为人员的事例，认为反贪污蜕化斗争是一个复杂尖锐的斗争。11 月 20 日，毛泽东在代中共中央起草的批转东北局《关于开展增产节约运动，进一步深入反贪污、反浪费、反官僚主义斗争的报告》的批语中，首次提出在"全国规模的增产节约运动中进行坚决的反贪污、反浪费、反官僚主义的斗争"。

从 12 月 4 日到 7 日，毛泽东接连转发北京市市委和中央几个部的"三反"报告后，觉得问题实在严重，"三反"斗争非全民动员、大张旗鼓地进行不可。12 月 8 日，他为中共中央起草了《关于"三反"斗争必须大张旗鼓进行的指示》，指出："应把反贪污、反浪费、反官僚主义的斗争看作如同镇压反革命的斗争一样的重要，一样的发动广大群众包括民主党派及社会各界人士去进行，一样的大张旗鼓去进行，一样的首长负责，亲自动手，号召坦白和检举，轻者批评教育，重者撤职，惩办，判处徒刑（劳动改造），直至枪毙一大批最严重的贪污犯。”

1952年1月1日，毛泽东在中央人民政府举行的团拜会上致祝词，号召全国人民和一切工作人员一致行动起来，“大张旗鼓地，雷厉风行地，开展一个大规模的反对贪污、反对浪费、反对官僚主义的斗争，将这些旧社会遗留下来的污毒洗干净！”1月4日，中共中央下达限期发动“三反”运动的指示，推动“三反”运动在全国范围内迅猛地进入高潮。

刘青山、张子善事件，是“三反”运动中暴露出来的第一大案。先后任过中共天津地委书记的刘青山、张子善是分别在1931年和1933年入党的老干部，对革命有功，但进城后堕落为大贪污犯。他们利用职权，盗用公款，盘剥民工，贪污挪用专区地方粮、宝坻县救济粮、干部家属补助粮，任意挥霍，犯下了严重罪行。据统计，两人贪污盗窃的总数达到155亿元旧币。刘青山、张子善案发后，经过慎重考虑，并征求党外人士的意见，中共中央决定同意河北省委的建议，由河北省人民法院判决，经最高人民法院核准，对刘、张二人判处死刑立即执行。对有人提出对刘、张二人宽大处理的意见，毛泽东坚决地说，正因为他们两人的地位高，功劳大，影响大，所以才要下决心处决他们。只有处决他们，才可能挽救二十个，二百个，二千个，二万个犯有各种不同程度错误的干部。

“锄一害而众苗成，刑一恶而万民悦。”毛泽东直接督促刘青山、张子善案件的严肃处理，用实际行动向全社会表明，中国共产党决不会放任腐败现象蔓延滋长，决不会做李自成第二。这是中国共产党法纪严明、公正无私的鲜明体现，是对广大干部进行的一次廉洁奉公教育，在社会各界引起强烈反响。

至1952年10月，“三反”运动胜利结束。据统计，全国县以上党政机关贪污千元以上者计10.8万人，为参加“三反”运动总人数的2.8%。其中，以中小贪污人员为绝大多数，受行政处分的占20.8%，免受处分的占75.56%；贪污万元以上受到刑事处理的大贪污分子占3.64%，其中，被判处有期徒刑的9942人，无期徒刑的67人，死刑立即执行的42人，死刑缓期执行的9人。根据“三反”中发现的问题，中央总结和强调要加强制度建设，主要是建立和健全财政、基建等各种制度，以防止贪污、浪费和官僚主义现象的重新生长。

“三反”运动是中国共产党执政后自觉抵制和克服资产阶级对党的腐蚀，保持共产党人廉政为民本色的一次成功实践。它的胜利，清除了干部队伍中的腐化分子，教育了干部的大多数，挽救了犯错误的同志，纯洁了国家机关，有力地抵制了旧社会遗留的恶习和资产阶级的腐蚀，对防止贪污腐败、铲除官僚主义作风发挥了重要作用。正是以这种高度的革命警觉，在党的建设过程中未雨绸缪、防微杜渐，从而有效防止了干部队伍的腐化堕落，保持了干部队伍的清正廉洁和党的肌体的勃勃生机，开创了良好的党风、政风，产生了深远的影响。

“三反”运动的深入开展，暴露出很多党政干部的腐化行为，是在资产阶级的“糖衣炮弹”面前吃了败仗。1951年12月20日，华东局在报告中提出：“鉴于党政内部的贪污往往是由非法商人从外部勾结而来的，因此，必须注意调查奸商并发动群众检举控告不法商人的运动，对证据确凿的不法商人，亦应严加惩处，以便内外配合，彻底肃清贪污分子。”不法资产阶

河北省人民法院组织的公审大贪污犯刘青山、张子善大会现场

级分子为了牟取利益，不仅拉拢和收买各级干部，而且大肆进行行贿、偷税漏税、盗骗国家财产、偷工减料、盗窃国家经济情报等“五毒”活动，严重影响到抗美援朝战争和国家经济建设。1952年1月5日，周恩来在全国政协常委会上严肃地指出：不法资产阶级分子的行为，“如果不加以打击和铲除而任其发展下去”，“其前途将不堪设想”。他号召“全国工商界人士参加这一斗争，进行检举和坦白运动。这不仅在巩固人民民主政权和树立新的社会风气上将有所贡献，即在工商界人士的自我改造上也将有所收获，并利于他们与全国最大多数人民一道前进”。

为了严厉打击不法资产阶级分子的破坏活动，毛泽东于1月26日起草了《中共中央关于首先在大中城市开展“五反”斗争的指示》，指出：“在全国一切城市，首先在大城市和中等城市中，依靠工人阶级，团结守法的资产阶级及其他市民，向着违法的资产阶级开展一个大规模的坚决的彻底的反对行贿、反对偷税漏税、反对盗骗国家财产、反对偷工减料和反对盗窃经济情报的斗争，以配合党政军民内部的反对贪污、反对浪费、反对官僚主义的斗争，现在是极为必要和极为适时的。”他还强调：“在这个斗争中，各城市的党组织对于阶级和群众的力量必须作精密的部署，必须注意利用矛盾、实行分化、团结多数、孤立少数的策略，在斗争中迅速形成‘五反’的统一战线。”

2月上旬，“五反”运动首先在各大城市开始，并迅速扩展到全国各中小城市，形成高潮。党和人民政府抽调了大批有阶级觉悟、有斗争经验的骨干分子，经短期培训，组成“五反”工作队，分期分批到私营工厂、商店检查和指导“五反”运动。他们坚决依靠工人阶级，以工人、商员为骨干，紧密团结中小职员，争取高级职员，大胆地、彻底地揭发控诉不法资本家的罪行。

1952年2月4日，上海市人民政府和市公安局根据群众检举，逮捕了大奸商王康年。王康年是上海大康药房经理，大康药房在解放前因投机失败而倒闭，解放后负债复业，并依靠国家机关采购，迅速发展起来。但王康年毫无知恩图报之心，而是利欲熏心，走上违法犯罪的不归路。2月16

日，《人民日报》登载《奸商王康年骗取志愿军购药巨款》一文，详细揭露王康年大量盗窃国家财产，骗取订货款11亿元，骗取志愿军购药巨款做投机生意的丑恶行径。他用各种卑鄙的手段勾引、腐蚀和他做生意的公职人员，先后向25个机关的65名干部行贿1亿多元，号称“大康是干部思想改造所，凡来大康做生意的干部，都可以得到改造”。

“五反”运动中，北京、天津、沈阳等地都揭露出一些奸商，像王康年一样，为了赚取更多的钱财，用腐烂的棉花做成含有大量化脓菌、破伤风菌的“救急包”，还用自来水做注射液，用坏牛肉做罐头，用发霉的面粉做饼干，用坏鸡蛋做蛋粉，以高价卖给志愿军，导致大批志愿军伤病员伤病情恶化，有些人致残，有些人致死。这些累累罪行，引起了全国人民的极大愤怒。

惩治奸商，目的是清除“五毒”，使资产阶级服从国家法令，经营有益于国计民生的工商业。当一些地方出现打击面过宽的现象，影响到经济生产和市民生活时，毛泽东立即要求予以纠正，强调要按照共同纲领办事：民族资产阶级在共同纲领范围内的发展，是合法的；离开了这个范围，就是不合法。1952年2月15日，他以中共中央名义发出指示，要求“各城市市委市政府均应于开展‘三反’和‘五反’斗争的同时，注意维持经济生活的正常进行，如果在一个短时间内出现了不正常状态，亦应迅速恢复正常状态”。3月5日，中共中央提出处理违法工商业户的五项原则：过去从宽，今后从严；多数从宽，少数从严；坦白从宽，抗拒从严；工业从宽，商业从严；普通商业从宽，投机商业从严。按有无违法行为、违法程度和性质，将私营工商户划分为守法户、基本守法户、半守法半违法户、严重违法户和完全违法户等五种类型。

6月13日，发出《政务院关于结束“五反”运动中几个问题的指示》，规定：“在‘五反’运动中，各地对工商户违法所得数目的计算，有些方面由于追算较远、折价较高、计算范围较广、标准先后不同以及其他原因，以致计算偏高偏广的。在这方面，必须重新核实定案，不应该计算的一定不要计算，可计算可不计算的也不要计算，而应该计算的则必须计算，使既合乎处理从宽的原则，又利于工商业的迅速恢复和发展。”按照中共中央的指示和政务院的规定，私人工商户的分类处理，采取三审定案：资本家自报公评，工人店员集体审定，政府批准。经过定案处理，全国共涉及约99.97万户工商业者，定为守法户、基本守法户和半守法半违法户的占工商户总数97%以上，有3%为严重违法户或完全违法户，受到刑事处分者有1509人，占总户数的1.5‰。

1952年10月25日，“五反”运动宣告结束。这场运动的胜利，既打击了严重违法和完全违法分子，又团结了绝大多数私营工商业户，在工商业者中进行了一场守法经营的教育，使资本主义工商业在共同纲领的框架下继续发挥有利于国计民生的积极作用，为后来进行的社会主义改造打下了基础。

第三节 恢复和发展国民经济

中国有句老话：凡事预则立，不预则废。随着革命的顺利发展，中国共产党把经济建设逐步提上日程。1949年，毛泽东在《论人民民主专政》中指出："我们的事情还很多，比如走路，过去的工作只不过是像万里长征走完了第一步。残余的敌人尚待我们扫灭。严重的经济建设任务摆在我们面前。我们熟习的东西有些快要闲起来了，我们不熟习的东西正在强迫我们去做。这就是困难。帝国主义者算定我们办不好经济，他们站在一旁看，等待我们的失败。"

"我们不但善于破坏一个旧世界，我们还将善于建设一个新世界。"这是毛泽东向世人的宣告，也是中国共产党对人民的庄严承诺。为恢复经济，发展生产，中国共产党领导全国人民开始了新的努力。

一、稳定物价和统一财经

在国民党统治下的旧中国，恶性的通货膨胀长期存在。从1937年到1948年，上海市的物价上涨了492.7万倍。如果用市场的实例来说，100元法币在1937年可以买两头黄牛的话，那么到1947年只能买到一个煤球，到1949年5月，连一粒大米也买不到了。

新中国成立后仅半个月，从10月15日开始，华北由粮食带头，上海由纱布带头，又掀起了物价大幅度上涨的风潮。物价的飞涨，使人民生活受到严重威胁，造成人心惶惶。有资本家声称，“共产党打仗是100分，搞政治80分，管经济只能得0分”。对于新生的新中国政权来说，能否收拾通货膨胀这只“拦路虎”，直接关系到能否取得人民信任，站稳自己的脚跟。

面对严峻的经济形势，中共中央和毛泽东把平抑物价作为稳定经济、稳定社会、稳定人心的中心环节，大刀阔斧地加以解决。经过深思熟虑，毛泽东把这一重任交给了素有理财之能的陈云。1949年7月，以陈云为主任的中央财政经济委员会一成立，便立即投入平抑物价和统一财经工作的战斗。

在调查研究中，陈云发现，每一次物价波动，都是由金融投机资本比较集中的上海等大城市领头带起来的。所以，平抑物价的关键，在于稳住上海和其他几个大城市的物价，尤其以上海为主。1949年5月27日，上海解放以后，旧上海的证券交易所本来已被命令停业，但实际上却没有停，成了半公开的银元投机指挥所，每天聚集几千人在那里投机交易。银元投机商公开叫嚷:“解放军进得了上海，人民币进不了上海。”这使上海市场的本位币实际上仍是银元，人民币反倒成了辅币。物价暴涨时，还出现了商店拒收人民币的情况。尽管人民政府再三警告，金融投机商仍置若罔闻。

银元投机风潮严重冲击金融市场，是引起物价波动的根源，必须采取果断措施。6月9日，上海市公安局逮捕了最大的银元投机分子并没收其财产。商店也与人民政府合作，拒收银元。6月10日，经毛泽东同意，上海市军管会采取果断措施，查封金融投机的大本营上海证券大楼，逮捕了正在进行非法交易的投机巨头及银贩238人。6月11日，上海中国银行受中国人民银行华东区行委托开始收兑银元。由于政策正确，计划周密，上海市的银元黑市在短时间内迅即消失。此后，武汉、广州等地也采取相应行动，对金银、外币投机活动进行严厉的取缔和打击。“银元之战”的胜利，沉重地打击了破坏金融的非法投机活动，对于割断金银与市场的联系，控制金融市场，稳定物价，掌握市场的主动权起了关键作用。

经过“银元之战”，人民币的地位在上海得到巩固。但是，市场上物资紧缺的状况没有改变，通货膨胀压力仍然很大，投机资本还在蠢蠢欲动。他们很快转向粮食、棉纱和煤炭市场，钻营投机生意，引发了又一次全国性涨价狂潮。从7月底到10月中旬，不到三个月的时间里，上海物价平均指数上涨了1.5倍，北京、天津等城市上涨1.8倍。投机者狂妄地说：“只要控制了两白一黑，就能置上海于死地。”

在这种情况下，毛泽东和中共中央作出果断决定，以上海为主战场，打一场平抑物价的“歼灭战”。11月中旬，上海物价已经涨了两倍，涨势渐趋稳定。陈云认为时机已经到了，已有可能通过收缩银根、调运粮棉、抛售物资来稳定物价。为此，他向各地下达了十二条指令，具体部署调运粮棉、紧缩银根的事项，并在第十二条明确提出：“对于投机商人，应在此次行动中给以适当教训。为此：（甲）目前抢购风盛时，我应乘机将冷货呆货抛给投机商，但不要给其主要物资。（乙）等到收缩银根、物价平稳，商人吐出主要物资时，我应乘机买进。”就这样，在投机资本继续哄抬物价、囤积居奇的时候，按照中共中央的统一部署，大批粮食、棉纱、煤炭从全国各地紧急调往上海、北京、天津等大城市。11月25日，在物价上涨最猛的那天，各大城市按照中央统一部署，一起动手，双管齐下，一方面敞开抛售紧俏物资，使暴涨的物价迅速下跌；另一方面收紧银根，征收税款，要求资本家按时发放工资而且不准关厂。这样一来，投机商资金周转失灵，囤积物资贬值，两头失踏，纷纷破产。经过10天的连续抛售，全国物价下降了30%—40%。到12月10日，“粮棉之战”取得决定性胜利，各地市场趋向稳定，物价风潮告一段落。

用不到一年的时间把形势险恶的市场物价完全稳住，这不能不说是一个奇迹。上海一位有影响的民族资本家说：“六月银元风潮，中共是用政治力量压下去的。这次仅用经济力量就能压住，是上海工商界所料想不到的。”

不过，随着各项建设的开展，军政费用逐月增加，财政赤字不断加大，物价波动的风险仍然存在。为了从根本上稳定物价，中共中央决定统一全国财经工作，有效保证国家财政收支平衡和市场物资供求平衡。1949 年 8 月 15 日，陈云在上海财经会议闭幕报告中提出三条：第一，统一税目、税率，加强统一征管；第二，建立统一的人民币发行库，进一步掌握货币发行权；第三，建立粮食公司、纱布公司等，统一购销。他特别提到，各地区对原属野战军的支援物资，一般的要由中央统一调度。不久，毛泽东在中央会议上听取了陈云对上海财经会议的情况汇报，表示同意会议的总方针。

1950 年 2 月 13 日至 25 日，中央财政经济委员会召开全国财政会议，进一步讨论财政、贸易和现金管理等问题，认为要迅速克服财政经济困难、稳定物价，必须平衡财政收支、平衡信贷进出、平衡物资供求。要达到这三大平衡，关键是统一财经管理，以实现国家财政收支平衡、物资供求平衡、现金出纳平衡和金融物价的稳定。3 月 3 日，政务院第 22 次政务会议讨论通过《政务院关于统一国家财政经济工作的决定》，规定了三个“统一”：统一全国财政收入，使国家收入的主要部分集中到中央，用于国家的必要开支；统一全国物资调度，使国家掌握的重要物资从分散状态集中起来，合理使用，以调剂余缺；统一全国现金管理，一切军政机关和公营企业的现金，除留若干近期使用者外，一律存入国家银行，资金的往来使用转账支票经人民银行结算。这个决定建构了以集中统一为基础的财经管理体制的雏形。

经过党中央的重拳出击，到 1950 年四五月间，财政收支出现了接近平衡的局面，使国家财政经济状况初步好转。这不仅有效地巩固了平抑物价的成果，控制住了通货膨胀的势头，使中国人民过上安定的生活，大大提高了他们对中国共产党领导的人民政府的信赖和支持，而且逐步确立了中央集中“统收统支”的财政经济体制，对整顿旧中国混乱不堪的经济秩序起了积极的作用。

二、彻底废除封建土地制度

有一块属于自己的土地，是旧中国农民梦寐以求的事情。当时，在极不合理的封建土地制度下，占农村人口约90%的贫农、雇农和中农，只占全国可耕地面积的20%—30%，而占农村人口10%的地主与富农，却占有可耕地面积的70%—80%。地主利用所占有的土地残酷地剥削农民，阻碍了社会生产力的发展。

在革命时期，中国共产党始终将土地改革作为一项基本任务，在不同时期提出了相应的土地政策。早在1928年，湘赣边界的革命根据地就开展了“打土豪、分田地”的运动。1947年9月，中共中央召开全国土地会议，制定了《中国土地法大纲》，在解放区掀起了土地改革运动。到1949年9月底，全国已有1.2亿农业人口的老解放区和半老解放区进行了土地改革。获得土地的农民以高涨的革命热情投身解放战争之中，正如当时一首歌曲所唱，最后一口粮，做的是军粮；最后一块布，做的是军装；最后一个儿子啊，送到了部队上。

新中国成立后，按照《中国人民政治协商会议共同纲领》的规定，国家要“有步骤地将封建半封建的土地所有制改变为农民的土地所有制”。“凡已实行土地改革的地区，必须保护农民已得土地的所有权。凡尚未实行土地改革的地区，必须发动农民群众，建立农民团体，经过清除土匪恶霸、减租减息和分配土地等步骤，实现耕者有其田。”当时，拥有2亿多人口的广大新解放区尚未进行土地改革，约占全国农业人口总数三分之二的农民还被束缚在封建土地制度之下。

1950年1月，中共中央下达《关于在各级人民政府内设土改委员会和组织各级农协直接领导土改运动的指示》，开始在新解放区分批实行土改的准备工作。党中央明确规定了新解放区土地改革的基本内容是没收地主阶级的土地，分配给无地少地的农民，把封建剥削的土地所有制改变为农民的土地所有制。对于地主分子，同样分给一定数量的土地，让其在劳动中改造为新人。

中共中央还根据新的形势，制定了在新解放区土地改革中保存富农经济的政策。1950 年 3 月，毛泽东致电各中央局，明确提出："不但不动资本主义富农，而且不动半封建富农，待到几年之后再去解决半封建富农问题。"之所以这样做，是为了孤立地主，保护中农，稳定民族资产阶级，防止出现"左"的偏差。此外，针对少数民族地区的具体情况，刘少奇为中共中央起草指示，强调："关于各地少数民族内部的社会改革，特别是有关少数民族的宗教信仰、风俗习惯、及土地制度、租息制度、婚姻制度的改革等，必须从缓提出。""必须严格防止机械搬用汉人地区的工作经验和口号，必须严格禁止以命令主义的方式在少数民族中去推行汉人地区所实行的各种政策。"

1950 年 6 月，中国人民政治协商会议召开第一届全国委员会第二次会议，中心议题是讨论改革封建土地制度的问题。刘少奇在会上做了《关于土地改革问题的报告》，指出："土地改革的基本内容，就是没收地主阶级

1952 年年底，全国广大新解放区农村基本完成土地改革，封建土地所有制被彻底废除。图为翻身农民热烈拥护《中华人民共和国土地改革法》

的土地，分配给无地少地的农民。这样，当作一个阶级来说，就在社会上废除了地主这一个阶级，把封建剥削的土地所有制改变为农民的土地所有制。这样一种改革，诚然是中国历史上几千年来一次最大最彻底的改革。”他还强调：“土地改革的基本目的，不是单纯地为了救济穷苦农民，而是为了要使农村生产力从地主阶级封建土地所有制的束缚之下获得解放，以便发展农业生产，为新中国的工业化开辟道路。”

大会讨论并通过了中共中央建议的《中华人民共和国土地改革法草案》和刘少奇的报告。6月28日，中央人民政府委员会第八次会议讨论并通过了《中华人民共和国土地改革法》。土地改革法共6章40条，其“总则”明确规定：“废除地主阶级封建剥削的土地所有制，实行农民的土地所有制，借以解放农村生产力，发展农业生产，为新中国的工业化开辟道路。”6月30日，毛泽东发布《关于实施土地改革法的命令》，以土地改革法作为在全国新解放区实行土地改革的法律依据。

为了加强对土地改革的领导，中央人民政府成立了以刘少奇为首的中央土地改革委员会，从中央和地方抽调大批干部组成了土改工作队。从1950年冬季开始，一场历史上空前规模的土地改革运动，在新解放区有领导、有步骤、分阶段地展开了。在党的正确领导下，土地改革运动进展极为顺利，农村出现了“贫雇农得地开心，中农有利放心，富农不动定心，地主劳动回心”的喜人景象。到1953年春，除部分少数民族和台湾地区外，我国全国普遍实行了土地改革。新、老解放区约3.2亿无地少地的农民，分到了7.4亿亩土地，占全国耕地面积的46.5%，免除了过去农民每年向地主交纳的700亿斤粮食的地租。农民还分得耕畜296万头、农具3944万件、房屋3795万间、粮食105亿斤。

土地改革使我国农村的土地占有关系发生了根本变化。占农村人口92.1%的贫农、中农，占有全部耕地的91.4%；原来占农村人口7.9%的地主富农，只占有全部耕地的8.6%。广大农民终于实现了“耕者有其田”的理想，生产积极性空前高涨。土地改革之后，由于农业生产的恢复和发展，农民的生活有了较明显的改善。他们说：“土地改革后，一年够吃，二年添置用具，三年有富余。”据国家统计局统计，1949 年至 1952 年，农民平均每人购买消费品的支出逐年增加：1949 年为 14.2 元，1950 年为 17.3 元，1951 年为 21.6 元，1952 年为 24.6 元。

新中国土地改革的胜利完成，彻底废除了两千多年来的封建土地所有制，实现了中国农民数千年来得到土地的奋斗目标，使农民真正从经济上翻身做了主人。这不仅广泛地调动了农民群众革命和建设的积极性，使农业生产力获得了极大的解放，还确立了贫雇农在农村中的优势地位，巩固了工农联盟，为引导亿万农民走上集体化道路创造了条件。

三、没收官僚资本，建立国营经济

官僚资本是旧中国半殖民地半封建社会形态下特有的经济成分，其特征是：对外勾结帝国主义，对内勾结封建势力，依靠国际金融垄断资本，排挤民族资本，操纵国家经济命脉。在国民党统治的 22 年里，官僚资本控制了全国银行总数的 70% 和产业资本的 80%，并控制了全部铁路、公路、航空运输和 44% 的轮船吨位，形成了畸形的官僚资本经济，构成国民党独裁统治的经济基础。

早在 1947 年，毛泽东就在《目前的形势和我们的任务》中指出：“蒋宋孔陈四大家族，在他们当权的二十年中，已经集中了价值达一百万万至二百万万美元的巨大财产，垄断了全国的经济命脉。这个垄断资本，和国家政权结合在一起，成为国家垄断资本主义。这个垄断资本主义，同外国帝国主义、本国地主阶级和旧式富农密切地结合着，成为买办的封建的国家垄断资本主义。这就是蒋介石反动政权的经济基础。”

没收官僚资本是掌握国家经济命脉，恢复国民经济的重要前提。1949 年 4 月 25 日，《中国人民解放军布告》明确规定：“没收官僚资本。凡属国民党反动政府和大官僚分子所经营的工厂、商店、银行、仓库、船舶、码头、铁路、邮政、电报、电灯、电话、自来水和农场、牧场等，均由人民政府接管。”

为了迅速组建社会主义性质的国营经济，中国共产党根据东北、华北接管城市的经验，确定对官僚资本企业采取与对待旧政权不同的办法，即不打碎它们的机构，而是保持其原来的组织机构和生产系统，“原职、原薪、原制度”不变，先完整地接收下来，实行监督生产，然后逐步进行民主改革和生产改革，把官僚资本企业改造成为社会主义性质的国营企业。

在接管的过程中，人民政府非常重视发挥原企业工人群众的作用，激发他们当家作主的积极性。当时，上海的工人提出了这样的口号：“自己当家，参加清点；人人有权，提供意见；样样要查，件件要点；认真负责，追根究底；就事论事，不讲情面；找出缺点，力求改进。”由最了解企业的工人群众参加没收官僚资本，保证了没收工作顺利进行。

正确的接管方针、合理的接收办法，保证了各项生产的尽快恢复。人民解放军每解放一座城市，即由军管会派出代表，按照官僚资本企业原属系统，自上而下，原封不动，整套接收。对企业的管理人员和技术人员，除个别反动破坏分子以外，一律按原薪原职留用，让他们继续履行生产经营管理职责，做到“机器照常运转，人员照常工作，生产正常进行”。

据统计，到1949年年底，收归国家所有的官僚资本企业，有2400多家银行、2858个工矿企业、10多家垄断性的大型内外贸易公司，同时还有国民党政府控制的全部铁路、机车、客车、货车和部分船舶以及30多家铁路车辆修造厂和船舶修造厂。

1951年年初，颁布《政务院企业中公股公产清理办法》和《政务院关于没收战犯、汉奸、官僚资本家及反革命分子财产的指示》等政策法规，对隐藏在私人资本主义企业中的官僚资本股份进行了清理。截至1952年，全国国营企业固定资产原值为240.6亿元人民币，除去已用年限基本折旧后净值为167.1亿元人民币，其中大部分为没收官僚资本企业的资产。

没收官僚资本而建立的国营经济，使国民经济中关系国计民生的部分基本掌握在国家手里。据统计，1949年的国营工业，固定资产占全部工业固定资产的80.7%；拥有全国电力产量的58%、原煤产量的68%、生铁产量的92%、钢产量的97%、机器及机器零件生产的48%、棉纱的49%；还掌握了全国的铁路和其他大部分近代化交通运输事业，以及大部分银行业务和对外贸易。

随着国营经济的恢复发展，官僚资本企业不合理、不民主的管理方式越来越不适应时代的要求。从1950年起，各国营厂矿在建立党、团、工会组织的基础上，陆续开始进行民主改革，废除使工人群众深恶痛绝的封建把头制、侮辱工人的搜身制等，并建立新的劳动制度和劳动组织，把一批在生产上有经验、在群众中有威信的工人和职员提拔到行政和生产管理岗位上来，使企业的各级领导权掌握在工人阶级手中。在此基础上，各厂矿普遍建立起厂长领导下的工厂管理委员会，并通过工会委员会、职工代表会议联系工人、职员群众，发动和组织职工参加企业管理，逐步建立适合生产需要的民主管理制度。

把官僚资本企业改变为社会主义性质的国营企业，并使之成为新中国发展生产、繁荣经济的主要物质技术基础和整个社会经济的领导力量，不仅为国家调节各种私有制经济成分，组织恢复生产事业提供了有力的物质手段，而且保证了全社会经济的性质和发展方向。在此过程中进行的民主改革，调动了广大工人群众当家作主、搞好生产的积极性，有力地促进了工业生产和交通运输事业的恢复和发展。

四、合理调整工商业

新中国成立后，社会经济的重新改组，对民族资产阶级产生了不小的冲击。特别是稳定物价、打击不法投机资本的斗争，让不少人惶惶不安。有的人怀疑共产党的政策变了，要提前消灭资本主义，实行社会主义，甚至遣散职工，转移资金，关厂歇店。武汉有资本家写了一副对联："挂红旗五心不定，扭秧歌进退两难。”

据统计，1950 年 1 月至 4 月，全国 14 个大中城市有 2945 家私营工厂倒闭，在 16 个城市中有 9347 家私营商店停业。3 月至 4 月，全国新增加的失业职工约 10 万人，其中上海 5 万人、武汉 2.5 万人、天津 1.4 万人。加上原有的失业人数，全国各大城市的失业人数达到 38 万至 40 万人。一时间，民族资产阶级、失业工人、失业知识分子和一部分手工业者以及还没有分到土地的农民，对党和政府颇有意见。

1950 年 6 月 6 日，即中共七届三中全会召开的当天，毛泽东就发表讲话，着重阐述“不要四面出击”的战略策略思想。他指出，我们当前的总方针，就是肃清国民党残余、特务、土匪，推翻地主阶级，解放台湾、西藏，跟帝国主义斗争到底。在即将开始的推翻整个地主阶级的土地改革中，我们的敌人是够大够多的。面对这样复杂的斗争，我们现在跟民族资产阶级的关系搞得很紧张，工人、农民、小手工业者和知识分子中都有一部分人不满意我们。为了孤立和打击当前的敌人，就要把人民中间不满意我们的人变成拥护我们的人。因此，“我们不要四面出击”。

中共七届三中全会特别强调，“合理调整城市工商业”是争取财政经济状况基本好转的重要条件之一，要求在“公私兼顾、劳资两利”的基本方针下，抓好三个主要环节，即调整公私关系、劳资关系和产销关系，重点是调整公私关系，即人民政府、国营经济同私人资本主义经济之间的关系。调整采取的主要措施：一是加强对私营工业的加工订货；二是投放货币，收购农副土产品，扩大城乡交流。

由于抗美援朝战争的进行，国家为供应前线需要，对私营工厂的加工订货迅速扩大。到 1951 年，全国私营工业总产值中，加工订货、收购包销所占比重已增加到 27.3%；占全国私营工业总产值近三分之一的棉纺织业，1950 年国家向其加工订货部分占其生产能力的 70% 以上。这对于恢复私营工业的生产起了直接推动作用。据北京、天津、上海、武汉、郑州、济南、广州、西安、重庆、沈阳 10 个城市的统计，1950 年下半年私营工商业开业户与歇业户相抵，净增 2.5 万户。武汉的那位资本家也把原来对现状不满的对联改为“挂红旗五心已定，扭秧歌稳步前进”。

为了解决失业问题，中共中央于1950年4月14日、6月17日、11月21日三次发出指示，对失业工人的救济、安置等作出具体规定，尽可能把他们组织起来，投入到公共工程的建设中，如兴修水利、修建市政工程等。这既保证调整工商业的继续进行，又保障失业者的最低生活，稳定了社会。

作为调整措施的另一项重要内容，城乡交流的不断扩大，有力促进了市场的活跃。为了做好这项工作，中央批准中财委制定的1951年财经工作要点，明确把扩大城乡交流摆在第一位。陈云强调指出，城乡交流，一是将农产品、土产品收上来，一是将城市工业品销下去。这是关系全国人民经济生活的一件大事。“要动员全党的力量去做。解决这些实际问题就是为人民服务，不解决实际问题谈为人民服务，则是空话一句。”

从中央到各大省、区、市，都成立了土特产贸易公司，投入大量资金收购运销土特产品，供应农民必需的日用消费品。各地积极举办物资交流会，支持发展农村集市贸易，不断疏通和拓展城乡间的流通渠道。针对当时民族地区的特殊情况，民族贸易流动小组组成“牛背商店”“驼背商店”“大篷车商店”，深入少数民族居住的山乡村寨、草原帐篷，以公平合理的价格收购农牧土特产品，销售生产工具和生活日用品。扩大城乡物资交流，打破了地区间、城乡间、行业间的封闭状态，初步形成促进商品交流的市场格局，繁荣了国内市场。

工商业的合理调整，既联系了工业和农业，又帮助城市面向农村，帮助农村面向城市。随着农民购买力的提高，工业企业努力增加生产，向农村提供更多的工业品，城乡购销两旺。农民有能力增加对生产的投入，农业生产也得到恢复和发展。城乡物资交流的活跃，增加了工商税收，从而增加了国家财政收入。1952年和1950年相比，工商税收增长160%；商业部门上缴国家财政收入增长289.6%；国家财政总收入增长181.8%。

在调整工商业的过程中，国营经济通过加工订货、统购包销等形式，引导私营经济开始走上国家资本主义的轨道，不仅巩固了国营经济的领导地位，也为资本主义工商业的社会主义改造创造了良好条件。

五、工农业生产和各项建设的成就

新中国成立时，中国大地上千疮百孔，百废待兴。1949 年的全国工农业生产状况已跌入谷底。对工业生产情况，李富春分析说：“接连十几年的战争，对于原有工矿生产的破坏是非常严重的。许多重要的工厂和矿区，被国民党军队在撤退时彻底破坏了。1949 年的生产量与历史上的最高年产量比较，煤减少了一半以上，铁和钢减少了 80% 以上，棉纺织品减少了四分之一以上。总的来讲，工业生产平均减产近一半。”农业生产也不例外。广大刚解放的地区，农村已陷入破产的境地，灾情又极端严重，全国粮食产量比抗战前降低 21%，棉花产量约相当于抗战前产量的 54.4%。各地的交通运输遭到严重破坏，城乡市场萧条，人民购买力低下。

在这样的烂摊子上，从 1949 年 10 月到 1952 年年底，中国共产党领导

到 1952 年年底，全国工农业生产都超过了历史最高水平，国民经济得到了全面恢复和初步发展，为大规模经济建设和社会主义改造创造了条件。图为 1952 年国庆节首都人民举行游行，庆祝国民经济恢复任务胜利完成

全国各族人民，不仅圆满完成了经济恢复的任务，而且工农业主要产品的产量已经超过新中国成立前的最高水平，人们的生活水平也随之有了显著提高。1952 年，工农业总产值 810 亿元，按可比价格计算，比 1949 年增长 77.6%，平均每年增长 20% 左右。

在工业生产方面，按照共同纲领的规定，以有计划有步骤地恢复和发展重工业为重点，如矿业、钢铁业、动力工业、机械制造业、电器工业和主要化学工业等，以创立国家工业化的基础。同时恢复和增加纺织业及其他有利于国计民生的轻工业的生产，满足人民日常消费的需要。国家还抽出一部分资金，有计划地新建了一批急需的工矿企业，如阜新海州露天煤矿、鞍山钢铁公司无缝钢管厂和大型轧钢厂、山西重型机械厂，武汉、郑州、西安、新疆的纺织厂，哈尔滨亚麻厂等。这批新建厂矿后来都成为我国工业战线上的骨干企业。

三年间，工业总产值年均递增 34.8%。1952 年，工业生产总值超过旧中国历史最高水平 23%。其中，钢产量达到 134.9 万吨，比 1949 年增加 7.54 倍，比历史最高水平增加 46.3%；生铁产量比 1949 年增加 6.72 倍，比历史最高水平增加 7.2%；原油、水泥、电力、原煤等都超过历史最高产量。棉纱、棉布、食糖等主要轻工业产品产量也超过历史最高水平。

在农业生产方面，党和人民政府通过土地改革解决农民的土地问题，充分调动农民个体经济和劳动互助两方面的生产积极性，采取了一系列促进农业生产恢复与发展的经济政策和措施。国家在资金、物资、价格、税收方面也采取了有力措施，用于农业的投入逐年增加，1950 年为 2.74 亿元，1951 年增加到 4.17 亿元，1952 年增加到 9.04 亿元。为了推动农业生产，国家还实行鼓励垦荒政策。农民在三年中开垦了大量的荒地，使耕地面积从 1949 年的 14.68 亿亩，增加到 1952 年的 16.19 亿亩，增加耕地 1.51 亿亩，增长 10.3%。

三年间，农业总产值年均递增 14.1%。全国粮食总产量从 1949 年的 2263.6 亿斤，增加到 1952 年的 3278.4 亿斤，增长 44.8%，比历史上最高年产量的 1936 年增长 9.3%。棉花总产量从 1949 年的 888 万担，增加到 1952

年的 2608 万担，增长 193.7%，比历史上最高年产量的 1936 年增长 53.6%。

国家财政经济状况有了根本好转。按可比价格计算，1952 年，国民收入比 1949 年增长 69.8%。财政收入比 1950 年增长 181.7%，不仅有了成倍增加，而且连续两年收大于支，均有结余。人们的生活水平有了显著提高。1952 年，全国职工家庭每人每年平均消费额达到 189.5 元，比解放前职工生活水平最高的 1936 年增长了 35%。农民平均每人货币收入 1949 年为 14.9 元，1950 年为 18.7 元，1951 年为 23.6 元，1952 年为 26.8 元，1952 年比 1949 年增加 79.9%。

短短的三年，中国共产党就兑现了自己的承诺："我们不但善于破坏一个旧世界，我们还将善于建设一个新世界。"从世界范围来看，与欧亚各国在第二次世界大战后经济恢复到战前水平的情况相比，新中国战后经济恢复之快，增长幅度之大，是举世瞩目的。美国学者莫里斯·迈斯纳在其著作《毛泽东的中国及后毛泽东的中国——人民共和国史》中这样评价说："到 1952 年，新中国已经巩固了自己对所有省份和边远地区的行政控制，并且这种控制已经延伸到乡村一级。农业生产和工业生产恢复到了战前的最高水平，帝国主义影响的痕迹也已被消除。虽然中国对'富强'的屡遭挫折的长期追求尚未结束，但看来共产党人具有成功地贯彻这种民族意愿的手段和决心。"

第六章

建立起社会主义基本制度

新中国的成立，标志着新民主主义革命的基本结束和社会主义革命的开始。在恢复国民经济的任务提前完成，抗美援朝、土地改革、镇压反革命三大运动取得伟大胜利，“三反”“五反”运动顺利结束后，中共中央制定了过渡时期的总路线，明确地向全党和全国人民提出向社会主义过渡的任务。

在“一穷二白”的条件下，新中国不仅展开了大规模工业化建设，顺利完成了对农业、手工业、资本主义工商业的改造，建立起社会主义经济制度，而且制定了中华人民共和国第一部宪法，建立了人民代表大会制度，并在思想领域确立马克思列宁主义、毛泽东思想的指导地位，有步骤地对教育文化事业进行改造和建设。整个国家的政治、法律等上层建筑，都进一步适应社会主义经济基础的建立并为之服务。进而，为了开辟一条适合中国国情的社会主义建设道路，中国共产党付出了艰辛的努力，并取得一个良好的开端。

第一节　“一化三改造”

为了实现由落后的贫穷的农业国变为富强的社会主义的工业国，建立起独立完整的工业体系，中国共产党领导各族人民开始了以发展重工业为中心环节的社会主义工业化进程。与此同时，对农业、手工业和资本主义工商业进行社会主义改造，实现了生产资料所有制的深刻变革。简而言之，就是“一体两翼”“一化三改”：“一化”就是实现社会主义工业化，这是总路线的主体；“三改”就是实现农业、手工业以及资本主义工商业的社会主义改造，这是总路线的两翼。主体与两翼之间，改造个体经济与改造资本主义工商业这两翼之间，是彼此联系、相互促进的，体现了解放和发展生产力同变革生产关系的辩证统一。

一、“照耀我们各项工作的灯塔”

经过三年的恢复发展，中国经济内部关系、社会经济矛盾也发生了重大变化。在全国工业总产值中，国营工业由1949年的34.2%上升至1952年的52.8%，私营工业从63.3%下降为39%。在社会商品批发总额中，国营商业从1950年的23.2%上升至1952年的60.5%，私营商业则由76.1%下降为36.3%。这说明社会主义性质的国营经济在整个国民经济中的主体作用更加强化，为中国逐步过渡到社会主义提供了主要物质基础。

当时，私营工商业经过一系列调整，有相当一部分通过加工订货、经销代销、公私合营等形式被纳入国家资本主义轨道，在不同程度上接受国家的管理和监督。全国基本完成土地改革后，农业互助合作运动在广大农村普遍开展起来，其中参加互助组的农户占到农户总数的40%，初步彰显将个体农民组织起来增加农业生产的优越性。

与此同时，我国社会经济中也出现和积累了一些新的矛盾。工业的恢复和新建设项目的开工，对商品粮和其他工业原料的生产需求有较大幅度的增长，而土地改革后个体农民扩大再生产的能力非常有限，决定了商品粮和其他工业原料的供给无法满足大规模工业化建设对农产品日益扩大的需求。而国家开始进行有计划的经济建设，需要将有限的资源、资金和技术力量集中使用到重点建设项目上来，而私人资本主义经济则要求扩大自由生产和自由贸易来发展自己。这就不可避免地引起国营经济同私人资本主义经济之间的矛盾和冲突。

根据形势的变化和现实的需要，毛泽东提出向社会主义的过渡问题。据薄一波回忆："在我的记忆中，第一次听到毛主席谈向社会主义过渡问题，是1952年9月24日在中央书记处的会议上。那次会议主要是讨论'一五'计划的方针任务，在听取周总理关于'一五'计划轮廓问题同苏联商谈情况的汇报后，毛主席讲了一段话。大意是：我们现在就要开始用10年到15年的时间基本上完成到社会主义的过渡，而不是10年或者以后才开始过渡。七届二中全会提出限制与反限制的斗争问题，现在这个内容就更丰富了。"他还谈到了农村也要向合作互助发展的问题。1953年2月，毛泽东在中共中央政治局会议上进一步提出，什么叫过渡时期。过渡时期的步骤是走向社会主义。类似过桥，走一步算是过渡了一年，两步两年，三步三年，四步四年，五步五年，六步六年，……十年到十五年走完了。在十到十五年或者更多一些的时间内，基本上完成国家工业化及对农业、手工业、资本主义工商业的社会主义改造。这表明，毛泽东关于过渡时期总路线的思想已经基本成熟。

6月12日，周恩来在全国财经会议的预备会议上，也谈到过渡时期的问题，指出："我们新民主主义的制度是一个过渡的制度，这个社会是一个过渡的社会。这个过渡时期的每时每刻都在增长社会主义成分：国家经济的发展就是增加社会主义成分；半社会主义合作社的增长也在增加社会主义成分；公私合营企业的发展也是增加社会主义成分；农业里边的互助合作的增加也是增加社会主义成分；经济集体主义已有了雏形，有了胚胎。最后走完了这个过渡阶段，就到达了社会主义社会……目前摆在我们面前要解决的问题是能不能在政治上巩固我们已取得的胜利，能不能建设新中国，并逐步过渡到社会主义。"

在审阅周恩来在全国财经会议上的结论时，毛泽东第一次对总路线做了比较完整的表述，总路线也由此载入党的正式文件。这次会议结束以后，各省委立即进行传达，在全党高中级干部中普遍进行了总路线的教育。为了适应学习和宣传的需要，毛泽东要求中央宣传部起草一个关于党在过渡时期总路线的学习和宣传提纲。他在《为动员一切力量把我国建设成为一个伟大的社会主义国家而斗争——关于党在过渡时期总路线的学习和宣传提纲》中，把总路线完整准确地表述为："从中华人民共和国成立，到社会主义改造基本完成，这是一个过渡时期。党在这个过渡时期的总路线和总任务，是要在一个相当长的时期内，逐步实现国家的社会主义工业化，并逐步实现国家对农业、对手工业和对资本主义工商业的社会主义改造。这条总路线是照耀我们各项工作的灯塔，各项工作离开它，就要犯右倾或'左'倾的错误。"

1954 年 2 月，中共七届四中全会正式批准了总路线。随后，党中央向全党和全国人民进行广泛深入的总路线宣传教育工作，在党内迅速统一了认识，在全国人民中得到广泛的拥护，成为团结和动员全国人民共同为建设一个伟大的社会主义新中国而奋斗的新纲领。

二、第一个五年计划和社会主义工业化的奠基

“现在我们能造什么？能造桌子椅子，能造茶碗茶壶，能种粮食，还能磨成面粉，还能造纸，但是，一辆汽车、一架飞机、一辆坦克、一辆拖拉机都不能造。”毛泽东在 1954 年 6 月说的这段话，是中国作为一个落后农业国家的写照，给人留下了深刻的印象。

实现国家的社会主义工业化，是国家独立富强的客观要求和必要条件，是近代中国仁人志士共同的追求和梦想。但是，在帝国主义、封建主义双重压迫下的旧中国，在腐朽的反动政权统治下的旧中国，实现国家工业化只能是一种幻想。“实业救国”的道路走不通，资本主义工业化这条路也无法实现。新中国的成立，为实现工业化创造了条件。抗美援朝战争以及复杂的国际局势，又更加衬托出改变我国工业特别是重工业极端落后状况的紧迫性。在特定的历史条件下，新中国参照苏联的经验，选择了一条优先发展重工业的工业化道路。1951 年 12 月，毛泽东明确指出：“完成工业化当然不只是重工业和国防工业，一切必要的轻工业都应建设起来。为了完成国家工业化，必须发展农业，并逐步完成农业社会化。但是首先重要并能带动轻工业和农业向前发展的是建设重工业和国防工业。”

针对有人呼吁政府“施仁政”，多发展轻工业，改善人民生活的观点，毛泽东在 1953 年 9 月中央人民政府委员会会议上语重心长地说：“所谓仁政有两种：一种是为人民的当前利益，另一种是为人民的长远利益，例如抗美援朝，建设重工业。前一种是小仁政，后一种是大仁政。两者必须兼顾，不兼顾是错误的。那末重点放在什么地方呢？重点应当放在大仁政上。”他指出：“现在，我们施仁政的重点应当放在建设重工业上。要建设，就要资金。所以，人民的生活虽然要改善，但一时又不能改善很多。就是说，人民生活不可不改善，不可多改善；不可不照顾，不可多照顾。照顾

小仁政，妨碍大仁政，这是施仁政的偏向。”

对这个问题，一贯重视轻工业发展的周恩来态度很明确：“重工业是我们国家工业化的基础。没有重工业，就不能供给工业需要的各种器材、机器、电力等东西。所以要想国家工业化，而这个国家的重工业又不发展，那的确是一个畸形。”他强调指出：“当目前国家需要集中主要力量建设重工业、奠定社会主义基础的时候，我们全国人民都必须把注意的重点放在长远利益上面。我们不能够只看到眼前的利益而忽视了长远的利益。为着我们子子孙孙的幸福，我们不能不暂时把许多困难担当起来。”

当然，以重工业为中心环节，并不意味着忽视轻工业和农业。1953 年 9 月 8 日，周恩来在政协常委会上指出：“所谓集中‘主要’力量，不是集中‘一切’力量；不是要冒进；不是搞重工业，其他问题就都不搞了。”他说，现在人民的购买力一天比一天提高，“既然有这样大的购买力，就要逐步地满足他们的需要，就要相应地发展轻工业。同时，轻工业发展了，就便于积累资金。所以对轻工业的相应发展，我们国家是不能忽视的”。他还说：“发展农业这个问题也是大家很清楚的。不发展农业，我们的粮食就不够吃。”所以，“要经常注意，不能忽视”。

为了把有限的人力、物力、财力集中起来，建设一些国民经济急需的重大项目，新中国借鉴苏联的经验，开始制订和实施五年计划。由于旧中国留下的统计资料很不齐全，国内资源状况不明，从中央到地方各级部门都缺乏编制经济建设计划的经验，加上抗美援朝战争的影响，苏联帮助中国建设的重点工程项目短时间内没有确定下来，所以第一个五年计划的编制只能采取边制订边执行的办法，不断进行修订、调整、补充。从 1951 年开始编制，到 1955 年 7 月一届全国人大二次会议审议通过，“一五”计划即《中华人民共和国发展国民经济的第一个五年计划（1953—1957）》历时四年，五易其稿，终于形成了我国初期工业化建设的蓝图。

“一五”计划的指导方针是：集中主要力量发展重工业，建立国家工业化和国防现代化的初步基础；相应地发展交通运输业、轻工业、农业和商业；相应地培养建设人才；有步骤地促进农业、手工业的合作化；继续进行对资本主义工商业的改造；保证国民经济中社会主义成分的比重稳步增长，同时正确地发挥个体农业、手工业和资本主义工商业的作用；保证在发展生产的基础上逐步提高人民物质生活和文化生活的水平。根据这个方针，“一五”计划的基本任务是：五年中将新建一批规模巨大、技术先进的新兴工业部门，同时要用现代先进技术扩大和改造原有的工业部门；要合理利用和改建东北、上海和其他沿海地区城市已有的工业基础，同时要开始在内地建设一批新的工业基地。

“一五”计划的投资总额达 766.4 亿元，折合黄金 7 亿多两。这样巨大的建设投资，是旧中国历届政府都无法企及的。在投资总额中，工业的比重占第一位，为 58.2%；农林水利部门占 7.6%，运输邮电部门占 19.2%，贸易银行和物资储备部门占 3%，文化教育和卫生部门占 7.2%，城市公用事业建设占 3.7%，其他占 1.1%。到 1957 年年底，以苏联帮助中国兴建的 156 个项目为中心，第一个五年建设计划的各项指标大都大幅度地超额完成，工业、交通运输业和基本建设各条战线喜报频传。一大批旧中国没有的现代工业骨干企业，开始一个个建立起来；一大批能源基地和工业化原料基

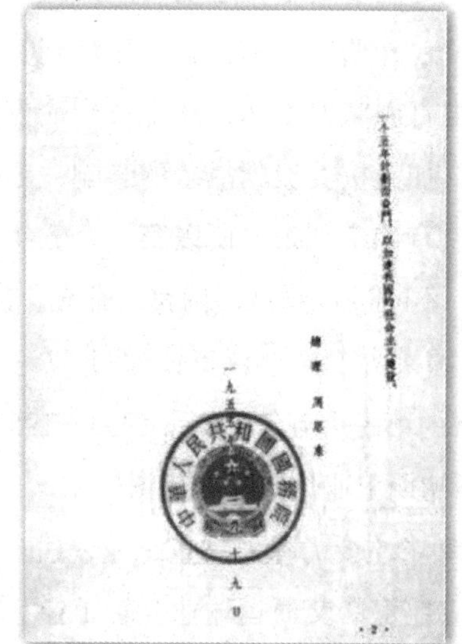

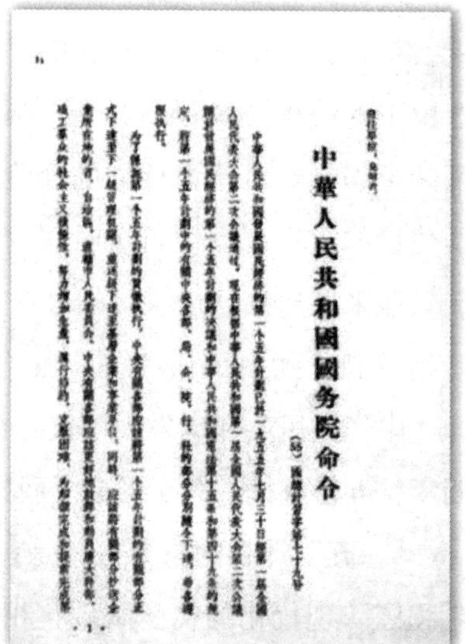

中華人民共和國國务院命令

1955 年 12 月 19 日，周恩来签署发布的国务院关于执行第一个五年计划的命令

地的建立，使我国工业生产能力大幅度提高。

“一五”期间，工业建设和生产所取得的成就，特别是重工业主要产品的产量，远远超过了旧中国的水平。1957 年，钢产量达到 535 万吨，比 1952 年增长 296%，为新中国成立前最高年产量的 5.8 倍；原煤产量达到 1.31 亿吨，比 1952 年增长 98.5%，为新中国成立前最高年产量的 2.1 倍；发电量达到 193 亿度，比 1952 年增长 164%，为新中国成立前最高年发电量的 3.2 倍；金属切削机床达到 2.8 万台，比 1952 年增长 1.04 倍，为新中国成立前最高年产量的 5.2 倍。这不仅奠定了我国社会主义工业化的初步基础，促进了农业和轻工业的发展，提高了人民生活水平，而且显示了社会主义制度的优越性，初步积累了社会主义建设的经验。

三、对农业的社会主义改造

农业是国民经济的基础，农民占全国人口的 80% 以上。农村问题处理得好不好，对中国社会的发展有着举足轻重的全局性影响。新中国土地改革后，农业生产力获得解放和发展。但是，分散的、落后的小农经济在农业中占绝对优势，限制了农业生产力的进一步发展，不能满足人民和工业化事业对粮食和原料作物日益增长的需要。它与国家计划经济建设之间的矛盾，随着工业化的进展而日益显露出来。而且，小农经济是不稳固的，时刻向两极分化。少数富裕农民靠着资金、农具、劳力等方面的优势，经济地位上升很快，并通过雇工或放高利贷发展为新富农；大多数农民的生产、生活条件虽有改善，但难以扩大再生产，更经不起天灾人祸的袭击。这使刚刚掌握政权的中国共产党人感到担忧。

为逐步引导农民走上社会主义大道，党和政府积极组织农民开展互助合作运动。在广大农村，特别是在老解放区，一些贫苦农民在土地改革完成后就组织起来，成立各种形式的互助合作组织。1950 年，全国农村有互助组 272.4 万个。1951 年 9 月，全国第一次互助合作会议在北京召开，讨论形成了《关于农业生产互助合作的决议（草案）》，指出，为了帮助农民克服一家一户个体经营中的困难，避免产生两极分化，为了发展生产，兴修水利，抵御自然灾害，采用农业机械和其他新技术，使国家得到更多的粮食和工业原料，必须提倡“组织起来”，发挥农民劳动互助的积极性。

决议（草案）还指出，当时农业生产互助组织大体有三种主要形式：第一种是临时的、季节性的、小型的、简单的劳动互助，各地要有领导地大量发展。第二种是常年互助组，当时还是少数，要在条件具备的地方有领导地逐步地推广。第三种是以土地入股为特点的农业生产合作社。根据当时的实际情况，决议（草案）要求，必须按照积极发展、稳步前进的方针和自愿互利的原则，采取典型示范、逐步推广的方法，引导个体农民沿着互助合作的道路前进。12 月 15 日，决议（草案）印发各级党委试行实施，农业生产互助合作运动很快在全国范围开展起来。这表明，农业方面社会主义改造的初步工作已经开始进行。

到 1952 年年底，已经组织起来的农户占全国总农户的 40% 左右，比 1950 年增加了 3 倍。互助组发展到 802.6 万个，其中常年互助组 175.6 万个，初级农业生产合作社 3644 个，全国组织具有示范作用的高级农业生产合作社 10 个。这年的农业生产也有很大发展，粮食总产达到 3200 多亿斤，比上年增产 400 亿斤。1953 年 2 月，中共中央对决议（草案）进行了个别修改，作为正式决议下发。在它的指导下，全国农业互助合作运动总体上呈健康发展态势，80% 以上的合作社都增产增收，并且一般都是互助组优于单干，合作社又优于互助组。因此互助合作运动得到广大贫苦农民的欢迎，参加合作社已开始成为一种群众性的行动。

1953 年 12 月，中共中央发出《关于发展农业生产合作社的决议》，强调“党在农村中工作的最根本的任务，就是要善于用明白易懂而为农民所能够接受的道理和办法去教育和促进农民群众逐步联合组织起来，逐步实行农业的社会主义改造，使农业能够由落后的小规模生产的个体经济变为先进的大规模生产的合作经济，以便逐步克服工业和农业这两个经济部门发展不相适应的矛盾，并使农民能够逐步完全摆脱贫困的状况而取得共同富裕和普遍繁荣的生活”。决议还明确指出，初级社已经在试办和初期发展中显示出优越性，证明它是引导农民过渡到完全社会主义的高级社的适当形式，是领导互助合作运动继续前进的重要环节，要求各地把农村工作的重点更多地转向兴办初级农业生产合作社。这个决议公布执行后，全国广大农村很快掀起一个大办农业社的热潮。到 1954 年年底，全国农业社总数已增加到 48 万个。

1955 年 4 月 6 日至 22 日，毛泽东到南方视察了半个多月，当地干部纷纷汇报情况一片大好，使他思想发生很大变化，觉得合作化的步伐可以更快一些。7 月底 8 月初，中共中央在北京举行省、市、自治区党委书记会议。毛泽东发表《关于农业合作化问题》的报告，强调加快农业合作化的紧迫性，报告指出，国家工业化对商品粮和工业原料年年增长的需要，同农业主要农作物一般产量很低之间存在着尖锐矛盾，如果不基本解决农业合作化问题，就不能解决这个矛盾，就会使工业化遇到绝大的困难，就不可能完成工业化。他批评“某些同志却像一个小脚女人，东摇西摆地在那里走路，老是埋怨旁人说：走快了，走快了”；批评中央农村工作部对浙江采取“坚决收缩”的方针，是“犯了‘右’的错误”。毛泽东认为，在全国农村

1955 年 7 月，毛泽东在省、市、自治区党委书记会议上做了《关于农业合作化问题》的报告。10 月 4 日，中共七届六中全会通过了《关于农业合作化问题的决议》。此后，全国掀起了农业合作化高潮。图为广东省农民踊跃报名入社

中，新的社会主义群众运动的高潮即将到来，“我们应当积极地热情地有计划地去领导这个运动，而不是用各种办法去拉它向后退”。

两个月后，中共七届六中全会（扩大）在北京举行。根据毛泽东《关于农业合作化问题》的报告，全会讨论通过了《关于农业合作化问题的决议》，对农业合作化的发展做了全面规划，根据不同地区的条件，规定了合作化运动发展的速度。除了在某些边疆地方采取比较缓慢的政策外，要求比较先进的地方在 1957 年春季以前，全国大多数地方在 1958 年以前，入社农户达到当地总农户的 70%—80%，基本上实现半社会主义的合作化。以此为转折点，全国掀起了农业合作化高潮。

到 1956 年年底，入社农户已占农户总数的 96.3%，其中入高级社的农户占农户总数的 87.8%。总的来看，农业合作化可划分为两个阶段。从 1951 年年底到 1955 年上半年为第一阶段，主要是发展互助组和初级社，基本上是在稳步而健康的情况下发展的。从 1955 年下半年到 1956 年年底为第二阶段，合作社的发展迅猛异常，过急地、人为地加速了合作化“高潮”的到来。

过快实现全国的高级形式的合作化，难免出现一些偏差。但农业合作化的完成，标志着我国基本上完成了对个体农业的社会主义改造，为大规模的水利灌溉和农田基本建设，逐步推广机械耕作、施肥、杀虫等农业科学技术创造了条件，从而有力地促进了农业生产的长期发展。据统计，从 1952 年到 1956 年，农业总产值从 484 亿元增加到 583 亿元，增长 20.5%，平均每年增长 5.1%。中国农村确实发生了翻天覆地的变化。

四、对手工业的社会主义改造

我国手工业的历史源远流长，品种丰富，陶瓷器、度量衡器具、小五金、竹木漆器、农具、制糖、酿酒、面粉、毛皮、针织、刺绣、文具、民族乐器、雕刻等，几乎包括人民日常生活的各个方面。据 1952 年的统计数据，全国城乡手工业工人和手工业独立劳动者达 1930 余万人，手工业产值由 1949 年的 32.37 亿元增加到 73.12 亿元，占工业总产值的 20.6%。可见，手工业在国民经济和社会生活中占有重要地位。

然而，手工劳作、分散经营的个体手工业，在生产力结构和组织形式上，都同现代社会的要求有很大距离。它们难以使用新的技术、扩大生产规模，在销售中也会遇到许多不可克服的困难。因此，必须像对个体农业一样，经过合作化道路，把手工业劳动者的个人所有制改变为集体所有制。

新中国成立后，党和政府在恢复和发展手工业生产的过程中，就开始试办手工业供销合作社或生产合作社。1950 年 7 月，中华全国合作工作者第一次代表会议召开，明确组织手工业生产合作社的目的是，联合起来，凑集股金，建立自己的供销机构，去推销自己的产品，购买原料和其他生产资料，避免商人的中间剥削，提高产品的数量和质量。到 1952 年年底，全国手工业组织已发展到 2678 个，社员 25.24 万人，年产值 2.5 亿元。

过渡时期总路线公布之后，手工业的社会主义改造进入新的发展阶段。1953 年年底召开的第三次全国手工业生产合作会议，明确了手工业合作化的基本方针政策，即："在方针上，应当是积极领导，稳步前进；在组织形式上，应当是由手工业生产小组、手工业供销生产合作社到手工业生产合作社；在方法上，应当是从供销入手，实行生产改造；在步骤上，应当是由小到大，由低级到高级。"根据会议的要求，手工业的合作化主要采取三种形式：

第一种是手工业生产小组，首先从供销方面把手工业劳动者组织起来，有组织地购买原料、推销成品或接洽加工业务。这是广泛组织手工业劳动者的初级形式。

第二种是手工业供销生产合作社，是由若干手工业劳动者或几个手工业生产小组组织起来，统一购买原料、推销成品，统一承揽加工订货，并以业务经营中的积累来购置公有的生产工具，进行部分的集中生产，逐渐增加社会主义因素。

第三种手工业生产合作社，是手工业社会主义改造的高级形式。其中一部分社的主要生产资料已完全归社员集体所有，完全按劳分配，已经是完全社会主义性质的生产合作社。还有一大部分社的主要生产资料尚未完全成为集体所有，实行工具入股分红，统一经营，收益的一部分采取按劳分配，这是半社会主义性质的生产合作社。

符合国情的方针政策，为手工业合作化的普遍发展铺平了道路。到1954年年底，全国手工业合作组织达到4.17万多个，社（组）员121.35万人，当年产值11.7亿元，相当于1953年产值5.06亿元的2.3倍。从1955年下半年起，在农业合作化问题上批判所谓“小脚女人走路”“右倾保守”思想的形势下，手工业的社会主义改造也加快了步伐。1955年12月，在北京召开的第五次全国手工业生产合作会议，着重批判了怕背供销包袱而不敢加快手工业合作化步伐的“右倾保守”思想，研究制订了“一五”计划期间基本上完成手工业社会主义改造的全面规划。这个规划的总要求是：1956年组织起来的社（组）达到手工业从业人员的74%，1957年达到90%，1958年全部组织起来。这就大大加快了手工业合作化的进程。

进入1956年，在城市工商业全行业公私合营浪潮的推动下，手工业社会主义改造高潮开始出现。1月11日，北京市在批准全市工商业实现公私合营的同时，宣布手工业也全部实现了合作化。全国各大城市纷纷学习北京的经验，改变原来以区为单位、按行业分期分批分片改造的办法，采取全市按行业将手工业全部组织起来的方式。到1956年年底，全国手工业合作社（组）发展到10.4万余个，社（组）员达到603.9万余人，占全部从业人员的91.7%。其中，高级形式的手工业生产合作社发展到7.4万余个，社员484.9万余人，占全部从业人员的73.6%。合作化手工业的产值108.76亿元，占手工业总产值的92.9%。至此，全国大陆地区基本实现了手工业合作化。

五、对资本主义工商业的“和平赎买”

尽管我国私人资本主义能够发挥有益于国计民生的积极作用，但它们经济力量弱小，自身发展困难，在资金、原料、市场方面对国家和国营经济有很大的依赖性。“五反”运动后，唯利是图的资本主义工商业与国家的各项经济政策之间、与社会主义国营经济之间、与企业职工之间，矛盾越来越明显。这样，工人阶级和资产阶级之间、社会主义道路和资本主义道路之间的矛盾，就转变为国内的主要矛盾。

对资本主义工商业进行系统的社会主义改造，是过渡时期的一项基本任务。中共中央领导人思考的是，究竟采取什么形式和方法将资本主义工商业转变为社会主义企业。1953 年 5 月，中央统战部调查组完成的调查报告《资本主义工业中的公私关系问题》提出：“国家资本主义的各种形式（其中一部分将由低级向高级发展），是我们利用和限制工业资本主义的主要形式，是我们将资本主义工业逐步纳入国家计划轨道的主要形式，是我们改造资本主义工业使它逐步过渡到社会主义的主要形式，是我们利用资本主义工业来训练干部、并改造资产阶级分子的主要环节，也是我们同资产阶级进行统一战线工作的主要环节。抓住了这个主要形式和主要环节，在经济和政治上都有利于领导和改造资本主义和资产阶级分子的其他部分。”中共中央非常重视这个调查报告，并在 1953 年 6 月两次召开政治局扩大会议进行讨论，确定经过国家资本主义改造资本主义工业的方针。随后又决定对私营商业不采取单纯“排挤”的办法，也采取国家资本主义的方针。至此，利用、限制和改造作为对资本主义工商业的总方针，最后完善起来。

对资本主义工商业进行改造的消息传开后，在私营工商业者中引起了一些不安。9 月 7 日，毛泽东同民主党派和工商界部分代表谈话时进一步指出："有了三年多的经验，已经可以肯定：经过国家资本主义完成对私营工商业的社会主义改造，是较健全的方针和办法。"他还说："完成整个过渡时期，即包括基本上完成国家工业化，基本上完成对农业、对手工业和对资本主义工商业的社会主义改造，则不是三五年所能办到的，而需要几个五年计划的时间。在这个问题上既要反对遥遥无期的思想，又要反对急躁冒进的思想。"毛泽东特别强调，要"继续在资本家中间进行爱国主义教育，为此需要有计划地培养一部分眼光远大的、愿意和共产党和人民政府靠近的资本家，以便经过他们去说服大部分资本家"。9月8日，周恩来在政协常委扩大会议上也指出："由新民主主义到社会主义虽然是一场革命，但可以采取逐步的和平转变的办法，而不是在一天早晨突然宣布实行社会主义。在过渡时期中，要使社会主义成分的比重一天一天地增加。过去我曾与盛丕华先生说过，将来是'阶级消灭，个人愉快'。就是说采取逐步过渡的办法，做到'水到渠成'。"

由于实行正确的方针，在资本主义工业中占有重要地位并关系到国计民生的大型企业，到1954年年底已变成了公私合营的半社会主义性质的企业。在全国工业总产值中，社会主义和半社会主义性质的工业产值已占71%。1955年，资本主义工业的公私合营从大厂逐步推广到小厂，从大行业逐步推广到小行业，从少数大城市逐步推广到中小城市。

私营商业的改造从批发商开始，稳步推进。1954年7月13日，中共中央下发《关于加强市场管理和改造私营商业的指示》，要求国营商业和合作社商业必须对私营零售商进行组织货源和组织供应的工作，并缓和私营零售商营业额下降的趋势。按照这个精神，各地从实际情况出发，对私营批发商采取了"留、转、包"等不同的改造步骤。"留"，是指凡为国营商业所需要者，可以为国营商业代理批发业务；"转"，是指凡有条件转业者，辅导其转业；"包"，是指对无法继续经营者，其职工和资方代理人可经过训练，由国营商业录用。经过上述改造，余下的批发商户数量虽然不少，但都是一些经营零星商品的小户。

私营工业从统购包销、加工订货的低级国家资本主义形式，到公私合营的高级国家资本主义形式的发展过程，事实上也就是逐步改造其生产关系和逐步走向社会主义的过程。这两种形式的国家资本主义，利润都实行“四马分肥”，即分为国家所得税、企业公积金、工人福利费、资方红利四个部分。资方红利大体占四分之一，企业利润大部分归国家和工人，基本上是为国计民生服务的。这就使这些企业具有不同程度的社会主义性质。

1955 年 11 月召开的资本主义工商业社会主义改造问题会议，通过了由毛泽东主持制定的《中共中央关于资本主义工商业改造问题的决议（草案）》，系统地阐明中国共产党对于资产阶级的政策：第一是用赎买和国家资本主义的方法，有偿地而不是无偿地，逐步地而不是突然地改变资产阶级的所有制；第二是在改造他们的同时，给予他们以必要的工作安排；第三是不剥夺资产阶级的选举权，并且对他们中间积极拥护社会主义改造的代表人物给以适当的政治安排。根据这次会议确立的方针政策，从 1956 年开始，资本主义工商业社会主义改造进入全行业公私合营阶段。1956 年 1 月 10 日，北京市资本主义工商业公私合营大会召开，宣布全市 35 个私营工业行业和 49 个私营商业行业全部实行公私合营。随后，上海、天津、广州、武汉等大中城市相继实现了全市全行业公私合营。合营后，国家根据个人的股额发给年息 5% 的股息。无论企业大小盈亏，利息都固定不变，称

1956 年年底，我国基本完成了对资本主义工商业的社会主义改造。图为上海市信大祥绸布商店挂上公私合营新店牌

为“定息”。

到1956年年底，全国绝大部分地区基本上实现了对资本主义工商业的社会主义改造，资本主义工业中占产值99.6%、占职工总数99%的企业已转变为公私合营企业。个体和私营商业总户数的82.2%和从业人员的85.1%转变为国营、合作社营、公私合营商业或合作商店、合作小组。这样，就在中国大陆地区基本上铲除了剥削制度，建立起社会主义经济制度。

在改造过程中，中国共产党把对私营工商业利用、限制和改造的方针，同对民族资产阶级团结、教育和改造的方针结合起来。这既让民族资产阶级明白社会发展的总趋势是消灭剥削，又让他们在逐步过渡中能够比较自然地接受改造。在经济上给以出路，在政治上给以地位，在思想上给以教育，始终保持了无产阶级同民族资产阶级的联盟，并在社会主义的基础上有所发展。尽管同农业社会主义改造一样，资本主义工商业社会主义改造也存在急于求成、简单粗糙的问题，但中国终究成功地走出一条独特的资本主义工商业社会主义改造的道路，在一个经济文化落后的东方大国确立起社会主义制度，为进一步实现国家工业化奠定良好的社会基础。

第二节　推进民主政治建设

新中国成立之初，中国人民政治协商会议代行全国人民代表大会的职权，《中国人民政治协商会议共同纲领》起到临时宪法的作用。1952 年，第一届政协任期届满，中央人民政府面临两种选择：一是尽快召开第二届政协会议，二是召开共同纲领中规定时机成熟即应举行的第一届全国人民代表大会。经过慎重考虑，中共中央认为：在三年来所取得的伟大成就的基础上，在大规模的经济建设开始进行的时候，应该根据共同纲领的规定，定期召开全国人民代表大会和地方各级人民代表大会，并开始进行起草选举法和宪法草案等准备工作。1953 年元旦，《人民日报》的社论将"召集全国人民代表大会，通过宪法，通过国家建设计划"列为 1953 年的三项伟大任务之一，向全国公布。召开全国人民代表大会，制定宪法，是中国政治生活中的两件大事，中国的政治建设迈出了新的重要的一步，获得了全国人民的拥护。

一、新中国第一部宪法的制定

宪法是国家的根本大法，对国家的政治制度、经济制度和文化制度作出了原则而又明确的规定。宪法又是母法，为规范国家和社会生活的法律的制定，确定了根本的依据。

1953年1月13日，中央人民政府成立了宪法起草委员会，毛泽东担任主席，委员有宋庆龄、李济深、沈钧儒等人。随后，中央又成立了宪法起草小组，同样由毛泽东亲自挂帅，成员四人：毛泽东、陈伯达、胡乔木、田家英。12月27日，毛泽东率领宪法起草小组乘专列到达杭州，为中华人民共和国起草第一部宪法草案。这是毛泽东在新中国成立后的第一次杭州之行，可谓毛泽东的“制宪之旅”。在杭州西湖第一名园——刘庄，毛泽东和整个宪法起草小组全身心投入到工作之中。

宪法起草小组一边学习世界法律文明上的诸多案例，一边起草中华人民共和国宪法。1954年1月15日，毛泽东给刘少奇并中央各同志发去电报，详细介绍宪法起草小组的工作计划，并列出相关参考资料，希望政治局委员及在京中央委员阅看。这些文献包括：1936年苏联宪法及斯大林报告，1918年苏俄宪法，罗马尼亚、波兰、德意志民主共和国、捷克斯洛伐克等国宪法，1913年天坛宪法草案、1923年曹锟宪法、1946年蒋介石宪法，法国1946年宪法。可见毛泽东的重视和用心，是在做一件为新中国法制建设奠定千秋基业的大事。对此，他深情地说：“宪法是一个国家的根本法，从党的主席到一般老百姓都要按照它做，将来我不当国家主席了，谁当也要按照它做，这个规矩要立好。”

在杭州的三个多月的时间里，毛泽东带领宪法起草小组从起草宪法草案到一次又一次的修改，一共完成了四稿，并提交中共中央政治局扩大会议讨论修改。其中，毛泽东修改审定的《宪法草案初稿说明》，比较集中地反映了起草宪法的指导思想：一是宪法草案从法律上保证实施过渡时期的总路线；二是宪法草案从法律上保证发展国家的民主化；三是宪法草案从法律上加强各民族的团结；四是宪法草案是《共同纲领》的发展；五是宪法草案的结构和文字力求简明，字数连序言不足一万字。

在宪法起草过程中，毛泽东不仅出观点、出思想，而且在文字上做过多次修改，并在几个稿子上多次写下批语，倾注了大量的心血。比如，毛泽东强调起草宪法要“以事实为依据，不能凭空臆造”。他还强调，宪法要“简单、明了、通俗易懂”。又如，他在研究1918年苏俄宪法时，发现其将列宁写的《被剥削劳动人民权利宣言》放在前面，作为第一篇。受此启发，毛泽东决定像共同纲领一样，在宪法总纲前面写一段序言。这成为我国宪法的一个特点，一直保持到现在。

1954 年 3 月 23 日，宪法起草委员会在北京举行第一次会议。在进行认真而严肃的讨论后，委员们完全接受了这个初稿，并决定广泛征集各方面的意见，在全国范围内开展对宪法的讨论。3 月 25 日，中共中央发出通知，要求各地党委认真组织讨论，设立有各方面人士参加的专门机构，配备得力人员，及时将讨论意见进行综合整理，在每次会后的一天内报宪法起草委员会办公室。

6 月 11 日，宪法起草委员会召开第七次会议，一致同意将它提交中央人民政府委员会，标志着宪法起草工作胜利结束。在这次会议上，毛泽东总结说："宪法的起草，前后差不多七个月。最初第一个稿子是在去年十一、十二月间，那是陈伯达同志一个人写的。第二稿，是在西湖两个月，那是一个小组起草的。第三稿是在北京，就是中共中央提出的宪法草案初稿，到现在又修改了许多。每一稿本身都有许多修改。在西湖那一稿，就

1954 年 3 月 23 日，以毛泽东为主席的中华人民共和国宪法起草委员会举行第一次会议。图为出席会议的 26 位委员合影

有七八次稿子。前后总算起来，恐怕有一二十个稿子了。大家尽了很多力量，全国有八千多人讨论，提出了五千几百条意见，采纳了百把十条，最后到今天还依靠在座各位讨论修改。总之是反复研究，不厌其详。将来公布以后，还要征求全国人民的意见。宪法是采取征求广大人民的意见这样一个办法起草的。这个宪法草案，大体上是适合我们国家的情况的。”

6月14日，毛泽东主持召开中央人民政府委员会第三十次会议，通过了《中华人民共和国宪法草案》和《关于公布中华人民共和国宪法草案的决议》。毛泽东在会上讲到宪法的意义时，指出：“一个团体要有一个章程，一个国家也要有一个章程，宪法就是一个总章程，是根本大法。用宪法这样一个根本大法的形式，把人民民主和社会主义原则固定下来，使全国人民有一条清楚的轨道，使全国人民感到有一条清楚的明确的和正确的道路可走，就可以提高全国人民的积极性。”

6月16日，《人民日报》公布了宪法草案。据统计，在随后的两个多月里，全国约有1.5亿人参与讨论，提出的意见有138万多条，充分反映了人民群众对新中国第一部宪法充满真诚而热切的期盼，也极大地激发了人民群众参政议政的政治热情。9月9日，宪法起草委员会召开第八次会议，在吸收各地意见的基础上，最终形成了《中华人民共和国宪法草案（修正稿）》。

9月20日，一届全国人大一次会议举行全体会议，表决通过了《中华人民共和国宪法》。出席会议代表1197人，投票1197张，同意票1197张。中国各族人民经过长期的艰苦斗争，终于有了一部代表自己利益、体现人民民主原则和社会主义原则的宪法。这部宪法把党所创建的基本制度和党所制定的基本方针及重要政策予以宪法化、条文化，为我国后来的民主建设与制度建设奠定了基础，是我国走向依法治国的重要标志和新的起点。正如刘少奇所说，这部宪法，是一百年来中国人民革命历史经验的总结，也是新中国成立以来新的历史经验的总结。他还代表中共中央郑重承诺：“中国共产党是我们国家的领导核心。党的这种地位，决不应当使党员在国家生活中享有任何特殊的权利，只是使他们必须担负更大的责任。中国共产党的党员必须在遵守宪法和一切其他法律中起模范作用。”

根据《中华人民共和国宪法》，一届全国人大一次会议还颁布了《中华人民共和国全国人民代表大会组织法》《中华人民共和国国务院组织法》《中华人民共和国人民法院组织法》《中华人民共和国人民检察院组织法》《中华人民共和国地方各级人民代表大会和地方各级人民委员会组织法》等，对我国政权建设和制度建设具有开创性意义。

二、第一届全国人民代表大会的召开

中国共产党自诞生之日起，就以实现和发展人民民主为己任。从大革命时期建立“农民协会”和“工人罢工委员会”，到土地革命战争时期在革命根据地实行工农兵代表大会制度；从抗日战争时期在根据地实行抗日民主政权和与之相适应的参议会制度，到解放战争时期在解放区实行人民代表会议制度，中国共产党适应革命形势，不断探索实行人民民主的具体形式。

在艰苦的环境里，中国共产党领导人民创造了“豆选法”：“金豆豆，银豆豆，豆豆不能随便投。选好人，办好事，投在好人碗里头。”可以说，新中国和旧中国的本质区别，就在于人民当家作主人。新中国取得的成功，是全体人民团结一致、共同奋斗的结果。换句话说，就是要做到一切为了人民，一切依靠人民。所以，建立各界人民代表会议，在新中国政权建设中居于十分突出的地位。

1949 年 9 月 30 日，开国大典的前日，上海松江县各界人民代表会议在 座教堂里隆重召开。这是全国解放后的第一个县级各界人民代表大会，引起了毛泽东的极大关注，他致电各大区负责人，强调“这是一件大事”，并指出：“如果一千几百个县都能开起全县代表大会来，并能开得好，那就会对于我党联系数万万人民的工作，对于使党内外广大干部获得教育，都是极重要的。”

限于新中国成立初期的历史条件，各界人民代表会议代行人民代表大会的职权。1949 年 11 月 27 日，中共中央发出指示，要求新解放地区必须将市、县各界人民代表会议看成是团结各界人民，动员群众完成剿匪反霸、肃清特务、减租减息、征税征粮、恢复与发展生产、恢复与发展文化教育直至完成土地改革的极重要的工具，一律每三个月召开一次。

随着条件的逐渐具备，政务院在 1951 年 4 月发出《关于人民民主政权建设工作的指示》，明确指示：各级人民政府必须依照各级人民代表会议组织通则，按期召开各级人民代表会议，其中大城市每年至少须开会三次，县至少须开会两次；各级人民政府的一切重大工作，应向各该级人民代表会议提出报告，并在代表会议上进行讨论与审查；一切重大问题应经人民代表会议讨论并作出决定；凡尚未代行人民代表大会职权的县、市各界人民代表会议，应积极创造条件，以便迅速代行人民代表大会的职权。同时，政务院还发出指示，要求在十万人口以上的城市召开区人民代表会议。到 1952 年 9 月，全国各地基本上都召开了人民代表会议，建立各级人民代表大会的时机已经成熟。

1953 年 1 月 13 日，中央人民政府委员会通过决议，决定 1953 年召开由人民普选产生的乡、县、省（市）各级人民代表大会，并在此基础上召开全国人民代表大会。3 月 1 日，中央人民政府公布施行《中华人民共和国全国人民代表大会及地方各级人民代表大会选举法》。这个选举法的特点，主要表现为选举权的普遍性和平等性。普遍性是指凡年满 18 周岁的中国公民，不分民族和种族、性别、职业、社会出身、宗教信仰、教育程度、财产状况和居住期限，都有选举权和被选举权。平等性是指所有男女选民都在平等的基础上参加选举，每一位选民只有一个投票权。

为了切实搞好各级普选，中国进行了有史以来第一次全国人口普查。据统计，截至 1953 年 6 月 30 日 24 时，全国人口为 601912371 人。在人口普查的基础上，进行了选民登记工作，有 323809684 名选民进行了登记，占进行选举地区 18 周岁以上人口总数的 97.18%。随后的全国基层单位选举，参加投票的选民共278093100人，占登记选民总数的85.88%。近3亿选民参加选举，这不仅在中国，而且在全世界也是一个空前规模的民主运动。

1954年七八月间，全国25个省、14个中央直辖市和内蒙古自治区先后召开第一届人民代表大会。各省每80万人选举代表1人，各中央直辖市和50万以上人口的省辖工业市，每10万人选举代表1人，共选出全国人大代表1124人，加上昌都地区选举代表3人，西藏地区选举代表9人，军队选举代表60人，华侨选举代表30人，总计选举全国人民代表大会代表1226人。其中妇女代表147人，占代表总数的11.99%；少数民族代表177人，占代表总数的14.44%。

9月15日，第一届全国人民代表大会第一次全体会议在北京召开。会议的任务是制定宪法，审议政府工作报告，选举新的国家领导人。在开幕式的致辞中，毛泽东说："这次会议具有伟大的历史意义。这次会议是标志

毛泽东在第一届全国人民代表大会第一次会议上致开幕词

着我国人民从一九四九年建国以来的新胜利和新发展的里程碑，这次会议所制定的宪法将大大地促进我国的社会主义事业。我们的总任务是：团结全国人民，争取一切国际朋友的支援，为了建设一个伟大的社会主义国家而奋斗，为了保卫国际和平和发展人类进步事业而奋斗。”

9月20日，全体代表以无记名投票方式，一致通过《华人民共和国宪法》。9月23日，周恩来在会上做了新中国成立后的第一个政府工作报告。他鲜明地指出，我们的目标是，使我国的国民经济沿着社会主义的道路得到有计划的迅速的发展，建设起强大的现代化的工业、现代化的农业、现代化的交通运输业和现代化的国防。这是中国共产党对我国实现四个现代化目标的最初概括。

9月27日，大会进行国家领导人的选举。选举确定中华人民共和国主席毛泽东、中华人民共和国副主席朱德、全国人大常委会委员长刘少奇、最高人民法院院长董必武、最高人民检察院检察长张鼎丞。根据国家主席提名，决定周恩来任国务院总理。根据总理提名，决定陈云、林彪、彭德怀、邓小平、邓子恢、贺龙、陈毅、乌兰夫、李富春、李先念10人为国务院副总理，习仲勋为秘书长。

第一届全国人大一次会议结束了由中国人民政治协商会议全体会议代行人民代表大会职权，以共同纲领代替国家根本大法的过渡状态，标志着人民代表大会制度作为新中国根本政治制度的正式确立。这是中国政治制度的一次伟大变革，为实现人民当家作主提供了根本保证。

三、“长期共存，互相监督”

在建设新中国的实践中，中国共产党始终重视民主党派的作用，强调参政的党外民主人士要有职有权，做到“一份职务，一份权利，一份责任，三者不可分离”。1950年3月，第一次全国统战工作会议上，有人认为民主党派不过是“一根头发的功劳”，还有人认为不应在政治上去抬高民主党派，也不要在组织上去扩大民主党派，这是给共产党自己找麻烦。毛泽东得知后，明确指出，要向大家说清楚，从长远和整体看，必须要民主党派。民主党派是联系小资产阶级和资产阶级的，政权中要有他们的代表才行。认为民主党派是“一根头发的功劳”，“一根头发拔去不拔去都一样”的说法是不对的。从他们背后联系的人们看，就不是一根头发，而是一把头发，不可藐视。要团结他们，使他们进步，帮助他们解决问题，要给事做，尊重他们，当作自己的干部一样，手掌手背都是肉，不能有厚薄。对他们要平等，不能莲花出水有高低。

在全国统战工作会议的讲话中，周恩来也强调，各个民主党派，不论名称叫什么，仍然是政党，都有一定的代表性，但不能用英、美政党的标准来衡量他们。他们是从中国的土壤中生长出来的。各民主党派中都有而且必须有进步分子，这样才能与我们很好合作。但不能把民主党派搞成纯粹进步分子的组织，若都是进步分子，还有什么意义呢？那种认为民主党派会“给我们找麻烦”的观点是错误的。民主党派在人民民主统一战线中起着相当重要的作用。我们是人民民主专政的国家，现阶段是四个民主阶级的联盟。有些工作民主党派去做，有时比我们更有效，在国际上也有影响。民主党派的成员在我们的帮助和教育下，愿意同我们一道进入社会主义，我们多了一批帮手，这不是很好嘛！

1953 年 1 月，中共中央决定召开全国人民代表大会和地方各级人民代表大会。各界民主人士的基本政治态度是赞成和拥护的，但也有人担忧现有的政治地位和政治权利将得不到保障。为此，毛泽东在中央人民政府委员会第二十次会议上，明确指出：“人民代表大会制的政府，仍将是全国各民族、各民主阶级、各民主党派和各人民团体统一战线的政府，它是对全国人民都有利的。”他还说：“我们的重点是照顾多数，同时照顾少数。凡是对人民国家的事业忠诚的，做了工作的，有相当成绩的，对人民态度比较好的各民族、各党派、各阶级的代表人物都有份。”“凡是爱国者（只要有这个资格）都会一道进入社会主义，我们没有理由不同他们一道进入社会主义。”

1954年9月，一届全国人大一次会议通过的《中华人民共和国宪法》，在序言中进一步指出：我国人民在建立中华人民共和国的伟大斗争中已经结成以中国共产党为领导的各民主阶级、各民主党派、各人民团体的广泛的人民民主统一战线。今后在动员和团结全国人民完成国家过渡时期总任务和反对内外敌人的斗争中，我国的人民民主统一战线将继续发挥它的作用。这样，就用根本大法的形式，将新中国成立时建立在新民主主义政治基础上的人民民主统一战线，转变到建立在社会主义的政治基础上来。一届全国人大一次会议选举产生的人大常务委员会和国务院的人员组成中，13位人大常委会副委员长，共产党员5人，党外人士8人；79位全国人大常务委员会委员，共产党员40人，党外人士39人；国务院35个部、委的部长、主任，共产党员22人，党外人士13人。

召开全国人民代表大会以后，政治协商会议是否继续存在？1954年12月19日，在全国政协二届一次会议开幕前两天，毛泽东召集党内外几十人参加的座谈会，专门就这些问题作出说明。他明确指出：“政协的性质有别于国家权力机关——全国人民代表大会，它也不是国家的行政机关。”“政协是全国各民族、各民主阶级、各民主党派、各人民团体、国外华侨和其他爱国民主人士的统一战线组织，是党派性的。”毛泽东还提出了政协的五项任务：协商国际问题；商量候选人名单；提意见；协调各民族、各党派、各人民团体和社会民主人士领导人员之间的关系；学习马列主义。这些切合实际的意见，使中国人民政治协商会议转变角色，长久地延续下来，形成一种在中国共产党领导下的具有中国特色的各民主党派、各人民团体和各界人士进行民主协商、参政议政的政治制度，成为我国的一种基本政治制度。

社会主义改造完成之后，在社会主义社会，民主党派要不要继续存在，要不要坚持共产党领导的多党合作等问题又被一些人提了出来。1956年5月2日，毛泽东在第七次最高国务会议上公开提出了“长期共存、互相监督”的方针。他还提出了“两个万岁”的主张，即共产党万岁和民主党派万岁。在中共八大政治报告中，刘少奇阐述了毛泽东提出的“长期共存、互相监督”的方针，指出：在社会主义改造完成以后，民族资产阶级和上层小资产阶级的成员将变成社会主义的劳动者的一部分。各民主党派就将变成这部分劳动者的政党，将同共产党一道长期存在。中国共产党应当善于从各民主党派和无党派民主人士的监督和批评中得到帮助。

第三节　加强思想和文化建设

中国革命的胜利，是马克思主义在中国的胜利，是马克思主义基本原理同中国革命具体实践相结合的毛泽东思想的胜利。这个胜利，使马克思主义、毛泽东思想在中国人民中获得很高的威信，并被接受为各项事业的指导思想。在新的形势下，用马克思主义、毛泽东思想来宣传和教育人民，成为动员一切社会力量共同建设社会主义新中国的必然要求。

一、《毛泽东选集》的编辑出版

为了系统地传播马克思主义、毛泽东思想，特别是适应广大干部群众学习毛泽东思想的需要，编辑出版一部《毛泽东选集》十分必要。毛泽东是文章大家，留下的著述非常多。在抗日战争时期和解放战争时期，一些解放区就出版了几种毛泽东著作集。1944 年 6 月，在晋察冀根据地，晋察冀日报社出版了第一部《毛泽东选集》。1945 年 7 月，苏中解放区在隐蔽的芦苇荡中出版了另一部《毛泽东选集》。到了 1948 年，山东渤海解放区、东北局、晋冀鲁豫中央局也相继编辑出版了《毛泽东选集》。这些版本的《毛泽东选集》，对于宣传毛泽东思想、教育干部群众，发挥了重要作用，但它们都没有经过毛泽东本人审定，体例颇为杂乱，文字也有错讹，一些重要的著作没有收进去。

新中国成立前夕，中共中央决定编辑出版一部权威的《毛泽东选集》。这项工作在西柏坡的时候就已经开始。毛泽东进驻北平以后，继续抓紧进行。从 1949 年 5 月 6 日发稿，到 6 月中旬，已完成三校，共 100 余万字，全部清样送到毛泽东手中。当时，苏联已将东北局出版的《毛泽东选集》译成俄文，准备出版。6 月 1 日，毛泽东在给斯大林的电报中，告诉他中共中央决定正式出版《毛泽东选集》之事，并说这个版本经毛泽东亲自校正，“可于本年六月底出版。那时我们可将新版迅速送达苏联。所以希望暂不要将东北局出版的《毛泽东选集》俄文译本付印，待我们的新版（《毛泽东选集》订正本）送到时，根据此新版与原来的东北版对照作了增减和修订后，再行出版”。

1949 年年底至 1950 年年初，毛泽东访问苏联。其间，斯大林向毛泽东建议，应该尽快出版《毛泽东选集》，以帮助人们了解中国革命的经验。不久，中共中央政治局专门讨论了斯大林的这个建议，决定立即着手编辑。5 月，成立了中共中央毛泽东著作出版委员会，编辑出版《毛泽东选集》。由于新中国内政外交事务繁重，特别是朝鲜战争的爆发，使《毛泽东选集》的编辑出版一再推迟。1951 年 1 月，中国人民志愿军和朝鲜人民军取得第三次战役的胜利，“联合国军”被赶回“三八线”以南，朝鲜战局大体上稳定下来。毛泽东终于可以抽出时间继续编辑《毛泽东选集》了。

1951 年 2 月底 3 月初，毛泽东以休息的名义向中央请了假，轻车简从地来到石家庄，集中精力做这项工作。毛泽东的工作地点位于石家庄的西郊，是一个宽敞的四合院。这里原是一所保育院，陈设简陋，但环境幽静，很适合编书。毛泽东在这里住了两个月，修改审定了大部分选稿。他对大部分文章进行精心修改和校订，并为一部分文章写了题解和注释。他的助手主要是他的三位秘书：陈伯达、胡乔木、田家英。

访苏期间，毛泽东曾向斯大林提出，希望苏共中央派一位理论上强的人帮助编辑《毛泽东选集》。斯大林当即决定派主编过《简明哲学辞典》的理论家尤金来华。1950 年 7 月，尤金来到北京。他看了毛泽东的著作后，十分称赞。1950 年 12 月，在尤金的推荐下，经斯大林的同意，《实践论》

《毛泽东选集》（第二版）书影

的俄译文在苏联的《布尔什维克》杂志上全文发表。12 月 18 日，《真理报》又发表编辑部文章《论毛泽东的著作〈实践论〉》。而中国首次发表这篇文章，则是这年 12 月 29 日的《人民日报》。

从 1951 年 7 月 1 日起，《人民日报》陆续刊载正在编辑中的《毛泽东选集》第一卷的部分文章。10 月 12 日，《毛泽东选集》第一卷由人民出版社出版发行，第一批总发行量超出 60 万册，成为当时全国政治生活中的一件大事。在干部和共产党员中，在青年、知识分子和各界人民群众中，形成了学习毛泽东著作的热潮。

1952 年 4 月、1953 年 4 月、1960 年 9 月，《毛泽东选集》第二、三、四卷也相继出版发行。《毛泽东选集》出版后，发行量巨大，推动了全国学习毛泽东思想活动的普及和发展，提高了全党和全国人民的政治觉悟和理论水平，从而推动了社会主义革命和建设事业的发展。《毛泽东选集》还先后被译成多种外国文字，在世界上产生了广泛深远的影响。

二、知识分子的思想改造

新中国成立后，人民政府对从旧社会走过来的知识分子采取“包下来”的方针，在生活上为他们排忧解难，在工作上给绝大多数人合适的安排。党和政府还真诚地欢迎在海外工作或留学的知识分子，回国投身建设事业。从总体上看，各类知识分子在思想上、政治上追求进步，愿意为人民服务。但是，他们大多数出身于剥削阶级家庭，长期受封建主义和资本主义教育，个人主义、自由主义的观点，欧美资产阶级文化思想的影响及脱离政治、脱离群众的倾向依然存在。

为了提高知识分子的思想觉悟，以适应文化教育改革和即将开始的大规模经济建设的需要，党和政府确定了团结、教育、改造知识分子的政策。具有临时宪法性质的《中国人民政治协商会议共同纲领》规定：“人民政府的文化教育工作，应以提高人民文化水平、培养国家建设人才、肃清封建的、买办的、法西斯主义的思想、发展为人民服务的思想为主要任务”，“应有计划有步骤地改革旧的教育制度、教育内容和教学法”。1949 年 12 月，教育部召开第一次全国教育工作会议，根据共同纲领的精神，确定了逐步改革旧教育的具体步骤和政策，提出教育必须为国家建设服务、学校必须向工农开门的总方针。

1950 年 6 月 23 日，毛泽东在政协一届二次会议上，明确向各界特别是知识界人士提出，要以批评与自我批评的方法进行自我教育和自我改造的建议。随后，政府广泛组织知识分子学习马克思主义基础知识和中国共产党的方针政策，还组织他们参加抗美援朝、土地改革和镇压反革命运动，让他们在实践中接受教育。

1951 年 6 月，马寅初出任北京大学校长。他看到北大教师积极配合当时正在进行的高等学校教育改革，便利用暑假在全校教职员工中发动了一次系统的学习运动。他希望通过听报告、学文件、开展批评与自我批评等学习和思想改造活动，使教职员工树立自己的革命思想，同时促进教学内容和方法的改革，不断提高教师的业务水平。他还写信给周恩来，提出邀请毛泽东、刘少奇、周恩来、彭真等到北大做报告。毛泽东在信上批示："这种学习很好，可请几个同志去讲演。"

马寅初在北大发起的学习和思想改造活动，取得了很好的效果。党和政府决定将这个运动推广到京津的所有高校，取得经验后再推向全国。1951年8月22日，周恩来在一次报告中诚恳地指出，知识分子"要为新中国服务，为人民服务，思想改造是不可避免的"。"因为我们过去的思想不是受着封建思想的束缚，就是受着帝国主义奴化思想的侵蚀。只要我们有些知识，就要受到这些影响。""这就需要我们每一个人不断地在思想上求得改造，以适合我们今天新中国的需要，适合于人民的利益。"因此，"进行学习，来改造我们的思想是很值得的"。

10月23日，毛泽东在全国政协一届三次会议开幕词中进一步强调："思想改造，首先是各种知识分子的思想改造，是我国在各方面彻底实现民主改革和逐步实行工业化的重要条件之一。"会议最后作出决定，将知识分子改造运动列为1952年中心政治任务之一。11月，中共中央相继发出《关于在学校中进行思想改造和组织清理工作的指示》《关于在文学艺术界开展整风学习运动的指示》，要求各级学校和文艺界有计划、有领导、有步骤地开展思想改造和整风学习运动。

1952年1月，全国政协常务委员会第三十四次会议通过《关于开展各界人士思想改造的学习运动的决定》，并成立了以林伯渠为主任委员的学习委员会，负责组织和领导各党派民主人士，各级政府、人民团体和协商机关中的无党派人士，政府和企业中的专家、工商界人士、宗教界人士的学习。决定规定，人民政协全国委员会和各地协商委员会，目前应以组织领导各界人士学习为主要任务。这样，从北京高等学校开始的以改造思想为主要内容的学习运动，逐步普及到全国各界知识分子中去，发展成为全国规模的知识分子学习运动。

1952年秋，知识分子的思想改造学习运动基本结束。在历时一年的运动中，全国77%的高等学校进行了思想改造，91%的教授、讲师、助教、职员参加了运动，中等学校73%的教职员参加了运动。1956年1月14日，周恩来在中共中央召开的关于知识分子问题会议上总结指出："解放以来，党所领导的思想改造运动和对于唯心主义思想的批判，对于知识分子的进步产生了很大的效果。"确如此言，经过这次运动的洗礼，广大知识分子克服了旧思想，接受了新思想，明确了为工农兵和新中国经济建设服务的方向，促进了新中国文化教育和各项建设事业的发展。

三、"百花齐放，百家争鸣"

1956年1月，中共中央专门召开了知识分子会议。周恩来代表中央做了《关于知识分子问题的报告》，第一次明确宣布知识分子中的"绝大部分已经是工人阶级的一部分"，强调社会主义建设"除了必须依靠工人阶级和广大农民的积极劳动以外，还必须依靠知识分子的积极劳动"。他还说，正确地估计和使用知识分子已经成为党和国家极其重要的任务，必须充分地信任他们，改善他们的政治和生活待遇。我们的社会主义建设比以前任何时代都更需要发展科学和文化，我们必须"向现代科学进军"。

周恩来的报告，给知识分子以极大鼓舞，被称作"像春雷般起了惊蛰作用"。广大知识分子投身社会主义建设的积极性被进一步调动起来，一个"向现代科学进军"的热潮很快兴起。与此同时，中共中央提出"百花齐放，百家争鸣"作为繁荣和发展科学文化事业的指导方针。1956年4月，中共中央政治局扩大会议在讨论毛泽东《论十大关系》报告时，提出要把政治思想问题同学术性质的、艺术性质的、技术性质的问题区分开来，贯彻毛泽东过去分别提过的"百花齐放""百家争鸣"两个口号。

4月28日，毛泽东在中共中央政治局扩大会议的总结讲话时指出，艺术问题上的百花齐放，学术问题上的百家争鸣，我看应该成为我们的方针。讲学术，这种学术也可以讲，那种学术也可以讲，不要拿一种学术压倒一切。你讲的如果是真理，信的人势必就会越来越多。5 月 2 日，在最高国务会议第七次会议上，毛泽东正式提出了“百花齐放，百家争鸣”的方针。他阐释说，现在春天来了嘛，100 种花都让它开放，不要只让几种花开放，还有几种花不让它开放，这就叫百花齐放。百家争鸣，是说春秋战国时代，2000 年以前那个时候，有许多学派，诸子百家，大家自由争论。现在我们也需要这个。在中华人民共和国宪法范围之内，各种学术思想，正确的、错误的，让他们去说，不去干涉他们。

5 月 26 日，在中南海怀仁堂召开的知识界会议上，中央宣传部部长陆定一代表党中央，对“百花齐放，百家争鸣”方针做了详尽的阐述。他指出，我们所主张的“百花齐放，百家争鸣”是提倡在文学艺术工作和科学研究工作中有独立思考的自由，有辩论的自由，有创作和批评的自由，有发表自己的意见、坚持自己的意见和保留自己的意见的自由。陆定一在总结自然科学、社会科学、文学艺术工作经验教训的基础上，强调：“应当提倡建立在科学基础上的尖锐的学术论争。批评和讨论应当以研究工作为基础，反对采取简单、粗暴的态度。”

毛泽东提出和倡导“双百”方针，在知识界引起强烈反响。著名生物学家谈家桢回忆说：“我第一次见到毛泽东主席，是在一九五七年三月，中央宣传工作会议期间，也就是青岛遗传学座谈会结束后不久。这两次会议召开的背景，意在贯彻毛泽东主席亲自提出的‘百花齐放，百家争鸣’方针（即‘双百’方针）。两次会议，我都出席了。对‘双百’方针，我抱着

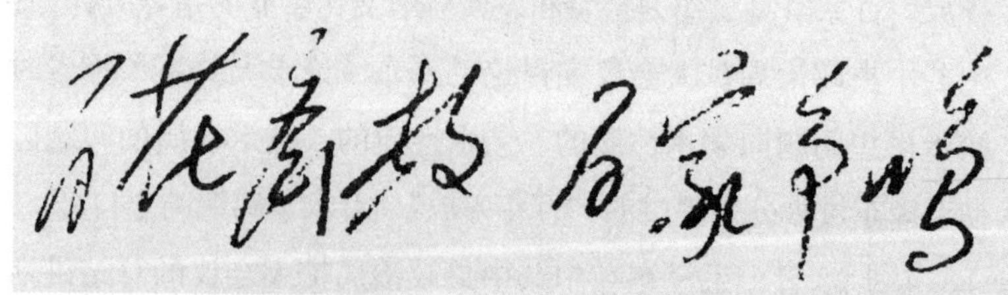

毛泽东手迹：“百花齐放 百家争鸣。”

积极拥护的态度，这不仅是因为‘双百’方针本身意味着在学术和艺术创作等问题上，鼓励人们平等地发表自己的观点和意见，允许不同学术思想、不同学术流派同时存在和发展，更为重要的是，还将从根本意义上调动广大知识分子投身社会主义事业的积极性。”

值得一提的是，毛泽东不仅把“双百”方针当作发展科学和文艺的基本方针，而且着眼于推进马克思主义的发展，也把它作为在新的历史条件下处理人民内部矛盾的基本方针。1957 年 3 月，他在天津视察时专门讲“双百”方针，指出，因为阶级斗争基本结束而显露出来的各种东西，各种不满意，许多错误的议论，我们应该采取什么方针？我们应该采取“百花齐放，百家争鸣”的方针，在讨论中、在辩论中去解决。只有这个方法，别的方法都不妥。而现在党内有一种情绪，就是继续过去那种简单的方法，你不听话，就“军法从事”。那是对待敌人的，那个办法不行了。

为了帮助人民发展对于各种问题的自由讨论，从政治上判断人们的言论行动是否正确，毛泽东还提出了六条政治标准：（1）有利于团结全国各族人民，而不是分裂人民；（2）有利于社会主义改造和社会主义建设，而不是不利于社会主义改造和社会主义建设；（3）有利于巩固人民民主专政，而不是破坏或者削弱这个专政；（4）有利于巩固民主集中制，而不是破坏或者削弱这个制度；（5）有利于巩固共产党的领导，而不是摆脱或者削弱这种领导；（6）有利于社会主义的国际团结和全世界爱好和平人民的国际团结，而不是有损于这些团结。在这六条标准中，最重要的是社会主义道路和中国共产党的领导两条。鉴别科学论点正确或者错误，艺术作品的艺术水准如何，当然还需要一些各自的标准，但是这六条政治标准对于任何科学艺术的活动都是适用的。有了这些标准，就可以使各种问题的自由讨论沿着正确的轨道前进。

第四节　探索自己的社会主义建设道路

在开始社会主义建设的时候，中国共产党以苏联为榜样。但实践经验告诉人们，苏联经验并不都是成功的，苏联成功的经验也不都适合中国的情况，学习苏联不能代替对中国自己道路的探索。因此，以苏联为鉴戒，开辟一条适合中国实际的社会主义建设道路，很快提到中共中央的议事日程上来。毛泽东发表的《论十大关系》讲话，初步总结了中国社会主义建设的经验。中共八大对中国社会的主要矛盾和根本任务做了正确揭示和规定，为社会主义事业的发展指明了方向。毛泽东在《关于正确处理人民内部矛盾的问题》中提出必须正确区分和处理社会主义社会两类不同性质的社会矛盾，把正确处理人民内部矛盾作为国家政治生活的主题。以这些重要成果为标志，中国共产党在探索自己的道路上有了一个良好开端。

一、"以苏为鉴"

1956 年 2 月，苏联共产党召开了第二十次代表大会。在大会上，苏共中央第一书记赫鲁晓夫做了《关于个人崇拜及其后果》的报告。在这份报告中，赫鲁晓夫尖锐地揭露和批判了斯大林在领导苏联社会主义建设中所犯的一些重大错误，以及对他的个人崇拜所造成的严重后果，触及了当时苏联党和国家政治生活中一些已经难以回避的矛盾。

赫鲁晓夫的秘密报告，很快被西方披露出来，在社会主义阵营和国际共产主义运动内部引起极大震动。毛泽东看到了问题的严重性，要求大家认真研究这份报告及其造成的影响。他说：现在全世界都在议论，我们也要议论。至少可以指出两点：一是揭了盖子，二是捅了娄子。一方面，秘密报告表明，苏联、苏共、斯大林并不是一切都正确，这就破除了迷信，不要再硬搬苏联的一切了，有利于反对教条主义。另一方面，秘密报告无论在内容上或方法上都有严重错误，主要是不恰当地全盘否定斯大林。对这一错误，应当通过对斯大林问题的正面阐述加以补救。方式可以考虑发表文章，表明我们党的原则立场。

1956年4月5日，《人民日报》发表编辑部文章《关于无产阶级专政的历史经验》。这篇文章经毛泽东审阅和修改，并由中共中央政治局扩大会议讨论通过。文章对斯大林的功绩做了充分肯定，对苏共二十大反对个人崇拜给予积极评价，指出：斯大林错误地把自己的作用夸大到不适当的地位，把他个人的权力放在和集体领导相对立的地位，结果也就使自己的某些行动和自己原来所宣传的某些马克思列宁主义的基本观点处于相对立的地位，“愈陷愈深地欣赏个人崇拜，违反党的民主集中制，违反集体领导和个人负责相结合的制度”，“陷入了主观性和片面性，脱离了客观实际状况，脱离了群众”。当像斯大林这样的党和国家的领导人也接受个人崇拜这种落后思想的影响时，就会反转过来再影响给社会，造成社会主义事业的损失。

果不其然，苏共二十大后，国际共产主义运动出现了混乱和动荡：6月，波兰发生了波兹南事件；10月，匈牙利发生了严重的政治动乱。尽管波匈事件最终平息，但它引起了中共中央的高度重视和深入思考。1956年11月，毛泽东召集中共中央政治局常委会，再次强调，现在摆在世界各执政的共产党面前的问题是如何把十月革命的普遍真理与本国的具体实际结合的问题，这是个大问题。波匈事件应使我们更好地考虑中国的问题。苏共二十大有个好处，就是揭开盖子，解放思想，使人们不再认为苏联所做的一切都是绝对真理，不可改变，一定要照办。我们要自己开动脑筋，解决本国革命和建设的问题。

这次中共中央政治局会议的讨论，最终形成了《再论无产阶级专政的历史经验》一文，1956年12月29日以《人民日报》编辑部的名义公开发表。毛泽东认为，在波兰和匈牙利，一方面，已经出现否定苏联的一切以至否定十月革命的倾向；另一方面，官僚主义、脱离群众、照搬苏联经验、阶级斗争不彻底等方面错误的恶果也逐渐表露出来。斯大林的错误和波匈事件极其尖锐地表明，社会主义制度下仍然存在着各种矛盾。能否正确区分和处理敌我矛盾和人民内部矛盾，关系到社会主义建设的成败，关系到人民政权的存亡。

毛泽东以苏联的经验为鉴戒，探索中国社会主义建设道路的一个标志性成果，就是在调查研究的基础上形成了《论十大关系》这篇重要著作。1956年2月14日至4月24日，毛泽东听取了中央和国务院34个部门的工作汇报。加上国家计委关于第二个五年计划的汇报，实际听取汇报的时间为43天。这是毛泽东在新中国成立后乃至在他一生中所做的规模最大、时间最长，周密而系统的经济工作调查。用他自己的话来说，几乎每天都是“床上地下，地下床上”。一起床，就开始听汇报，每次都是四五个小时。为了听汇报，毛泽东不得不改变长期养成的夜间工作的习惯。而且，他听汇报有自己的特点，一是不能照本宣科，尽是干巴巴的条文和数字，而是要结合具体的例子来讲，讲得出结论的依据。二是一边听一边说，不断插

人民日報

29

再論無产阶級專政的历史經驗

（这篇文章是根据中国共产党中央政治局扩大会议的讨論，由人民日报编辑部写成的）

1956年12月29日，《人民日报》发表《再论无产阶级专政的历史经验》一文，公开提出了毛泽东关于社会主义社会两类社会矛盾的思想

话，提出问题，发表意见，加以评论。三是在听的过程中归纳、总结，提出重要的理论观点。

调研结束后的第二天，1956年4月25日，毛泽东在中共中央政治局扩大会议上做《论十大关系》的报告。经会议讨论后，毛泽东对讲话做了修改补充，5月2日又在最高国务会议上再次进行了阐发。这个报告重点讨论经济问题，同时也包括同经济建设密切相关的国家政治生活中的一些重大问题，并提出了关于怎样建设社会主义的根本方针："尽量争取化消极因素为积极因素"，"努力把党内党外、国内国外的一切积极的因素，直接的、间接的积极因素，全部调动起来，把我国建设成为一个强大的社会主义国家。"

毛泽东把主要问题概括成十大关系，即重工业和轻工业、农业的关系，沿海工业和内地工业的关系，经济建设和国防建设的关系，国家、生产单位和生产者个人的关系，中央和地方的关系，汉族和少数民族的关系，党和非党的关系，革命和反革命的关系，是非关系，中国和外国的关系。这十大关系不是平列的，是有重点的。毛泽东说："十大关系中，工业和农业，沿海和内地，中央和地方，国家、集体和个人，国防建设和经济建设，这五条是主要的。"这说明，解决经济建设中的矛盾，已经成为首要的中心问题。

在《论十大关系》中，毛泽东反复强调要以苏为鉴，走自己的道路。他说："特别值得注意的是，最近苏联方面暴露了他们在建设社会主义过程中的一些缺点和错误，他们走过的弯路，你还想走？过去我们就是鉴于他们的经验教训，少走了一些弯路，现在当然更要引以为戒。"比如，苏联在经济建设中，片面地发展重工业，忽视轻工业和农业，造成农、轻、重发展的不平衡。毛泽东在报告中指出，根据形势和经验，今后应该适当调整，更多地发展农业、轻工业。在他看来，发展重工业有两种办法："一种是少发展一些农业、轻工业，一种是多发展一些农业、轻工业。"他认为，从长远观点来看，"后一种办法会使重工业发展得多些和快些，而且由于保障了人民生活的需要，会使它发展的基础更加稳固"。"我们现在的问题，就是还要适当地调整重工业和农业、轻工业的投资比例，更多地发展农业、轻工业。”

《论十大关系》是中国共产党走自己的社会主义建设道路的开始，它总结了新中国成立以后社会主义建设经验，为中共八大的召开做了准备，标志着毛泽东对中国社会主义建设道路的探索形成了一个初步的然而又是比较系统的思路。几年之后，毛泽东在总结新中国成立后的历史经验时，把《论十大关系》看作是一个转折，说：“前八年照抄外国的经验。但从一九五六年提出十大关系起，开始找到自己的一条适合中国的路线。”

二、中共八大的召开

1956 年 9 月 15 日至 27 日，中共八大在刚落成的全国政协礼堂隆重召开。出席会议的代表共 1026 人，代表全国 1073 万名党员。50 多个外国共产党、工人党代表团以及国内各民主党派和无党派民主人士的代表应邀参加大会。

在中共八大开幕词中，毛泽东指出：“我们这次大会的任务是：总结从七次大会以来的经验，团结全党，团结国内外一切可能团结的力量，为了建设一个伟大的社会主义的中国而奋斗。”他还讲了“谦虚使人进步，骄傲使人落后”这句至理名言，给人留下深刻的印象。确如毛泽东所言，中共八大深入总结了七大以来，特别是新中国成立以来革命和建设的经验，全面展开了以《论十大关系》为开端的、适合中国国情的社会主义建设道路的探索，确立了党在新的历史时期为完成新的历史任务应采取的各项重大方针和政策，为指导全党全国人民独立自主地进行社会主义建设事业作出了重要贡献。

中共八大的重要贡献之一，就是在重大历史转折时刻，正确地分析国内外形势和国内主要矛盾的变化，明确指出，由于社会主义改造已经取得决定性的胜利，我国无产阶级同资产阶级之间的矛盾已经基本解决，国内

1956年9月15日，刘少奇代表中共中央向八大做政治报告，系统地论述了以《论十大关系》为中心的一系列方针政策，并进一步提出和解决了一系列重大问题

的主要矛盾，已经是人民对于建立先进的工业国的要求同落后的农业国的现实之间的矛盾，已经是人民对于经济文化迅速发展的需要同当前经济文化不能满足人民需要的状况之间的矛盾。这一矛盾的实质，在我国社会主义制度已经建立的情况下，也就是先进的社会主义制度同落后的社会生产力之间的矛盾。党和人民的当前的主要任务，就是要集中力量来解决这个矛盾，把我国尽快地从落后的农业国变为先进的工业国。这些论述，是社会主义制度在我国建立起来以后党确定正确路线的基本依据。

基于对国内主要矛盾和主要任务的新认识，八大认真总结了国内外社会主义革命和建设的经验教训，确定了经济、政治、文化和外交等方面工作的方针。

在经济建设方面，明确了以经济建设为中心，把党的工作重心由革命转移到经济建设上来，强调要从国家的财力物力的实际状况出发，坚持既反保守又反冒进，即在综合平衡中稳步前进的方针。在管理体制方面，要求适当扩大地方管理权限，并调整一些经济管理体制。在大会发言中，陈云提出“三个主体、三个补充”的思想：在工商业经营方面，国家经营和集体经营是主体，附有一定数量的个体经营作为补充；在生产的计划性方面，计划生产是工农业生产的主体，按照市场变化而在国家计划许可范围内的自由生产作为补充；在社会主义的统一市场里，国家市场是主体，附有一定范围内国家领导的自由市场作为补充。

在政治关系方面，提出进一步巩固和加强人民民主专政，继续反对官僚主义以改进国家工作，正确对待社会主义建设中的各阶层力量的主要观点，强调进一步扩大国家的民主生活，建立健全社会主义法制；共产党和各民主党派、无党派民主人士实行“长期共存、互相监督”的方针，坚持中国共产党领导的统一战线和多党合作。大会强调指出：“必须用加强党对于国家机关的领导和监督的方法，用加强各级人民代表大会对于各级国家机关的监督的方法，用加强各级国家机关的由上而下和由下而上的监督的方法，用加强人民群众和机关中的下级工作人员对于国家机关的批评和监督的方法，来同脱离群众、脱离实际的官僚主义现象作坚持不懈的斗争。”

在科学文化建设方面，要求用社会主义的、马克思主义的思想去武装群众，坚持“百花齐放，百家争鸣”为发展科学和文化艺术的指导方针，努力创造社会主义的民族的新文化。大会关于政治报告的决议指出：“用行政的方法对于科学和艺术实行强制和专断，是错误的。对于封建主义和资本主义的思想，必须继续进行批判。但是，对于中国过去的和外国的一切有益的文化知识，必须加以继承和吸收，并且必须利用现代的科学文化来整理我国优秀的文化遗产，努力创造社会主义的民族的新文化。”

在对外政策方面，坚持以互相尊重主权和领土完整、互不侵犯、互不干涉内政、平等互利、和平共处五项原则为基础的外交政策，阐明了我国在国际事务中的方针，即：继续巩固和加强同苏联和各人民民主国家的兄弟友谊；同赞成和平共处五项原则的亚洲、非洲国家和其他国家建立和发展友好关系；同一切愿意同我国建立外交关系和经济文化关系的国家建立和发展正常的外交关系和经济文化关系；继续反对在国际事务中使用武力和武力威胁政策，反对准备新战争的政策；支持世界人民的和平运动，发展同各国人民的友好往来；反对殖民主义，支持亚洲、非洲、拉丁美洲的一切反对殖民主义和保卫民族主权的斗争；支持各国工人阶级和劳动人民的社会主义运动，加强各国无产阶级的国际主义团结；在同一切外国和外国人民的交往中，采取真正平等对待的态度，坚决反对大国主义。

在党的建设方面，针对党的组成结构和人员的变化，提出用正确思想纯洁党的队伍，进一步完善民主集中制原则，要求更加重视发扬党的群众路线的优良传统，警惕执政党脱离群众和实际；强调对党的组织和党员的监督，坚持集体领导和个人负责相结合的制度，发扬党内民主，反对个人崇拜。在《关于修改党的章程的报告》中，邓小平对加强党内外监督问题进行了说明：我们需要实行党内监督，也需要来自人民群众和党外人士的监督。党内监督和党外监督的关键在于发展党和国家的民主生活，发扬我们党的传统，即理论和实践相结合的作风，和人民群众紧密地联系在一起的作风以及自我批评的作风。

9 月 28 日，八届一中全会产生了新的中央领导机构。新产生的中央政治局常委，除七届一中全会选出的五大书记中的毛泽东、刘少奇、周恩来、朱德四人外，增加了陈云、邓小平两人。毛泽东任中央委员会主席，刘少奇、周恩来、朱德、陈云任副主席，邓小平任总书记。这个新的中央领导机构，既承续了七大选出的党中央领导集体，又有新的成分加入，为以后的新老交替做了重要准备。

中共八大是中国共产党在新中国成立后一次具有里程碑意义的盛会，它确定的以经济建设为中心的政治路线，对于社会主义事业的发展和党的建设具有长远的重要的意义。在八大所开启的集中力量发展生产力的全面建设社会主义的历史时期中，党领导全国人民奋发图强，改变中国经济落后的面貌，初步建立起独立的比较完整的工业体系和国民经济体系。这是八大路线的继续贯彻和进一步发展。因此，中共中央在《关于建国以来党的若干历史问题的决议》中做了这样的评价：“‘八大’的路线是正确的，它为新时期社会主义事业的发展和党的建设指明了方向。”

三、“中国会变成一个大强国而又使人可亲”

新中国成立后，在国民党遗留下来的烂摊子上，中国共产党领导全国各族人民励精图治，迅速恢复了国民经济，进而又卓有成效地领导了社会主义三大改造。短短几年时间里，千疮百孔的中国呈现出一派万象更新、欣欣向荣的局面。1956 年 9 月，中共八大宣告中国迈进社会主义社会的门槛，举国上下一片欢腾。“社会主义，楼上楼下，电灯电话。”这句当时流行的口头禅，讲出了老百姓的质朴愿望，也表达了人们对社会主义的认识和向往。

然而，理想与现实之间，往往会存在差距。从 1956 年冬到 1957 年春，一些看似与社会主义格格不入的现象，在如火如荼的经济建设中层出不穷，日益突出：一些农村发生农民闹社、退社风潮；一些学生、工人、复员转业军人在升学、就业和安置等方面遇到困难，发生了少数人闹事的现象；社会上对政府的批评意见、对现实不满的言论也多了起来。据不完全统计，1956 年一年中，仅全国总工会收到的报告和直接处理的罢工、请愿事件就有 86 起，其中第一季度 6 起，第二季度 19 起，第三季度 20 起，第四季度猛增至 41 起；从 1956 年 8 月底到次年 1 月近半年时间内，全国高等学校和中专学校学生罢课、请愿事件有 30 起，共有 1 万多人。国内发生的种种闹事风潮，给沉浸在欢喜之中的干部群众浇了一盆凉水，使他们不禁发出疑问：进入社会主义了，怎么还会有如此多的矛盾呢？出现了这些矛盾，还算不算社会主义？社会主义社会到底应该是什么样子？

经过一个较长时间的深思熟虑，毛泽东给出了这些疑问的答案。1957 年 2 月 27 日，他在有 1800 多位各方面人士出席的最高国务会议第十一次（扩大）会议上，以“如何处理人民内部的矛盾”为题发表讲话，系统地阐明了关于严格区分社会主义社会的敌我和人民内部两类矛盾以及正确处理人民内部矛盾的问题。讲话分为12个小题目：（1）两类矛盾——敌对阶级之间、人民内部之间；（2）肃反；（3）社会主义改造——合作化；（4）资本主义改造；（5）知识分子和青年学生；（6）增产节约，反对铺张浪费；（7）统筹兼顾，适当安排；（8）百花齐放，百家争鸣，长期共存、互相监督；（9）如何处理罢工，罢课，游行示威，请愿；（10）闹事，出乱子，都不好吗；（11）少数民族与大汉族民族问题，西藏问题；（12）中国可能在三四个五年计划内，初步地改变面貌。经过详尽而深入地阐述，毛泽东明确指出，进入社会主义社会后，仍然存在着矛盾，正是这些矛盾推动着我们的社会向前发展。但是，我们要分清两类不同性质的矛盾。群众闹事不同于水火不容的敌我矛盾，而是在根本利益一致的基础上非对抗性的人民内部矛盾，可以通过民主的方法加以解决。他还指出，人民内部矛盾得不到解决，问题在于党和政府的干部思想上缺乏准备，要么不知所措，陷于被动，要么用老眼光看待新问题，企图采用对待阶级斗争的粗暴方法来进行压服。

毛泽东关于正确处理人民内部矛盾的学说，总结了国际共产主义运动的历史经验，研究了中国社会主义改造完成后的新问题，肯定并分析了社会主义社会的矛盾，指明了社会主义社会的基本矛盾及其特点，从而在马克思主义发展史上第一次创立了关于社会主义社会矛盾的学说。他不仅把社会主义社会的矛盾区分为敌我矛盾和人民内部矛盾，把正确处理人民内部矛盾作为国家政治生活的主题，而且系统地论述了社会主义社会人民内部矛盾的表现、根源、性质和解决的方针、方法。这对于调动一切积极因素，团结全国各族人民，建设现代化社会主义强国，具有长远的指导意义。

3月17日，毛泽东乘专列离开北京，前往杭州。在途中的天津、济南、南京、上海，他在四天内接连发表了四场演讲，主题都是“如何处理人民内部的矛盾”。在毛泽东看来，这个问题已是“提起一切工作的纲”，必须唤起全党的高度重视。为此，他戏称自己变成了一个“游说先生”，“到处讲一点”，特别是形势与任务的转变、人民闹事如何处理、“双百”方针、党的整风等存在争议或误区的问题。他反复强调，在思想领域，“不能采取粗暴的强制的方法，只能用细致的讲理的方法”，“真正发展正确的意见，克服错误的意见”；在经济工作中，要实行“统筹兼顾、适当安排”的方针，“作计划、办事、想问题，都要从我国有六亿人口这一点出发”，兼顾国家、集体和个人三方面的利益；在科学文化领域，要实行“百花齐放，百家争鸣”的方针，通过自由讨论和科学实践、艺术实践去解决问题，做到古为今用、洋为中用、推陈出新；在共产党和各民主党派的关系上，要实行“长期共存、互相监督”的方针，巩固和扩大爱国统一战线；在民族问题上，要实行民族平等、团结互助的方针，着重反对大汉族主义，也要反对地方民族主义；等等。

在南京、上海的演讲提纲中，毛泽东将需要重点阐述的问题及对策一一列出，并在收笔处写道：“采取现在的方针，文学艺术、科学技术会繁荣发达，党会经常保持活力，人民事业会欣欣向荣，中国会变成一个大强国而又使人可亲。”这段结语，尤其是最后一句，可以说是毛泽东全部演讲的点睛之笔，表达了他对正确处理人民内部矛盾出发点和落脚点的思考，反映出他对中国社会主义建设的战略构想，寄托着他对人人向往的社会主义社会的期待。

不难发现，毛泽东关于正确处理人民内部矛盾，以及“可亲”与“强大”辩证关系的认识，与他对中国社会主义建设道路的探索是内在统一、紧密联系的。比如，在1956年4月的《论十大关系》讲话中，他就提出社会主义建设的基本方针，是要把国内外一切积极因素调动起来，为社会主义事业服务。毛泽东在这里已经说得很清楚，为了“强大”，就必须团结全体人民；为了团结全体人民，就必须正确处理人民内部矛盾；为了正确处理人民内部矛盾，就必须采取治天下之方法，让社会主义使人可亲。

第七章

社会主义建设在探索中曲折发展

中共八大召开后的十年，是全面建设社会主义的十年，是正确与错误、成就与挫折错综交织的十年，是既犯了严重错误又取得伟大成就的十年。中国共产党领导全国各族人民，在这种曲折中努力前进，为新生的社会主义中国进一步奠定了物质的和精神的基础，为在中国坚持和发展社会主义积累了正反两方面的经验。

但是党内“左”倾错误的积累滋长，导致意识形态领域的批判运动逐渐发展成矛头指向党的领导层的政治运动。一场长达十年、给党和人民造成严重灾难的“文化大革命”爆发了。它是给党、国家和各族人民带来严重灾难的内乱，使我国的发展遭受巨大挫折，留下了极其惨痛的教训。

第一节 “三面红旗”

为了更快地推动经济建设，中共中央、毛泽东酝酿并制定了“鼓足干劲，力争上游，多快好省地建设社会主义”的社会主义建设总路线，并在这个过程中相继发动了“大跃进”和人民公社化运动。总路线、“大跃进”和人民公社，在当时被称作“三面红旗”。历史证明，尽管它们反映了广大人民群众高度的政治热情和革命干劲，及其迫切要求改变经济、文化落后面貌的普遍愿望，但是社会主义建设总路线有其忽视客观经济规律的一面，“大跃进”和农村人民公社化运动的发动则都缺乏从客观实际出发的充分依据。其结果是，经济建设和社会发展不仅没有达到预期的目标，反而遭受到重大的挫折。

一、社会主义建设总路线

毛泽东在探索适合中国国情的建设社会主义道路时，希望能找到一条比苏联、东欧更好更快一些的道路。早在1956年元旦，《人民日报》发表社论《为全面地提早完成和超额完成五年计划而奋斗》，就根据毛泽东的相关讲话精神明确提出“又多、又快、又好、又省”的要求。不过，从这年6月开始，在周恩来主持下，经济建设形成了“既反对保守，也反对冒进”的指导思想，并取得明显成效，“又多、又快、又好、又省”的口号不再被提及。

庆祝新中国成立10周年时，北京郊区农民举着总路线、“大跃进”、人民公社“三面红旗”标语游行

1957年10月，毛泽东在中共八届三中全会上批评反冒进，提议恢复“多快好省”的口号，得到与会者的响应。尽管他也要求处理好多、快、好、省之间的辩证关系，但在当时的形势下，在实际工作中很难保证把多、快与好、省辩证地统一起来。12月12日，《人民日报》发表毛泽东主持起草的《必须坚持多快好省的建设方针》的社论，指出：“在去年秋天以后的一段时间里，在某些部门、某些单位、某些干部中间刮起了一股风，居然把多快好省的方针刮掉了。”“于是，本来应该和可以多办、快办的事情，也少办、慢办甚至不办了。这种做法，对社会主义建设事业当然不能起积极的促进的作用，相反地起了消极的‘促退’的作用。”1958年元旦，《人民日报》又发表社论《乘风破浪》，再次批评了右倾保守思想，提出要调动一切积极因素，多快好省地进行各项工作，同时提出了“鼓足干劲，力争上游”的口号。

然而，毛泽东对反冒进很不赞成。1958年3月，中共中央在成都召开工作会议，毛泽东在会上的讲话和插话中，多次谈到社会主义建设总路线的问题，指出：社会主义建设有两条路线，一条多、快、好、省，一条少、慢、差、费。社会主义建设有两种办法，一种是干劲十足，轰轰烈烈，坚持群众路线；另一种是“寻寻觅觅，冷冷清清，凄凄惨惨戚戚”，这也是一条路线。他明确把“多快好省，鼓足干劲，力争上游”并提，称之为“总路线”。在“快”字当头的思想指导下，贯彻这条“总路线”难免导致新的更大规模的冒进——1958 年“大跃进”运动。

两个月后召开的八大二次会议，正式制定了“鼓足干劲，力争上游，多快好省地建设社会主义”的总路线。刘少奇代表中央委员会向会议所做的工作报告，着重阐述了建设社会主义的总路线及其基本点：调动一切积极因素，正确处理人民内部矛盾；巩固和发展社会主义的全民所有制和集体所有制，巩固无产阶级专政和无产阶级的国际团结；在继续完成经济战线、政治战线和思想战线上的社会主义革命的同时，逐步实现技术革命和文化革命；在重工业优先发展的条件下，工业和农业同时并举；在集中领导、全面规划、分工协作的条件下，中央工业和地方工业同时并举，大型企业和中小型企业同时并举。通过这些，尽快地把我国建设成为一个具有现代工业、现代农业和现代科学文化的伟大的社会主义国家。

刘少奇还对我国为什么必须加快建设速度做了说明，指出：“建设速度的问题，是社会主义革命胜利后摆在我们面前的最重要的问题。”他强调，由于帝国主义的威胁和中国经济的落后，只有尽可能地加快建设，才能尽快地巩固国家政权，提高人民生活水平。刘少奇在报告中还指出：虽然社会主义建设总路线需要在今后的实践中继续考验，并且使它继续发展和完备起来，但是它的基本方向和主要原则是可以确定下来了。

5 月 29 日，《人民日报》发表社论《把总路线的旗帜插遍全国》，强调八大二次会议确定的总路线，集中反映了我国人民的最大利益和迫切要求，只要依靠群众，鼓足六亿多人民的干劲，动员六亿多人民力争上游，我们就一定能够高速度地进行建设，一定能够在一个比较短的时间内赶上资本主义国家，成为世界上最先进最富强的国家之一。

客观而言，在社会主义建设中，保持鼓足干劲、力争上游这样一种精神状态，把多、快、好、省特别是多、快与好、省统一起来，理顺其中的各种关系，是可以促进或加快社会主义建设事业的。然而，这条总路线是在急躁冒进的思想指导下制定的，难免导致走向片面追求发展速度的误区。

二、“大跃进”运动

1957年11月，毛泽东率领中国代表团赴苏联参加十月革命胜利40周年庆典，并参加在莫斯科召开的12个社会主义国家共产党、工人党代表会议和68个共产党、工人党代表会议，即第一次莫斯科会议。这次会议对国际形势作出了“社会主义在向上发展，而帝国主义却在衰退”的乐观估计，强调要在经济实力方面赶上和超过资本主义阵营。当赫鲁晓夫提出，苏联要在15年时间里，在工农业最重要产品的产量、某几项工业产量方面赶上和超过美国时，毛泽东也提出，中国在15年后可能赶上或者超过英国。

几乎是在“赶超英国”目标提出的同时，“跃进”的口号也出现在中共中央机关报上。1957年10月27日，《人民日报》发表社论《建设社会主义农村的伟大纲领》，要求“有关农业和农村的各方面的工作在十二年内都按照必要和可能，实现一个巨大的跃进”。11月13日，《人民日报》发表的社论《发动全民，讨论四十条纲要，掀起农业生产的新高潮》，进一步批评“有些人害了右倾保守的毛病，像蜗牛一样爬行得很慢，他们不了解在农业合作化以后，我们就有条件也有必要在生产战线上来一个大的跃进”。

在“赶超英国”和“跃进”口号的引导下，从中央到地方普遍修改原订的发展计划，制订各自的“跃进”计划，提出了新的高指标。1957年冬至1958年春掀起的农业生产高潮，拉开了“大跃进”运动的序幕。据统计，在这场农田基本建设和积肥运动中，1957年10月投入的劳动力为3000万人，11月为六七千万人，12月为8000万人，1958年1月达1亿人。规模之大、人数之多是空前的。中肯地说，运动取得了很大的成绩，为农业生产的发展提供了十分有利的条件，但由于缺乏科学的设计、合理的组织，也浪费了不少人力物力，搞了不少无效工程。

1958年1月，毛泽东在南宁会议上严厉批评了1956年的反冒进。他说，反冒进给群众泄了气，泼了一瓢冷水，搞得群众灰溜溜的，使我们的工作受到很大的损失。六亿人一泄了气不得了。反冒进没有摆对一个指头和九个指头的关系，不弄清楚这个比例关系，就是资产阶级的方法，是一个方针性的错误。他还说，反冒进使右派钻了我们的空子。右派的进攻，把一些同志抛到和右派差不多的边缘，只剩了 50 米。以后不要提“反冒进”这个名词，这是政治问题。南宁会议是发动“大跃进”过程中的一次重要会议。经过这次会议，中央领导层一致接受了毛泽东的主张。1958 年 2 月 18 日，中共中央政治局召开扩大会议，通报南宁会议精神。毛泽东在讲话中对正在出现的生产高潮表示赞赏，并在承认 1956 年有点“冒”的同时，再次批评了“反冒进”。他说，处在这个大的群众高潮面前，中共中央、共产党要采取态度。以后“反冒进”的口号不要提，反右倾保守的口号要提。群众中间有一个很大的革命热情。所以，我们中央委员会、政治局要适应这种情况。工作方法要改变，不改变就不能继续前进。

尽管毛泽东也提醒各地头脑要冷静，做事要留有余地，把空气压缩一下，但在“大跃进”不断高涨的形势下，这种提醒已经起不到多大作用了。各地纷纷提出各自的跃进计划和生产高指标，迅速刮起了超越实际可能的盲目蛮干、攀比赶超的“大跃进”之风，导致国民经济的比例失调和全面紧张。

1958 年 5 月召开的中共八大二次会议，充分肯定已经出现的“大跃进”形势，并把党内在社会主义改造和建设中的意见分歧和争论，错误地归结为“快些好些”和“慢些差些”两种不同指导思想、不同领导方法的斗争，批评许多比较实事求是和对“大跃进”、高指标持怀疑态度的人是“观潮派”和“秋后算账派”，说他们举的不是红旗而是“白旗”。八大二次会议通过了“鼓足干劲，力争上游，多快好省地建设社会主义的总路线”，通过了 15 年赶上和超过英国的目标，通过了提前 5 年完成全国农业发展纲要的目标，通过了“苦干三年，基本改变面貌”等口号。这表明它是一次全面发动“大跃进”的会议。会后，各地普遍开展“拔白旗”和批判“观潮派”“算账派”的斗争，“大跃进”运动在全国范围内从各方面开展起来。

"大跃进"在农业方面的集中表现，是农作物产量指标的严重浮夸，各地竞放高产"卫星"。1958年6月8日，河南省遂平县卫星农业社放出小麦亩产2105斤的"卫星"；8月13日，《人民日报》报道湖北省麻城县麻溪河乡早稻亩产达到3.69万斤，福建省南安县胜利乡花生亩产1万多斤；广西壮族自治区环江县红旗农业社"发射"的最大一颗水稻高产"卫星"，竟然宣称亩产高达13万多斤。一时间，报刊上响彻"人有多大胆，地有多大产""只怕想不到，不怕做不到"等口号，宣称"只要我们需要，要生产多少就可以生产多少粮食出来"，甚至产生了"粮食多了怎么办"的忧虑，并为此展开了"热烈讨论"。这些不切实际的估计，反过来又助长了"左"的指导思想和决策的进一步发展。

"大跃进"在工业方面的集中表现，是"以钢为纲"，不切实际地提高钢产量指标。1958年8月，中共中央政治局扩大会议在北戴河召开。这次会议对实际生活中已经相当严重的浮夸和混乱现象，不但没有做任何努力来纠正，反而加以支持，正式确定1958年钢产量翻一番，达到1070万吨，从而将以大炼钢铁为中心的"大跃进"运动推向高潮。由于当年前八个月钢的生产只有400万吨，所以北戴河会议提出由第一书记挂帅，大搞群众运动，全党全民办钢铁工业的方针。一场全民大炼钢铁运动，在全国范围内迅速兴起。在"以钢为纲，全面跃进""一马当先，万马奔腾"的口号下，不但工厂、公社，而且机关、学校和部队，到处建起土高炉，办起炼铁场。经过几个月的盲目蛮干，加上相当程度的虚报浮夸，1958年全国钢产量达到1108万吨，生铁产量达到1369万吨。但用小高炉和土高炉炼铁，不仅成本高，而且质量差，合格的钢只有800万吨，合格的铁也只有900多万吨，极大地浪费了人力、物力和财力。而且，为了支援大炼钢铁，农村劳动力被大量抽走，使秋收秋种受到严重影响，当年有10%左右的农作物没有收回，烂在地里。轻工业生产也大幅度下降，直接导致了人民群众日常生活用品供应的紧张。

在"大跃进"中，广大群众为了改变祖国落后面貌所迸发出来的生产积极性，使很多人认为只要充分调动了群众的积极性，中国也许真的可以打破常规，创造出经济发展的奇迹。然而，以高指标、浮夸风为特点的农业“大跃进”，以大炼钢铁为中心的工业“大跃进”，导致事与愿违的局面：全国的工农业生产遭到严重破坏，国民经济的发展陷入困境之中。

三、人民公社化运动

在农业合作化的高潮中，毛泽东就明确表示支持小社并大社。他认为，“小社人少地少资金少，不能进行大规模的经营，不能使用机器。这种小社仍然束缚生产力的发展，不能停留太久，应当逐步合并。有些地方可以一乡为一个社，少数地方可以几乡为一个社，当然会有很多地方一乡有几个社的。不但平原地区可以办大社，山区也可以办大社”。在这个思想的引导下，各地都纷纷合并形成了一些规模很大的高级社。

在 1957 年冬和 1958 年春的全国农田水利建设的过程中，许多地方出于统一规划和集中劳力、物资、资金等方面的需要，又开始了小社并大社的行动。1958 年春，四川省泸县把全县 3000 多个中小型农业社合并成 700 多个大社，农业社规模由平均 60 多户上升为 250 户左右。

在 1958 年 3 月的成都会议上，毛泽东肯定了并社的做法。根据他的意见，会议通过《中共中央关于把小型的农业合作社适当地合并为大社的意见》，指出：“我国农业正在迅速地实现农田水利化，并将在几年内逐步实现耕作机械化，在这种情况下，农业生产合作社如果规模过小，在生产的组织和发展方面势将发生许多不便。为了适应农业生产和文化革命的需要，在有条件的地方，把小型的农业合作社有计划地适当地合并为大型的合作社是必要的。”

成都会议一结束，各地在较短时间内广泛开展了并社工作。辽宁省在一个多月的时间内，就将全省 9600 个农业合作社合并成 1461 个大社，平均每社 2000 户左右。一些地方为了腾出劳动力到生产第一线，不顾客观条件，办起了公共食堂、托儿所、幼儿园、敬老院等。有的地方还办起“农业大学”，让青年农民学习农业技术。这样一来，农业生产合作社的经营范围就逐渐超出了农业领域，进入了工业和其他非农业领域。

8 月 6 日，毛泽东视察河南省新乡县刚成立不久的七里营人民公社，称赞“人民公社名字好”。8 月 7 日，他在听取河南省委负责人汇报时，又说，看来人民公社是个好名字，包括工农兵学商，管理生产，管理生活，管理政权。人民公社前面加上个地名，或者加上群众喜欢的名字。同时指出人民公社的特点，一曰大，二曰公。8 月 9 日，他在山东视察时进一步明确表示：“还是办人民公社好，它的好处是，可以把工、农、商、学、兵结合在一起，便于领导。”

毛泽东关于“还是办人民公社好”的谈话传开后，全国大办人民公社的高潮迅速形成。“近水楼台先得月”的河南省，到 8 月底，就在原有 38473 个农业合作社、平均每社 260 户的基础上，建成人民公社 1378 个，平均每社 7200 多户，入社农户占到全省农户总数的 99.98%，在全国率先实现了农村人民公社化。

1958 年 8 月召开的北戴河会议，通过了《中共中央关于在农村建立人民公社问题的决议》，强调把规模较小的农业生产合作社合并和改变成为规模较大的、工农商学兵合一的、政社合一的、集体化程度更高的人民公社，是目前农村生产飞跃发展、农民觉悟迅速提高的必然趋势，“是指导农民加速社会主义建设，提前建成社会主义并逐步过渡到共产主义所必须采取的基本方针”。决议公布后，各地一哄而起，形成大办人民公社的热潮。到 9 月底，全国共建成人民公社 23384 个，加入人民公社的农户达 112174651 户，占农户总数的 90.4%，每社平均 4797 户。全国有 12 个省、市、自治区入社农户为 100%。河南、吉林等 13 个省中，有 94 个县建立县人民公社或县联社。这意味着，在不到两个月的时间内，全国农村就实现了人民公社化。

人民公社的基本特点是“一大二公”。“大”是指规模大：全国原有 74 万多个农业生产合作社，每社约有一两百个农户，基本上是一村一社；人民公社则平均每社由 28 个合作社组成，有农户四五千个到一两万个，基本上是一乡一社，甚至数乡一社、一县一社。“公”是指生产资料公有化程度高，不仅土地、耕畜、农具等生产资料以及其他公共财产全部转归公社，由公社统一核算和分配，而且将社员的自留地、自养牲畜、林木、生产工具等，也收归集体所有。河北省徐水县等地为了消灭私有制，还将农民的家具等财产收归公有，以至于农民说：“除了一双筷子、一只碗是个人的，其他都归公了。”

人民公社化运动，不单是将农业生产合作社改变为人民公社的名称变化，也不仅仅是规模大小的变化，而是一次农村生产关系、农村基层组织的重大变革。人民公社实行政社合一的体制，并大力推行“组织军事化、行动战斗化、生活集体化”的劳动组织方式和生活方式，将所有劳动力按军队建制组织起来，实行统一指挥，在各种“大办”中用参加战斗的办法进行部署和调动。同时，大办公共食堂、托儿所、敬老院、缝纫组等公共福利事业，以便解放妇女，节省劳动力，并培养社员的集体主义、共产主义精神。到 10 月底，全国农村建立公共食堂 265 万多个，在食堂吃饭的人占农村总人口的 70%—90%。

人们把人民公社看成是“将来共产主义的雏形”，“是现阶段建设社会主义的最好的一种组织形式，也将是未来的共产主义社会的基层单位”。但事实却是，农民的利益受到损害，积极性受到打击，加上自然灾害，农业生产遭到极大的破坏。农产品的匮乏，造成了市场供应紧张，城乡人民的生活都遇到了很大困难。

第二节　自我纠错与经济调整

“大跃进”和人民公社化运动，违反了经济和社会发展的客观规律，背离了实事求是的思想路线，对社会生产力造成了极大破坏，给国家和人民带来了灾难性的损失。这是党在领导全面社会主义建设过程中的一次严重失误。发现“大跃进”和人民公社化运动的问题后，中共中央、毛泽东领导全党努力纠正觉察到的“左”倾错误。这些努力虽然由于对“左”倾错误认识上的局限性而表现出纠“左”的不彻底，并于中途发生逆转，但在当时对抑制“左”倾错误的危害，还是起了重要的作用。

一、努力纠“左”

毛泽东是“大跃进”和人民公社化运动的倡导者和推动者，也是较早看到问题并努力加以纠正的领导人。1958 年 10 月，他不仅亲自前往河北、河南调查，还分别派陈伯达到较早建立人民公社的河南省遂平县嵖岈山、吴冷西到河南新乡地区以“一县一社”闻名的修武县、田家英到率先在全国挂起“人民公社”牌子的新乡县七里营，深入调查人民公社的情况。

通过调查研究，毛泽东不仅发现各地“急急忙忙往前闯”，急于向共产主义过渡，还发现“大炼钢铁”、放“卫星”、公共食堂等方面的弊病，意识到问题的严重性。1958 年 11 月 2 日至 10 日，他在郑州主持召开有中央和地方部分领导人参加的工作会议，即第一次郑州会议。在这次会议上，毛泽东就当时“左”倾错误中的一些重大问题，对党的各级领导人做“降温”工作。他明确否定统一调拨产品、资金、劳力的行为，认为这是剥夺农民；批评废除货币、取消商品的主张，认为这是不承认客观法则的表现；批评急于由集体所有制向全民所有制过渡、由社会主义向共产主义过渡的倾向，强调现阶段仍然处在社会主义社会，现阶段的人民公社是社会主义的集体所有制；指出城市人民公社是可以搞的，问题是要有步骤，基本原则是不降低现有的工资标准，要有优越性。

第一次郑州会议初步解决了两个重要问题：一是肯定现阶段仍然是社会主义，人民公社仍然是集体所有制；二是肯定社会主义社会必须发展商品生产和商品交换。以此为起点，中共中央、毛泽东开始纠正“大跃进”和人民公社化运动中的“左”倾错误。

11 月 21 日至 27 日，中共中央在武昌召开政治局扩大会议，继续纠“左”。这次会议主要讨论第一次郑州会议起草的《关于人民公社若干问题

1958 年 11 月，毛泽东在河南郑州召开有部分中央领导人、大区负责人和部分省、市委书记参加的工作会议，开始纠正公社化运动中发生的一些错误

的决议（草案）》、《十五年社会主义建设纲要四十条（1958—1972年）（草案）》以及1959年国民经济计划草案，重点是讨论高指标和浮夸风问题。在会议上，毛泽东再次批判急于向共产主义过渡的倾向，并做了自我批评。他指出，苏联在准备向共产主义过渡的问题上很谨慎，搞了那么多年，想过渡，但没有讲过渡，还说是准备条件。我们中国人，包括我在内，大概是个冒失鬼。只有九年，就起野心。中国人就这么厉害？整个中国进入共产主义要多少时间，现在谁也不知道，难以设想。武昌会议的一个重要成果，是调整了一些过高的指标。按原定计划，1959年钢产量为2700万—3000万吨。经过反复探讨，会议决定将内定数下降为2000万吨，对外公布数下降为1800万吨。鉴于“放卫星”带来的惨痛教训，会议强调要反对弄虚作假之风，反对把科学当迷信来破除。

经过第一次郑州会议和武昌会议的准备，中共八届六中全会于11月28日至12月10日在武昌召开，修改并正式通过了《关于人民公社若干问题的决议》和《关于1959年国民经济计划的决议》。这两个文件是中共中央、毛泽东努力纠正“左”倾错误的重要成果。

1959年2月，毛泽东再次南下，到河北、山东、河南等省进行调查研究，进一步了解到农村中存在“一平二调”、瞒产私分等现象，从而提出了人民公社所有制问题，特别是公社内部所有制分级的问题。2月27日至3月5日，中共中央在郑州召开政治局扩大会议，即第二次郑州会议。毛泽东明确指出，1958年人民公社成立后，刮起了一股“共产风”，内容主要有三条，一是贫富拉平，二是积累太多、义务劳动太多，三是“共”了各种产。毛泽东认为，很多人存在思想误区，“误认人民公社一成立，各生产队的生产资料、人力、产品，就都可以由公社领导机关直接支配”；“误认社会主义为共产主义，误认按劳分配为按需分配，误认集体所有制为全民所有制”。这导致他们“在公社范围内，实行贫富拉平，平均分配；对生产队的某些财产无代价地上调；银行方面，也把许多农村中的贷款一律收回。‘一平、二调、三收款’，引起广大农民的很大恐慌。这就是我们目前同农民关系中的一个最根本的问题”。毛泽东提出，要反对“共产风”，首先应该纠正平均主义和过分集中两种倾向。平均主义的倾向否认各个生产队和个人的收入应当有所差别，即否认按劳分配、多劳多得的社会主义原则；过分集中的倾向否认生产队的所有制，否认生产队应有的权利，任意把生产队的财产上调到公社来。

毛泽东的这些观点，在一定程度上否定了“一大二公”，是纠正“左”倾错误的重要进展。第二次郑州会议根据毛泽东的讲话精神，制定了《关于人民公社管理体制的若干规定（草案）》，提出了整顿和建设人民公社、遏制“共产风”的基本政策：“统一领导，队为基础；分级管理，权力下放；三级核算，各计盈亏；分配计划，由社决定；适当积累，合理调剂；物资劳动，等价交换；按劳分配，承认差别。”当时正在农村进行调查研究的毛泽东的秘书田家英深有感触地说，这几句话，“在当时的历史条件下，对于纠正极左政策，调整人民公社内部体制（涉及所有制），进一步煞‘共产风’，不能不说是一套积极的高明的政策”。也因为如此，这次会议的精神一传达，饱受“一大二公”之苦的广大基层干部和社员群众，立即给予热烈拥护。

3月25日至4月1日，中共中央在上海召开政治局扩大会议，对所有制问题又取得进一步的认识。会议不但肯定了以生产队作为基本核算单位，而且承认了生产队下面的生产小队的部分所有制和一定的管理权限。这就意味着原来“一大二公”的人民公社，实际上退回到原来高级社和初级社的规模和所有制水平。

基本解决人民公社中的问题后，进一步落实钢铁生产指标，成为中共中央和毛泽东思考的关键问题。4月2日至5日召开的八届七中全会，通过了1959年国民经济计划草案，将钢产量指标从2000万吨调至1800万吨（好钢1650万吨）。会后，毛泽东对钢产量指标仍存疑虑，又委托陈云进行深入研究。最后，中共中央采纳了陈云经过认真计算和综合分析的指标：钢1300万吨、铁1900万吨、钢材900万吨。钢铁生产指标的调整，在当时带有全局性的意义。5月28日，邓小平在中央书记处会议上指出：“思想上应从1800万吨钢中解放出来，注意力放在全局上，不仅要搞工业，而且要注意整个国民经济”，“原来那种做法，只会上不去，最后还得下来。”“全面安排，解决工农、轻重关系，眼睛只看到1800万吨，就会把全面丢掉，包括丢掉人心。”

二、风云变幻的庐山会议

第一次郑州会议后，经过八九个月的紧张努力，“共产风”、浮夸风、高指标和瞎指挥等“左”的错误，都得到了初步遏制，全国形势开始向好的方面转变。为了统一全党对形势的认识，调整部分计划指标，以实现1959年的任务指标，中共中央政治局扩大会议于7月2日至8月1日在江西庐山召开。

在开始的讨论中，会议气氛是轻松愉快的，大家畅所欲言，“摆情况，谈看法，提意见”。每天上午9时、下午3时开始学习讨论，晚上听戏、跳舞或看电影。所以薄一波后来回忆道：“会议开得轻松愉快，人们称之为‘神仙会’。”尽管不少人对“大跃进”以来的问题提出了尖锐的批评，但大多数同意毛泽东关于“大跃进”“成绩伟大，问题不少，前途光明”的评价。刘少奇在发言中提出：“一九五八年我们取得了‘大跃进’的伟大成绩，同时也出现了些乱子，得到了极有益的教训。碰了钉子，知道转弯，这是真正的聪明人。不碰钉子而知道转弯的‘聪明人’是没有的。”但“大家注意，在转弯的时候，千万不要泄气，而要更好地鼓气”。

在7月10日的组长会上，毛泽东进一步强调指出：“对形势的认识不一致，就不能团结。要党内团结，首先要思想统一。”“对去年的一些缺点错误要承认。从一个局部、一个问题来讲，可能是一个指头或七个、九个指头的问题；但从全局来讲，是一个指头与九个指头，或三个指头与七个指头，最多是三个指头的问题。成绩还是主要的，无甚了不起。一年来有好的经验与坏的经验，不能说光有坏的、错误的经验。”庐山会议原来准备在7月15日结束。7月14日，会议根据毛泽东的意见，印发了《庐山会议诸问题的议定记录（草稿）》，一方面肯定总路线、“大跃进”和人民公社化运动的成绩，另一方面指出1958年以来工作中存在的问题，并提出了解决问题和改进工作的原则意见。这说明会议的基本精神是纠“左”，是第一次郑州会议以来纠“左”的一个新的发展和进步。

然而，也就在7月14日这一天，对“大跃进”深感忧虑的彭德怀，将写成的3000字长信交给毛泽东。他在肯定成绩的前提下，着重指出1958年以来工作中的问题，特别是全民炼钢浪费了一些人、财、物力，“有失有得”，“由于比例失调而引起各方面的紧张”，要求总结发生这些问题的经验教训。他还在结尾处写道：“我觉得，系统地总结一下我们去年下半年以来工作中的成绩和教训，进一步教育全党同志，甚有益处。其目的是要达到明辨是非，提高思想，一般的不去追究个人责任。”7月16日，毛泽东批示将这封信印发给与会者讨论，并加了“彭德怀同志的意见书”这个标题。在小组会上，张闻天、黄克诚、周小舟等人赞成彭德怀的基本观点；也有一些人说信中的总体估计是错误的，缺点讲得太多，成绩讲得太少。

7月23日，毛泽东在大会上发表长篇讲话，对彭德怀等人的不同意见进行了批驳，认为是右倾的表现。他指出，现在出现了一股党内外夹攻我们的逆流，有党外的右派，也有党内那么一批人，他们把形势说得一塌糊涂。他劝告坚持多讲成绩的那部分人，不能只愿人家讲好话，不愿听坏话，对于坏话要硬着头皮顶住，腰杆子要硬起来，神州不会陆沉，天不会塌下来，因为我们做了一些好事，腰杆子硬。对另一部分他认为有右的倾向的人则警告说，讲话的方向问题要注意，在紧急关头不要动摇。

毛泽东讲话后，会议氛围陡然变化，主题也由纠“左”变为反右。7月31日和8月1日，中共中央政治局常委召开两整天会议，对彭德怀进行批判。刚刚上山的林彪在发言中措辞激烈，说彭德怀有“野心”，并指责他的那封信是有准备、有组织、有目的的活动，是反党中央、反总路线、反毛泽东的活动，是一个纲领性的东西。林彪的“这个发言很厉害，以后成了定性的基调”。

8月2日至16日，中共八届八中全会继续在庐山举行，主要是揭发批判以彭德怀为首的，包括张闻天、黄克诚、周小舟等在内的所谓“军事俱乐部”。全会通过决议，认定彭、黄、张、周结成“右倾机会主义反党集团”，向党发起“有目的、有准备、有计划、有组织的”进攻。他们的错误是实质上否定总路线的胜利，否定“大跃进”的成绩，反对国民经济的高速度发展，反对农业战线上的高额丰产运动，反对群众大办钢铁运动，反对人民公社运动，反对经济建设中的群众运动，反对党对于社会主义建设事业的领导即“政治挂帅”，犯了“具有反党、反人民、反社会主义性质的右倾机会主义路线的错误”。

八届八中全会还提出：“右倾机会主义已经成为当前党内的主要危险。团结全党和全国人民，保卫总路线，击退右倾机会主义的进攻，已经成为党的当前的主要战斗任务。”会后，在继续揭发批判彭德怀等人的同时，一场大规模的“反右倾”斗争在全党范围内展开。这场历时半年的“反右倾”斗争，在政治、经济和组织等方面造成了严重的后果，不仅使党内从中央到基层的民主生活遭到严重损害，而且中断了纠正“左”的进程，使“大跃进”运动中的错误不但没有得到及时纠正，反而进一步膨胀开来，从而给实际经济工作，给党和国家的政治生活带来了严重危害。

三、“调整、巩固、充实、提高”

庐山会议后，国民经济建设掀起了新的“大跃进”，高指标、瞎指挥、浮夸风、“共产风”等“左”的错误愈演愈烈，破坏了国民经济的正常秩序，使尚未恢复元气的生产力再度遭到极大破坏，加上连续三年的自然灾害，导致新中国在1960年前后遇到了前所未有的经济困难。

当时，最大的问题是农业生产急剧下降，粮食极度缺乏。1959年全国粮食产量3393.6亿斤，仅相当于1954年的水平。1960年又下降至2876.9

亿斤，降幅达15.2%。然而，这期间的城镇人口不断增加，导致国家向农村下达的征购指标，1958年至1960年连续三年都高达1000亿斤以上，几乎占当年总产量的30%—40%。

“巧妇难为无米之炊。”省与省之间的粮食调拨，从外国进口粮食，以及采取“瓜代菜”等措施，虽然极大地缓解了危机，但粮食缺乏的危害十分严重。城市普遍出现了营养不足的浮肿病。全国相当一部分农村地区出现了非正常死亡的严重情况。

严峻的经济困难，让毛泽东将注意力重新转到纠正“左”的错误上来。1960年11月3日，中共中央发出《关于农村人民公社当前政策问题的紧急指示信》，要求全党用最大的努力来坚决纠正各种“左”的偏差，主要内容包括：宣布以生产队为基础的三级所有制是现阶段人民公社的根本制度，反对和彻底纠正“一平二调”；在分配制度上坚持两条原则：一是少扣多分，二是对供给比例加以控制；从各方面节约劳动力，加强农业生产第一线；安排社员生活，办好公共食堂，实行劳逸结合；放手发动群众，整风整社，反贪污，反浪费，反官僚主义，彻底纠正“共产风”、浮夸风、强迫命令风、干部特殊化风和营私舞弊欺压群众的国民党作风。按照中央的要求，各地立即召开省、地、县三级或省、地两级干部会议，使各级领导干部迅速了解紧急指示信的精神，然后组织数万名干部下到农村，向基层干部和农民群众原原本本、逐条逐段地宣读和讲解紧急指示信。

1960年12月24日至1961年1月13日，党中央在北京召开工作会议，主要讨论1961年国民经济计划，同时总结农村整风整社试点经验和纠正“五风”问题。毛泽东要求全党一定要恢复实事求是和调查研究的优良传统。他说，我们党是有实事求是传统的，就是把马列主义的普遍真理同中国的实际相结合。抗日战争时期、解放战争时期，我们做调查研究比较认真一些。但是新中国成立以来，特别是最近几年，我们对实际情况不大摸底了，大概是官做大了。我这个人就是官做大了，我从前在江西那样的调查研究，现在就做得很少了。他表扬了湖北省委和中央农村工作部对农村人民公社所做的典型调查，并号召全党大兴调查研究之风，一切从实际出发，要求1961年成为实事求是年、调查研究年。

1月14日至18日，中共八届九中全会在北京召开。会议公报正式宣布，从1961年起对国民经济实行“调整、巩固、充实、提高”的八字方针。这个方针的基本内容是：调整国民经济各部门的比例关系，主要是农轻重、工业内部、生产与基建、积累与消费等比例关系；巩固已经取得的经济建设成果；充实那些以工业品为原料的轻工业和手工业品的生产，发展塑料、化纤等新兴工业；提高产品质量，改善企业管理，提高劳动生产率。“八字方针”的中心是调整。通过调整，提高整个国民经济的发展速度，适当控制重工业的发展速度，特别是钢铁工业的发展速度。同时适当缩小基本建设规模，使工业和农业之间、重工业和轻工业之间、积累和消费之间的比例趋于协调，使国家建设和人民生活得到统筹兼顾、全面安排。

会后，毛泽东、刘少奇、周恩来、朱德、陈云、邓小平等中央领导人带头深入基层调查研究。这是继1956年中共中央听取各部委汇报之后，又一次大规模的调查研究活动。调查的主题主要是农村问题，后来又扩展到工业、商业和科学教育问题，并形成了“农业六十条”“工业七十条”“科学十四条”“高教六十条”“文艺八条”等调整方针。

1962年1月11日至2月7日，中共中央在北京召开扩大的工作会议，中央和省、地、县委四级主要负责人以及部分大厂矿和军队的负责人共7118人参加，所以通常称这次会议为“七千人大会”。这次中国共产党历史上规模空前的大会，是在国民经济调整进入关键时刻时召开的。会议分为两个阶段，第一阶段主要是讨论和修改刘少奇代表中央向大会做的书面报告，第二阶段根据毛泽东的建议，“开出气会”，主要是给中央、中央局、省委和中央各部门提意见，开展批评和自我批评。

刘少奇代表中央向大会提出的书面报告草稿，在坚持“三面红旗”的前提下，肯定“大跃进”取得了伟大成就，特别是提前两年在1960年完成了第二个五年计划的主要工业产品的产量指标。他同时指出，这几年党的工作虽然成绩是第一位的，缺点、错误是第二位的，但不能说成绩和错误是九个指头和一个指头的关系。就全国来说是三七开，即七个指头和三个

毛泽东、刘少奇、周恩来、朱德、陈云、邓小平在七千人大会上

指头的关系。报告将工作中出现的缺点错误概括为四个方面：第一，工农业生产的计划指标过高，基本建设战线过长，使国民经济各部门的比例关系、消费和积累的比例关系严重不协调。第二，混淆集体所有制和全民所有制的界限，对集体所有制的内部关系进行不适当的、过多过急的变动，这样就违反了按劳分配和等价交换的原则，犯了刮"共产风"和其他平均主义的错误。第三，不适当地要在全国范围内建立许多完整的工业体系，权力下放过多，分散主义的影响有了严重的滋长，使得经济生活中的集中统一的领导受到了破坏。第四，对农业增产的速度估计过高，对建设事业的发展要求过急，因而使城市人口不适当地大量增加，造成了城乡人口的比例同当前农业生产水平极不适应的状况，加重了城市供应的困难。

关于缺点错误的责任问题，大会认为首先要负责的是中央，其次是省一级的领导，再次是省以下各级党组织。1 月 30 日，毛泽东在大会上发表讲话，带头承担了犯错误的责任，指出："去年六月十二号，在中央北京工作会议的最后一天，我讲了自己的缺点和错误。我说，请同志们传达到各省、各地方去。事后知道，许多地方没有传达。似乎我的错误就可以隐瞒，而且应当隐瞒。同志们，不能隐瞒。凡是中央犯的错误，直接的归我负责，间接的我也有份，因为我是中央主席。我不是要别人推卸责任，其他一些同志也有责任，但是第一个负责的应当是我。”

在这次会上，毛泽东重点讲了民主集中制的问题，强调不论党内党外都要有充分的民主生活。他指出：“这次用这么个方式，在北京开这么个会，要解决问题。现在要解决的一个中心问题是，有些同志的一些话没有讲出来，觉得不大好讲。这就不那么好了。”“我建议让人家出气。不出气，统一不起来。没有民主，就不可能有集中。因为气都没有出嘛，积极性怎么能调动起来？到中央开会还不敢讲话，回到地方就更不敢讲话了。”

七千人大会的胜利召开，给全党以鼓舞，使广大党员心情比较舒畅，在动员全党为战胜困难而团结奋斗方面起了积极作用。会后，国民经济进行了大刀阔斧的调整，包括：大力精简职工，减少城市人口；压缩基本建设规模，停建缓建大批基本建设项目；缩短工业战线，实行必要的关、停、并、转；进一步从人力、物力、财力各方面加强和支援农业战线，加强农村基层的领导力量。到 1962 年年底，国民经济形势开始好转，各项建设事业有了明显的健康发展势头。

第三节　社会主义建设凯歌行进

从1956年到1965年，是党领导社会主义建设在探索中曲折发展的十年。尽管遭受了严重挫折，但我国赖以进行现代化建设的物质技术基础，很大一部分是这个时期建设起来的；全国经济文化建设等方面的骨干力量和他们的工作经验，大部分是在这个时期培养和积累起来的。这是十年工作的主导方面，是不可抹杀的重大成就。

一、各方面建设的大发展

在全党和全国人民的努力下，国民经济调整的任务在1965年年底全面完成，工农业生产得到全面恢复和发展，且大幅度地超额完成了计划规定的指标，整个社会呈现出欣欣向荣的景象。

1965年，农业生产总值增长8.3%，完成计划产值的107.2%，是新中国成立后增长最快的年份。工业产值增长26.4%，完成计划产值的117.6%，发展速度之快和经济效益之好，也是新中国成立以来所罕见的。这一年，全国工农业总产值达2235亿元，超过了1957年的水平。其中，农业总产值833亿元，工业总产值1402亿元。按可比价格计算，同1957年相比，工农业总产值增长59.9%，其中农业总产值增长9.9%，工业总产值增长98%。

在主要工业产品的产量上，1965年同1957年相比，钢增长1.29倍，达到1223万吨；原煤增长77.1%，达到2.32亿吨；发电量增长2.5倍，达到676亿度；原油增长6.75倍，达到1131万吨；天然气增长14.71倍，达到11亿立方米；水泥增长1.38倍，达到1634万吨。

更重要的是，这十年新建和扩建了一大批重要工业企业，我国工业生产能力大幅度提高，具有相当规模和一定技术水平的工业体系初步建成。电力、煤炭、冶金、机械等传统工业都有很大发展：电力供应已在全国大部分地区连接成网；煤炭工业逐步向现代化方向发展；钢品种在1964年达到900个，钢材品种达到9000个，都比1957年增加1倍多，以前不能炼制的高温合金钢、精密合金钢、高纯金属、有色稀有金属，这时都能炼制了；形成了门类比较齐全的机械制造体系，主要机械设备自给率由1957年的60%提高到90%以上。电子、原子能、航天等新兴工业从无到有，也逐步发展起来，已经能够生产雷达、广播电视发射设备、电视中心设备、无线电通信设备、原子射线仪、各种气象仪、水声设备、电话交换机、电子计算机、电视机等。

农业基本建设取得了很大成绩。1958年至1965年，全国大中型水利建设施工项目达到290多项，建成的有150多项，淮河、黄河、海河等几大水系都得到不同程度的治理。水利建设的大发展，使耕地灌溉面积的比重从1957年的24.4%上升到1965年的32%。农业机械化、化学化也有所进展，农业机械总动力由121万千瓦增加到1099万千瓦，机耕面积在耕地总面积中的比重由2.4%上升到15%，化肥施用量由37.3万吨增加到194.2万吨，每亩耕地的化肥施用量由0.5斤上升到2.5斤。

农轻重的比例关系实现了协调发展，国民经济结构趋于合理。在1965年工农业生产总值中，农业、轻工业、重工业的比重分别是37.3%、32.3%、30.4%，与1957年的43.3%、31.2%、25.5%大体接近，基本实现了综合平衡的目标，符合当时我国经济发展的客观需要。同时，在工业内部，间接和直接支援农业的工业部门的投资比重增加，重工业的投资比重减少，在很大程度上扭转了“以钢为纲”所造成的比例失调状况。

积累与消费的比例关系基本恢复正常。经过三年继续调整，1965年积累率回升到27.1%，与1957年的24.9%大体相当。在调整时期，党和政府始终明确坚持处理好积累和消费，个人、集体和国家之间多种利益关系，在发展经济的基础上，更注重改善人民的生活。尽管1965年全国人均粮食、食油、棉布的消费量仍略低于1957年，但1962年以后，市场稳定，物价下降，人民生活逐步有所改善，全国城乡居民平均消费水平，1965年比1957年提高8.7%，达到了133元。其中，农民达到104元，比1957年增加22元；城镇居民达到259元，比1957年增加37元。

除了上面所述的工农业建设情况，其他方面也都取得了长足的发展。比如，交通运输业有了大跨越。从1958年到1965年，全国新增铁路营运里程9700多公里，有12条干线建成或部分建成。其中，包兰（包头至兰州）、兰青（兰州至青海）、兰新（兰州至新疆）等铁路建成通车，不仅把西北五省区联结起来，而且把西北地区同华北和沿海地区联结起来。川黔（四川至贵州）、桂黔（广西至贵州）铁路也建成通车，将广西、四川、贵州三省区联结起来。成昆（成都至昆明）、贵昆（贵阳至昆明）、湘黔（湖南至贵州）、湘桂（湖南至广西）等铁路先后开工并部分通车。全国除西藏自治区以外，各省、自治区、直辖市都有了铁路，福建、宁夏、青海、新疆等省区第一次通了火车。铁路货运量1965年比1957年增加79.06%，客运量增加31.93%。公路、水运、航空等事业也有较大的发展，全国大部分县、镇通了汽车，沿海港口新增10多万吨深水泊位，远洋航运开辟了通往东南亚、欧洲和非洲的三条航线。

文化、教育、科技、卫生事业的成就也相当可观。文化方面，1965年，全国图书总印数为21.7亿册，刊物总印数为4.4亿册，报纸总印数为47.4亿份，分别比1956年增长21.7%、25.0%和81.5%。电影事业有了很大发展，全国电影制片厂达到16个，十年间全国累计生产故事片495部、美术片109部、科教片786部、新闻纪录片2250部。到1966年，全国拥有电台78座、电视台13座、市县广播台站2181座，96%的县通了有线广播。

教育方面，确立了社会主义教育方针“是教育为无产阶级政治服务，教育与生产劳动相结合，为实现这个方针，教育工作必须由党来领导”。到1965年，全国小学已达到168.19万所，在校小学生11620.9万人，学龄儿童入学率84.7%；全普通中学18102所，在校学生933.79万人；高等学校434所，比1957年增长1.89倍，在校学生达到67.4万人，比1957年增长53%。

科技方面，努力执行《1956—1967年科学技术发展远景规划纲要》，并在此基础上制定了《1963—1972年科学技术发展规划》。到1965年年底，全国范围的科研工作系统已初步形成，初步形成了一支具有较高素质的科学技术研究工作队伍。全国自然科学技术人员已达到245.8万人，其中有研究生学历的1.6万人，大学毕业学历的113万人。全国专门的科学研究机构达到1714个，专门从事科学研究的人员达12万人。1965年，我国科学家成功实现人工合成牛胰岛素。这是世界上第一个人工合成的蛋白质，是一项具有世界一流水平的科技成果。

卫生方面，由于爱国卫生运动的全面开展，全国城乡的卫生面貌大为改观，在防治流行性疾病和保护母婴健康方面取得了显著成绩。城乡卫生医疗网基本形成，医疗技术队伍不断发展壮大。1957年至1965年，全国的医疗卫生机构由122954个增加到224266个，每千人拥有医院床位由0.46张增加到1.6张，每千人拥有医生由0.85人增加到1.05人。

以上各方面建设成就充分证明，党领导全国各族人民开始全面建设社会主义的十年，尽管是在探索中曲折发展，但所取得的成就是不容抹杀的。我国赖以进行现代化建设的物质技术基础，很大一部分是这个期间建设起来的；全国经济文化建设等方面的骨干力量和他们的工作经验，大部分是在这个期间培养和积累起来的。

二、“两弹一星”的成功研制

在调整国民经济的同时，我国以研制原子弹、导弹、氢弹和人造地球卫星为核心的国防尖端科学技术，取得了长足的进步和举世瞩目的成就，对中国安全和发展具有极其重要的战略意义。

在新中国刚成立时，经济基础很薄弱，科学技术非常落后，高精尖的科学技术基本属于空白。即便如此，中共中央、毛泽东很早就决定向科学进军，并把经济建设和国防建设、常规武器和尖端武器的关系做了合理安排，将国防尖端技术作为突破重点。1953 年 3 月，毛泽东在中国共产党全国代表会议上指出：“我们进入了这样一个时期，就是我们现在所从事的、所思考的、所钻研的，是钻社会主义工业化，钻社会主义改造，钻现代化的国防，并且开始要钻原子能这样的历史的新时期。”实践证明，这是一项有远见、有胆略的战略决策，对于国防科技发展和国防现代化建设具有重大意义和深远影响。

1955 年 1 月，毛泽东主持召开中共中央书记处扩大会议，专门研究发展我国原子能的问题，作出了研制核武器的战略决策。毛泽东说：“我们要不要搞原子弹啊，我的意见是中国也要搞，但是我们不先进攻别人。别人要欺负我们，进攻我们，我们要防御，我们要反击。因为我们一向的方针是积极防御的战略方针，不是消极防御的。”1956 年，国家制订了科学技术发展的第一个远景规划，把原子能的和平利用列为 12 项带有关键意义的重点任务的第一项，同时部署了两个更大的项目：原子弹和导弹。这年 4 月，周恩来主持中央军委会议，听取钱学森关于发展导弹技术的规划设想。会后，成立了以聂荣臻为主任的国防部航空工业委员会，负责导弹的研制工作和航空工业的发展工作。11 月，成立了第三机械工业部，具体负责组织、领导核工业的建设和发展工作。

1958年6月，毛泽东在中央军委扩大会议上再次强调指出："原子弹，听说就这么大一个东西，没有那个东西，人家就说你不算数。那么好，我们就搞一点。搞一点原子弹、氢弹、洲际导弹，我看有十年功夫是完全可能的。一年不是抓一次，也不是抓两次，也不是抓四次，而是抓它七八次。"这一年正式成立的原子能研究所，在核物理、反应堆物理、钚化学、同位素分离等20个学科、60个学科分支开展了工作，逐步建成为一个比较完整的综合性核科学技术研究中心。

在研制尖端武器的起步阶段，苏联对中国提供了有条件和有限度的技术援助，起到了重要的作用。但随着中苏两党、两国分歧的加深和关系的恶化，这种援助在20世纪50年代末期便中断了。1959年6月，苏联借口自己正在与西方国家谈判关于禁止试验核武器协议，宣布中断向中国提供原子弹样品的有关技术资料等项目。这意味着苏联政府单方面撕毁了中苏两国1957年签订的国防新技术协定。1960年7月16日，苏联政府照会中国政府，要求撤回其在中国的专家。在还没有得到中国政府答复的情况下，苏联自7月28日至9月1日撤走了在华的全部专家，并带走了许多重要设计图纸和有关资料。当时，我国的国民经济正处于前所未有的困难之中，苏联的背信弃义使新中国刚刚起步的国防尖端技术工作雪上加霜。有些外国人幸灾乐祸地断言：中国的核工业已遭到"毁灭性打击"，中国核工业已"处于技术真空状态"，中国"二十年也搞不出原子弹来"。

但是，中国建立战略核力量的决心丝毫没有动摇。1960年7月18日，毛泽东在北戴河会议上明确指出："要下决心搞尖端技术。赫鲁晓夫不给我们尖端技术，极好！如果给了，这个账是很难还的。"对此，陈毅多次对聂荣臻说："我这个外交部长的腰杆现在还不太硬，你们把导弹、原子弹搞出来了，我的腰杆就硬了。"聂荣臻也表示，为了摆脱我国一个世纪以来经常受帝国主义欺凌压迫的局面，我们必须搞出以原子弹为标志的尖端武器，同时还可以带动我国许多现代化科学技术向前发展。

中共中央、毛泽东关于决心发展国防尖端技术的决策，得到国防科技战线的拥护和支持。为了集中各方面的力量，中共中央组织全国大协作，全国、全军“一盘棋”，扭成密切配合的“一股绳”，统一安排，分工负责，破解了一道道难题。1962年11月3日，二机部提出在1964年，最迟在1965年上半年爆炸我国第一颗原子弹的规划报告。毛泽东指示：“要大力协同做好这件工作。”11月17日，中共中央成立以周恩来为主任的专门委员会，主要任务是加强对原子能工业建设和加速核武器研制、试验工作以及核科学技术工作的领导。

1964年秋，中国的第一颗原子弹终于研制出来了，在发展技术暂不试验和不怕威胁尽早试验两套方案面前，毛泽东一锤定音：“要尽早试验。”10月16日，我国第一颗原子弹成功爆炸。“东方巨响”震惊了世界。几个小时后，日本传出消息，说中国可能在西部地区爆炸了一颗原子弹。不久，又收到了美国的广播。当晚11时，中央人民广播电台播发了新华社关于中国在西部地区成功地进行了第一次核试验的《新闻公报》，同时播发阐明中国政府对于核武器立场的《中华人民共和国政府声明》，郑重宣布：

1964年10月，我国第一颗原子弹爆炸成功

人民日报 号外

1964年10月16日

加强国防建設的重大成就，对保卫世界和平的重大貢献

我国第一颗原子弹爆炸成功

我国政府发表声明，郑重建议召开世界各国首脑会议，讨论全面禁止和彻底销毁核武器问题

《人民日报》为原子弹爆炸成功特发了号外

中国一贯主张全面禁止和彻底销毁核武器；中国进行核试验、发展核武器是被迫的，是为了防御，为了保卫中国人民免受核威胁；中国发展核武器，是为了打破核大国的核垄断，要消灭核武器；在任何时候，任何情况下，中国都不会首先使用核武器。

原子弹成功爆炸后，中央决定集中力量研制氢弹。1965 年 1 月 23 日，毛泽东在听取汇报时提出："敌人有的，我们要有，敌人没有的，我们也要有。原子弹要有，氢弹也要快。"1967 年 6 月 17 日，第一颗氢弹爆炸成功，中国成为第四个掌握氢弹技术的国家。

"两弹"中的导弹研制工作，开始于 1955 年。这一年，钱学森冲破美国政府的重重阻挠回到祖国，提出了中国火箭和导弹事业发展的建议。经过仿制、改进到自行研制三个阶段的飞跃，我国第一枚探空火箭和近程导弹在 1960 年发射成功，成为中国军事装备史上一个重要的转折点。1964 年 6 月 29 日，中国自行研制的"东风 2 号"中近程地对地导弹发射成功。

原子弹研制成功后，为实现导弹与原子弹结合，由钱学森领导的"两弹结合"方案论证小组成立。1966 年 10 月 27 日 9 时，首次用改进型的中近程地对地导弹运载真实的核弹头，成功地进行了"两弹"结合的发射试验，核弹头与弹体分离后，按预定轨道飞向弹着区，在靶心上空爆炸，一举解决了核武器既有"弹"又有"枪"的问题。12 月 28 日，氢弹原理爆炸试验也取得完全成功，标志着中国氢弹技术的突破。

在"两弹"成功研制的同时，我国火箭发射和卫星研制工作也稳步推进。1957 年 10 月，苏联把人类第一颗人造地球卫星送上天。1958 年 1 月，美国也成功发射人造地球卫星"探索者 1 号"。卫星研制工作，引起中共中央的高度重视。1958 年 5 月 17 日，毛泽东在八大二次会议上明确提出："我们也要搞人造卫星。"随后，中央决定以中国科学院为主组建专门的研究、设计机构，拨出专款，研制人造地球卫星。1960 年 5 月 28 日，毛泽东来到上海新技术展览会，躬身仔细察看 T—7M 探空火箭模型，得知飞行高度为 8 公里时，他兴奋地说："8 公里也了不起呀！""应该是 8 公里、20 公里、200 公里搞上去。"

到1965年，我国火箭技术有了进一步发展，卫星研制发射的技术基础基本具备。中央专门委员会原则批准中国科学院《关于发展我国人造卫星工作的规划方案建议》，该报告计划在1970年至1971年发射我国第一颗人造卫星，命名为“东方红一号”。人造卫星进入工程研制阶段，代号为“651”任务。

1968年2月，中国空间技术研究院正式成立，钱学森任院长，集中力量领导研制人造卫星。经过两年的辛勤探索，1970年1月，“长征一号”运载火箭飞行试验成功。3月，“东方红一号”卫星和“长征一号”运载火箭总装完毕。4月1日，装载着两颗“东方红一号”卫星和一枚“长征一号”运载火箭的专列抵达酒泉卫星发射场。4月24日凌晨，毛泽东批准实施发射。当晚9点35分，随着一声“点火”的号令，“长征一号”火箭在酒泉卫星发射基地将“东方红一号”人造地球卫星送入太空。卫星重173公斤，超过了美国、苏联的第一颗卫星的重量，“东方红一号”的发射成为中国航天技术的一个重要里程碑。“东方红一号”卫星用20.009兆周的频率播送《东方红》乐曲，一时间响遍全球。

第一颗人造地球卫星发射成功后，国防科技人员的新目标是发射返回式卫星。当时世界上只有苏联和美国掌握了这项高难度的卫星回收技术。1975年8月，第二颗返回式卫星和“长征二号”运载火箭装配、测试完成，运往发射基地。11月26日，中国返回式卫星在甘肃酒泉基地发射成功，准确入轨。卫星绕地球运行47圈后，于29日11时安全返回地面。中国卫星发射技术实现了第二个飞跃，中国成为世界上第三个掌握卫星回收技术的国家。

“两弹一星”的成功研制，不仅代表了我国科学技术当时所能达到的新水平，为今后国防科技工业发展奠定了坚实的基础，而且有力地打破了超级大国的核垄断和核讹诈，提高了我国的国际地位，激发了中华民族的自信心和自豪感。对此，邓小平后来强调指出：“如果60年代以来中国没有原子弹、氢弹，没有发射卫星，中国就不能叫有重要影响的大国，就没有现在这样的国际地位。这些东西反映一个民族的能力，也是一个民族、一个国家兴旺发达的标志。”

三、“四个现代化”目标的提出

实现现代化，是近代中国所有仁人志士的共同心愿。在中共七届二中全会上，毛泽东就提出：“在革命胜利以后，迅速地恢复和发展生产，对付国外的帝国主义，使中国稳步地由农业国转变为工业国，把中国建设成一个伟大的社会主义国家。”可见，这个工业强国的目标，是中国共产党人作为建国方略提出来的。

尽管强大的工业不等同于现代化，但在当时的条件下，工业化对中国具有特殊的重要性。正如周恩来在 1953 年 9 月 17 日参加中央人民政府委员会会议时所说，如果不能变农业国为工业国，中国如果不能工业化，农民的生活有什么办法能够进一步改善，乃至走上社会主义彻底改善呢？

1954 年 9 月 15 日，毛泽东在一届全国人大一次会议开幕词中说：“准备在几个五年计划之内，将我们现在这样一个经济上文化上落后的国家，建设成为一个工业化的具有高度现代文化程度的伟大的国家。”周恩来在政

到 1964 年年底，国民经济的调整工作基本完成。周恩来根据毛泽东的提议，在 1964 年 12 月至 1965 年 1 月召开的第三届全国人民代表大会第一次会议上，提出了实现四个现代化的宏伟目标

府工作报告中也明确指出："我国的经济原来是很落后的。如果我们不建设起强大的现代化的工业、现代化的农业、现代化的交通运输业和现代化的国防，我们就不能摆脱落后和贫困，我们的革命就不能达到目的。"这是周恩来代表党中央第一次提出的关于"四个现代化"的构想。

随着实践的深入和对社会主义建设规律的认识，中国共产党人对现代化的认识逐渐清晰和成熟起来。中共八大在正确分析国内主要矛盾和主要任务的基础上，确定了社会主义建设的战略目标，即"尽可能迅速地实现国家工业化，有系统、有步骤地进行国民经济的技术改造，使中国具有强大的现代化的工业、现代化的农业、现代化的交通运输业和现代化的国防"。

1957年，毛泽东在《关于正确处理人民内部矛盾的问题》和《在中国共产党全国宣传工作会议上的讲话》中，两次提及要将我国建设成为"一个具有现代工业、现代农业和现代科学文化的社会主义国家"。在阅读苏联《政治经济学教科书》的过程中，他又提出："建设社会主义，原来要求是工业现代化，农业现代化，科学文化现代化，现在要加上国防现代化。"1963年8月，周恩来在参加中共中央《关于工业发展问题》起草委员会会议时，反思过去只讲工业化的局限，指出："国民经济体系不仅包括工业，而且包括农业、商业、科学技术、文化教育、国防各个方面。工业国的提法不完全，提建立独立的国民经济体系比只提建立独立的工业体系更完整。"

在1964年年底到1965年年初召开的第三届全国人民代表大会第一次会议上，周恩来阐述了国民经济的长期发展规划，第一次完整地提出了实现"四个现代化"的奋斗目标。他指出："今后发展国民经济的主要任务，总的来说，就是要在不太长的历史时期内，把我国建设成为一个具有现代农业、现代工业、现代国防和现代科学技术的社会主义强国，赶上和超过世界先进水平。"

关于"四个现代化"的实现步骤，周恩来在报告中提出可以分为两步走，即从第三个五年计划开始，第一步，经过三个五年计划时期，建立一个独立的、比较完整的工业体系和国民经济体系；第二步，全面实现农业、工业、国防和科学技术的现代化，使中国经济走在世界前列。

周恩来还提出了实现“四个现代化”的基本方针：一是坚持农业为基础、工业为主导的发展国民经济总方针，正确处理农业、轻工业、重工业的关系，按照农轻重的次序安排国民经济的发展计划；二是坚持自力更生的方针，正确处理自力更生和国际合作的关系，依靠自己的力量，建设一个独立的、完整的、现代化的国民经济体系；三是坚持实行技术革命，要采用先进技术，必须发挥我国人民的聪明才智，大搞科学实验；四是坚持实行集中领导与大搞群众运动相结合，领导干部、专家、群众三结合，调动各种积极因素为社会主义建设服务。

“四个现代化”战略目标的提出，不仅具有鼓舞全国人民奋发图强的精神力量，更说明了中国人民在可预见到的将来，通过艰苦奋斗可以达到的目标。实现了“四个现代化”，中华民族便当之无愧地自立于世界民族之林。因此，毛泽东在修改政府工作报告时，特意加写了如下一段话：“我们不能走世界各国技术发展的老路，跟在别人后面一步一步地爬行。我们必须打破常规，尽量采用先进技术，在一个不太长的历史时期内，把我国建设成为一个社会主义的现代化的强国。”他强调指出，如果不在今后几十年内，争取彻底改变我国经济和技术远远落后于帝国主义国家的状态，挨打是不可避免的。我们应当以可能挨打为出发点来部署我们的工作，否则我们就要犯错误。毛泽东增写的这两段文字，深刻地说明了实现“四个现代化”的迫切性和重要性。

历史证明，在相当长的历史时期中，实现“四个现代化”始终是凝聚和团结全国各族人民奋斗的一个强大精神力量。即使国家经历严重困难甚至在后来发生“文化大革命”那样的动乱，因为有了这个伟大理想，中国各族人民也从未停止过自己的辛勤劳动，国家根本制度的根基也从未动摇。

第四节　十年“文化大革命”的内乱

在中共党史上，“文化大革命”是“左”倾错误指导思想在党中央占主导地位持续时间最长的时期，它不是任何意义上的革命或者社会进步，而是一场由领导者错误发动，被反革命集团利用，有亿万群众投身其中的极为错误的政治运动。1976 年 10 月，粉碎“四人帮”的胜利，结束了“文化大革命”这场灾难，从危难中挽救了中国的社会主义事业，为党和国家进入新的历史时期创造了前提。

一、“文化大革命”的发动

1962 年 7 月 25 日至 8 月 24 日，中共中央工作会议在北戴河召开。原计划主要是讨论农业、粮食、财贸和城市等问题，但毛泽东 8 月 6 日在大会上发表了“阶级、形势、矛盾”的讲话，提出三个问题要与会者讨论：社会主义国家究竟存在不存在阶级？国内形势这两年来究竟是“一片光明”，还是“一片黑暗”？社会主义社会是否存在矛盾？

9 月 24 日至 27 日召开的八届十中全会，肯定了全党和全国人民在严重困难形势下表现出来的团结一致、奋发图强的奋斗精神，指出党的迫切任务是要继续对国民经济进行切实的调整、巩固、充实、提高。但是，这次全会的中心议题已经转为阶级斗争。会议联系对苏联赫鲁晓夫观点的批评和对国内形势的观察，提出阶级、形势、矛盾问题，强调资产阶级复辟的危险性，阶级斗争必须年年讲、月月讲、天天讲，“千万不要忘记阶级斗争”，不要忘记党内产生修正主义的危险。这样，就把社会主义社会一定范围内存在的阶级斗争进一步扩大化和绝对化。它标志着党在这个问题上“左”的错误再度发展起来。这次全会还错误地开展了对所谓“黑暗风”、“单干风”和“翻案风”的批判，对党的工作产生了重要的消极影响。所谓“黑暗风”，是指对形势的估计。毛泽东认为党内，特别是中央领导层的一些同志把困难估计得过分严重，对此他很不满意，批评说，现在有些人把形势说成一片黑暗了，他们思想混乱，丧失信心，看不见光明。

八届十中全会对所谓“三风”的批判，并重提阶级斗争问题，对后来中国政治的走向产生了重要影响。毛泽东把党内在社会主义建设道路上的分歧，认作阶级斗争，定性为两条道路的斗争，是不符合实际的。更糟糕的是，这个认识偏差愈来愈严重，使“左”的错误继续发展。

在对阶级斗争形势估计越来越严重的情况下，中共中央决定在全国城乡发动一次普遍的社会主义教育运动，开展大规模的阶级斗争。这次运动最初称“四清”运动，重点是在农村进行“清账目、清财务、清仓库、清工分”的“经济四清”工作，以解决农村干部中存在的多吃多占、账目不清、贪污盗窃等问题。不久，又在城市开展反对贪污盗窃、反对投机倒把、反对铺张浪费、反对分散主义、反对官僚主义的“五反”运动。

经过试点，社会主义教育运动从 1964 年 3 月开始在全国较大范围内发动起来。不可否认，运动对解决干部作风和经济管理等方面的问题，起到了一定作用，但由于把各种不同性质的问题都认为是阶级斗争或者是阶级斗争在党内的反映，使不少干部受到不应有的冲击。特别是在所谓“农村社会主义革命的新高潮”中，把原来经济方面的“小四清”，扩展为政治方面的“大四清”：“清政治、清经济、清组织、清思想”，并以扎根串联、发动群众搞夺权斗争为主要内容，以党的干部为主要斗争对象，造成了许多冤、假、错案，在农村中出现了相当混乱、动荡和紧张的局面。这个过程中，很多地方党委将农村的阶级斗争看得越来越严重，纷纷向中央写报告反映农村阶级斗争的严重情况，对中央认识和估计阶级斗争形势产生负面影响。

1964年年底至1965年年初，中共中央政治局在北京召开全国工作会议，总结社教工作的经验教训。在毛泽东的亲自主持下，会议制定了《农村社会主义教育运动中目前提出的一些问题》，对搞好运动的标准、运动中的有关政策和工作方法等作出了全面的规定，部分地纠正了“四清”运动中的一些过“左”做法，但它强调这次运动的性质是解决社会主义和资本主义的矛盾，在工作中要“抓住阶级斗争这个纲，抓住社会主义和资本主义两条道路斗争这个纲”。毛泽东还明确提出运动的重点“是整党内那些走资本主义道路的当权派”，甚至认为在省和中央部门存在反对社会主义的人。这就为后来的“文化大革命”把斗争矛头集中指向所谓“党内走资派”提供了理论依据。

在社会主义教育运动过程中，意识形态领域也开展了错误的批判和斗争。1962年10月出版的《文艺报》发表社论《反映当前的火热斗争》，指责文艺界思想跟不上形势发展，作品苍白无力，脱离了群众生活和实际斗争，并把此前文坛活跃、学术争鸣的新气象视为“阶级斗争的新动向”。文艺界在整风中，对一大批文艺作品及其作者进行了批判。电影《北国江南》《早春二月》，昆剧《李慧娘》，京剧《谢瑶环》，小说《三家巷》等作品，均被打成“资产阶级”“修正主义”的“大毒草”。1964年7月，根据毛泽东的指示，成立了由彭真、陆定一、康生、周扬、吴冷西组成的中央文化革命五人小组；文联所属各协会、文化部及其直属的文艺单位再次进行整风，对齐燕铭、夏衍、阳翰笙、田汉等人进行了错误的政治批判，制造了一系列冤假错案。

1965年11月10日，上海《文汇报》发表了江青秘密策划、姚文元奉命写作的《评新编历史剧〈海瑞罢官〉》一文，点燃了“文化大革命”的导火线。这篇文章点名批判北京市副市长、明史专家吴晗，毫无根据地把《海瑞罢官》一剧中描述明朝历史上海瑞所进行的“退田”“平冤狱”等情节，同八届十中全会批判的“单干风”“翻案风”联系起来，说“‘退田’‘平冤狱’就是当时资产阶级反对无产阶级专政和社会主义革命的斗争焦点”，认为《海瑞罢官》就是这种阶级斗争的一种反映，“是一株毒草”。显然，文章表面是对吴晗和《海瑞罢官》的批判，实际是反映党和国家主要领导人在当时国内阶级斗争形势的估计和重大问题的决策上存在着严重分歧。

为了在全国发动“文化大革命”，1966年5月4日至26日，中共中央政治局在北京召开了扩大会议，主要内容是揭发批判彭真、罗瑞卿、陆定一、杨尚昆的所谓“反党错误”，讨论通过中共中央通知稿。

5月16日通过的《中国共产党中央委员会通知》，后来简称“五一六通知”。它经过毛泽东七次修改，一些重要的段落均由他亲笔加写，反映了他对当时党和国家政治形势的错误估计。通知要求全党：“高举无产阶级文化革命的大旗，彻底揭露那批反党反社会主义的所谓‘学术权威’的资产阶级反动立场，彻底批判学术界、教育界、新闻界、文艺界、出版界的资产阶级反动思想，夺取在这些文化领域中的领导权。”“批判混进党里、政府里、军队里和文化领域的各界里的资产阶级代表人物，清洗这些人，有些则要调动他们的职务。”

通知还指出：“混进党里、政府里、军队里和各种文化界的资产阶级代表人物，是一批反革命的修正主义分子，一旦时机成熟，他们就会要夺取政权，由无产阶级专政变为资产阶级专政。这些人物，有些已被我们识破了，有些则还没有被识破，有些正在受到我们信用，被培养为我们的接班人，例如赫鲁晓夫那样的人物，他们现正睡在我们的身旁。”

“五一六通知”反映了毛泽东对党和国家发展前途的深深忧虑。然而，这种极端的、完全不符合实际的看法和主张，是把阶级斗争错误地扩大到党的最高领导层，甚至人为地制造阶级斗争的重要根据。

二、只见“天下大乱”，不见“天下大治”

“五一六通知”集中反映了发动“文化大革命”的主要错误论点，是发动“文化大革命”的纲领性文件。通知发出后，“文化大革命”异常迅猛地发动起来。6月1日，由陈伯达带领工作组接管的《人民日报》，发表社论《横扫一切牛鬼蛇神》，鼓动群众起来“横扫盘踞在思想文化阵地上的大量牛鬼蛇神”，“把所谓资产阶级的‘专家’、‘学者’、‘权威’、‘祖师爷’打得落花流水”，号召“彻底破除几千年来一切剥削阶级所造成的毒害人民的旧思想、旧文化、旧风俗、旧习惯”。

《人民日报》的狂热鼓动在全国引起了极大的震动。随后的几天时间里，全国几乎所有的大、中学校都出现了学生造反的“革命行动”。造反派蜂拥而起，到处揪斗学校领导和教师，使校内出现无政府状态，正常的教学秩序难以维持。对于这样的混乱局势，毛泽东给予充分肯定，并在诗中写道：“青松怒向苍天发，败叶纷随碧水驰。一阵风雷惊世界，满街红绿走旌旗。”7月8日，他在武汉给江青写了一封长信，提出一个重要的设想：“天下大乱，达到天下大治。”他还说：“中国如发生反共的右派政变，我断定他们也是不得安宁的，很可能是短命的，因为代表百分之九十以上人民利益的一切革命者是不会容忍的。”“这次文化大革命，就是一次认真的演习。”“现在的任务是要在全党全国基本上（不可能全部）打倒右派，而且在七八年以后还要有一次横扫牛鬼蛇神的运动，尔后还要有多次扫除。”

8月1日至12日，中共八届十一中全会召开。会议原定议程是总结八届十中全会以来的工作，但毛泽东的想法是采取断然措施改变中央最高层领导的结构和思想状况。8月5日，毛泽东写出了使全体与会者震惊的《炮打司令部——我的一张大字报》，提出中央有一个资产阶级司令部，矛头直指刘少奇、邓小平。某些领导同志“站在反动的资产阶级立场上，实行资产阶级专政，将无产阶级轰轰烈烈的文化大革命运动打下去，颠倒是非，混淆黑白，围剿革命派，压制不同意见，实行白色恐怖，自以为得意，长资产阶级的威风，灭无产阶级的志气，又何其毒也！”这篇极不寻常的“大字报”，第一次在党内高层中公开了他长期以来对中央“一线”工作的不满。

八届十一中全会通过关于“文化大革命”的16条，对于运动的对象、依靠力量、方法等根本性问题做了有严重错误的规定，强调这次运动的目的是“斗垮走资本主义道路的当权派，批判资产阶级的反动学术‘权威’，批判资产阶级和一切剥削阶级的意识形态，改革教育，改革文艺，改革一切不适应社会主义经济基础的上层建筑，以利于巩固和发展社会主义制度”。“这次运动的重点，是整党内那些走资本主义道路的当权派。”全会还指出，在运动中“一大批本来不出名的革命青少年成了勇敢的闯将”，“他们的革命大方向始终是正确的”，“党的领导要善于发现左派，发展和壮大左派队伍，坚决依靠革命的左派”，“充分运用大字报、大辩论这些形式，进行大鸣大放”，“不要怕出乱子”。会后，红卫兵组织迅猛发展，形成席卷全国的红卫兵运动。在“破旧立新”的口号下，各地红卫兵全面扫荡他们眼中的“封、资、修”，并很快发展为抄家、打人、砸物。无数优秀的文化典籍被付之一炬，大量国家文物遭到洗劫，许多党政领导干部、专家学者、民主人士被当作“黑帮分子”“反动学术权威”“资产阶级代表人物”，遭受批斗、抄家和种种侮辱迫害。

1966年10月，毛泽东在北京主持召开中共中央工作会议，批判“资产阶级反动路线”。会上，林彪、陈伯达将党内不同意见升级为路线斗争，点名批判刘少奇和邓小平是“资产阶级反动路线”的提出者和代表人，并鼓吹群众运动“天然是合理的”，强调要“让群众自己教育自己，自己解放自己”。此后，中央文革小组极力煽动无政府主义思潮，在全国掀起了声势浩大的批判“资产阶级反动路线”风暴。在“踢开党委闹革命”的口号下，造反狂潮从文化、教育领域全面扩展到工矿、企业、农村各领域。国家陷入空前的混乱之中，机关工作普遍陷于瘫痪、半瘫痪状态。

1967年元旦，《人民日报》、《红旗》杂志发表社论《把无产阶级文化大革命进行到底》。社论提出：1967年“将是全国全面展开阶级斗争的一年”，“将是无产阶级联合其他革命群众，向党内一小撮走资本主义道路的当权派和社会上的牛鬼蛇神，展开总攻击的一年”。这些充满浓重火药味的词句，预示着一场更大的政治风暴将要在全国范围内到来。果不其然，在张春桥、姚文元的策划下，上海市造反派组织联合召开“彻底打倒”中共上海市委大会，强行夺取原上海市的所有党政大权。各地迅即效仿上海进行夺权，掀起了由造反派夺取党和政府各级领导权的“一月革命”风暴，很快发展成“打倒一切”“全面夺权”的全面内乱。

从1967年1月到1968年秋季的近两年时间，是“文化大革命”十年中最为混乱也是损失最为严重的时期。各地群众组织抢夺枪支，互相武斗，有的地方和单位酿成伤亡惨重的流血事件。就连国家的外交工作，也受到严重干扰和破坏。特别是“三砸一烧”，即冲砸印度、缅甸、印度尼西亚三国驻华机构，冲击并焚烧英国驻华代办处，使国家的国际声誉受到巨大损害。严酷的现实一次次证明，无论打着多么“革命”的旗号，“全面夺权”的结果势必导致无政府主义泛滥，造成不顾国家和人民利益的派性发作，武斗迭起，派仗不息。一些野心家和阴谋家也必然会利用这种情况进一步从中作乱，以图浑水摸鱼。“天下大乱”不会达到“天下大治”，只会使人民的苦难日益深重，局面难以收拾。

几近失控的混乱局面，是毛泽东也没有料想到的。他期望的“团结胜利”求之不得，不禁感慨地引用古人诗句说：“时来天地皆同力，运去英雄不自由。”在不得已的情况下，毛泽东决定派军队全面介入地方工作，维持地方的工农业生产和社会秩序，支持“左派”实现有秩序的夺权活动。1967年3月19日，中央军委发出《关于集中力量执行支左、支农、支工、军管、军训任务的决定》，就是派军队支援工业、支援农业、支持“左派”，军事管制以及对大中学生的军政训练。到1972年8月结束时，参加“三支两军”的部队和指战员先后达280多万人次。总的来说，他们在“文化大革命”最混乱、最复杂的情况下，做了大量的工作，缓和了紧张局面，维护了必要的社会稳定，减少了工农业生产和人民生命财产的损失，保护了一批干部，在可能的范围内减轻了“文化大革命”造成的破坏。但是，在“文化大革命”这样全局性的错误中，执行“三支两军”任务的指战员既缺乏思想准备，又缺乏地方工作经验，特别是受到林彪、江青集团的干扰、破坏，使得这项工作特别是“支左”过程中，不能不发生许多错误，给部队的思想、作风和组织建设以及军队和地方的关系带来一些消极的后果，损害了解放军在群众中的声誉。

三、林彪、江青集团的覆灭

随着全国各省、市、自治区建立革命委员会和工人、解放军宣传队进驻学校、机关，“文化大革命”进入了相对有序的阶段。在这种形势下，中共九大于1969年4月在北京召开。当时，与会代表当中的许多人都不是通

毛泽东在中共九大全体会议上

过正常选举程序产生的，他们或由革命委员会与各造反派组织负责人协商决定，或直接由上级部门指定，造成九大代表成分严重不纯，不少造反派头头、卖身投靠分子混入其中。

林彪代表中央做的政治报告，认为这次“文化大革命”是社会主义社会中的两个阶级、两条道路、两条路线长期尖锐斗争的必然结果，是“公开地、全面地、由下而上地发动广大群众来揭发我们的黑暗面”的形式。他还极力鼓吹“无产阶级专政下继续革命的理论”是照耀着中国社会主义革命和社会主义建设航向的“光芒万丈的灯塔”。九大通过的党章，将党员权利一节全部删掉，破坏了党内的民主生活，还完全违背了中国共产党民主选举的组织原则，把林彪“是毛泽东同志的亲密战友和接班人”写入总纲。九大选出新的中央委员会，在中央政治局委员中，林彪、江青帮派中的骨干和亲信占半数以上，八届中央委员和候补中央委员继续当选的只有 53 人，不到上届的三分之一，许多功勋卓著的革命家被排斥在外。以上情况说明，九大使“文化大革命”的理论和实践合法化，加强了林彪、江青等人在党中央的地位，因而在思想上、政治上、组织上的指导方针都是错误的。九大的召开，不仅没有像毛泽东所希望的那样，使“文化大革命”以胜利的姿态趋向结束，而且埋下了更深的危机种子。

九大以后，毛泽东试图进一步通过“斗、批、改”，在各个领域有组织地开展政治运动，落实政策，稳定局面，“巩固胜利成果”，达到“天下大治”的设想。所谓“斗、批、改”，包括建立革命委员会、大批判、清理阶级队伍、整党建党、精简机构、改革不合理的规章制度、干部下放劳动等阶段。在实际工作中还包含“教育革命”、医疗卫生革命、知识青年上山下乡等内容。但事与愿违，“斗、批、改”虽然在恢复正常秩序上做了一些努力，实际上却把“文化大革命”的“左”倾错误在各个领域具体化，结果使党内矛盾和社会矛盾继续紧张，伤害了大批干部群众。

原来勾结在一起的林彪、江青集团，九大后在权力分配上的矛盾日益尖锐，走向相互倾轧和争斗。特别是在设国家主席问题上，林彪与毛泽东也产生了争执。毛泽东表示不设国家主席，自己坚决不当国家主席，但林彪一反常态，始终固执己见，建议设国家主席。究其原因，在于如果设国家主席，而毛泽东又不当，极有可能由林彪来担任；毛泽东不同意设国家主席，便暗含着不赞成林彪当国家主席的意思。1970 年 8 月，林彪集团在九届二中全会上搞宗派活动，继续坚持设国家主席。这使毛泽东感到事态已经十分严重，在全党开展了“批陈整风”运动，并采取“甩石头”“掺沙子”“挖墙脚”等措施，进一步削弱林彪集团的权势。其中，“甩石头”，指毛泽东这一时期批发的一些文件和指示；“掺沙子”，指派人进入林彪控制的中央军委办事组；“挖墙脚”，指改组北京军区。

尽管毛泽东对林彪仍然留有余地，但林彪对毛泽东的批评，不仅拒绝接受，反而认为危机来临，决心铤而走险。在谋害毛泽东的计划落空后，林彪、叶群、林立果等人在 9 月 13 日凌晨乘“三叉戟”飞机仓皇出逃，在蒙古温都尔汗机毁人亡。得知林彪强行乘机飞走时，周恩来通过无线电反复呼叫，劝他们回来，并说：不论飞机在何处降落，我周恩来都到机场去接。但飞机上一直没有答复。汪东兴向毛泽东请示要不要拦截，毛泽东考虑到全国人民还不知道林彪的真相，只说：“林彪还是我们党中央的副主席呀。‘天要下雨，娘要嫁人’，不要阻拦，让他飞吧！”

9 月 18 日，经毛泽东批准，中共中央发出通知说：“林彪于一九七一年九月十三日仓惶出逃，狼狈投敌，叛党叛国，自取灭亡。”这一惊心动魄的事件，让人们惊讶地看到，鼓吹个人崇拜最力的林彪竟然阴谋杀害党的主席，由党章规定的接班人竟然出国叛逃，从而对“文化大革命”产生了更深的怀疑，要求结束这场灾难的呼声逐渐高涨。

为了揭发、批判林彪集团的罪行，全国开展了“批林整风”运动。在毛泽东支持下，周恩来主持中央日常工作，开始比较系统地纠正极左思潮，落实干部政策，恢复正常秩序，使各方面的工作有了转机。经过近两年的调整和整顿，各方面工作都有明显起色。但毛泽东仍然继续坚持“文化大革命”的错误指导思想，认为当时的任务是反对“极右”，而不是批判极左。1973 年 8 月召开的中共十大，继续肯定九大路线，肯定无产阶级“文化大革命”，肯定“无产阶级专政下继续革命”的理论，强调“党内路线斗争”和“文化大革命”今后还要进行多次，并把批判林彪的“极右实质”列为首要任务。这样的“左”倾错误指导方针，只能使“文化大革命”继续发展。不过，邓小平、王稼祥、乌兰夫、谭震林等在“文化大革命”中受迫害和排挤的老干部，重新被选进了中央委员会，增强了党内同江青集团斗争、纠正“左”倾错误的力量。

中共十大以后，江青、张春桥、姚文元、王洪文在中央政治局内结成“四人帮”，受到毛泽东的信任和重用。“四人帮”为了篡夺权力，利用毛泽东批准开展“批林批孔”运动，把矛头指向周恩来等老一辈革命家。他们指使在上海、北京的“罗思鼎”“梁效”等写作班子，发表大量所谓“批孔”文章，影射周恩来是“现在的儒”，对周恩来前一阶段的调整和整顿工作进行攻击，继续制造动乱，使得刚刚趋向稳定的政治局势和有所发展的国民经济重新遭到严重破坏。这时的毛泽东，虽然同意“批林批孔”，但又力求局势稳定，不愿意再出现“打倒一切”“全面内战”的局面。当他察觉到“四人帮”的图谋后，对“批林批孔”运动作出限制性规定。中共中央先后发出通知，规定“批林批孔运动在党委统一领导下进行，不要成立战斗队一类群众组织，也不要搞跨行业、跨地区一类的串联”，“清查的范围应限制在同林彪反党集团阴谋活动有关的问题，不要扩大化”。1974 年 7 月 17 日，毛泽东在中共中央政治局会议上，批评江青、王洪文、张春桥、姚文元“不要搞成四人小宗派”。

1975 年 1 月，四届全国人大一次会议在北京举行。在毛泽东支持下，会议确定了以周恩来、邓小平为核心的国务院领导人员。会后，已患重病的周恩来病情更加严重。邓小平相继主持国务院和中共中央的日常工作，对军队、铁路、煤炭、钢铁、财政、国防科技等各领域进行了大刀阔斧的整顿，扭转了这些部门的混乱状况，使行之有效的制度和措施得以恢复，生产和经济出现了良好发展势头。经过整顿，大部分地区的社会秩序趋于稳定，国民经济由停滞、下降转向回升，工农业产品产量均有较大幅度增长。1975 年是“文化大革命”以来国民经济发展最好的一年。

整顿工作的深入展开，不可避免要触及“文化大革命”的“左”倾错误，逐渐发展成为对“文化大革命”的比较系统的纠正。这种发展趋势，既遭到“四人帮”的猖狂反对，也为毛泽东所不能容忍。毛泽东支持邓小平主持党和国家的日常工作，但他仍然认为“文化大革命”是正确的，希望邓小平在肯定“文化大革命”的前提下实现安定团结，把国民经济搞上去。1975 年 11 月，毛泽东提出由邓小平主持做一个肯定“文化大革命”的决议，总的评价是“三七开，七分成绩，三分错误”。邓小平引用毛泽东将重新工作的老干部比作“桃花源中人”的话，回答道：“由我主持写这个决议不适宜，我是桃花源中人，‘不知有汉，无论魏晋’。”对此，毛泽东很不满意，发动了“反击右倾翻案风”的运动，再度造成社会混乱。

邓小平主持的全面整顿虽然被迫中断，但它对当时中国的政治生活产生的影响却是巨大而深远的，越来越多的人迫切希望早日结束“文化大革命”。邓小平也因领导整顿给动乱的中国带来安定、生机和希望而赢得了全国各族人民的信任、拥护和爱戴。

1976 年 1 月 8 日，党和国家主要领导人之一、人民的好总理周恩来逝世，在人民群众中引起巨大的悲痛。“四人帮”不仅发出种种禁令压制悼念活动，而且加紧展开了对邓小平的“大批判”。他们把邓小平主持的各条战线的整顿诬蔑为“右倾翻案风”，把邓小平主持制定的文件、条例诬蔑为“复辟纲领”，还从“批邓”概括出所谓“从民主派到走资派”的公式，为“层层揪”走资派、从上到下打倒老干部制造理论根据。“四人帮”的倒行逆施使广大群众的悲痛心情迅速转化成愤怒的情绪，并进而转变为强烈的反抗行动。4 月 4 日清明节这一天，聚集了 200 多万京内外群众的天安门广场，悼念周恩来的活动达到高潮。尽管这场抗议运动被压了下去，但它在全国人民心中燃起的火焰是扑不灭的。

7 月 6 日，党和国家主要领导人及人民解放军创始人之一的朱德逝世。7 月 28 日，河北唐山一带发生强烈地震，人民生命财产受到巨大损失。9 月 9 日，传出不幸的消息：中国共产党的创建人之一，共和国的主要缔造者、党和国家的主要领导人毛泽东逝世。全国人民沉浸在巨大的悲痛之中，也为党和国家的前途深感忧虑。

毛泽东逝世后，“四人帮”加紧了夺取党和国家最高领导权的阴谋活动。他们暗地布置上海的亲信突击发放武器；撇开中央办公厅值班室，在中南海另设值班室，企图由他们指挥全国；还在报上公开诬蔑和威胁华国锋等中央领导人。“四人帮”还明目张胆地操纵清华大学、北京大学、新华社等单位的一些人，竞相给江青写“效忠信”“劝进信”，甚至公然提出要江青“担任中共中央主席和军委主席”，“挑起这副重担”。

当时主持中央工作的华国锋，觉察到“四人帮”篡党夺权的严重危险，认为必须急谋对策。他同叶剑英、李先念以及汪东兴等反复研究，认为同“四人帮”的斗争是势不两立、你死我活的，已超出正常的党内矛盾和党内斗争的范围，必须采取果断措施加以解决，同时还要避免引起大的社会动乱。

10月6日晚8时，决定同“四人帮”斗争胜负的关键时刻到来了。华国锋、叶剑英在中南海怀仁堂召集中共中央政治局常委会议，通知姚文元列席。在张春桥、王洪文、姚文元先后到达会议室时，分别宣布对他们实行隔离审查；同时，派人到中南海江青的住所宣布执行同样的决定。当晚10时，中共中央在北京西郊玉泉山召开政治局紧急会议，一致通过由华国锋任中共中央主席、中央军委主席的决议，将来提请中央全会追认。

粉碎“四人帮”的胜利，结束了“文化大革命”这场灾难，从危难中挽救了中国的社会主义事业，为党和国家进入新的历史时期创造了前提。10月21日，中共中央通过广播和报纸，把粉碎“四人帮”的喜讯公之于世。顿时，举国上下一片欢腾。当天，首都150万军民欢欣鼓舞，举行声势浩大的庆祝游行。郭沫若填写的《水调歌头》词，在全国传唱开来：“大快人心事，揪出‘四人帮’。政治流氓，文痞，狗头军师张，还有精生白骨，自比则天武后，铁帚扫而光。篡党夺权者，一枕梦黄粱。”

对于“文化大革命”这一全局性的、长时间的“左”倾严重错误，毛泽东负有主要责任。“他的功绩是第一位的，错误是第二位的。他为我们党和中国人民解放军的创立和发展，为中国各族人民解放事业的胜利，为中华人民共和国的缔造和我国社会主义事业的发展，建立了永远不可磨灭的功勋。他为世界被压迫民族的解放和人类进步事业作出了重大的贡献。”对此，邓小平精辟地指出：“因为他的功绩而讳言他的错误，这不是唯物主义的态度。因为他的错误而否定他的功绩，同样不是唯物主义的态度。”

第八章

伟大的历史转折

1978 年 11 月 10 日至 12 月 15 日，中共中央在北京京西宾馆召开中央工作会议。

12 月 13 日，在中央工作会议闭幕会上，邓小平发表了《解放思想，实事求是，团结一致向前看》的著名讲话。邓小平指出："一个党，一个国家，一个民族，如果一切从本本出发，思想僵化，迷信盛行，那它就不能前进，它的生机就停止了，就要亡党亡国。"这篇讲话也成为随后召开的中共十一届三中全会的主题报告。中共十一届三中全会结束了"以阶级斗争为纲"的错误路线，将党和国家的工作重心转移到社会主义经济建设上来。以中共十一届三中全会为历史起点，开启了中国社会主义现代化事业的新开端。

第一节　改革的前奏

“文化大革命”结束后，中国将向何处去是全世界普遍关注的一个问题。1977 年 7 月，邓小平正式复出后主管教育和科技。1977 年的冬天，中国恢复了高考；1978 年 3 月，全国科学大会召开，迎来了科学的春天。关于实践是检验真理的唯一标准的大讨论，则为中国改革开放的道路探索、理论创新、实践发展奠定了基石。广大中国人民从中看到了中国未来的希望。

一、把科学和教育管起来

随着“四人帮”退出历史舞台，人们急切地希望结束“文化大革命”时期错误的路线政策，渴望国家能在经济、政治、文化等各个方面迅速出现新的局面。

1977 年 7 月 17 日，中共十届三中全会通过了《关于恢复邓小平同志职务的决议》，决定恢复邓小平中共中央委员、中央政治局委员、中央政治局常委、中共中央副主席、中共中央军委副主席、国务院副总理、中国人民解放军总参谋长等职务。7 月 21 日，73 岁的邓小平在全会上讲话，表明了自己对出来工作的态度。他说：出来工作，可以有两种态度，一个是做官，一个是做点工作。我想，谁叫你当共产党人呢，既然当了，就不能够做官，不能够有私心杂念，不能够有别的选择，应该老老实实地履行党员的责任，听从党的安排。1977年7月30日，在北京工人体育场举行了一场国际足球友好邀请赛，邓小平出人意料地出现在主席台上。这是邓小平在中国政坛沉寂一年多之后首次在公众场合露面，全场观众以热烈的掌声欢迎他重新出来工作。群众盼望邓小平复出工作，早在1975年邓小平第二次复出时，就曾对中国的国民经济进行大刀阔斧的全面整顿，改善了人民的生活。邓小平的露面，使刚刚摆脱动乱岁月的人们看到了新的希望。

在“文化大革命”中，中国的教育事业遭到了沉重打击。邓小平对中国教育事业的处境了然于胸，他认为同发达国家相比“中国的科学技术与教育落后了整整20年”。1977年8月4日至8日，邓小平主持召开科学和教育工作座谈会，邀请德高望重的科学家和教育工作者一起座谈，听取他们对科学和教育工作的意见。8月6日下午，武汉大学化学系查全性副教授批评了当时的招生制度，呼吁恢复高考，希望恢复到通过入学考试直接向应届高中生招生的办法。他的发言引起了与会者的共鸣，也引起了邓小平的注意。邓小平问时任教育部部长的刘西尧，今年改恐怕已经来不及了吧？刘西尧说，推迟开学，就还来得及！邓小平当场做了决断：既然今年还有时间，那就坚决改嘛！把原来写的招生报告收回来，根据大家的意见重写。招生涉及下乡的几百万青年。要拿出一个办法来，既可以把优秀人才选拔上来，又不要引起波动。

在邓小平的推动下，教育部于1977年八九月间召开了全国高等学校招生工作会议，制定了《关于一九七七年高等学校招生工作的意见》。10月5日，中央政治局讨论并通过了这一意见。随后，国务院批转了这一意见，正式决定从当年起，采取自愿报名、统一考试、择优录取的办法。1977年的冬天，全国570万考生走进了考场。1978年的春天，他们中的27万人步入了大学校园。高校招生制度的恢复改变了整整一代人的命运，也改变了整个国家的价值取向和社会风尚。

1978年1月，《人民文学》发表了徐迟的长篇报告文学《哥德巴赫猜想》，这篇作品的特点是：“臭老九”成为主角。性格内向的主角陈景润很

1977年年底，全国有570万名青年参加了高校招生考试。27万人成为新时期的第一批大学生。图为参加高考的考生正在认真地答卷

快出了名，科学家也成为人们尊敬和向往的职业，“学好数理化，走遍天下都不怕”又重新挂在人们的嘴边。1978年3月18日，全国科学大会在人民大会堂召开，5000多名科技代表一起出席全国科学大会。邓小平在会上提出了“科学技术是生产力”的观点。他说：现代科学技术的发展，使科学与生产的关系越来越密切了。科学技术作为生产力，越来越显示出巨大的作用。为了实现科学研究计划，邓小平表态说：“我愿意当大家的后勤部长。”会上，重病中的中国科学院院长郭沫若以《科学的春天》为题，做了长篇书面发言。他的发言充满着诗意：日出江花红胜火，春来江水绿如蓝。这是革命的春天，这是人民的春天，这是科学的春天！让我们张开双臂，热烈地拥抱这个春天吧！全国科学大会意义非凡，大会制定了《1978—1985年全国科学技术发展规划纲要（草案）》，确定了科技战线的工作任务。这次大会极大地振奋了人们的精神，有力地促进了科学事业的发展，昭示着科学春天的来临。

二、思想冰封的解冻

1978年5月10日，中央党校《理论动态》发表了一篇题为《实践是检验真理的唯一标准》的文章。文章指出："检验真理的标准只能是社会实践。"一石激起千层浪，一场关于真理标准问题的大讨论就此拉开了序幕。

这篇文章一经发表就受到非议，当时有人说这篇文章"理论上是荒谬的，思想上是反动的，政治上是砍旗帜的"。这些争论很快引起了邓小平的注意。5月30日，邓小平在一次谈话中指出：现在发生了一个问题，连实践是检验真理的标准都成了问题，简直是莫名其妙！几天后，邓小平在全军政治工作会议上公开批评了"两个凡是"的观点。邓小平对这场讨论给予了及时的支持，在此基础上，一场关于真理标准问题的大讨论以不可阻挡之势在全国展开了，并很快形成了一股思想解放的洪流，对"两个凡是"造成的禁区造成了强大冲击。

然而阻力依然存在。当时分管宣传工作的一位领导指责《人民日报》、《光明日报》、新华社等单位负责人党性不强，把关不严，并提出"党性不强，接受教训，下不为例"的工作方针。1978年7月21日，邓小平再次表态："不要再下禁令、设禁区了，不要再把刚刚开始的生动活泼的政治局面向后拉。"8月19日，邓小平在同文化部负责人谈话中指出："我说过《实践是检验真理的唯一标准》这篇文章是马克思主义的，是驳不倒的，我是同意这篇文章的观点的，但有人反对，说是反毛主席的，帽子可大啦。"真理往往越辩越明。到9月份，中央各部门，全国各省区市以及各大军区的

实践是检验真理的唯一标准

邓小平题字

负责人纷纷发表文章或讲话支持和响应这场大讨论。截至年底，中央和各省级报刊相继刊登关于真理标准问题讨论的文章近650篇，形成了一场声势浩大的全国讨论热潮。这场大讨论，后来被称为中国现代思想史上的一次思想大解放运动，为中国改革开放的道路探索、理论创新、实践发展奠定了基石。

1978年9月，邓小平视察了东北三省、唐山、天津等地。邓小平一路走一路讲，号召各地方负责同志在工作中要解放思想，破除僵化。9月16日，邓小平在听取吉林省委常委的工作汇报后，尖锐地指出：怎么样高举毛泽东思想旗帜，是个大问题。现在党内外、国内外很多人都赞成高举毛泽东思想旗帜。什么叫高举？怎么样高举？大家知道，有一种议论，叫作“两个凡是”，不是很出名吗？凡是毛泽东同志圈阅的文件都不能动，凡是毛泽东同志做过的、说过的都不能动。这是不是叫高举毛泽东思想的旗帜呢？不是！这样搞下去，要损害毛泽东思想。邓小平指出：“现在摆在我们面前的问题，关键还是实事求是、理论与实际相结合、一切从实际出发。这是政治问题，是思想问题，也是我们实现四个现代化的现实问题。”1978年10月11日，邓小平在中国工会第九次全国代表大会致辞时，进一步提出加快实现四个现代化的要求，“这是一场根本改变我国经济和技术落后面貌，进一步巩固无产阶级专政的伟大革命”。

从1978年10月开始，邓小平先后访问了日本、泰国、马来西亚、新加坡、缅甸等5个国家。邓小平将日本作为访问的第一站，并安排了大量的时间参观考察日本的工厂企业。10月25日，邓小平在与日本经团联合会会长土光敏夫谈话时说：中国荒废了10年，在此期间，日本等其他国家进步了。因此我们落后了20年。当看到日本工厂生产汽车的能力是中国长春一汽生产能力的几十倍时，邓小平说：“我懂得了什么是现代化了。”10月26日下午，邓小平乘坐时速210公里的新干线列车前往京都。当被问及乘坐新干线的感受时，邓小平说：“就感觉到快，有催人跑的意思，所以我们现在更合适了，坐这个车。我们现在正合适坐这样的车。”邓小平对现代化有了直观的感受，奋起直追的紧迫感溢于言表。

第二节　解放思想，实事求是，团结一致向前看

1978 年 12 月，中共十一届三中全会在北京召开。大会宣布：“全党工作的着重点应该从 1979 年转移到社会主义现代化建设上来。”大会作出了改革开放的战略决策，开启了中国社会主义现代化建设新的征程。这次会议被称为“新时期的遵义会议”，它开启了一次划时代的历史转折，以 1978 年的中共十一届三中全会为历史起点，中国从此步入了新时期的改革元年。

一、中央工作会议议题的转变

1978 年 11 月 10 日，中央工作会议在北京京西宾馆举行。会议按区域分为 6 个组：东北组、华北组、西北组、西南组、中南组和华南组。中央政治局决定，会议先用 3 天的时间讨论从 1979 年起把全党工作重点转移到社会主义现代化建设上来的问题。起初，会议议程并没有提及真理标准问题讨论、思想路线转变的问题，也没有提到冤假错案平反的问题。当时，许多同志不满意会议议题的安排，因为大是大非的问题得不到解决，是不可能真正实现工作重心转移的。

11 月 11 日，在分组讨论中，有人提出了“天安门事件”等重大错案的平反问题。11 月 12 日，在东北组讨论中，陈云第一次发言就突破了原定的议题，陈云说：“对有些遗留的问题，影响大或者涉及面很广的问题，是需

要由中央考虑和作出决定的。”接着，陈云提出了为“薄一波等六十一人叛徒集团”案平反，为“天安门事件”平反和关于陶铸、彭德怀的结论等6个重大历史遗留问题。陈云的发言引起了强烈反响。第二天，陈云发言的简报发到了代表手中，人们纷纷敞开心扉，讲出了憋在心里多年的话。会议气氛也随之转变，各组发言的重点集中到平反冤假错案问题，特别是为“天安门事件”平反的问题上。原定20天的会议，开了整整36天。胡耀邦后来说，这次会议的发言简报估计有150多万字，相当于2部《红楼梦》、近3部《三国演义》。

中央工作会议期间，话剧《于无声处》在全国各地上演。这部以歌颂1976年清明节首都人民在天安门广场悼念周恩来总理、同“四人帮”做斗争为创作背景的话剧，犹如一声惊雷，发出了为“天安门事件”平反的最强音。1978年11月14日，经中共中央批准同意，中共北京市委常委扩大会议正式通过了为“天安门事件”平反的决定。11月15日，《北京日报》公布了这个决定，指出：1976年清明节，广大群众到天安门广场悼念我们敬爱的周总理，完全是出于对周总理的无限爱戴、无限怀念和深切哀悼的心情；完全是出于对“四人帮”祸国殃民的滔天罪行的深切痛恨，它反映的是全国亿万人民的心愿。广大群众沉痛悼念敬爱的周总理，愤怒声讨“四人帮”，完全是革命行动。对于因悼念周总理、反对“四人帮”而受到迫害的同志要一律平反，恢复名誉。11月16日，《人民日报》《光明日报》等各大报刊登了新华社题为《中共北京市委：天安门事件完全是革命行动——对于1976年清明节因悼念敬爱的周总理、反对“四人帮”而受到迫害的同志要一律反平、恢复名誉》的报道。中央工作会议也提出了为其他一些重大错案平反的问题，如“二月逆流”“反击右倾翻案风”等错案的平反问题。

在大家的强烈要求下，中央政治局常委讨论了上述错案，并作出了决定。11月25日，华国锋代表中央政治局在会上宣布：（一）“天安门事件”完全是革命的群众行动，应该为“天安门事件”公开彻底平反。（二）为因所谓“二月逆流”受到冤屈的所有同志一律恢复名誉，受到牵连和处分的所有同志一律平反。（三）已经查明“薄一波等六十一人案件”是一起

群众在天安门前聚会，拥护中共北京市委为“天安门事件”平反的决定

重大错案，应为这一重大错案平反。（四）彭德怀曾担任过党政军的重要领导职务，对党和人民作出过重大贡献，怀疑彭德怀里通外国是没有根据的，应予否定。（五）陶铸在几十年的工作中对党对人民是有贡献的。经过复查，过去将他定为叛徒是不对的，应予平反。（六）将杨尚昆定为阴谋反党、里通外国是不对的，应予平反。（七）康生、谢富治有很大的民愤，对他们进行揭发批判是合情合理的。（八）一些地方性的重大事件，一律由各省、市、自治区党委根据情况实事求是地予以处理。此外，中央还决定，中央专案组结束工作，全部案件移交中央组织部。12 月 14 日，会议印发华国锋这次讲话的定稿本，又增加了一条内容：“实践证明，反击右倾翻案风是错误的。”

二、邓小平的“主题报告”

中央工作会议的顺利进行、“天安门事件”的平反，为人们的思想解放创造了好时机。邓小平决定重新起草他在中央工作会议上的讲话，他亲笔拟出了 3 页纸 400 多字的讲话提纲。1978 年 12 月 13 日，在中央工作会议闭幕会上，邓小平发表了《解放思想，实事求是，团结一致向前看》的著名讲话。邓小平说：解放思想，开动脑筋，实事求是，团结一致向前看，首先是解放思想。只有思想解放了，我们才能正确地以马列主义、毛泽东思想为指导，解决过去遗留的问题，解决新出现的一系列问题，正确地改革同生产力迅速发展不相适应的生产关系和上层建筑，根据我国的实际情况，确定实现四个现代化的具体道路、方针、方法和措施。邓小平的这篇讲话实际上成为之后召开的中共十一届三中全会的主题报告。

在中央工作会议取得的重大成果基础上，1978 年 12 月 18 日至 22 日，中共十一届三中全会在北京京西宾馆举行。由于已经有了中央工作会议的充分准备，这次具有历史转折意义的重要会议只开了 5 天，顺利得令人吃惊，仿佛是瓜熟蒂落、水到渠成。12 月 22 日，大会宣布："全党工作的着重点应该从 1979 年转移到社会主义现代化建设上来。"这一决定彻底结束了"以阶级斗争为纲"的错误方针。大会作出了改革开放的战略决策，开启了中国社会主义现代化建设新的征程。这次会议实际上形成了以邓小平为核心的第二代领导集体，最终完成了从"两个凡是"到实事求是，从"以阶级斗争为纲"到以经济建设为中心，从封闭和墨守成规到改革开放的三个历史性转变。

这是一次划时代的转变，以中共十一届三中全会为历史起点，中国从此开始了一场改变贫困落后面貌的新革命。

三、坚持四项基本原则

1979 年 1 月 18 日，中共中央在北京召开了理论工作务虚会。理论工作务虚会的讨论气氛十分活跃，最开始是集中批评"两个凡是"的错误方针，然后发展为分清理论是非，再进一步，会议讨论的议题转到了其他重大理论问题上，而所有这些都不可避免地涉及对毛泽东和毛泽东思想的评价。总体来看，通过理论工作务虚会的讨论，提出了对毛泽东历史地位和毛泽东思想的评价问题，讨论中形成了一些有价值的思想观点，但由于缺乏充分的理论准备，也由于对这个问题的特殊性缺乏深刻认识和稳妥把握，致使讨论也出现了一些偏差。

此时，中国社会正处于历史转折和大变动时期，社会上出现了一些思想混乱的现象。1978 年 11 月，北京西单墙贴出了一批申诉冤情的大字报，批判“两个凡是”和思想僵化，“西单民主墙”由此形成。但很快，其性质便急剧右转，一批私自编印的刊物开始出现，不少是鼓吹西方民主自由、纯粹政治性的刊物。此外，武汉、广州的市中心也出现类似北京“西单民主墙”的场所。社会上的错误思潮在不断蔓延、扩散，甚至理论工作务虚会上也出现了一些思想认识上的偏差，部分与会者对社会上的错误思潮没有给予正确的认识，这些情况使会议的第二阶段难以按照原计划进行下去。

1979 年 2 月上旬，访美归来的邓小平看了理论工作务虚会的简报，感到问题已相当严重。在了解社会上错误思潮蔓延的情况后，邓小平决定要在理论工作务虚会上对这些错误思潮作出明确的回答。3 月 28 日，理论工作务虚会复会。会议改由中共中央主持，名称前加上了“全国”二字，称为“全国理论工作务虚会”。3 月 30 日，邓小平在人民大会堂代表党中央做了重要讲话，即著名的《实现四个现代化必须坚持四项基本原则》。邓小平在讲话中肯定了理论工作务虚会所取得的成绩，同时，对理论工作务虚会中出现的错误的思想观点提出了批评。邓小平在讲话中毫不含糊地说：中央认为，我们要在中国实现四个现代化，必须在思想政治上坚持四项基本原则。这是实现四个现代化的根本前提。这四项是：第一，必须坚持社会主义道路；第二，必须坚持无产阶级专政；第三，必须坚持共产党的领导；第四，必须坚持马列主义、毛泽东思想。邓小平提出坚持四项基本原则意义重大，他深刻地指出了当时全党工作中，特别是思想理论战线上的一些根本性问题，对于坚定不移地贯彻中共十一届三中全会的方针具有重大指导意义。

第三节　拨乱反正

中共十一届三中全会之后，全面的拨乱反正工作进一步深入展开，在多方的共同努力下，为新中国成立以来出现的重大冤假错案做了平反。1981年6月，中共十一届六中全会召开，全会一致通过了《关于建国以来党的若干历史问题的决议》，这是对我们党自新中国成立以来若干重大历史问题的深刻总结，是对毛泽东思想的全面深刻的认识，进一步统一了思想。

一、平反冤假错案

思想的束缚解除了，但历史的包袱却仍然压得许多人喘不过气来。1978年11月26日，邓小平在会见外宾时说：有错必纠是毛主席历来提倡的。随后，平反冤假错案工作被定为中央组织部当前最紧迫的任务。中共中央纪律检查委员会第一次全会通告也明确指出：冤案、错案、假案一经发现，就要坚决纠正。

大规模的平反冤假错案工作全面展开后，党、政、军的一些高级干部陆续得到平反昭雪，全国数千万人的命运得到改变。在整个平反冤假错案的工作中，影响最大的事件是为刘少奇平反昭雪。1979年2月，中共中央作出决定，由中央纪律检查委员会和中央组织部联合对刘少奇一案进行复查。中央纪委和中组部组织人员组成“刘少奇案件复查组”，对刘少奇的案

1980年5月17日，中共中央在北京为刘少奇同志举行隆重的追悼大会

件进行调查核实。经过近10个月的调查研究、核对材料，最终形成了《关于刘少奇案件复查情况报告》。复查报告说明，“文化大革命”中以中共中央名义作出的《关于叛徒、内奸、工贼刘少奇罪行的审查报告》，是江青、康生、谢富治一伙通过虚构材料、伪造证据等恶劣手段编造而成的。审查报告中强加给刘少奇的种种罪名，没有一项是符合事实的。1980年2月23日至29日，中共十一届五中全会在北京召开，会议一致通过了《关于为刘少奇同志平反的决议》。

与此同时，中央还采取了一系列措施，调整各方面的社会关系，以调动全社会的积极因素。从1979年1月起，开始摘掉地主、富农分子的帽子，给予他们以农村人民公社社员的待遇；同时还为国民党起义、投诚人员落实政策；并在全面复查的基础上，进行了错划右派的改正工作。思想路线、政治路线、组织路线上一系列的拨乱反正，使中国从“文化大革命”后的一片混乱中重新理出头绪，走上了正常发展的轨道。

二、科学评价毛泽东和毛泽东思想

在此前召开的理论务虚会上，就有人提出可以按照关于若干历史问题的决议的形式，作出一个新中国成立以来若干历史问题的决议，对新中国成立以来30年的历史做一个总结，正确评价毛泽东和毛泽东思想，全面评价“文化大革命”，以便统一全党的思想认识。1979年国庆之后，党中央把起草历史决议正式提上了工作日程。1979年10月下旬，中央政治局常委决定着手起草新中国成立以来党的若干历史问题的决议。起草工作由邓小平主持，胡耀邦、胡乔木、邓力群组织实施，胡乔木主要负责。

从1980年3月到1981年9月，邓小平先后11次对决议的起草和修改提出自己的意见。历史决议从起草到形成，反复修改了几十次。邓小平指出，决议的中心问题是确立毛泽东的历史地位，给毛泽东一个公正的评价。如果这一条写不好，就没有必要做这个决议。1980年8月，就在历史决议起草紧锣密鼓地进行的时候，邓小平会见了意大利记者奥琳埃娜·法拉奇。在采访中，法拉奇问道：“天安门上的毛主席像，是否要永远保留下去？”邓小平回答说：“永远要保留下去……尽管毛主席过去有段时间也犯了错误，但他终究是中国共产党、中华人民共和国的主要缔造者。拿他的功和过来说，错误毕竟是第二位的。他为中国人民做的事情是不能抹杀的。从我们中国人民的感情来说，我们永远把他作为我们党和国家的缔造者来纪念。”

1981年6月27日至29日，中共十一届六中全会召开。6月27日的全体会议一致通过了《关于建国以来党的若干历史问题的决议》。至此，拨乱反正的历史任务彻底完成了。抛掉了历史包袱的中国人，开始用自己的双手开创中华民族复兴之路上的又一个辉煌。

第九章

全力推进改革开放

习近平总书记曾这样评价道：“正是由于有邓小平同志大力倡导和全力推进的改革开放，中国特色社会主义才能欣欣向荣，中国人民才能过上小康生活，中华民族和中华人民共和国才能以新的姿态屹立于世界东方。”

党的十一届三中全会以后，邓小平站在时代要求、国家发展、人民期待的高度，同中央领导集体一起，领导中国共产党作出一系列重大决策，把改革开放和社会主义现代化建设一步一步推向前进。邓小平紧紧抓住“什么是社会主义、怎样建设社会主义”这个基本问题，响亮提出“走自己的道路，建设有中国特色的社会主义”的伟大号召，带领中国人民在新中国成立以来革命和建设实践的基础上，成功走出了一条中国特色社会主义新道路。

第一节 探索的起点：农村家庭联产承包责任制

1978 年 11 月的一个冬夜，安徽凤阳县小岗村的 18 个农民，借助一盏昏暗的煤油灯，冒着巨大的风险签下了分田到户的契约，并且人人发誓：宁愿坐牢杀头，也要分田到户搞包干。这张由 18 个农民歪歪斜斜地盖满红手印的契约书，历史性地成为饱受饥寒困扰的中国农民的宣言书。谁也没有想到中国农村改革的大幕会由此拉开。事实再一次证明，历史是由人民创造的。

一、中国农村改革的宣言书

20 世纪 50 年代中期，一套不符合中国农村实际的经济政策和政治体制被硬性推行，结果严重挫伤了农民生产的积极性，造成农村生产力的萎缩。

中共十一届三中全会以后，中国的改革率先从农村开启，而农村改革取得历史性的突破又是首先从安徽开始的。1977 年 6 月 20 日，中共中央改组安徽省委。在万里的主持下，中共安徽省委制定了《关于当前农村经济政策几个问题的决定（试行草案）》，即后来人们通常所说的“省委六条”。虽然“省委六条”的规定中照例写了要维护人民公社“一大二公”，不搞联系产量责任制，逐步实行所有制过渡的条文，但本质上是尊重农民自主权，允许社员根据不同的农活组成作业组，定任务、定质量、定时间、定工分。这在当时还没有拨乱反正的情况下，已经非常难能可贵了。广大农民感到

“大锅饭”变小了，手脚也松了松绑，对此十分认同，安徽全省农村开始出现了生机与活力。

然而，就在“省委六条”实施的第一年——1978 年，安徽发生了百年不遇的特大旱灾。凤阳县梨园公社小岗生产队夏收分麦时，每个劳动力才分到 7 斤。10 月份，时值秋种之际，为了不使劳动力再外流，把麦子种下去，保证全村来年有饭吃，小岗生产队搞起了“包产到组”，然而“包产到组”仍然没有解决大伙的口粮问题。小岗生产队队长严俊昌、副队长严宏昌把全村 18 家农民的户主召集到会计严立华家。严宏昌将他起草的一张分田到户“契约”念给大家听：我们分田到户，家家户主签字盖章，如以后能干，每户保证完成每户的全年上交（缴）和公粮，不在（再）向国家伸手要钱要粮。如不成，我们干部作（坐）牢杀头也干（甘）心，大家社员也保证把我们的小孩养活到 18 岁。借助一盏昏暗的煤油灯，18 个衣衫褴褛的农民在这张契约上按下血红的指印，并且人人发誓：宁愿坐牢杀头，也要分田到户搞包干。

让这 18 户农民没有想到的是，这张歪歪斜斜地盖满红手印的“契约”，成了中国农村改革的宣言书！

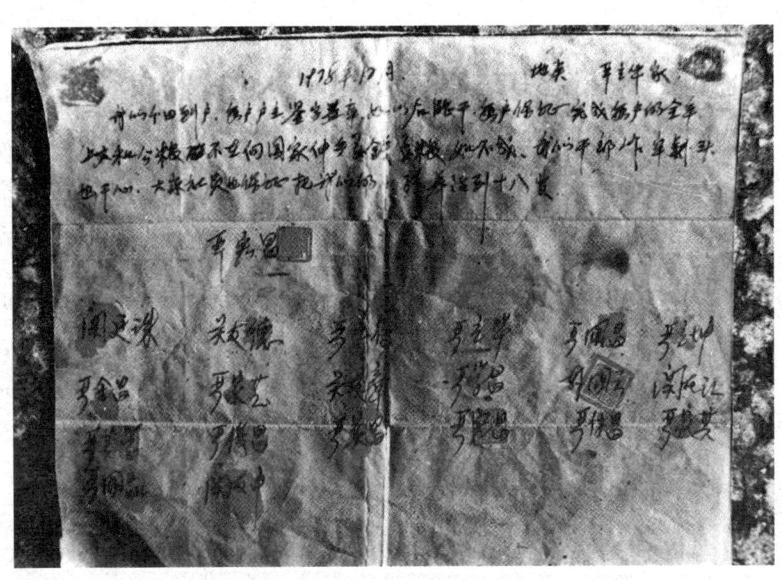

1978年12月 地点 严立华家

我们分田到户，每户户主签字盖章，如以后能干，每户保证完成每户的全年

上交和公粮，不在向国家伸手要钱要粮，如不成，我们干部作牢杀头

也干心，大家社员也保证把我们的小孩养活到十八岁

1978 年 12 月，安徽凤阳县梨园公社小岗生产队的农民冒着极大的风险，冲破禁区，订立了把土地分到户、实行“大包干”的合同书，引发了中国农村的深刻变革

1979年3月12日至24日，国家农委邀请广东、湖南、四川、江苏、安徽、河北、吉林7省农村工作部门和安徽全椒、广东博罗、四川广汉3县负责人在北京开座谈会，讨论建立健全农业生产责任制问题。安徽农委主任周曰礼在会上汇报了1天，列举了包产到户的做法和诸多好处，结果在会上引起了激烈争论。多数代表认为，包产到户和分田单干没有区别，表示坚决反对。3月15日，《人民日报》在头版头条发表了署名张浩的群众来信，这篇题为《“三级所有，队为基础”应当稳定》的文章配发了编者按，对“分田到组”“包产到组”进行了公开批判，指出应当坚决纠正这些错误做法。面对因“张浩来信”而焦虑不安的干部群众，万里说：“报纸像公共汽车，他可以打票乘车，你也可以打票乘车，他写稿登了，你也可以写稿。”根据省委的指示，安徽省农委的同志给《人民日报》写了一篇题为《正确看待联系产量的责任制》的来信。3月30日，《人民日报》在头版显著位置发表了这封信，同时也配发了长篇按语，承认“张浩来信”及按语中有些提法不够准确。

春华秋实。1979年，实行“包干到户”的小岗生产队获得了大丰收。小岗生产队由原来的“讨饭队”一跃成为“冒尖队”，大包干的名声迅速传开。到北京参加五届全国人大二次会议的万里，把安徽实行责任制和在农村目睹的情况，专门向邓小平做了汇报，也反映了各方面的压力和不同看法。邓小平听后，果断地说：“不要争论，你就这么干下去就行了，就实事求是干下去。”

关于包产到户的争论并未停止。争论的焦点是包产到户到底姓“资”姓“社”的问题。1980年4月2日，邓小平特地把胡耀邦、万里、姚依林、邓力群找来谈话。在谈到农业问题时，邓小平说，对地广人稀、经济落后、生活贫穷的地区，政策要放宽，要使每家每户都自己想办法，多找门路，增加生产，增加收入。有的可包给组，有的可包给个人，这个不用怕，这不会影响我们制度的社会主义性质。在这个问题上要解放思想，不要怕。这次谈话是邓小平对安徽试行的联产承包责任制的又一次表态支持。

紧接着，1980年5月31日，邓小平在同胡乔木、邓力群的谈话中，着重谈了关于农村政策问题。他说："可以肯定，只要生产发展了，农村的社会分工和商品经济发展了，低水平的集体化就会发展到高水平的集体化，集体经济不巩固的也会巩固起来。关键是发展生产力，要在这方面为集体化的进一步发展创造条件。"邓小平这次谈话，是对安徽实行大包干、包产到户和农业生产责任制的极大支持与鼓舞，给广大干部和群众吃了定心丸，也为几年来关于包产到户的争论彻底画上了句号。

1982年1月，在中国共产党的历史上第一次以"一号文件"形式发出农村工作文件《全国农村工作会议纪要》。中央以文件形式明确地给包产到户、包干到户正了名，明确地肯定它姓"社"又姓"公"。从此，包产到户、包干到户等生产责任制在全国更广的范围内推广开来。实行了20多年的人民公社制逐渐退出了历史舞台。

二、乡镇企业、私营企业异军突起

家庭联产承包责任制在农村的兴起和推广，使农村和农业经济获得快速发展，极大地解放了农村的生产力。迅速解决了温饱的中国农民，开始了更高的追求。20世纪70年代末80年代初，中国的乡镇企业如雨后春笋，在中国大地迅速发展。

全面实行家庭联产承包责任制之后，"一大二公"的人民公社体制被打破了，农业生产力得到了空前的解放。伴随着农村和农业的发展，农村的隐性剩余劳动力逐渐呈现显性化。与此同时，城市的待业青年和社会闲散人员的就业问题，尤其是"文化大革命"后上千万上山下乡的知识青年集中返城的就业安排问题，亟待解决。同时，在计划经济体制下，原有的国营、集体经济缺乏活力，远不能达到发展生产、繁荣经济的要求，也不能满足人民日益增长的生活需要。这些因素为个体私营经济的恢复和发展创造了条件。

1978 年 12 月，中共十一届三中全会的两个农业文件，宣布解禁农村工商业，家庭副业和农村集贸市场得到了认可。个体工商业的恢复由此开始起步。当然，个体经济的发展是逐步展开的，最初还存在许多限制。1979 年 2 月，国家工商行政管理局召开了“文化大革命”结束后的第一个工商行政管理局局长会议。当时，我国正面临着大批知青返城、城镇积压待业人员 700 万至 800 万人的巨大压力。会议向中共中央、国务院报告指出：“各地可以根据当地市场需要，在取得有关业务主管部门同意后批准一些有正式户口的闲散劳动力从事修理、服务和手工业者个体劳动，但不准雇工。”经党中央、国务院的批准向各地转发了这个报告。这是中共十一届三中全会以后经中央批准的第一个关于允许个体经济发展的报告。虽然这个报告依然对个体经济发展做了种种限制，但重要的是它对个体经济发展开放了“禁区”。

在这样的政策环境下，改革开放以后的第一批个体工商户开始出现。历史上素有经商传统的浙江省，成为全国个体私营经济发展最早，并且发展最快的地区。

1982 年 9 月 16 日，国务院批转了国家物价局等部门《关于逐步放开小商品价格实行市场调节的报告》，决定放开 160 种小商品的价格。1983 年 9 月 1 日，国务院再次批转《关于进一步放开小商品价格的报告》，在第一批

1984 年年底开业的义乌第二代小商品市场的资料照片。1986 年，义乌市场的成交额突破 1 亿元，辐射范围从周边县市延伸到省内外

已放开的160种小商品价格的基础上，再放开350种，两次共放开了510种小商品价格。一时间，全国各地涌现出一大批农村小商品专业市场。

1983年7月，义乌县政府投资58万元，建造起一个占地220亩的摊棚式市场，场内全部是水泥地面，钢架玻璃瓦，这是当时中国最先进的专业市场。到年底，义乌的市场摊位增加到了1050个，日均交易人数为6000人，其中六成以上是外地人，以温州人和台州人为主，上市商品多达3000多种，本地产工业品约占三分之一，其余大多来自省内外乡镇企业及江苏、广东一带的产品，而销往地多为长江以北及云贵等省份。一个跨越省界、辐射全国的市场网在当时已显雏形。当时，一种新颖小商品或新技术只要在国内的城市一出现，没过多久，人们就可以在义乌的市场上找到。

个体私营经济的发展并不是一帆风顺的。依据马克思《资本论》的标准，当时中国个体工商户与私营工商业的划分以雇工8人为界限，超过8人为私营企业，未超过的为个体工商户，时称"八上七下"。随着个体经济的发展壮大，不少个体工商户已经突破了国家规定的雇工8人的限额，成为事实上的私营企业主。而雇工现象在各地的出现，立刻引起有关部门警觉。这是在改革开放环境下社会主义实践中遇到的一个敏感而又复杂的问题，一时间成为思想界、理论界关注的焦点。

年广久绰号"傻子"，1972年开始炒卖瓜子，由于他博采众长，改进炒作工艺，终于在1981年创制出了风味独特，并以自己绰号命名的"傻子瓜子"。为鼓励个体经济发展，芜湖市政府予以大力宣传和报道，使本已在当地小有名气的"傻子瓜子"日趋火爆起来，"傻子瓜子"的经营规模迅速扩大。1981年，年广久开始雇工经营，雇工10人以上。从1982年10月开始，他先后在芜湖市增设了3个生产点，雇工达60多人。1983年1月，年广久成立了安徽省芜湖市傻子瓜子总厂，雇工最多时达103人。年加工、销售瓜子由几万斤猛增到近千万斤。其自有财产也由几千元增加到几百万元，仅1984年就纳税30多万元。对此，人们议论纷纷。

雇工现象的讨论引起了中央高层领导的高度重视，当时党和国家的主要领导人曾多次发表讲话，明确指出：对于雇工经营"不要采取'戴帽

在安徽省芜湖道门巷口，人们冒雪排队购买“傻子瓜子”

子’、‘割尾巴’等简单取缔的办法”，至于个体经济未来的发展方向，“总的原则应该是：第一，要坚持社会主义；第二，不要走过去的老路”。“不能再采取过去那种办集体的办法，走老路，搞来搞去，又是平均主义，吃大锅饭。”要在实践中寻找解决问题的途径，取其利而除其弊。

对于一度闹得沸沸扬扬的“傻子瓜子”问题，1984 年 10 月 22 日，邓小平明确指出：“前些时候那个雇工问题，相当震动呀，大家担心得不得了。我的意见是放两年再看。那个能影响到我们的大局吗？如果你一动，群众就说政策变了，人心就不安了。你解决了一个‘傻子瓜子’，会牵动人心不安，没有益处。让‘傻子瓜子’经营一段，怕什么？伤害了社会主义吗？”1992 年邓小平视察南方，在回顾当时的情况时说：“农村改革初期，安徽出了个‘傻子瓜子’问题。当时许多人不舒服，说他赚了一百万，主张动他。我说不能动，一动人们就会说政策变了，得不偿失。”

第二节　打开对外开放的大门

邓小平曾深刻地指出：“总结历史经验，中国长期处于停滞和落后状态的一个重要原因是闭关自守。经验证明，关起门来搞建设是不能成功的，中国的发展离不开世界。”他在各种场合呼吁，现在是我们向世界先进国家学习的时候了。

世界的发展日新月异，新事物不断出现，新问题不断产生。在这种时代背景下，中国关起门来不行，陷于落后更不行。

一、“中国的大门是敞开的”

“文化大革命”结束后，中央决策层已清晰地认识到中国与西方发达国家的差距，并下定决心要实行对外开放，以积极主动的姿态，向发达国家学习先进技术和先进经验。为了更好学习与借鉴国外经济建设和经济管理的先进经验，出去实地考察是一条必经之路。

1978 年前后，政府分别派出了三路考察团：一个是由谷牧委托国家计委和外经贸部有关领导组成的港澳经济考察团；一个是由李一氓、于光远等带队的赴罗马尼亚、南斯拉夫的考察团；还有一个是由谷牧亲自带队的赴西欧五国的考察团。这三路人马被人们称为中国大陆即将大规模对外开放的“侦察兵”。

邓小平在代表团出访前找谷牧谈话，指示代表团要“广泛接触，详细调查，深入研究些问题”。邓小平鼓励他们详细地做一些调查研究，好的、坏的都要看看，既要看看人家的现代工业发展到了什么水平，也要看看他们的经济工作是怎么管的，资本主义的先进经验、好的经验应当学回来。

6月下旬，中央政治局专门听取了谷牧访问欧洲的情况汇报。谷牧着重讲了三点：第一，第二次世界大战后西欧发达国家的经济确有很大发展，尤其是科技日新月异，我们已经落后很多，它们在社会化大生产的组织管理方面也有许多值得借鉴的经验；第二，它们的资金、商品、技术要找市场，都看好与中国发展关系；第三，国际经济运作中有许多通行的办法，包括补偿贸易、生产合作、吸收国外投资等，我们可以研究采用。听了汇报，叶剑英、聂荣臻、李先念都表示该是下决心采取措施的时候了。邓小平找余秋里、谷牧、康世恩谈话时提出，不要老是议论，看准了就干，明天就开始，搞几百个项目，从煤矿、有色、石油、电站、电子、军工、交通运输一直到饲料加工厂，明年就开工。

二、邓小平访美

1978年12月16日（美国时间15日），一则消息震惊世界：中美双方决定自1979年1月1日起建立外交关系。1979年1月28日，中国农历大年初一，在举国欢度春节的喜庆时刻，邓小平启程飞赴大西洋彼岸，对美国进行正式访问。在白宫玫瑰园草坪上，美国总统卡特为邓小平举行了盛大的欢迎仪式。邓小平在欢迎仪式上说：中美关系正处在一个新的起点，世界形势也在经历着新的转折。中美两国是伟大的国家，中美两国人民是伟大的人民，两国人民的友好合作，必将对世界形势的发展产生积极且深远的影响。

访美期间，邓小平与卡特共同签署了中美科技合作和文化协定。在这以前，两国间就签署了科技合作协定和文化协定，在教育、商业、空间方面进行合作的协议，以及建立领事关系和互设总领事馆的协议。双方还同意不久将签订航空和海运协定，互派留学生，互派常驻记者等。一位美国高级官员说，所有见过邓小平的人都对他宏伟的计划感到惊异。

在短短 8 天的访问行程中，邓小平与美国各界上百名代表进行了会谈，向人们介绍中国走向开放的政治和经济政策。邓小平凭借着睿智与机敏，让美国乃至全世界都领略了中国的风采和开放意识。2 月 5 日，邓小平在西雅图机场发表的告别讲话中说，希望美国各界朋友多到中国来走走看看。中国的大门对一切朋友都是敞开的。同一天，邓小平的头像再次出现在美国《时代》周刊的封面，仿佛在迎接一个老朋友。美国人幽默地说：邓来了！

三、“合资也可以办”

1979 年，尽管中国已向世界敞开了大门，尽管西方的企业和财团已经开始到中国寻找商机，但与世界隔绝多年的中国让西方的企业和财团在与中国政府打交道时仍顾虑重重，他们担心中国的偿还能力和使用能力，担心中国立法不全，担心中国部门多、层次多、手续繁、效率低。因而，来谈的多，谈成的少。

1978 年 10 月，美国通用汽车公司派出一个代表团，到中国商谈重型汽车合作项目。在谈判过程中，发生了一件令中方意想不到的事。会上，美方代表团团长汤姆斯·墨菲突然打断中方代表有关技术引进问题的发言，提出了一个新方案。时任重型汽车厂筹备处负责人的李岚清后来回忆说：在谈的过程中，美方代表问：“你们为什么只同我们谈技术引进、转让技术，而不谈‘合资经营’。”他们在谈到“合资经营”时，出现了一个我们从来没有听说过的英语词汇—— “joint venture”。尽管我们懂得一些英语，知道“jount”是“共同或共担”，“venture”是“风险”，一个共担，一个风险，是专用名词，确切含义不懂，两个连起来不懂。谈完后，他叫我把钱包拿出来，他也把钱包拿出来，放在桌上。他说什么叫合资啊，就是我们俩把钱放在一起，拿这个钱去经营这个企业，要赚钱我们共同赚，要赔钱我们共同赔，就是我们利益是共同的，再简单地说，就是我们两人“结婚”，我们成立一个共同家庭。我当时脑子里第一个反应，你不了解中国情况，我是共产党员，你是大资本家，我跟你结什么婚啊。

在中方代表看来，美方提出的这种新的合作方式是绝对不可能的事情。两种完全不同的社会制度，怎么可能走到一起呢？他们没有答应美方提出的要求，只是在事后“引进办”如实向上级主管部门做了汇报。

不久，李岚清就收到了一份传真批示。他后来回忆说：

我当时看到复印件，讲到合资的事，小平同志就在里面写：合资也可以办嘛！

这是我看到他最早（关于合资）的批示。这个批示当时的复印件传到我们这来，我们看了以后都是大吃一惊。这是思想的一个突然的解放，合资经营的思路得到了邓小平的肯定。尽管由于通用汽车公司内部的原因和中国重型汽车项目建设方针的变动，当时合资经营没有谈成，但却为中国和其他国家汽车公司的合资经营打开了局面。

1979 年 3 月，第一机械工业部派代表团赴美国、德国、法国对通用、大众、奔驰、雪铁龙汽车公司进行考察，谈判合资经营事宜。几年后，这些汽车公司在中国建起了汽车行业的第一批中外合资企业。

1979 年 6 月 18 日至 7 月 1 日，五届全国人大二次会议在北京举行。这是“文化大革命”结束后一次重要的立法会议，会议制定并通过了地方组织法、选举法、人民法院组织法、人民检察院组织法、刑法、刑事诉讼法和中外合资经营企业法等 7 部法律，标志着中国立法工作在中断了 20 多年后又重新恢复并取得重大突破。在 7 月 1 日通过的这 7 部法律中，中外合资经营企业法于 7 月 9 日颁布实施，比其他 6 部法律提前半年实施。中外合资经营企业法从起草到通过，再到颁布实施，创造了前所未有的高效率。邓小平说，这个法，与其说是法，不如说是我们政治意向的声明。

第三节　经济特区的建立

国门打开之后，中国人看到了中国与世界的明显差距，如何加快步伐，迎头赶上？1979年年初，邓小平访美，向世界展示了中国对外开放的姿态；1979年年底开始，深圳、珠海、汕头、厦门经济特区先后开工建设；1984年5月，中央正式作出决定，开放大连、秦皇岛、天津、烟台、青岛、连云港、南通、上海、宁波、温州、福州、广州、湛江、北海等14个沿海港口城市。此后，中国逐步形成了由沿海到内地的全方位的对外开放格局。

事实证明，经济特区的建设，为中国经济发展注入了新的活力。

一、蛇口，对外开放从这里启动

对中国这样与外界隔绝已久又地域广大的国家来说，如何实施对外开放是一个重要的问题。在对外开放方面，地处中国东南沿海、比邻港澳而又华侨众多的广东等省份，具有得天独厚的条件，中国的对外开放首先从这里取得了突破。

1978年11月，习仲勋在中央工作会议上发言时说，广东自然条件得天独厚。可否这样设想：在保证粮食自给的前提下，让广东放手发展经济作物、畜牧业和渔业，放手发展农副产品加工等社队企业，放手发展外贸出口工业，加强同港澳、华侨的各种经济合作。如果中央同意这个设想，我们决心动员全省人民作出成绩，为国家作出更大的贡献。他还建议中央考虑，允许广东在香港设立一个办事处，与港澳厂商建立直接的联系；凡是来料加工、补偿贸易等方面的经济业务，授权广东处理，以便减少不必要的层次和手续。

香港招商局在同时期提出了建立蛇口工业区的方案。1979 年 1 月 6 日，广东省革命委员会和交通部联名向国务院递交了报告，提出在蛇口一带设立工业区，一方面利用国内较廉价的土地和劳动力，另一方面便于利用国际上的资金、先进技术和原料。25 天后，主持招商局工作的副董事长袁庚奉命飞赴北京，在中南海向李先念和谷牧汇报。袁庚摊开了带去的地图，提出给招商局划一块工业用地。只见李先念用笔在地图上一划，把南头半岛 50 平方公里的地方都划了进去。李先念对袁庚说，这个都给你。袁庚连连说，我怎么敢要这么多。于是，李先念又用红铅笔在地图上轻轻一勾，说："那就给你这个半岛吧。"这个半岛，便是日后的蛇口工业区。"蛇口"，实际上是半岛的一个延伸处，方圆仅 2.14 平方公里。

蛇口的改革从一开始就是一场社会和观念的改革。当时，蛇口工业区一没有被纳入国家计划，二没有财政拨款。但袁庚有两个权力，一是可以自主审批 500 万美元以下的工业项目，二是被允许向外资银行举债。当年

深圳蛇口工业区的早期建设者。1979 年，招商局在深圳蛇口创办了第一个对外开放的工业园区。当时，蛇口工业区建设者提出了"空谈误国，实干兴邦"等口号，这些口号很快成为全国最响亮、最浑厚的流行语之一

的袁庚遍走香港，向港商和银行借贷资金，同时大大简化招商程序，蛇口很快成为中国最开放的“工业区”。

二、杀出一条血路来

1979年4月5日至28日，中共中央在北京召开各省、自治区、直辖市党委第一书记及主管经济工作的负责人和中央党、政、军负责人参加的中央工作会议。主要讨论全党工作重点转移后如何解决国民经济比例严重失调的问题，会议确定了从1979年起，用3年时间对国民经济实行“调整、改革、整顿、提高”的方针。4月8日，习仲勋在中南组发言提议，让广东先走一步，在临近香港、澳门的深圳、珠海、汕头建立出口加工区。在会上，福建省也提出在厦门建立出口加工区的要求。广东和福建的提议，引起了中央领导的高度重视，也获得了中央的肯定，叶剑英等十分支持。邓小平同志听说关于叫什么名称定不下来，就说：“还是叫特区好，陕甘宁开始就叫特区嘛！中央没有钱，可以给些政策，你们自己去搞，杀出一条血路来。”在中央工作会议期间，邓小平还亲自向中央倡议批准广东省的提议。7月15日，中共中央、国务院以文件的形式批转了广东、福建两省写出的关于试办特区并在特区对外经济活动中实行特殊政策和灵活措施的两个报告。文件写得十分明确：关于出口特区，可先在深圳、珠海两市试办，待取得经验后，再考虑在汕头、厦门设置的问题。从这以后，“特区”成为外商进入中国的首选之地。

1980年3月24日至30日，受中共中央、国务院委托，谷牧在广州召开广东、福建两省会议。会议肯定了两省省委和国务院有关部门在贯彻对外开放方针、试办出口特区等工作中所取得的初步成果，指出，这一重大改革，受到了两省广大人民的欢迎，在国内外，特别是港澳，反映非常强烈，海外侨胞纷纷表示愿意以实际行动支援祖国建设。1979年，广东、福建两省外贸出口创汇创历史最高水平，比 1978 年分别增长了 32% 和 30%。贸易和非贸易外汇收入，两省比 1978 年也分别增长了 32% 和 21.5%。深圳、珠海两个出口特区正在积极筹建。其中 1979 年开始筹建的深圳蛇口工业区进展尤为迅速。两省的对外经济活动开始出现了蓬勃发展的新局面。就是这次会议，采纳了与会者的建议，将“出口特区”改名“经济特区”。

8 月 26 日，五届全国人大常委会第十五次会议正式批准了《广东省经济特区条例》，决定在广东省的深圳、珠海、汕头三市分别设置经济特区。这一天成了深圳经济特区成立日。同年 12 月 10 日，国务院又正式批准在福建省成立厦门经济特区。就在经济特区条例公布后不久，《纽约时报》的一篇文章写道：铁幕拉开了，中国大变革的指针正轰然鸣响！

三、对外开放的全新格局

经济特区是我国实行对外开放的窗口。从 1980 年到 1984 年，短短 5 年，特区建设突飞猛进，取得了令人震撼的成绩，同时，特区实行的一些特殊政策和做法也引起了人们的思考和议论。1984 年春，改革开放总设计师邓小平的专列驶出北京，开始了视察南方之行。

1 月 24 日，在广州火车站，邓小平对前来迎接的广东省领导同志说：“办经济特区是我倡议的，中央定的，是不是能够成功，我要来看一看。”此后，将近 1 个月时间，他马不停蹄地跑了深圳、珠海、厦门 3 个经济特区，接着又去了一趟上海的宝钢。一路上，老人家精神矍铄。每到一处，他都仔细地看，认真地听，但却很少发表意见。

在深圳，他听了深圳市委的汇报，登上当时最高的国贸大厦观看整个特区建设情况，又到由穷变富的渔民村观察，看了当时算得上技术领先的电脑厂。随后，又到荒滩上崛起的蛇口工业区视察。在外商独资的华益铝厂，工人们也惊喜地看到了邓小平的身影。陪同视察的广东省省长梁灵光回忆说，在深圳国贸大厦，他到了54层的大楼楼顶上，看到整个深圳新发展的情况。看到发展得那么迅速，他是比较满意。但是，没有专门做讲话。当时他不大讲话，讲得不多。小平同志有那么个习惯，他当时看什么东西，不轻易表态。他考虑是很慎重的，没有考虑成熟以前，都不发表意见。我们当时也理解这个情况。

视察完深圳，他又前往珠海。时任珠海市市长的梁广大回忆，1984年年初，小平同志来视察珠海经济特区，已看到一个初步的轮廓，又创办了一批第三产业，建设的规模，已初步拉开。

这年春节，邓小平是在广州度过的。节后，邓小平又乘专列远赴福建厦门。厦门市市长邹尔均回忆，小平同志1984年到厦门来视察（特区）。当时讲好了，不汇报，不讲话。我请他到管委会楼顶上看。当时，我提了两个问题，（特区）扩大到全岛，建设自由港。小平同志开始微笑，点头不说话。

1984年1月26日，中共中央政治局常委、中共中央顾问委员会主任邓小平视察深圳经济特区后，为特区题词："深圳的发展和经验证明，我们建立经济特区的政策是正确的。"

在上海，他到前几年备受议论的宝山钢铁公司视察。宝钢一期工程的现代化程度给他留下了深刻印象。他表示，宝钢二期工程要争取早日上马。

邓小平不说话，人们不知道他心里在想些什么，但从他给3个经济特区和上海宝钢的题词中，能够看出他对经济特区的钟爱，看出他对特区发展的期望与要求。在珠海，他题词："珠海经济特区好。"在广州，他为深圳特区题词："深圳的发展和经验证明，我们建立经济特区的政策是正确的。”他还特意把题词时间，写成离开深圳的日子，以示这是在视察完深圳后就形成的看法。在厦门，他题词：“把经济特区办得更快些更好些。”邓小平为宝钢题词：“掌握新技术，要善于学习，更要善于创新。”

显然，经济特区的勃勃生机，让邓小平倍感振奋。对沿海地区的发展，他设计了一幅更大更美的图画。2 月 24 日，刚刚回到北京，邓小平就约请中央领导同志谈话，高度评价经济特区的成绩和经验。他还说：“我们还要开发海南岛，如果能把海南岛的经济迅速发展起来，那就是很大的胜利。”

根据邓小平的思路，3 月 26 日至 4 月 6 日，中共中央书记处、国务院联合召开沿海部分城市座谈会，决定开放大连、秦皇岛、天津、烟台、青岛、连云港、南通、上海、宁波、温州、福州、广州、湛江、北海等 14 个沿海港口城市。5 月 4 日，中共中央正式批转了座谈会纪要。各开放城市很快行动起来。

1988 年的春天，七届全国人大一次会议举行，会议通过决议，决定设立海南省、海南岛办经济特区。“海南”一时间成为代表们热议的话题。早在 1 年前的 6 月 12 日，邓小平在会见南斯拉夫共产主义者联盟中央主席团委员科罗索茨时，充满信心地说：“我们正在搞一个更大的特区，这就是海南岛经济特区。海南岛和台湾的面积差不多，那里有许多资源。”

1988 年 4 月 26 日，海南省正式挂牌成立。几天后，1988 年 5 月 4 日，国务院发布的《国务院关于鼓励投资开发海南岛的规定》提出，国家对海南经济特区实行更加灵活开放的经济政策，授予海南省人民政府更大的自主权。中国最大经济特区，实行比“特区”还“特”的经济政策，一时间点燃了无数年轻人的激情和梦想。“到海南去，干一番事业！”成为那一代年轻人追逐的方向。沉寂多年的琼州海峡舟楫繁忙，人潮涌动，这是海南这片土地上所不曾有过的热闹景象。

第四节　建设有中国特色的社会主义

中国现代化建设走什么样的道路，事关国家兴衰。邓小平从1979年开始设计中国现代化的具体蓝图，在“四个现代化”的基础上提出了“实现中国式的现代化”的概念，并逐步形成了分“两步走”，到20世纪末实现“翻两番”，达到“小康水平”的战略构想；在中共十三大前夕，邓小平又进一步提出了“三步走”的发展战略，提出要在21世纪的中期达到中等发达国家水平。

一、这就是我们的雄心壮志

1982年9月1日，中国共产党第十二次全国代表大会在北京召开。在大会开幕词中，邓小平说：“我们的现代化建设，必须从中国的实际出发。无论是革命还是建设，都要注意学习和借鉴外国经验。但是，照抄照搬别国经验、别国模式，从来不能得到成功。这方面我们有过不少教训。把马克思主义的普遍真理同我国的具体实际结合起来，走自己的道路，建设有中国特色的社会主义，这就是我们总结长期历史经验得出的基本结论。”“走自己的路”，邓小平表达了探索中国自己的道路的思想。此后的30多年间，中国不断出现的制度创新、理论创新，就是从这简短有力的5个字中获得了信心和勇气。

中共十二大提出了党在新时期的总任务，明确宣布了“翻两番”的奋斗目标：从1981年到20世纪末的20年，在不断提高经济效益的前提下，力争使全国工农业的年总产值翻两番，由1980年的7100亿元增加到2000年的28000亿元左右。实现了这个目标，我国国民收入总额和主要工农产品的产量将居于世界前列，整个国民经济的现代化过程将取得重大进展，人民的物质文化生活可以达到小康水平。1984年10月，邓小平在会见参加中外经济合作问题讨论会的中外代表时，用更简明的“两步走”来概括中国的中长期发展战略，他说：“我们第一步是实现翻两番，需要二十年，还有第二步，需要三十年到五十年，恐怕是要五十年，接近发达国家的水平。”1987年，在中共十三大召开前夕，邓小平明确地阐述了“三步走”战略：“我国经济发展分三步走，本世纪走两步，达到温饱和小康，下个世纪用三十年到五十年时间再走一步，达到中等发达国家的水平。这就是我们的战略目标，这就是我们的雄心壮志。”

二、《中共中央关于经济体制改革的决定》

1984年10月20日，是中国经济体制改革进程中一个值得纪念的日子。这一天，中国共产党第十二届中央委员会第三次全体会议在北京召开。全会一致通过了《中共中央关于经济体制改革的决定》，决定突破了把计划经济和商品经济对立起来的传统观念，确认了社会主义计划经济“是在公有制基础上的有计划的商品经济。商品经济的充分发展，是社会经济发展的不可逾越的阶段，是实现我国经济现代化的必要条件”。虽然从现在看，决定还存在一定的局限，但在当时的历史条件下，“有计划的商品经济”是一个观念上的巨大突破。

以中共十二届三中全会为标志，我国开启了以城市为重点的全面经济体制改革。全面改革是在农村改革取得成功经验的基础上推开的。邓小平说："改革从农村开始，一度议论纷纷。经过三年，解决了许多实践中出现的新问题，取得成效，认识也就比较一致了。当然也还有新问题，还需要继续解决。十二届三中全会以后，改革的重点转移到城市。"

全面改革的目标是什么？改革最终要建立什么样的经济体制？解决这个问题显然需要一个探索过程。这里的关键是怎样看待计划与市场的问题。

为了统一对这个问题的认识，时任中国社会科学院院长马洪受命组织人员，撰写了《关于社会主义制度下我国商品经济的再探索》的研究报告。报告认为，计划经济同商品经济不是对立的；承认社会主义经济的商品性，是实行对内搞活、对外开放方针的理论依据；社会主义经济是在公有制基础上的有计划的商品经济。这份研究报告得到各方充分肯定。社会主义经济是商品经济的观点，第一次被正式写入了党的文献。《中共中央关于经济体制改革的决定》勾画了有计划商品经济体制的基本框架：主要是从国家机关直接经营管理企业，转为政府宏观管理、企业自主经营；从单一公有制经济，转为多种经济形式和经营方式并存；破除平均主义、"大锅饭"，鼓励一部分地区、一部分企业和一部分人依靠勤奋劳动先富起来，最终走向共同富裕。

邓小平高度评价了这个决定，他说："这次经济体制改革的文件好，就是解释了什么是社会主义，有些是我们老祖宗没有说过的话，有些新话。我看讲清楚了。过去我们不可能写出这样的文件，没有前几年的实践不可能写出这样的文件。写出来，也很不容易通过，会被看作'异端'。我们用自己的实践回答了新情况下出现的一些新问题。"对于中国的经济体制改革，邓小平满怀激情。他说，改革"实际也是一场革命，是一场解放生产力的革命"！

三、走向市场

在改革的过程中，关于计划和市场、关于姓“社”与姓“资”的争论不可避免地出现了。在改革的关键时刻，邓小平就这一问题作出了明确回答，他指出：“为什么一谈市场就说是资本主义，只有计划才是社会主义呢？计划和市场都是方法嘛。”

一张特别的照片，至今仍挂在美国纽约证券交易所里，它被称为“当代最大的证券交易所主席和最小的证券交易所经理的合影”。其中“最小的证券交易所”，指的就是当时中国工商银行上海信托投资公司静安证券工农业部。1986 年 11 月，纽约证券交易所董事长约翰·范尔霖率领美国纽约证券交易所代表团来华，参加中美金融市场研讨会。11 月 14 日，邓小平会见范尔霖，客人把一枚纽约证券交易所的证章送给邓小平。邓小平则回赠

1986 年 11 月 14 日，邓小平在北京会见美国纽约证券交易所董事长约翰·范尔霖。邓小平将一张面额为人民币 50 元的上海飞乐音响公司股票赠给凡尔霖。这张“小飞乐”股票成为第一张被外国人拥有的股票，范尔霖成为中国上市公司第一位外国股东

了一个特殊礼物：上海飞乐音响公司股票。邓小平的举动不同寻常。此时，对社会主义国家能不能搞股份制的问题，大家的思想并不统一。睿智的邓小平以这种特殊的方式表明了自己的态度。

收到邓小平送的股票后，范尔霖第二天就去银行柜台办理过户。与由他执掌的纽约证交所的天量交易额相比，这笔买卖小得几乎可以忽略不计。显然，范尔霖更看重的是这支股票的重大意蕴。

作为中国改革开放的总设计师，邓小平十分清楚改革的复杂和艰难。他说："中国的体制改革不容易，积习太深，习惯势力大得很。明确表示反对改革的人不多，但一遇到实际问题就会触及一些人的利益，赞成改革的人，也会变成反对改革的人。"另外，反对改革的不仅仅是习惯势力。极少数主张资产阶级自由化的人，认为改革不是社会主义制度的自我完善，而是自我否定。应该"全盘西化"，走资本主义道路。

在改革的过程中，不可避免地会遇到来自"左"的或右的干扰。把握好中国改革的航向至关重要。1987 年 2 月 6 日，邓小平同中央领导人谈了中共十三大的筹备问题，他提出："十三大报告要在理论上阐述什么是社会主义，讲清楚我们的改革是不是社会主义。要申明'四个坚持'的必要，反对资产阶级自由化的必要，改革开放的必要，在理论上讲得更加明白。"邓小平多次提出，看待中国的社会主义，要从中国的实际出发，不要离开现实和超越阶段。

1987 年 3 月 21 日，中共十三大报告起草小组向邓小平报告了设想，准备以社会主义初级阶段作为立论基础，系统阐述发展战略、经济体制改革方向、政治体制改革原则，等等。这个设想得到了邓小平的肯定。25 日，他批示："这个设计好。"中共十三大报告构建了社会主义初级阶段理论。这个理论把出发点定在中国的基本国情上。

社会主义初级阶段的基本含义是什么呢？中共十三大报告起草组成员郑必坚是这样概括的："第一层含义，我们必须坚持社会主义。我们并不需要经过资本主义高度发展的阶段，才能够说是进入社会主义。第二层呢，我们又必须承认我们是社会主义初级阶段，我们在社会主义现代化进程当中，工业化、商品化、社会化这些都要，这些都是不可逾越的。也就是说，我们不能超越阶段。”

1987年2月6日，在讨论中共十三大筹备工作时，邓小平还为深化经济体制改革提出了新的认识。他说：计划和市场都是方法嘛。只要对发展生产力有好处，就可以利用。它为社会主义服务，就是社会主义的；为资本主义服务，就是资本主义的。邓小平提出的新认识，破除了把计划经济等同社会主义的观念，开辟了深化改革的新天地。2月23日至26日，国家体改委和国家计委邀请经济学家举行计划与市场关系座谈会，提出新的经济运行模式，把计划与市场作为一个整体有机结合。随后，国家计委制定了《关于改革计划体制的十二条意见》和《计划与市场结合的基本思路》。

四、“三步走”发展战略

1987年4月30日，邓小平会见西班牙工人社会党副书记、政府副首脑阿方索·格拉时，完整地提出社会主义初级阶段的发展战略：从1978年年底十一届三中全会到现在将近9年时间，算是第一步。第一步原定的目标，是在20世纪80年代翻一番。以1980年为基数，当时国民生产总值人均只有250美元，翻一番，达到500美元。第二步是到20世纪末，再翻一番，人均达到1000美元。实现这个目标意味着我们进入小康社会，把贫困的中国变成小康的中国。那时国民生产总值超过1万亿美元，虽然人均数还很低，但是国家的力量有很大增加。我们制定的目标更重要的还是第三步。第三步是在21世纪用30年到50年再翻两番，目标大体上是人均达到4000美元，大概同西方国家当时的水平接近。做到这一步中国就达到中等发达的水平。这是我们的雄心壮志。目标不高，但做起来可不容易。

国务院发展研究中心原主任王梦奎曾负责中共十三大报告经济发展战略部分的起草工作。他说：“我们就根据小平同志这样一种思想经过反复琢磨，反复修改，形成了十三大报告最后那段非常简练的‘三步走’的发展战略。”

这个战略就是：第一步，实现国民生产总值比1980年翻一番，解决人民的温饱问题；第二步，到20世纪末，使国民生产总值再增长一倍，人民生活达到小康水平；第三步，到21世纪中叶，人均国民生产总值达到中等发达国家水平，人民生活比较富裕，基本实现现代化。

1987年10月25日，中国共产党第十三次全国代表大会在北京举行。这次大会的中心任务是加快和深化改革。大会确认，中国正处在社会主义初级阶段。党在这个阶段的基本路线，是领导和团结全国各族人民，以经济建设为中心，坚持四项基本原则，坚持改革开放，自力更生，艰苦奋斗，为把中国建设成为富强、民主、文明的社会主义现代化国家而奋斗。

大会确定了“三步走”的经济发展战略。关于经济体制改革，大会明确了计划与市场相结合的经济运行机制。大会认为，中共十二届三中全会以来，党在对社会主义再认识的过程中，发挥和发展了一系列观点，构成了建设中国特色社会主义理论的轮廓，初步回答了中国社会主义建设的阶段、任务、动力、条件、布局和国际环境等基本问题，规划了前进的科学轨道，是指引党的事业前进的伟大旗帜。党开始找到一条建设中国特色社会主义的道路，这是继有中国特色的革命道路之后，马克思主义与中国实践相结合的第二次历史性飞跃。

2014年8月20日，习近平总书记在纪念邓小平同志诞辰110周年座谈会上深刻指出：“邓小平同志第一次比较系统地初步回答了在中国这样经济文化比较落后的国家如何建设社会主义、如何巩固和发展社会主义的一系列基本问题，深刻揭示了社会主义的本质，实现了马克思主义同中国实际相结合的又一次历史性飞跃。”“正是在邓小平同志倡导和支持下，改革大潮汇聚成时代洪流，使中国人民的面貌、社会主义中国的面貌、中国共产党的面貌发生了历史性变化。”

第十章

走进新时代

20 世纪 80 年代末 90 年代初，世界局势风云突变，进入新的格局时代，中国的社会主义事业也再次面临着一系列尖锐的问题。这一系列问题中国共产党必须回答。

1992 年的春天，中国又迎来了一次思想的大解放。这一年，中共十四大确立了建立社会主义市场经济体制的改革目标。1997 年召开的中共十五大，又为中国的经济发展道路扫除了体制机制障碍。但改革发展的征途不可能一帆风顺，亚洲金融危机、特大洪水、国企改革、炸馆事件等重大考验接踵而至，但中国共产党人战胜了一个又一个困难。世纪之交，中国以前所未有的姿态投入世界发展的大潮中，改革的雄风更加强劲有力。申办奥运会、加入世贸组织、西部大开发等一系列重大举措，证明了中国共产党人的宏伟气魄和远见卓识，这一切都表明我们走进了一个新时代。

第一节　剧变时代

1978年中共十一届三中全会后，中国走上了改革开放的道路，到20世纪80年代末，中国改革开放已走过了10多年的时间，取得了巨大的成就，也积累了宝贵的经验，其中最关键的一条就是：改革开放需要良好国际国内环境。但此时，世界局势正发生着剧烈变化。

20世纪80年代末90年代初，苏东剧变，原有的两极格局随之结束，世界随即进入一个剧变的时代。

一、山雨欲来风满楼

20世纪80年代末90年代初，世界局势风云突变，一系列重大事件接踵而至，令世人惊心，令世界震撼。此时此刻，中国面临着复杂多变的国内外形势，可谓是“山雨欲来风满楼”。

（一）躲不过的风波

1989年是20世纪80年代的最后一个年头。

1989年的《人民日报》元旦献词让人感到平实亲切而又引人注目。献词开头写道，“刚刚过去的1988年是难忘的”，这一年中国的改革取得了巨大成就；但同时又毫不避讳地指出了所面临的严峻情况：“在这一年，我们也遇到了前所未遇的严重问题，最突出的就是经济生活中明显的通货膨胀、物价上涨幅度过大，党政机关和社会上的某些消极腐败现象也使人触目惊心。”对此，每一位对这个国家、民族有责任心的中华儿女都感到了焦虑。对于在改革的第十年遇到的严重困难和问题，党内党外绝大多数人缺乏足够的思想准备，一时间议论纷纷。

而此时此刻，凝聚共识，破浪前进是最重要的。这一年，新中国即将40岁，当属“不惑之年”。献词讲道：“不管人们有什么样的歧见，有什么样的牢骚，有一点则是共识：要实现四化、振兴中华，唯有改革一途。”这为国家的继续前行拨开了迷雾，指明了方向。

可正在此时，一股资产阶级自由化思潮暗流涌动，并逐渐浮出水面，一些打着“民主”“自由”“人权”幌子的资产阶级自由化分子到处蛊惑人心。1989年四五月间，北京正是春暖花开的季节，但是在这个春天，空气里似乎弥漫着一种躁动的气息，仿佛要发生大事。一场猛烈的政治风波正在酝酿之中。

1989年春夏之交，最终在北京发生了一场政治风波，这场风波的发生有着深刻的国际背景，邓小平认为，这场风波是国际的大气候和中国自己的小气候所决定了的，是一定要来的，是不以人们的意志为转移的，只不过是迟早的问题，大小的问题。

复杂的局面，正在考验着中国共产党人的智慧和眼光。

（二）中国不能乱

中国共产党紧紧依靠中国人民，旗帜鲜明地反对动乱，平息了这场危及全体中国人命运的政治风波，经受住了考验，保证了中国社会的稳定。

在这场政治风波中，邓小平和中共中央一再强调：压倒一切的是稳定，中国不能乱。

1989年6月9日，邓小平接见首都戒严部队军以上干部时又指出：“以后我们怎么办？我说，我们原来制定的基本路线、方针、政策，照样干下去，坚定不移地干下去。”“这次事件爆发出来，很值得我们思索，促使我们很冷静地考虑一下过去，也考虑一下未来。也许这件坏事会使我们改革开放的步子迈得更稳、更好，甚至于更快，使我们的失误纠正得更快，使我们的长处发扬得更好。”

两个星期后，这一任务落在了刚刚当选为中共中央总书记的江泽民的肩上。

（三）受命于危难之际

1989 年 6 月，中共十三届四中全会选举产生了以江泽民为总书记的新的中央领导集体。江泽民在会上强调：“党的十一届三中全会以来的路线和基本政策没有变，必须继续贯彻执行。在这个最基本的问题上，我要十分明确地讲两句话：一句是坚定不移，毫不动摇；一句是全面执行，一以贯之。”

国内的政治风波平息了，但对立势力仍在伺机而动，对国家的安全和稳定造成了严重的威胁。一些人的理想、信念受到了冲击，人心需要重新凝聚。面对复杂的局势，中共新一代领导集体一直在冷静观察，沉着应付。江泽民曾引用毛泽东的一句诗来表达此时的心情：“雄关漫道真如铁，而今迈步从头越。”

中共第三代中央领导集体是在国内外非常复杂的背景下形成的，可以说是“受命于危难之际”。此时，他们肩负着 4800 万党员和 11 亿人民的重托和期望，卓有成效地开展工作，保持了社会的稳定和发展。

1989 年 11 月，中共十三届五中全会决定接受邓小平辞去中央军委主席职务的请求。此时，中国共产党的中央领导集体顺利完成新老交替。会议结束时，江泽民把邓小平送到门口，紧紧地握着这位老人的手说：“我一定鞠躬尽瘁，死而后已！”

二、苏东剧变后的世界

大变局带来新变化，苏东剧变以及剧变后的一系列影响又一次使全世界、全人类来到了一个历史岔路口。中国如何做到处变不惊，站稳脚跟？

又要如何判断世界发展趋势？这些问题都需要解决和回答。

（一）黑云压城城欲摧

许多年后，当人们回忆起20世纪80年代末90年代初那段惊心动魄的岁月，回想起那时中国所面对的国内外形势时，形容最多的一句话就是“黑云压城城欲摧”。由此可见，当时的局面是多么的严峻和险恶。

20世纪90年代的开端，极不平常。

国际上，德国实现统一，苏联已是风雨飘摇，东欧局势依然混沌，海湾战争爆发。可见，世界并不太平。

在国内，如何保持较快的经济发展速度，如何密切与人民群众的联系，如何继续加大反腐败的力度，如何克服西方和平演变遗留的思想混乱等问题，都亟待解决。

1989年6月29日和7月14日，美国国会众议院和参议院先后通过“制裁”中国的修正案，提出一系列对中国的“制裁”措施，妄图逼迫中国“就范”，用经济上的“制裁”使中国在政治上屈服。

此时，中国要想坚定地走好自己的路，做好自己的事，要想勇敢战胜一个又一个无法预料的难题和考验并达到“黑云压城城不摧”，就必须对世界发展趋势有一个准确的判断，就必须对社会主义充满必胜的信心。

（二）准确判断世界发展趋势

针对大变局带来新变化，中国领导人作出了世界逐渐呈现出多极化、经济全球化、信息化趋势的准确判断。

20世纪60年代就开始出现了世界多极化的势头。从20世纪70年代到80年代，世界多极化一直是向前发展的，美苏两极的统治地位都逐渐衰落，无论是苏联还是美国都不能指挥世界。

1991年，中国共产党迎来了70岁的生日，中共对世界局势作出了以下判断：“现在，旧的世界格局已经打破，新的格局尚未形成，世界处于新旧格局交替的动荡时期。”

在世界多极化趋势向前曲折发展的同时，经济全球化趋势更是势不可挡。

近代以来，中国积贫积弱，国门是被列强用大炮轰开的，被动地接受了门户开放政策。虽说也在一定程度上参与了经济全球化，但没有借着对经济全球化的参与发展壮大。改革开放后，中国开始主动融入经济全球化的进程。

随着经济全球化趋势的不断加速和中国对外开放的扩大，中国经济与世界经济的交往和联系越来越频繁，与世界发展的关系日益紧密。此时此刻，中国已经感到经济全球化浪潮正扑面而来。

经济全球化迅猛发展的背后是以信息技术为代表的新科技革命。信息技术是人类社会有史以来发展最快的高新技术，引发了人类社会生产生活方式的深刻变革，对世界经济、政治、文化、军事等产生了重大影响。面对信息化引起的变革，世界上很多国家都迅速采取措施，占领信息化高地。此时，中国政府决定在“八五”期间和90年代把电子信息产业列为支柱产业加以推动，拿出当年抓“两弹”的魄力来抓电子信息产业。面对这种席卷全球的信息化浪潮，前进中的中国绝不能等闲视之，必须快马加鞭，迎头赶上。

（三）社会主义前途依然光明

1989年5月16日，邓小平与来访的苏联最高领导人戈尔巴乔夫在人民大会堂东大厅会晤。邓小平说：“世界上都很关心我们的见面。”三天后，《人民日报》以《结束过去，开辟未来——写在中苏关系正常化之际》为题发表社论，指出：当前，社会主义遇到了严重的挑战，迎接这一场挑战，只有依靠改革，别无出路。

1991年12月25日，苏联解体。缀有锤子和镰刀的苏联国旗在夜色中从克里姆林宫匆忙降下的那个画面永远定格为历史。

在社会主义出现曲折、世界格局急剧变化的当口，为苏联解体唏嘘不已的人们转而为中国的前途命运担忧。改革开放会不会使中国社会滑向资本主义？

西方一些人希望中国放弃社会主义道路。对此，中国领导人顶住逆流，在各种场合，用坚定的声音作出回应。1991年10月5日，邓小平在沈阳对秘密来访的朝鲜劳动党总书记金日成说："中国的社会主义事业不垮，世界的社会主义事业就垮不了。东欧、苏联的事件从反面教育了我们，坏事变成了好事。"

20世纪50年代中期，江泽民曾在苏联学习，他亲身感受了苏联社会主义建设的那段激情燃烧的岁月，但短短几十年时间，一个世界强国却落到了亡党亡国的境地。这不能不引发江泽民的深思，引发他对这场历史悲剧的探究，究竟是什么原因导致了这场剧变，中国又该怎么办？世界将走向何处？

苏联解体两年后，江泽民访问古巴，在与卡斯特罗会谈时指出："目前，世界处于大变动的历史时期。世界社会主义处于低潮，但这只是整个历史长河中的暂时现象。苏联解体、东欧剧变后，西方国家有人曾经扬言马列主义已经过时，社会主义将在地球上消失。我们认为，社会主义前途依然光明。"

"沉舟侧畔千帆过，病树前头万木春。"展望世界社会主义运动的前景，中国的改革开放开创的"新局面"将会变成繁花似锦的春天。

三、迎接剧变后的挑战

面对急剧变化的国内外形势，究竟应该采取什么对策？经过深入观察、慎重思考之后，中国没有将国际形势看成"漆黑一团"，而是充分利用国际上可以利用的矛盾，打破了西方国家的"制裁"；在国内更没有乱了方寸，而是坚定不移地坚持改革开放和以经济建设为中心的既定政策，取得了辉煌的成就，战胜了剧变后的各种挑战。

（一）任凭风浪起，稳坐钓鱼台

上任1个月后，江泽民意味深长地说，中南海周围有堵红色的墙，但无论如何不要让这堵红墙把我们同广大群众隔绝。1989年7月27日、28日，中共中央政治局召开全体会议，讨论通过了《中共中央、国务院关于近期做几件群众关心的事的决定》。

中共中央和国务院的领导同志决定从自身做起，在惩治腐败和带头廉洁奉公、艰苦奋斗方面起表率作用。不久，对中央领导的少量食品“特供”被取消，使用的进口轿车也陆续更换为国产轿车。针对广大群众对“官倒”等腐败现象的强烈不满，中共中央加大惩治腐败的力度。

1989 年政治风波后，西方“制裁”导致了中国同西方的政治经济关系出现了严重倒退。一些外商对华投资项目、中外合作项目的建设都因此受到影响。中国对外关系遭遇了改革开放以来空前的压力和困难局面。

1989 年 9 月，中国政府郑重指出：“我们的社会主义事业，就是在打破外国敌对势力对我国的孤立、封锁和挑衅的过程中巩固和发展起来的。中国人民从来没有、今后也决不会屈从于任何外来压力，决不会放弃社会主义道路和民族独立来换取别人的施舍。”

进入 1989 年下半年以后，针对中美关系比较紧张的情况。邓小平说：“我们不是在钓鱼台嘛，要稳坐钓鱼台，关键要发展自己，无论国际上风云如何变幻，无论它美国推行什么遏制中国的政策，只要我们自己稳住，把国家的实力搞大，把经济搞好，我们什么都不怕……我们要耐心等待。但是也要多做工作。”江泽民说：“中华民族有着自己的优良传统，重视民族气节，决不会屈从于任何外来压力。在任何问题上，如果合情合理同我们商量，都好说，但企图压我们是不行的。你越压，我越硬。”

当时为打破制裁进行全面部署，中共中央确定了两个外交工作重点：一是打破西方国家的“制裁”，恢复和稳定同西方发达国家的关系；二是开展睦邻外交，稳定和积极发展同周边国家的关系，加强同第三世界国家的团结与合作。

1993 年 11 月，江泽民赴美出席亚太领导人第一次非正式会议。在美期间，江泽民利用各种机会，做美国各界的工作，消除他们对中国的误解和偏见。大洋彼岸两国元首的会晤，彻底打破了中美停止高层互访的僵局，也标志着美国对中国实行制裁的政策基本被打破。

中国重新赢得了改革开放的有利环境和大好机遇。

（二）重整山河待后生

我们亚洲，山是高昂的头；

我们亚洲，河像热血流……

一听到这首让人热血沸腾的《亚洲雄风》，人们自然会想到1990年在北京成功举办的第11届亚运会。

亚运会给中国带来的不仅仅是金牌，还带来了荣誉和自豪，更带来了自信。展现在世界面前的，不仅仅是骄人的成绩，更是中国人的精神和力量，是中国拥抱世界的胸怀和执着。

今天是你的生日，我的中国；

清晨我放飞一群白鸽……

在1989年怡人的秋色中，新中国迎来了40岁的生日。

这一年，一首名为《今天是你的生日》的歌曲开始流传。这优美的旋律和良好的祝愿，表达了中国人民对自己国家的深厚感情。

一年后，当1990年的日历翻到最后几页的时候，中共十三届七中全会在北京召开。在这次全会的闭幕会上，江泽民宣布："尽管国际风云变幻，尽管我们在前进的道路上遇到这样那样的困难，但是我们党、国家和人民经受住了考验，我们胜利地走过来了。"

1990年9月22日，象征着亚洲人民"团结、友谊、进步"的第11届亚运会在北京隆重开幕。亚运会的圆满成功，不仅使亚洲各国各地区的人民、运动员之间增进了了解，通过现代化的传播手段，也使更多的人了解了中国，了解了一个自强不息、勇于进取、勤劳智慧的中华民族

1991年注定又是不平静的一年。一场严重水灾也来考验中国，历史罕见的洪水席卷18个省区市，受灾人口2亿人。西方又有人放言，中国完了。但顽强的中华儿女万众一心，全国人民的支援物质源源不断地涌向灾区。这一年，中国的农业不但没有减产，还获得了大丰收。

这年4月，七届全国人大四次会议批准了《中华人民共和国国民经济和社会发展十年规划和第八个五年计划纲要》。纲要宣布：我国提前实现了第一步战略目标。国民生产总值由4470亿元增加到17400亿元，绝大多数地区解决了温饱问题，开始向小康过渡，少数地区已经实现了小康。从1979年邓小平提出“小康”，仅用了11年的时间，这个遥远而陌生的概念就开始变身为中国百姓的生活。

中国用事实回答了世界对社会主义前途的忧虑。

1989—1991年这几年，中国重整山河。

（三）治理整顿与改革开放齐飞

1988年9月至1991年9月，是中国经济发展史上的“治理整顿时期”。这个时期经历了经济由过热到冷凝、市场销售由抢购到疲软、物价急剧上涨的重大变化。摆在中国人民面前的既是严峻的挑战，又是良好的机遇，困难与希望并存。

1988年9月召开的中共十三届三中全会，针对中国经济出现的通货膨胀、经济过热、经济领域混乱等问题，提出了治理经济环境、整顿经济秩序、全面深化改革的方针，确定把改革和建设的重点放到治理整顿上来。1989年11月，中共十三届五中全会通过了关于进一步治理整顿和深化改革的决定。

这一时期，改革开放的脚步在治理整顿中继续迈进。

1990年4月18日，中共中央宣布同意上海市加快浦东地区的开发，在浦东实行经济技术开发区和某些经济特区的政策。上海，这艘曾领航中国的经济巨轮，又一次让全世界听到了它起锚远航的信息。这一年，上海证券交易所和深圳证券交易所成立，带来中国股票市场的兴起。有评论认为，这是中国继续实行改革开放政策的一个引人注目的信号。

国有大中型企业是改革的重头戏。为了推进国企改革，1991年9月23

日，中共中央召开工作会议，专门研究搞好国有大中型企业的问题。会上决定采取 12 条措施，为搞好国有大中型企业创造良好的外部条件。

经过了两年多的治理整顿，整个国家经济也已趋于平稳，开始走出低谷。

在治理整顿的同时，中国社会和改革局面又出现了一片新景象。各地涌起了一场人们始料未及的“民工潮”。上百万的农民如同解冻后的潮水，铺天盖地般涌向城市。

我不想说，我很亲切，

我不想说，我很纯洁，

可是我不能拒绝心中的感觉……

这是 1991 年播出的一部电视剧《外来妹》的主题曲,《外来妹》是一部最早反映广东地区外来打工者生活的电视剧。这个时候，在改革开放大潮冲击下，已经有越来越多的人离开家乡，在外打工、做生意，寻找新的人生梦想。

温州青年王均瑶这个时候正在湖南做着五金和印刷的生意，但来往于温州和长沙 1200 多公里的旅途令他苦不堪言。此时，他萌生了一个大胆的想法：“温州有那么多人在外做生意或者打工，我们来承包飞机行不行?”他敢为天下先，勤于创业的胆识和魄力，给了无数后来者启示和鼓舞。有媒体评价：“王均瑶超人的胆识、魄力和中国其他具有开拓和创业精神的企业家，可以引发中国民营经济的腾飞。”

像私人包机这种改革中的新鲜事也让世界看到，尽管国际风云变幻，中国的改革依然是勇往直前，中国老百姓的生活也越来越丰富多彩。

这几年，刘欢的《弯弯的月亮》、韦唯的《爱的奉献》等一批歌曲流行起来。同时，北京出现了第一家卡拉 OK 厅，这种源于国外的自娱自乐形式，很快为中国老百姓所接受，不久在全中国遍地开花。

这个时候，手握形似砖头的“大哥大”，成了那些做生意的老板的一种时尚。而让普通老百姓们感兴趣的是汉字显示 BP 机，它进一步方便了人们的联络，也受到了那些出门在外的人的格外钟爱。

带着对美好生活的渴望和憧憬，中国走向充满希望的 1992 年。

第二节　攻坚克难

东欧剧变、苏联解体之后，中国将走什么样的道路、中国的改革将走向何方，成为中国共产党必须回答的问题。几乎整个世界都把目光投向了中国，而此时此刻，中国迎来了一个充满希望的春天。

一、社会主义市场经济体制起航

1992 年的春天是一个极不寻常的春天。“天时人事日相催，冬至阳生春又来。”这句诗用来形容此时中国所处的内外发展环境恰如其分。然而，许多人的思想此时还被困扰和束缚着。

（一）南方谈话：充满着新思想的春天

1990 年 2 月，北京某大报纸发表了一篇署名长文。文章对改革提出这样一个大胆质问：“推行资本主义化的改革，还是推行社会主义改革？”这是 20 世纪 90 年代最早提出姓“资”姓“社”问题的一篇文章。随后，一家名叫《当代思潮》的杂志也发表文章说，有些人正是想通过发展私营经济，“妄图把我国的社会主义制度通过改革开放，和平演变为资本主义制度”。一时间，极“左”的思潮又卷土重来。这些文章和思潮有意无意地在阻碍中国的改革开放。

此时，在波涛汹涌的思想博弈中，一个叫“皇甫平”的名字横空出世，捍卫了改革开放的方向。1991 年 2 月 15 日，一篇署名“皇甫平”的《做改革开放的“带头羊”》的评论文章，在《解放日报》头版发表。文章强调“何以解忧，唯有改革”。从 1991 年 2 月到 4 月，皇甫平在《解放日报》头版相继发表的 4 篇评论文章，始终围绕解放思想、深化改革、扩大开放这个中心，反复阐释，一再明示。

进入 1992 年，邓小平已经 88 岁高龄了。经过了 3 年治理整顿的中国经济，已经恢复了元气。

这一年的春天，是一个充满着新思想的春天，也注定是一个充满故事的春天。

1992 年 1 月 17 日，一列火车从北京开出，向着南方奔驰而去。人们更不曾料到这趟专列的南方之行将会载入史册，并带动中国新一轮改革开放和经济建设的加速发展。

1 月 19 日，专列从武昌抵达深圳。20 日，邓小平听取当地汇报后，充满激情地一口气讲了 30 分钟。他说：不坚持社会主义，不改革开放，不发展经济，不改善人民生活，只能是死路一条。基本路线要管一百年，动摇不得。

邓小平在离开深圳前接见了深圳市领导班子成员。他说：“改革开放胆子要大一些，敢于试验，不能像小脚女人一样。看准了的，就大胆地试，大胆地闯。”

23 日上午，邓小平离开深圳乘船去珠海。在船上，他与谢非、珠海市市委书记梁广大等促膝长谈。“抓住时机，发展自己，关键是发展经济。”“发展才是硬道理。”“改革开放的成功，不是靠本本，而是靠实践。靠实事求是。”许多人们耳熟能详的警句和新思想，都是在这里谈出来的。

在南方长达一个多月的时间里，88 岁的邓小平以神奇的思维和朴实的语言提出并阐发了一系列全新的思想。

实践证明，真理愈辩愈明，道路愈争愈清。邓小平的南方谈话，从战略上、理论上、历史高度上，给予明确和有力的回答，这样就突破了长期束缚人们思想和行动的障碍，为中共十四大召开做了充分的思想理论准备。

真是“大音稀声扫阴霾”！

（二）尘埃落定：社会主义市场经济体制起航

1992年是转折之年。此时，中国面临着千载难逢的发展机遇，中国能不能抓住机遇，有所作为呢？中共十四大确定一个怎样的奋斗目标？是继续加快改革步伐，还是就此止步？这许许多多的问题如果不给出明确的答案，中国的发展将举步维艰。

进入20世纪90年代，苏联和东欧一些国家的政局相继发生剧烈的变化，社会主义遭受重大的挫折。与此相反，中国生机盎然。实践的发展正在让一种新的经济体制呼之欲出。

1991年5月中旬，江泽民访问苏联。此时，东欧一些社会主义国家已改旗易帜，苏联也岌岌可危。当时，对改革是否会把中国“和平演变”为资本主义，党内争论得很激烈。从苏联回国后，江泽民在两个月里密集策划和部署了11场座谈会。应当说，这11场座谈会比较充分地讨论了我国经济体制的选择和改革目标，出现了“社会主义市场经济”的倾向性提法。

1992年6月9日，江泽民在中央党校发表讲话。他说：“我个人的看法，比较倾向于使用‘社会主义市场经济’这个提法。”在中央党校讲话后，江泽民专程拜访了邓小平、陈云、李先念等老同志，“社会主义市场经济体制”这个提法得到了他们的赞同。邓小平说：“可以先发内部文件，反映好的话，就可以讲。这样十四大也就有一个主题了。”

1992年10月，中共十四大召开，大会报告明确提出：中国经济体制改革的目标是建立社会主义市场经济体制。“社会主义”这几个字是不能没有的，这是“画龙点睛”。所谓“点睛”，就是点明中国市场经济的性质。

素有“吴市场”称号的经济学家吴敬琏回顾：市场经济在中国命运多舛。大的政策方针绕来绕去，就是不敢提“市场经济”4个字。现在这个障碍终于突破了。

“积之既久，其发必速。”受到困扰的改革开放，有如冲开了闸门的洪水，汪洋澎湃。

随之，中国的发展就像人们所熟知的那首歌曲《春天的故事》里唱到

中国共产党第十四次全国代表大会于1992年10月12日至18日在北京举行

的一样，“天地间荡起滚滚春潮，征途上扬起浩浩风帆”。伴随着这首歌，中国的改革开放扬起新的风帆，一系列重大举措出台了。

1992年，对中国来说，是改革阔步前行的一年。

（三）社会主义市场经济的首次考验

确立建立社会主义市场经济体制的目标后，由于旧的调控机制逐渐失效、新的宏观调控机制尚未完善，出现经济盲目扩张、经济秩序混乱等一些突出问题，尤其以1993年表现为甚。这些问题具体表现为“四热”“二乱”。其中，“四热”是房地产热、开发区热、集资热和股票热，“二乱”是金融秩序混乱、市场秩序混乱。这都表明，成长中的社会主义市场经济，在充满机遇的同时，也充满着挑战。

市场经济的风生水起，吸引着过惯平静生活的人们。炒股成为当时的一种“时髦”，越来越多的人开始投身于股市。高额的利润让房地产市场也很快就“热”了起来，当时流行着一句话：“要挣钱，到海南；要发财，炒楼盘。”

1993年，最新鲜的事就是各地设立开发区。全国各地、各层级的开发区犹如雨后春笋，到处破土而出。一些经济学家在不同的场合提醒说，“要警惕经济过热”，可是一些地方政府出来说，今天的高速是在前几年低速的基础上出来的，没那么严重。

过热的经济开始导致物价上涨。1992年年底，消费价格指数是8.6%，可到了1993年6月，就已经达到17%，翻了一番。全国经济高烧时刻，担任副总理不久、素有“铁腕”之称的朱镕基走到前台，兼任中国人民银行行长。

1993年6月24日，发布《中共中央、国务院关于经济情况和加强宏观调控的意见》，提出16条紧急措施。16条的重点是整顿金融秩序，包括严格控制货币发行，坚决纠正违章拆借资金，灵活利用利率杠杆增加储蓄，坚决制止各种乱集资，加强房地产市场宏观调控管理，抑制物价总水平过快上涨，等等。“16条”的横空出世，开启了宏观调控在全国的实施。

二、社会主义市场经济体制基本框架定型

中共十四大提出建立新体制的总目标和总原则以后，人们迫切希望进一步回答这样一系列问题：社会主义市场经济体制到底是什么样子？应该如何去建立？应该怎样去实施？

（一）最后一跳：社会主义市场经济体制基本框架定型

中共十四大以后，顺应时代的发展，顺应社会的需要，制定一个全面而又具体指导我们进一步深化改革、扩大开放、建立起社会主义市场经济体制的纲领性文件，已经势在必行。这个任务落在了中共十四届三中全会上了。

正是在这样的背景之下，1993年5月31日，以中央书记处书记温家宝为组长的25人起草小组悄然进驻北京西北郊的玉泉山，任务就是为中共十四届三中全会起草《中共中央关于建立社会主义市场经济体制若干问题的决定》。25人起草小组度过了紧张难忘的5个多月。据小组成员，时任国务院研究室副主任的王梦奎回忆：“总算起来，提交全会讨论的《决定》草案，是第八稿。当时起草组有同志开玩笑说，七搞（稿）八搞（稿），总算

《北京人在纽约》折射出东西方文化的差异，全景式展现北京人在纽约的生存状态，成为描写第一批赴美淘金的中国人事业与情感历程的经典之作

搞出来了。”

1993 年 11 月 11 日至 14 日，十四届三中全会在人民大会堂召开，审议通过了《中共中央关于建立社会主义市场经济体制若干问题的决定》。决定勾画了建立社会主义市场经济体制的总体蓝图。这也是世界上第一个阐发如何在社会主义条件下搞市场经济的文件，意义重大。

美国前国务卿基辛格这样评价道：“如果中国成功，将会给资本主义和社会主义共同提出一个哲学命题。”一家媒体这样说：“刚刚通过决定的十四届三中全会意义非凡，其重要性仅次于去年春天邓小平南方谈话和秋季党的十四大。如果把这三个重要阶段比喻成三级跳，那么，三中全会就是这最后一跳。”

在中共十四届三中全会决定的“总体设计”指引下，中国的社会主义市场经济迅猛发展的势头引起了全世界的关注，许多大型跨国公司纷纷前来寻觅商机。

这一年，肯德基已经在北京开设了 7 家分店。这一年，48 家世界大型跨国公司的决策人士聚集北京，参加“北京 93 跨国公司与中国”国际研讨会，与中国政府有关人士和中外合资企业负责人共同探讨跨国公司对华投资方面的问题。

与此同时，中国人的生活更加走向开放。

“下海”成了千百万中国人选择的生活方式。这个时候，人们不再羞于谈“钱”了，见面就是“恭喜发财”。

1993年，中国第一部“移民题材”的电视剧《北京人在纽约》的播出引起了轰动。与其说这是一部电视剧，不如说是一部个人奋斗史，是20世纪90年代初“出国热潮”的写照。人们记住了电视剧中的开场白：

如果你爱他，就把他送到纽约去，因为那里是天堂；

如果你恨他，也把他送到纽约去，因为那里是地狱。

似乎与当时的“出国热潮”相适应，一个叫“新东方”的培训学校捕捉到了商机。1993年11月，北京新东方外语学校成立，13年后，新东方在美国纽约股票交易所挂牌上市，融资1.1亿美元。

总之，1992年和1993年，中国经济就像一辆装上新引擎的列车，向前飞奔。

（二）整体推进和重点突破

1994年，仿佛一切都在蜕变、更新。有人说，这是热热闹闹的一年，也是改革的整体推进和重点突破之年。这一年的改革已是脱弦之箭，不能后退，也无退路。

1994年1月，中国建立社会主义市场经济体制的各项配套改革方案同时实施，呈现出“整体推进、重点突破”的特点。从这一年的年初开始，外汇、外贸、金融、财税等一系列重大改革方案同时实施。

1994年年初，人民币终于从官方定价走向市场定价，与国际惯例接轨，拉开了我国建立社会主义市场经济新体制多项改革整体推进的帷幕。

市场经济，说到底是货币经济。建立适应社会主义市场经济体制的新的金融体制，在1994年年初有了突破性的展开。

这一年的金融体制改革，热闹非凡。中国进出口银行、国家开发银行、中国农业发展银行相继成立。这些政策性银行的组建，标志着我国顺利实现了政策性金融和商业性金融分离。

如果说1994年的改革是一台大戏，各项改革纷纷登台亮相。那么，财税体制改革无疑是这台戏中的重头戏，扮演着引人注目的主角。

1994年实行的财税体制改革，是在艰难时势中诞生的。那些年中央财政日益虚弱，再不改革财税体制，日子已经过不下去了。有人如此形容：中国的财政部部长是囊中羞涩的财政部部长，中央财政是悬崖边上的中央财政。朱镕基在全国财政、税务工作会议上警告说，如果不改革体制，中央财政到不了2000年就会垮台。

经过一年的努力，到1994年年底，新财政体制已基本建立，新税制改革运转基本正常，开始显现积极效应。有了这一改革，中央财政才有真正的宏观调控能力，才有实力办了多年想做而无法做的大事。

1994年的改革大戏唱得轰轰烈烈、有声有色。《人民日报》刊登文章说，1994年，无疑将以改革的整体推进和初战告捷为特点而载入史册。

（三）所有制改革的新突破

所有制改革是经济体制改革中最基本的内容之一。十四大以后，非公有制企业显示出极大的后发优势，在市场经济条件下突飞猛进。同时，中国的国有企业在社会主义市场经济的大潮中却显得步履艰难。严峻的现实促使人们思索：如何找到搞活国有企业、提高国有企业效率的机制体制？公有制在社会主义市场经济条件下有没有具体的实现形式？这些问题尖锐又敏感。实践呼唤着中国改革又一次新的理论突破。

人们把希望寄托在即将召开的中共十五大上。这次大会注定要承载重大的使命。

1997年5月29日，位于北京西郊的中共中央党校，春意盎然，洋溢着强烈的思想解放气息。江泽民在中央党校省部级干部进修班毕业典礼上，阐发了关于十五大报告的一些主要思想，以进一步听取党内的意见。从江泽民的讲话中，人们预感到中共十五大在所有制问题上将会出现重要突破。

1997年9月12日，中共十五大在人民大会堂隆重开幕。就像人们预想的那样，中共十五大确立了社会主义初级阶段的基本经济制度，实现了所有制理论的新突破。

这次大会把以公有制为主体、多种所有制经济共同发展确立为社会主义初级阶段的基本经济制度，提出公有制的主体地位主要应体现在“控制力”上，第一次提出并阐述了公有制实现形式可以而且应当多样化。这是对社会主义经济理论的重大突破和创新，是又一次思想大解放，也是我国经济体制改革“攻坚战”中的一次关键性突破。中国的经济体制改革又进入了一个新阶段。

三、谁说征途无风浪

改革发展的征途不可能一帆风顺，必然会有大风大浪。正当中国的改革大潮奔腾向前时，亚洲金融危机、特大洪水、国企改革、炸馆事件等重大考验接踵而来。中国共产党以“乘风破浪会有时，直挂云帆济沧海”的魄力战胜了一个又一个困难。

（一）不畏挑战，战胜亚洲金融危机

1997 年 7 月 2 日，泰国人一大早醒来，突然发现他们在一夜之内骤然变穷，泰铢眨眼间就失去了五分之一的国际购买力，国际投机家一下子从泰国卷走了 40 亿美元。泰国政府宣布放弃泰铢与美元的固定汇率制，亚洲金融危机全面爆发。

亚洲金融危机，对中国经济也产生了严重的不利影响。一向形势不错的外贸出口增幅从前一年的 20%猛跌至 0.5%。引进外资数量跌至 20 年来的最低水平。国内商品库存猛增，消费需求严重不振。

其实，跨越这一难关的办法可以非常简单——贬值货币，刺激出口。但是，人民币一旦贬值，港币也会被迫贬值，亚洲其他地区和国家就要开始新一轮的货币大贬值，这将加快亚洲经济的衰退，甚至引发世界性的经济衰退。为支持受到危机冲击的亚洲国家尽快走出困境，中国政府作出了

人民币不贬值的战略选择。

面对突如其来的金融风暴，中国政府所表现出的稳定全球经济的能力和对世界负责任的态度，令全世界刮目相看，使中国以负责任的大国形象赢得了世界范围内的普遍认同和赞誉。

（二）抗击洪水，坚持，再坚持

就在亚洲金融危机的余震还未完全消散的时候，新的考验又接踵而至。

1998年夏季，长江、嫩江和松花江流域发生历史罕见的大洪水。关键时刻，中共中央作出了严防死守，确保长江大堤安全，确保武汉等重要城市的安全，确保人民生命财产安全的战略决策；作出了调动人民解放军投入抗洪抢险、军民协同作战的重大决策。

8月13日上午，正当长江第五次洪峰向湖北荆江逼近的关键时刻，江泽民乘飞机急赴沙市，查看长江堤防重点险段的位置和参加抗洪抢险部队的兵力部署。在长江大堤上，江泽民说：坚持奋战！坚持！再坚持！我们就一定能够取得最后的胜利！从坚守荆江大堤到抢堵九江决口，从会战武汉三镇到防守洞庭湖区，从保卫大庆油田到决战哈尔滨，哪里最危险，哪里任务最艰巨，哪里就有人民子弟兵。长江大堤武汉段上立了2000多块“生死牌”，这是与大堤共存亡的铮铮誓言。

1998年，歌曲《为了谁》唱出军民之间最真实的感情。

泥巴裹满裤腿，汗水湿透衣背。

我不知道你是谁，我却知道你为了谁……

在与特大洪水的殊死搏斗中，改革开放20年为国民经济奠定的雄厚实力得到了最充分的显示。中华民族的凝聚力再次得到了提升！

（三）国企改革，下岗与再就业

1998年的中国，还面临着一个丝毫不亚于长江洪水的难题，那就是1151万下岗职工，3.1%的城市登记失业率。改革与下岗、增效与减员、长远利益与眼前利益，这一对对矛盾在一个12亿人口的大国里猛烈地碰撞着。几乎所有的矛盾都集中到一个焦点上：必须使大批下岗职工和分流职员有一个“安全通道”。稳定压倒一切，在中国，当几千万人同时面临着失业压力时，潜在的社会风险是可想而知的。

如何解决这个问题，正考验着中国共产党人的执政水平。

1998 年 5 月 14 日，中共中央、国务院在北京召开的国有企业下岗职工基本生活保障和再就业工作会议上，江泽民做了重要讲话。江泽民说：我们的国有企业改革已进入了攻坚阶段。要确保国有企业这一改革和发展目标的顺利实现，必须努力解决企业富余人员过多的问题。江泽民指出，要充分认识到，搞好国有企业的减员增效、下岗职工基本生活保障和再就业工作，任务是非常艰巨的。这项工作不仅是重大的经济问题，也是重大的政治问题；不仅是现实的紧迫问题，也是长远的战略问题。各级党委和政府，一定要把它作为一个头等大事抓紧抓好。

随后，中央要求全国凡是有下岗职工的国有企业都要建立再就业服务中心，其主要职能是作为职工从企业走向社会的中转平台，在再就业前发放生活费用，保证他们的基本生活需要，同时对他们进行转岗技能培训。

1998 年，许多从再就业服务中心走出来的下岗工人，在经过进退之间的碰撞和选择之后，最终超越了自我，重新闯出了一片新的天地。

心若在，梦就在，天地之间还有真爱。

看成败，人生豪迈，只不过是从头再来。

这一年，刘欢的歌曲《从头再来》，唱出无数下岗工人的心声。

（四）北约导弹让中国人愤怒了

1999 年，新中国将迎来成立 50 周年的生日。就在这个节日一天天走近的时候，一连串出人预料的事情发生了。

4 月，“法轮功”邪教组织在北京煽动闹事。

5 月 8 日，以美国为首的北约使用导弹袭击中国驻南联盟大使馆，这一践踏国际法的暴行，激起中国政府和人民最强烈的抗议。事件发生的当天，江泽民便主持召开中共中央政治局常委会议。在这次会议上，江泽民对如何处理这一事件提出五条具体要求，“我们要卧薪尝胆，一定要争这口气！”江泽民以这样一句鼓舞士气的话语结束讲话。

7 月，李登辉在接受“德国之声”电台采访时公然表示，台湾当局已将

1999年10月1日，新中国迎来了50华诞。时值世纪之交，这一年在天安门广场举行的盛大阅兵式被人们亲切地称为“世纪大阅兵”

两岸关系定位在“国家与国家，至少是特殊的国与国的关系”。李登辉公然鼓吹“两国论”，蓄意分裂祖国的政治图谋的彻底暴露。中国政府和中国人民，对任何分裂祖国的行为，都绝不会坐视不管。

7月23日，江泽民来到了国庆阅兵村。三军将士正严阵以待，时刻准备捍卫国家主权和领土完整，坚决粉碎任何分裂祖国的图谋。

1999年10月1日凌晨，受阅部队机械车辆离开阅兵村。

“军威振，国力壮。”阅兵是综合国力的展示。

此时，北京下了一场秋雨。雨过天晴，静静的晨曦中，古老而现代的天安门广场，见证了一个民族、一个国家从积贫积弱到繁荣昌盛的奋斗历程；见证了新中国人民当家作主站起来，改革开放富起来，意气风发走进新时代的伟大变革。

四、两岸三地一家亲

台湾、香港及澳门问题的产生，是中国近代屈辱史活生生的见证。中共十一届三中全会以后，邓小平提出了“一国两制”构想。从此，中国政府在“一国两制”思想的指导下，使香港和澳门回归到中国这个大家庭，并对台湾问题的解决起到了重大的影响。不久的将来，两岸三地一家亲的美好时代一定会到来。

（一）“一国两制”构想开启新篇章

1979年1月25日，一个寒风凛冽的日子，正在收听中央人民广播电台节目的人们，耳边传来一阵《乡间的小路》《赤足走在田埂上》等台湾校园歌曲的悦耳旋律。这是中央人民广播电台第一次播放台湾歌曲，歌声中传达的言外之意是海峡两岸关系正在发生的历史性变革。

1981年9月，叶剑英提出解决台湾问题的“九条方针”。1982年1月，邓小平接见一位海外朋友时说，九条方针“实际上就是一个国家两种制度。两制是可以允许的，他们不要破坏大陆的制度，我们也不要破坏他那个制度”。这是邓小平首次使用“一国两制”概念。

“一国两制”构想在用于解决香港、澳门问题的过程中得到了实践。为了收回香港，邓小平和撒切尔夫人等英国政要进行了数轮谈判，明确表示，“香港是中国的领土，我们一定要收回来的”，关于主权问题，没有回旋余地。

1984年6月，邓小平对来访的香港知名人士比较展开地阐释了“一国两制”的构想和对香港问题的基本立场。邓小平说：“我们的政策是实行‘一个国家，两种制度’，具体说，就是在中华人民共和国内，十亿人口的大陆实行社会主义制度，香港、台湾实行资本主义制度。”

1984年9月，中英双方就全部问题达成协议。3个月后，中英两国政府在北京正式签署了关于香港问题的联合声明。1987年4月中国政府同葡萄牙政府签署了关于澳门问题的联合声明。不久，全国人大也分别通过了《中华人民共和国香港特别行政区基本法》和《中华人民共和国澳门特别行政区基本法》。这样，“一国两制”构想具有了法律效力，迈出了从理论转化为实践的关键性一步。

为解决台湾问题而设计的“一国两制”构想，在实践中却首先运用于解决香港问题上了。看似偶然的选择，反映的却是历史的必然。

（二）五星红旗在香港飘扬

1997 快些到吧，我就可以去 HONG KONG；

1997 快些到吧，让我站在红磡体育馆……

这首 20 世纪 90 年代初期风靡一时的歌曲叫《我的 1997》，歌手艾敬不仅是在唱歌，更是在期盼 1997 年香港回归。

果真，1997 真的到了。HONG KONG 的红磡体育场就在眼前了。

1997 年 6 月 30 日午夜至 7 月 1 日凌晨，中英两国政府香港政权交接仪式在香港会议展览中心新翼五楼大会堂隆重举行。

6 月 30 日 23 时 56 分，中英双方护旗手入场，象征两国政府香港政权交接的降旗、升旗仪式开始。23 时 59 分，英国国旗和香港旗在英国国歌乐曲声中缓缓降落。随着“米字旗”的降下，英国在香港一个半世纪的殖民统治宣告结束。

7 月 1 日零点整，激动人心的神圣时刻到来了：中国人民解放军军乐队奏起雄壮的中华人民共和国国歌，中国国旗和香港特区区旗一起徐徐升起。

香港，凝聚了中国人 100 多年的耻辱；香港回归这一刻，更凝聚了 100 多年来中国人民的奋斗。

在首都，北京工人体育场沉浸在欢腾的海洋之中。8 万人同声高唱《歌唱祖国》，千人组成的交响乐队齐奏乐曲。中国人更加相信香港的明天会更好。中华民族在完成祖国统一大业的道路上，迈出了坚实的一步。

（三）母亲，我要回来

1999 年，天安门广场东侧高大的澳门回归倒计时牌上，红色的数字不停地跳动。

“记不清是第几次站在这块牌下了。”来自澳门的梁仲虬每次来京，无论多忙，总要到天安门广场参观一趟。他说：“站在这里，仿佛可以聆听到历史前进的强劲足音。”这个声音就是——1999 年 12 月 20 日，中华人民共和国政府对澳门恢复行使主权。

回想起澳门回归，我们不止一次地听到那个熟悉的旋律：

你可知 Macau，不是我真姓？

我离开你太久了，母亲……

稚嫩的童声表达了迎回归的喜悦之情，也勾起了亿万人民内心深处的创痛、苦涩和辛酸。闻一多先生当年怀着悲愤、期待写下这首流传至今的《七子之歌》。当全国人民在同一时刻唱着这首歌曲时，它就不再是一首普通的歌曲。

那三百年来梦寐不忘的生母啊！

请叫儿的乳名，叫我一声澳门！

母亲啊母亲！我要回来，母亲……

1999 年 12 月 20 日零时，中葡两国政府澳门政权交接仪式在澳门文化中心花园馆隆重举行。澳门回归在开启了一个新时代的同时，也意味着西方在中国殖民主义的结束，并再一次证明了"一国两制"的正确。

1999 年，九九终归一，共迎新世纪。

已是归期倒计时，亲人苦盼寸心知。

山河破碎辛酸泪，骨肉团圆瑰丽诗。

昔日强权归往史，前途展望启遐思。

中华一代英雄起，两制兴邦共护持。

（四）祖国统一梦想的期待

1997 年 7 月 1 日和 1999 年 12 月 20 日，中国政府先后恢复对香港、澳门行使主权。穿越了百年的历史隧道，香港、澳门终于走完了回家的旅程。

回到母亲的怀抱，香港、澳门以共和国两个特别行政区的身份，获得了新生。"一国两制"、"港人治港"、"澳人治澳"、高度自治成为生动现实。鲜活的事实已经证明了"一国两制"的强大生命力。

此时，中国人的目光越过香港、澳门，越过茫茫海天，投向祖国最大的宝岛——台湾。为了早日结束两岸同胞骨肉分离的不幸，中共始终把解决台湾问题、实现祖国统一大业作为奋斗目标，站在全民族的立场上思考、谋划统一大局。

小时候
乡愁是一枚小小的邮票
我在这头
母亲在那头

长大后
乡愁是一张窄窄的船票
我在这头
新娘在那头

后来啊
乡愁是一方矮矮的坟墓
我在外头
母亲在里头

而现在
乡愁是一湾浅浅的海峡
我在这头
大陆在那头

台湾诗人余光中的这首《乡愁》写出了那浅浅的海峡阻挡不住的两岸同胞血浓于水、情同手足的亲情。

1987 年，隔绝两岸同胞的闸门被打开，两岸交流合作由此渐成滚滚洪流。1987 年台湾开放民众赴大陆探亲后，两岸人员往来、经贸关系和各种交流交往更是得到了长足的发展，两岸间经贸往来已发展到不可逆转的地步。

1991 年，台湾当局成立了“财团法人海峡交流基金会”（简称海基会）。同年，大陆社会团体法人性质的民间团体“海峡两岸关系协会”（简称海协会）在北京成立。

海基会与海协会成立后，两会之间建立起了良好的协调关系，充分发

1993年4月27日上午10时，举世瞩目的“汪辜会谈”在新加坡海皇大厦正式举行。会谈举行了两天，辜振甫董事长和汪道涵会长克服了会谈过程中出现的种种问题，促成会谈顺利举行

挥了两岸沟通的桥梁作用。经过两会反复协商、共同努力，双方最终于1992年达成了“各自以口头方式表述‘海峡两岸均坚持一个中国原则’”的“九二共识”。“九二共识”的达成，为1993年的“汪辜会谈”铺平了道路。

1993年4月27日，海协会会长汪道涵和台湾海基会董事长辜振甫在新加坡海皇大厦举行会谈。在会谈中最终达成四项协议。这几项协议的达成，不仅为两岸民众的亲情联络和各种交流活动提供了方便，也为两岸关系创造了积极气氛。

1995年1月30日，正是农历除夕。江泽民与各界代表及在京台胞台属代表欢聚在人民大会堂，共庆中华民族的传统佳节。在这个新春茶话会上，他发表了题为《为促进祖国统一大业的完成而继续奋斗》的重要讲话。讲话就现阶段发展两岸关系，推进祖国和平统一进程提出了八项重要看法和主张，号召所有的中国人团结起来，坚持统一，反对分裂，促进祖国统一大业的完成。

台湾问题专家郭震远说：“中国共产党始终把实现祖国统一，与维护民族的根本利益、国家的整体利益和两岸同胞的切身利益紧密结合。”“回顾祖国统一伟业所走过的历程，中国共产党没有辜负时代和人民的重托。”

如今，浅浅的一湾海峡，阻挡不住和平统一的历史大潮。两岸人民共享和平与祖国强盛荣耀的日子，不再是遥远的梦想。

第三节　世纪跨越

历史的钟摆永不停歇，转眼20世纪结束，新的世纪到来。面对世纪之交，中国在思考自己的发展问题时，必须想得大一些，想得久远些。大一些，就是要在经济全球化和世界多极化这种大趋势下，把中国的问题放到世界全局中来考虑；久远些，就是不能只把眼光局限在当前的问题，要站在面向21世纪的高度，考虑今后的布局，多想几步，想得更远才能走得更远。

一、世纪之交的畅想

20余年的改革开放，风风雨雨；20余年的改革开放，地覆天翻；20余年的改革开放，积贫积弱的历史一去不复返；20余年的改革开放，令世界刮目相看……很快，新世纪、新千年的钟声就要敲响了。

（一）把一个什么样的世界带入21世纪

伴随历史踏出的滔滔巨浪，21世纪的曙光已从地平线上冉冉升起。

回首20世纪，无疑是一个异彩纷呈的世纪，但也是充满了苦难、血腥和残暴的世纪。展望21世纪，人们对世界的前途充满信心，但也有另一种阴暗的描述。美国有个叫亨廷顿的政治学教授，倡言“文明冲突”论。他预言：不同文明的冲突将主导以后的世界。发展给人类带来文明，难道文明还要让人类付出这样可怕的代价？

1999年12月31日夜，20世纪的最后一个夜晚。这个夜晚，北京无眠，中国无眠。在中华世纪坛，2万多名群众汇聚在一起，举行迎新千年庆典。在万众瞩目中，江泽民按动电钮，点燃中华圣火。此时，人们撞响了位于世纪坛东侧的中华世纪钟，21声轰鸣叩开了新年的大门。

回顾历史，展望未来，江泽民发表了充满期待的讲话，他说："面对新的世纪之交和千年之交，每个国家有远见的政治家都应从历史的高度思考：未来的世界应该是一个什么样的世界，应该为实现这样一个世界作出什么样的贡献。"

2000年终于来了。为了这个新年，全世界倾注了少有的热情。因为这是一个难得一遇的新年，人类文明的发展也即将进入一个新世纪，开启一个新千年。把一个什么样的世界带入21世纪？此时此刻，中国对这个问题的回答越来越明确。

（二）和平发展：中国永远不称霸

在人类的历史长河中，资源的夺取是战争的动因，战争成为国家兴衰、文明存废的重要工具。在第二次世界大战后的近70年中，地球上没有发生世界性的战争。但核武器等大规模杀伤性武器的出现，使战争具有了毁灭整个人类的可能，这使人类对战争形态的控制成为最迫切的大事，使和平成为人类的头等大事。

近代以来的100多年，中国经历了社会衰朽、国力渐微、列强入侵、沦为半殖民地半封建社会境地的痛苦，经历了救亡图存、自新求存的伟大奋斗。自新中国成立以来，特别是改革开放以来，中国在探索中走上了民族复兴的道路。中国有过饱受列强欺凌的痛苦经历，因此，新中国的缔造者毛泽东早就庄严宣告：中国永远不称霸。这是中国真诚而郑重的承诺，也是中国和平崛起的一个观念基础。

这一时期，经过努力，中国和其他大国分别构筑了中美"面向21世纪的建设性战略伙伴关系"、中俄"面向21世纪的战略协作伙伴关系"、中日"致力于和平与发展的友好合作伙伴关系"等大国关系框架。

同时，中国同周边国家的关系不断发展。在中国外交工作布局中，周边外交居首位。从政治上看，周边是中国维护主权权益、发挥国际作用的首要依托；从经济上看，周边是中国对外开放，开展互利合作的重要伙伴；从安全上看，周边是中国维护社会稳定、民族和睦的直接外部屏障。因此，巩固睦邻友好，促进共同发展，一直是中国外交的优先课题。

中国政府日益重视多边外交，多边外交逐渐成为中国独立自主的和平外交政策的一个重要组成部分。20 世纪 90 年代以来，中国外交在双边关系蓬勃发展的基础上启动了多边外交，并取得了可喜的成绩。中国借助联合国、上海合作组织、东盟、欧亚会议、亚太经合组织、世界贸易组织等多边舞台，推动对话与合作。

中国的外交实践充分说明，中国在通过和平之路走向世界。和平发展，是中国的选择，也是时代的选择。这是发生在世纪之交、千年之交的大事件、新现象，具有世界意义和历史意义。

（三）迎着新世纪的曙光前进

2000 年，中国人把一个延续了几千年的梦想——小康之家，变成了实实在在的生活。

在新千年到来之际，中国已是一个色彩斑斓的国家，走在街头随处可见巴黎、纽约、罗马最新的流行服饰。美国资深外交官、1972 年尼克松访华时美方首席翻译傅立民先生曾这样描述中国的变迁。他说，社会主义给我的最早印象就是对色彩不感兴趣。20 多年前我来中国，大街上一片蓝灰绿，男女老少的服饰没什么区别。现在的社会主义变得丰富多彩，生气勃勃，人们的打扮五彩缤纷、鲜亮时髦，尤其是女孩子，在穿着上可以和世界上任何一个地方的漂亮姑娘媲美。

2000 年，拥有一辆私家车，即使对普通人家来说也不再是天方夜谭。这一年，北京等许多城市都举办了汽车展览促销会。厂家们万万没有想到，竟然会有如此多的人对购车有如此大的兴趣。全新的“汽车社会”正向我们走来。

外出旅游，是 2000 年中国人家庭生活中的又一道靓丽的风景线。这一年，国家第一次将“五一”“十一”两个假期延长为7天。于是，假日旅游经济应运而生，来势汹涌。

“小康不小康，关键看住房。”2000年，拥有一套宽敞明亮的住房，对大多数中国人来说已不再是梦想。贷款买房，成为一种普遍现象。这一年，建行、工行北京市分行的个人住房贷款额分别突破200亿元。住房宽敞明亮了，心情自然也就更加愉悦了。

在新千年，现代科学技术和经济全球化趋势的发展，给中国带来了新的机遇。此时，很多人已经看到了信息技术将带给他们的巨大商机。在2000年清河国际羊绒及绒毛制品交易会上，河北省清河农民王东生拿到了几十万元的订单。他说，全是靠因特网提供了交易信息。通过因特网，农民们不但做了生意，还和外国人成了朋友，这在以前根本是不敢想的事。

透过新世纪的曙光，我们看到，网络的迅猛发展正在改变着中国人的生活。

二、新世纪的中国

新的世纪，更加精彩，充满新的机遇、新的挑战。中国以前所未有的姿态投入世界发展的大潮中。改革的雄风将更加强劲有力，浩浩荡荡。申办奥运会、加入世界贸易组织、西部大开发，这是中国共产党人造福百代的远见卓识，这是前无古人的重大举措。中国的明天将会如诗如画，更加美好。

（一）我们赢了

2001年7月13日，在莫斯科举行的国际奥委会第112次会议上，北京获得2008年第29届奥运会主办权。

在中国举办奥林匹克运动会是国人的百年梦想。早在1908年，当时的《天津青年》在一篇题为《竞技运动》的文章里就向国人提出了三个问题：

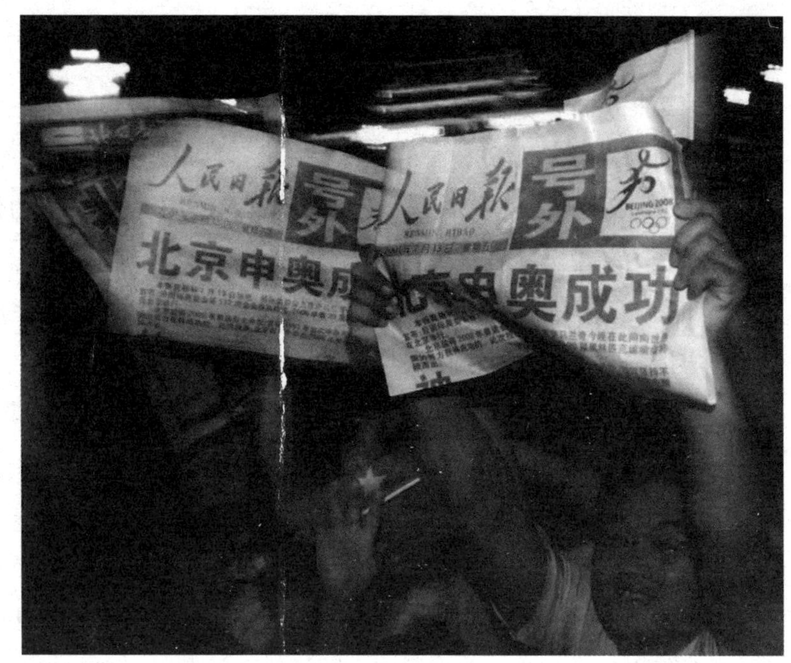

北京申奥成功的消息传来，40万群众拥向街头庆祝狂欢。经历百年沧桑的现代奥林匹克运动会，在拥有世界人口五分之一的中国举办，将使奥林匹克精神得到更广泛的传播，翻开奥林匹克运动的崭新一页

中国何时才能派一位选手参加奥运会？中国何时才能派一支队伍参加奥运会？中国何时才能举办奥运会？

2001年7月，依靠自己的实力和智慧，中国人终于将这个期盼已久的梦想变成了现实。

此时此刻，人们不会忘记，11年前，年过八旬的邓小平来到新落成的国家奥林匹克体育中心，他问国家体委主任伍绍祖：“办了亚运会，还要办奥运会，你们下决心了没有？”

此时此刻，人们不会忘记，8年前那个夜晚，亿万中国人也曾苦苦地守候在电视机前，满怀信心地等待万里之外的蒙特卡洛黎明前能传来佳音。可是我们却仅以两票之差失之交臂。

今天，奥林匹克终于选择了北京。我们赢了！

北京申奥的成功，再一次向世界表明：改革开放、日益繁荣的中国正在以坚定的步伐走向世界。

此时，中国并没有满足，继续向着另一个盛典——世博会进军。世博会被人们誉为“经济、科技、文化的奥林匹克”。对于渴望开放、渴望走向世界的中国人，申办世博会是一件意义非凡的事情。

2000 年 3 月，中国专门成立了 2010 年上海世博会申办委员会。2002 年 12 月 3 日，在国际展览局第 132 次全体大会上，中国最终获得 2010 年世博会的举办权。这也是世博会首次落户发展中国家。中国上海将亲手搭建一个世博会的大舞台，这是何等的气魄，何等的自信!

（二）跨进世界贸易组织的大门

2001 年 11 月 10 日，中国加入世贸组织决定获得通过。12 月 11 日，中国正式成为世界贸易组织成员。

坐落在瑞士日内瓦莱芒湖畔的世界贸易组织总部的正门，是两扇虽不大但很沉重的门。有人说它很好推，也有人说它很难推。为了推开这两扇门，中国人用了整整 15 年的时间。毫无疑问，中国入世谈判是多边贸易体制史上最艰难的一次较量，在世界谈判史上也极为罕见。

自 1986 年 7 月 10 日中国正式向 WTO 前身——关贸总协定（GATT）递交复关申请起，15 个春秋，中国代表团换了 4 任团长，美国换了 5 位首席谈判代表。

水到渠成的这一天终于来了。

2001 年 11 月 10 日，在多哈喜来登饭店的萨勒瓦会议大厅，随着世界贸易组织第四届部长级会议主席卡迈勒手中的一声槌响，长达 15 年的中国复关和加入世界贸易组织进程终于画上了圆满的句号。

中国加入世界贸易组织，不仅有利于中国，而且有利于所有世界贸易组织成员，有助于多边贸易体制的发展。加入世界贸易组织，是中国改革开放的一个里程碑，是中国彻底融入世界的一个里程碑。中国将在更大的范围、更广的领域、更高的层次上参与国际经济合作和竞争。

关于中国加入世界贸易组织的意义，江泽民有过一段非常生动的描述。他说："从二十一世纪国际竞争日趋激烈的大环境看，我们搞现代化建设，必须到国际市场的大海中去游泳。虽然我们这方面的能力还不强，但要奋力地去游，并且要力争上游，不断提高我们搏风击浪的本领。"

一个敢于向全球开放自己的国家，永远不会沦为世界经济的孤岛。站在 WTO 的门槛上，面对未来十年、百年，中国人满怀憧憬与信心。

（三）新千年踏上新征程

西安市西郊，唐长安城西门遗址外，长安城里和来自西域的使节、商贾们骑着骆驼，仿佛正向西进发。刚下过第一场春雨，这组大型驼队石雕在和煦的阳光下显得格外生动。置身其间，仿佛听到远古传来的阵阵驼铃声……

这里是古丝绸之路的起点。古代开拓西域的丝绸之路正是从这里出发，沟通了中西的交流，造就了汉唐两个盛世。也许是历史的巧合，在迎接新世纪的时刻，我国西部大开发的伟大战略又将在这里展开更加雄伟的画卷。

在中国发展的战略棋盘中，西部的发展极为重要。中国西部国土面积占全国的56%，人口占全国的22.8%，实施西部大开发，是实现中国现代化必不可少的前提。

在即将进入21世纪的时刻，1999年11月，中国政府作出决策，抓住时机，着手实施西部地区大开发战略。2000年，西部大开发迈出实质性步伐，新开工了“十大工程”。

中国在新的千年又踏上了新的征程。

三、新世纪，新思想

告别旧时代，迎来新世纪。中国发展呈现出一系列新的阶段性特征，出现一系列新情况新问题，世情、国情、党情的深刻变化对党的建设提出了新的要求。新的思想呼之欲出。

（一）中国的事情，关键在党

中国共产党这个从成立时只有50多个成员，到世纪之交拥有6600多万党员的执政党，为什么能久经磨难而不衰，百炼千锤而更坚强？这是因为，中国共产党始终如一地把自身建设放在至关重要的位置。

1989年春夏之交发生的政治风波平息后，邓小平及时分析了这场风波的成因及实质，要求全党冷静地总结过去、思考未来。邓小平明确指出："常委会的同志要聚精会神地抓党的建设，这个党该抓了，不抓不行了。"言简意赅的叮嘱，充分表达了他对党和国家前途命运的深切关注。

1992 年中共十四大明确了建立社会主义市场经济体制的改革目标，并认识到社会主义市场经济可能会给中共党的建设带来的考验和挑战。

1995 年 11 月，江泽民在考察北京市工作时强调提出，党的干部要"讲学习、讲政治、讲正气"。1998 年中共中央专门作出了在县级以上党政领导班子和领导干部中进行"三讲"教育的重大部署。

世纪之交，以"讲学习、讲政治、讲正气"为内容的"三讲"教育活动，在中国县级以上党政领导班子、领导干部中紧张和热烈地进行着。

（二）一路考察，一路思考

南国春来早。农历正月，祖国北方，千里冰封、万里雪飘的冬天还没有过去，而在南方，已是春江水暖、生机盎然的时节了。

2000 年 2 月 19 日，新世纪的第一个春节刚过，江泽民来到广东省高州市。

20 日下午，江泽民出席在高州市礼堂举行的"三讲"教育动员大会，并在会上发表重要讲话。他在讲话中提出，我们党要做到"五个始终"：始终保持工人阶级先锋队性质，始终代表最广大人民群众的利益，始终成为社会先进生产力的代表，始终领导全国各族人民促进社会生产力的发展，始终坚强有力地发挥好领导核心作用。这"五个始终"讲到了"三个代表"中的两个"代表"，即代表最广大人民群众的利益、代表社会先进生产力。

25 日上午，江泽民听取广东省委和省政府的工作汇报，并发表了重要讲话。这次讲话，江泽民在"高州讲话"提出"代表最广大人民群众的利益"和"成为社会先进生产力的代表"的基础上，又提出了"代表着中国先进文化的前进方向"，并强调这是需要全党同志"深刻思考的重大课题"。这就是著名的"三个代表"重要思想。

几个月后，5 月 8 日至 15 日，江泽民到江苏、浙江、上海考察。

14 日，江泽民在上海召开三省市党建工作座谈会并发表重要讲话，再次阐述了“三个代表”，强调指出：“始终做到‘三个代表’，是我们党的立党之本、执政之基、力量之源。”

2000年是中国的小康之年，也是中国共产党的理论创新之年。“三个代表”重要思想，便是小康之年中国共产党理论创新的新成果。“三个代表”重要思想提出了新世纪全面推进党的建设的根本目标和根本要求，阐明了新世纪党建的根本途径和根本措施，指明了新世纪建设中国特色社会主义的基本目标、基本途径和基本动力。

（三）走进新时代

新世纪，新思想，迎来了新开端。

1年以后，中国共产党和中国人民迎来了影响更为深远的盛事。2002年11月8日，中共第十六次全国代表大会开幕。

走过81年辉煌历程的中国共产党，向全世界宣告了她在新世纪、新阶段的政治宣言和行动纲领——“高举邓小平理论伟大旗帜，全面贯彻‘三个代表’重要思想，继往开来、与时俱进，全面建设小康社会，开创中国特色社会主义事业新局面”！会上，江泽民做《全面建设小康社会，开创中国特色社会主义事业新局面》的报告。在这份报告中，江泽民总结了过去5年的工作和过去13年的基本经验，阐述全面贯彻“三个代表”重要思想的根本要求，提出全面建设小康社会的奋斗目标。

20年前，当中共十二大将邓小平提出的“小康”社会确立为发展目标后，“奔小康”成了中国人最热议的话题。歌曲《年轻的朋友来相会》表达了人们对美好生活的向往和期盼。

再过二十年，我们来相会，伟大的祖国，该有多么美。

天也新，地也新，春光更明媚，城市乡村处处增光辉……

20多年过去了，人们发现，实际生活比歌中唱的、想象的要美好许多。2002年，中国确实拥有了一个让广大人民满意知足的殷实的“家底”，一个民丰物阜的“家底”，一个总体上达到小康水平的“家底”。

人民满足了，但是执政的中国共产党没有就此满足。中国虽然进入了小康社会，但这个小康社会是低水平的、不全面的、发展很不平衡的小康社会。中共十六大报告明确提出：要在本世纪头 20 年，集中力量，全面建设惠及十几亿人口的更高水平的小康社会，使经济更加发展、民主更加健全、科教更加进步、文化更加繁荣、社会更加和谐、人民生活更加殷实。

2002 年 11 月 15 日，中共十六届一中全会选举产生中央新的领导机构。走过 81 年沧桑风雨的中国共产党，拥有了新的坚强领导集体。

从此，站在新世纪新阶段的起跑线上，中国即将开启一段新的航程，即将进入一个新的发展时代。

第十一章

科学发展铸辉煌

2009年10月1日，在庆祝中华人民共和国成立60周年的盛大联欢晚会上，一首名叫《领航中国》的新歌，给人们留下深刻的印象："九百六十万的甲板，多辽阔。珠穆朗玛的桅杆，真巍峨。和衷共济的十三亿，划桨同节拍，科学发展的罗盘，领航中国。"

歌声是时代的表达。这首歌生动地反映了科学发展观引领中国走向未来的时代主题。科学发展观是以胡锦涛为总书记的党中央从新世纪新阶段党和国家事业发展全局出发，立足社会主义初级阶段基本国情，总结我国经济社会发展实践，同时借鉴国外发展经验，适应新的发展要求提出来的新思想。

科学发展是现实的需求、时代的呼唤，更是理论的延续、思想的升华。它是对党的三代中央领导集体关于发展的重要思想的继承和发展，是马克思主义关于发展的世界观和方法论的集中体现，是同马克思列宁主义、毛泽东思想、邓小平理论和"三个代表"重要思想既一脉相承又与时俱进的科学理论，是我国经济社会发展的重要指导方针，是发展中国特色社会主义必须坚持和贯彻的重大战略思想。

第一节　树立和落实科学发展观

2003年春天，一场由传染性非典型性肺炎引起的严重疫情，突然袭来。以胡锦涛为总书记的党中央领导全国各族人民，发扬和衷共济、迎难而上的精神，夺取了抗击“非典”疫情的重大胜利。这段令人担忧、举国抗击“非典”的日子，给人们留下了难以磨灭的印象；这场不同寻常的“考试”，促使中国新一届中央领导集体对什么是发展、发展为了什么、怎样实现发展这些问题进行了深刻思考。其答案就是提出了新的发展理念——以人为本、全面协调可持续的科学发展观，指引我们成功应对重大挑战，在新的历史起点上坚持和发展了中国特色社会主义。

一、核心是以人为本

2002年11月8日，举世瞩目的中共十六大在北京开幕。这是中国共产党进入21世纪的第一次全国代表大会。在《全面建设小康社会，开创中国特色社会主义事业新局面》这份政治报告中，江泽民向全世界宣告了中国共产党在新世纪新阶段的政治宣言和行动纲领：“高举邓小平理论伟大旗帜，全面贯彻‘三个代表’重要思想，继往开来，与时俱进，全面建设小康社会，加快推进社会主义现代化，为开创中国特色社会主义事业新局面而奋斗！”

11月15日，中共十六届一中全会结束后，新当选的中共中央政治局常委胡锦涛、吴邦国、温家宝、贾庆林、曾庆红、黄菊、吴官正、李长春、罗干会见中外记者。中共中央总书记胡锦涛发表讲话：“我们一定不辜负全党同志的重托和全国人民的期望，高举邓小平理论伟大旗帜，全面贯彻‘三个代表’重要思想，认真落实十六大提出的各项任务，紧密团结和依靠全党、全国各族人民，继往开来，与时俱进，为全面建设小康社会，加快推进社会主义现代化，开创中国特色社会主义事业新局面而努力奋斗。”

然而，就在十六大召开后的第二年，中国遭遇了“非典”的袭击。这是一种新发现的传染病，传染性强，没有特别有效的预防治疗办法，加上我国人口多、流动性大，一些地方和部门在应对突发公共卫生事件上准备不足，疫情很快蔓延到大部分省区市，广东、北京等地的疫情尤为严重。

据统计，3月1日，北京发现首例输入性“非典”病例；4月20日，卫生部宣布北京报告“非典”病例339例；4月27日，北京“非典”病例累计突破1000例；4月29日，当天新增病例达到创纪录的152例；5月7日，北京“非典”病例累计突破2000例……一时间，“非典”“SARS”成了社会上使用频率最高的词语。口罩脱销，消毒液紧缺，板蓝根售空，学校开始停课，游人纷纷离去，人们的情绪也陷入恐慌。

感染和死亡人数不断增加，人民群众的生命随时有可能受到威胁，“非典”疫情揪着党和国家领导人的心。2003年4月，胡锦涛来到“非典”发生地广东考察。一面是改革开放以来经济快速发展给人民群众带来巨大的实惠，一面是“非典”疫情难以控制给人民群众生命带来的严重威胁。鲜明的反差，使胡锦涛陷入了思考。

在听取广东省委、省政府汇报后，胡锦涛就“非典”防治工作作出指示，并第一次提出“发展观”的概念，指出：“新世纪新阶段，包括广东在内的东部地区正处在一个新的发展起点上，面临着新机遇、新挑战、新任务。我们要认清形势，进一步增强加快发展、率先发展、协调发展的历史责任感和使命感。”“坚持全面的发展观。”

4月17日，中共中央政治局常委会召开会议，研究部署“非典”防治工作，强调做好“非典”的防治工作，关系到广大人民群众的身体健康和生命安全，关系到我国改革发展稳定的大局。会议指出，要本着沉着应对、措施果断、依靠科学、有效防治、加强合作、完善机制的总体要求，做好非典型性肺炎防治工作。会议强调，各级领导干部一定要切实把广大人民群众的身体健康和生命安全放在第一位，党政主要领导要亲自抓、负总责。

在党中央、国务院的坚强领导下，一场全民抗击“非典”的战斗打响了！广东省全面开展防治“非典”知识普及、全民健身运动和爱国卫生运动，8000多万人动员起来，清扫房屋和街道，冲洗露天设施，消除卫生死角。大中小学校、幼儿园、公共交通工具、商场等人群密集场所，更是人们“关照”的重点。

在这场没有硝烟的战斗中，“小汤山速度”见证了中国的制度优势和顽强精神。在国务院和有关部门的大力支持下，位于北京昌平区的小汤山医院，创造了打破常规、特事特办的奇迹。这座占地122亩、总建筑面积2.5万平方米、拥有1000张病床的国家一级标准传染病医院，4月24日晚上决策，第二天建筑工人进驻工地，第五天结构工程和基础工程完工，7天后医院全部建成，成为首都抗击“非典”的“根据地”。5月1日，小汤山医院

邮品“万众一心抗击非典”

正式启用，首批156名患者顺利入住。5月3日，第二批110名患者送达。到5月19日，医院共接收13批680名患者。5月15日上午，小汤山医院首批7名康复的“非典”患者走出了医院大门。此后，每隔一天就有一批病人出院。6月20日，最后18名患者出院。

经过4个月的奋斗，随着北京地坛医院最后两名“非典”患者步出医院的大门，中国内地已无“非典”患者。世界卫生组织驻华代表对中国政府在抗击“非典”中取得的非凡成就，表示了由衷的祝贺和敬意。

2003年7月28日，全国防治“非典”工作会议在北京召开。这次会议的规模和规格，十分引人注目：9位中央政治局常委、16位中央政治局委员集体出席，各省、自治区、直辖市、计划单列市、新疆生产建设兵团主要负责同志，中央和国家机关各部委、国务院所属有关单位主要负责同志，军委各总部、武警部队的主要负责同志都参加了会议。召开如此规模的会议来总结一种疾病的防治，在共和国历史上尚属首次。在这次会议上，胡锦涛进一步阐述了发展观的问题：“发展绝不只是指经济增长，而是要坚持以经济建设为中心，在经济发展的基础上实现社会全面发展。我们要更好地坚持全面发展、协调发展、可持续发展的发展观，更加自觉地坚持推动社会主义物质文明、政治文明和精神文明协调发展，坚持在经济社会发展的基础上促进人的全面发展，坚持促进人与自然的和谐。”

坚持“全面发展、协调发展、可持续发展的发展观”，一个新的发展观的雏形，就这样呈现在了全党和全国人民面前。10月14日，在中共十六届三中全会上，胡锦涛进一步强调：“树立和落实科学发展观，这是二十多年改革开放实践的经验总结，是战胜非典疫情给我们的重要启示，也是推进全面建设小康社会的迫切要求。”这次会议通过的《中共中央关于完善社会主义市场经济体制若干问题的决定》，将坚持以人为本，树立全面、协调、可持续的发展观确立为经济体制改革的指导思想和原则。

“非典”暴露出来的直接问题，是公共卫生事业发展滞后，公共卫生体系存在缺陷，突发事件应急机制不健全，处理和管理危机能力不强，表明我们的发展是不全面、不协调、不可持续的，所以必须树立全面、协调、可持续的发展观。“非典”暴露出来的深层次问题是，什么是发展、发展为了什么、怎样实现我们的发展。就是说我们不能为发展而发展，不能单纯追求国内生产总值（GDP）的增长，所以必须“以人为本”，解决经济社会发展“一条腿长、一条腿短”的问题，坚持发展是为了满足人民的需要，实现人民的利益，实现人的全面的发展。2004 年 3 月 10 日，胡锦涛在中央人口资源环境工作座谈会上指出：“坚持以人为本，就是要以实现人的全面发展为目标，从人民群众的根本利益出发谋发展、促发展，不断满足人民群众日益增长的物质文化需要，切实保障人民群众的经济、政治和文化权益，让发展的成果惠及全体人民。”

“以人为本”的科学发展观，使新的发展思路与中国共产党的性质和宗旨、执政理念和要求内在地联系在一起，赋予这种新的发展理念更加鲜明的人民性、科学性和时代性。它以实现人的全面发展为目标，始终把实现好、维护好、发展好最广大人民的根本利益作为党和国家一切工作的出发点和落脚点，做到发展为了人民、发展依靠人民、发展成果由人民共享，也体现了唯物史观关于人民群众是历史发展的真正动力和社会主义要不断为全体人民的全面发展创造条件的思想，坚持了马克思主义历史观与价值观的统一。

2007 年 10 月 15 日，在中共十七大报告中，胡锦涛代表党中央对过去 5 年的理论和实践创新进行了高度的概括、总结和提炼，并对科学发展观作出了明确的定义：“科学发展观，第一要义是发展，核心是以人为本，基本要求是全面协调可持续，根本方法是统筹兼顾。”他郑重地向全党同志提出：“全党同志要全面把握科学发展观的科学内涵和精神实质，增强贯彻落实科学发展观的自觉性和坚定性，着力转变不适应不符合科学发展观的思想观念，着力解决影响和制约科学发展的突出问题，把全社会的发展积极性引导到科学发展上来，把科学发展观贯彻落实到经济社会发展各个方面。”

中共十七大经过讨论，一致同意将科学发展观写入党章。随后，中央决定在全党开展深入学习实践科学发展观活动，用科学发展观武装全党的

新中国成立 56 周年庆典前后，矗立在天安门广场上的大型标语牌

思想，真正把科学发展观体现到各级党组织和广大党员、干部的行动中去。从 2008 年到 2010 年，在近 3 年的时间内，共有 370 多万个党组织、7500 多万名党员，紧紧围绕党员干部受教育、科学发展上水平、人民群众得实惠的总要求，牢牢把握坚持解放思想、突出实践特色、贯彻群众路线、正面教育为主的原则，参加了深入学习实践科学发展观的活动，有力地推动了中国的科学发展。

实践充分证明，科学发展观对于我国经济社会和各项事业的发展起到了巨大的推动作用，越来越显示出强大的真理力量，是中国特色社会主义必须坚持和贯彻的重大战略思想。

二、从“又快又好”到“又好又快”

实现科学发展，关键是要把科学发展观转化为自觉行动，转化为推动科学发展的坚强意志、谋划科学发展的正确思路、领导科学发展的实际能力、促进科学发展的政策措施。尤为重要的是，要加快转变经济发展方式，在推动经济社会又快又好发展的道路上不断见到实实在在的成效。

新中国成立以来，特别是改革开放以来，我国经济发展迅猛，经济增长总量连续多年大幅度上升。国家统计局报告在2009年发布的一组数据足以反映新中国60年经济建设的伟大成就：

1952年至2008年，扣除价格因素，我国GDP以年均8.1%的速度增长，经济总量增加77倍，位次跃升至世界第3位；城镇居民人均可支配收入由1949年的不足100元提高到2008年的15781元，农村居民人均纯收入由44元提高到4761元。

1950年国家财政收入只有62亿元，到1978年上升到1132亿元，到2008年达到61317亿元。

2008年我国粮食产量比1949年增长3.7倍，达到52871万吨；2008年与1949年相比，我国粗钢产量由16万吨增长到50092万吨，纱产量由32.7万吨增加到2149万吨；我国进出口贸易总额由1950年的11.3亿美元增加到2008年的25616亿美元……

在看到辉煌成就的同时，我们也要清醒地认识到，中国经济增长主要依靠增加要素投入和物质消耗推动，带有明显的粗放特征。多年来的“粗放型”快速增长，能源的高消耗和由此造成的环境污染和生态破坏，以及投资消费关系不协调、第一、第二、第三产业发展比例不协调、城乡发展和区域发展不协调、国际收支不协调和自主创新能力低下等问题，已经成为制约经济社会发展的突出问题。落实科学发展观，处理好发展速度和发展质量的关系，已成为当务之急。

实际上，为促进经济协调健康发展，中共中央多次提出相应的方针政策。中共十二大提出把全部经济工作转到以提高经济效益为中心的轨道上来；十三大提出要从粗放经营为主逐步转入集约经营为主的轨道；十四届五中全会明确提出两个具有全局意义的根本性转变，即经济体制从传统计划经济体制向社会主义市场经济体制转变，经济增长方式从粗放型向集约型转变；十五大和十六大对转变经济增长方式分别提出了更加明确的要求。

2004 年 2 月，中共中央举办省部级主要领导干部树立和落实科学发展观专题研究班。研讨班举办期间，根据中央的要求，国土资源部、环保总局在现场举办展览，介绍了我国当时的土地、资源、环境现状。大量的数据、图表、照片表明，经济社会发展确实到了一个关口。过去“高投入、高消耗、高排放、低效率”的经济增长方式必须要改了。参观者看了之后很受震动，思考了很多：危机就在眼前了，树立和落实科学发展观太重要了。

2006 年 11 月，在中共中央召开的征求对经济工作意见建议的党外人士座谈会上，胡锦涛提出，要坚持以科学发展观统领经济社会发展全局，促进经济社会“又好又快发展”。一个月后，他在中央经济工作会议明确提出，又好又快发展是全面落实科学发展观的本质要求。对此，胡锦涛同江苏代表团代表一起审议十七大报告时说：“党的十六大以来，党中央提出了科学发展观等重大战略思想，并且随着实践的发展不断进行丰富和充实。我们开始强调要加速发展，后来进一步提出要实现又快又好发展，去年底又把‘又快又好’调整为‘又好又快’。这个重要调整，强调的是更加注重发展质量和效益，走生产发展、生活富裕、生态良好的文明发展道路。”

将经济发展的要求从“又快又好”调整为“又好又快”，虽然只是两个字顺序的变化，但含义是深刻的，反映了中国经济发展理念的一大转变。“好”字当头，又好又快，要求在经济发展中把质量和效益放在突出位置，在注重质量和效益的基础上求得发展的速度。这一个“好”字，既要求经济发展的效益好、经济增长的质量高，又要求节能降耗的效果好、环境保护的成效大；既要求经济发展的宏观效益好，又要让人民群众从中得到的实惠多；还要求注重发展中的“协调”，即实现速度、质量、效益相协调，消费、投资、出口相协调，人口、资源、环境相协调。正因为如此，“又好又快”是深刻理解和全面贯彻科学发展观的关键词。

实现又好又快发展，必然要求转变经济发展方式。在中共十七大上，“经济发展方式”的表述首次见诸党代会的政治报告，并被提到重中之重的位置。不仅强调未来经济发展目标的实现，“关键要在加快转变经济发展方式、完善社会主义市场经济体制方面取得重大进展”，而且对“加快转变经济发展方式”提出明确要求，强调“坚持走中国特色新型工业化道路，坚持扩大国内需求特别是消费需求的方针，促进经济增长由主要依靠投资、出口拉动向依靠消费、投资、出口协调拉动转变，由主要依靠第二产业带动向依靠第一、第二、第三产业协同带动转变，由主要依靠增加物质资源消耗向主要依靠科技进步、劳动者素质提高、管理创新转变”。

从“转变经济增长方式”到“转变经济发展方式”，“增长”到“发展”两个字的调整，意义极其重大。经济发展方式是实现经济发展的方法、手段和模式，其中不仅包含经济增长方式，而且包括结构（如经济结构、产业结构、城乡结构、地区结构等）、运行质量、经济效益、收入分配、环境保护、城市化程度、工业化水平以及现代化进程等诸多方面的内容。转变经济发展方式，不仅要突出经济领域中“数量”的变化，更强调和追求经济运行中“质量”的提升和“结构”的优化。

2010年2月3日，省部级主要领导干部深入贯彻落实科学发展观、加快经济发展方式转变专题研讨班开班式在中央党校举行。胡锦涛发表重要讲话，对加快经济发展方式转变进行了深刻论述。他强调：加快经济发展方式转变是我国经济领域的一场深刻变革，关系改革开放和社会主义现代化建设全局。他指出，转变经济发展方式，关键是要在“加快”上下功夫、见实效，并提出八点意见。第一，加快推进经济结构调整，把调整经济结构作为转变经济发展方式的战略重点；第二，加快推进产业结构调整，适应需求结构变化趋势，完善现代产业体系；第三，加快推进自主创新，紧紧抓住新一轮世界科技革命带来的战略机遇，更加注重自主创新；第四，加快推进农业发展方式转变，坚持走中国特色农业现代化道路；第五，加快推进生态文明建设，深入实施可持续发展战略，大力推进资源节约型、环境友好型社会建设；第六，加快推进经济社会协调发展，针对社会发展和民生领域的突出问题，大力推进以改善民生为重点的社会建设；第七，加快发展文化产业，在重视发展公益性文化事业的同时，坚持经济效益与社会效益相统一，深化文化体制改革；第八，加快推进对外经济发展方式转变，坚持对外开放的基本国策，坚持互利共赢的开放战略，统筹好国内发展和对外开放。

2010 年 10 月，十七届五中全会通过《中共中央关于制定国民经济和社会发展第十二个五年规划的建议》，强调“十二五”时期是全面建设小康社会的关键时期，是深化改革开放、加快转变经济发展方式的攻坚时期，是明确未来 5 年乃至更长时间把加快转变经济发展方式作为主线，并同时作为在我国经济社会领域推进的一场深刻变革，着力实现发展理念的更新、模式的转型、路径的转换，以扎实走上科学发展的轨道。

三、统筹城乡与区域发展

贯彻落实科学发展观，必须处理好城乡、区域等方面的关系，做到统筹兼顾，整体推进。统筹城乡发展，就是要发挥城市对农村的带动作用和农村对城市的促进作用，使农村为城市发展提供腹地、资源和市场，城市为农村发展提供资金、人才和技术。处理好城乡关系有利于解决“三农”问题，从根本上消除城乡二元结构，形成以城带乡、城乡联动、整体发展的格局。

2005 年 10 月，中共十六届五中全会提出建设社会主义新农村的重大历史任务，强调“要按照生产发展、生活宽裕、乡风文明、村容整洁、管理民主的要求，坚持从各地实际出发，尊重农民意愿，扎实稳步推进新农村建设”。这是在全面建设小康社会的关键时期、我国总体上经济发展已进入以工促农以城带乡的新阶段、以人为本与构建和谐社会理念深入人心的新形势下，对党中央统筹城乡发展，实行“工业反哺农业、城市支持农村”方针的具体化。其关键在于跳出“就三农抓三农”的传统定势，打破城乡分割的体制障碍，把农业发展放到整个国民经济的大格局中，把农村进步放到整个社会的进步中，把农民增收放到国民收入分配和再分配中，进而统筹规划政策、公共资源、基础设施及产业布局。

2006 年 2 月 14 日，在中共中央举办的省部级主要领导干部建设社会主义新农村专题研讨班上，胡锦涛强调，“三农”问题始终是关系党和人民事业发展的全局性和根本性问题。农业丰则基础强，农民富则国家盛，农村稳则社会安。在新世纪新阶段，建设社会主义新农村，要坚持把解决好“三农”问题作为全党工作的重中之重，统筹城乡经济社会发展，实行工业反哺农业、城市支持农村和“多予少取放活”的方针，坚持以经济建设为中心，

2006 年，为表达对国家取消农业税的感激之情，河北省灵寿县青廉村农民王三妮铸青铜“告别田赋鼎”。此鼎直径 82 厘米，高 99 厘米，重 252 公斤，上书铭文 560 字，现收藏于中国农业博物馆

协调推进农村社会主义经济建设、政治建设、文化建设、社会建设和党的建设，推动农村走上生产发展、生态良好、生活富裕的文明发展道路。

为了扎扎实实地解决好“三农”问题，中共中央从2004年开始连续发出指导农业农村工作的“一号文件”，制定了一系列具有里程碑意义的强农惠农政策。为落实这些“一号文件”，一些具体政策陆续实施：取消农业税、牧业税、农业特产税、屠宰税，终结了2600多年来农民种地缴纳税收的历史；实行粮食直补、良种补贴、农机具购置补贴和农资综合直补等农业补贴制度，开创了直接补贴农民的历史先河；全面放开粮食购销市场和价格，迈出了农业市场化改革的关键一步；全面推行农村义务教育“两免一补”，实现了真正意义上的农村免费义务教育；普遍建立新型农村合作医疗制度，减轻了农民看病就医的负担……

围绕一个基本方略——统筹城乡经济社会发展，一个基本方针——工业反哺农业、城市支持农村和多予少取放活，一个基本任务——建设社会主义新农村，初步形成了全面建设小康社会新时期新的农业农村政策体系，极大地促进了农业稳定发展、农民持续增收、农村全面进步。

在统筹城乡发展的同时，为了推动全国各地协调发展、共同发展，中共中央陆续作出了继续实施西部大开发、东北地区等老工业基地振兴、中部地区崛起、东部地区率先发展的区域良性互动战略。目的就是要通过政策支持、区域互动和加快提高欠发达地区自我发展能力，创造条件逐步缩小区域发展差距，解决地区之间发展不平衡问题，形成区域协调互动发展的格局。

东部地区是我国经济发展的“龙头”，也是我国区域经济发展的“引领者”。十一届三中全会以来，作为我国重要的工业密集区与城镇密集区，东部沿海地区依靠自身区位优势和先发优势，抓住机遇，实现率先发展，取得了一系列令人瞩目的成就，始终在改革开放和现代化建设中走在全国前列。

东部地区发展是支持区域协调发展的重要基础。率先发展，是党中央在区域发展战略布局中赋予东部地区的历史使命。2011年3月，《中华人民共和国国民经济和社会发展第十二个五年（2011—2015年）规划纲要》提出，要“发挥东部地区对全国经济发展的重要引领和支撑作用，在更高层次参与国际合作和竞争，在改革开放中先行先试，在转变经济发展方式、调整经济结构和自主创新中走在全国前列”。要“推进京津冀、长江三角洲、珠江三角洲地区区域经济一体化发展，打造首都经济圈，重点推进河北沿海地区、江苏沿海地区、浙江舟山群岛新区、海峡西岸经济区、山东半岛蓝色经济区等区域发展，建设海南国际旅游岛”。其核心就是确保以长江三角洲、珠江三角洲和京津冀为核心的三大都市圈，作为带动全国经济发展的重要核心区和增长极，拉动我国经济持续快速发展。

西部是中国最辽阔的区域，拥有三分之二的国土面积，拥有中国最长的边境线；西部曾经是中国最封闭、最落后的地区，相当长一个时期，与东部存在明显的差距。不过，现在的西部已从贫穷走向富庶，从封闭走向开放，从落后走向进步，一个美丽的、富有朝气和魅力的西部，已经呈现在世人的面前。这个转折的出现，与2000年开始实施的西部大开发战略密切联系在一起。

2004年3月11日，《国务院关于进一步推进西部大开发的若干意见》下发，提出加强西部与东部、中部地区之间的经济交流与合作，建立市场化的跨地区企业协作机制，把东部、中部地区的资金、技术和人才优势与西部地区的资源、市场和劳动力优势结合起来，实现优势互补、互惠互利，共同发展。在各族群众的共同努力下，西部大开发已经取得巨大成就：青藏铁路、西气东输、西电东送等标志性工程相继建成；退耕还林、退牧还草等一批重点生态工程全面实施；特色优势产业快速发展，综合经济实力大幅提升；城乡面貌发生历史性变化，人民生活水平明显提高……一个经济繁荣、社会进步、生活安定、民族团结、山川秀美的崭新局面已经呈现在世人面前。

东北是我国重要的重工业基地，拥有众多关系国民经济命脉的战略产业和骨干企业，同时也是全国重要的农副产品生产基地，曾经为新中国的经济发展立下了汗马功劳。2003年10月，中共中央、国务院下发《中共中央、国务院关于实施东北地区等老工业基地振兴战略的若干意见》，开始实施振兴东北等老工业基地的战略。据此，国家给予东北地区增值税转型、社会保障体系建设、国有企业“厂办大集体”改革等试点和优惠政策，尤其是财税政策、金融政策和社会保障政策的实施，东北地区享受到诸多优惠政策，企业的市场竞争力得到较大提高。经过几年的励精图治，大庆油田公司、一汽集团公司、鞍本钢铁集团公司等大型国有企业的新发展和新面貌，告诉人们，老工业基地经过调整和改造，终将焕发出新的青春光彩。

承东启西、接南进北的中部地区，是我国最大的农村富余劳动力跨省输出基地，劳动力成本低，劳动力资源丰富，劳动力的素质较高，同时高等教育也比较发达，能够支撑各类产业的发展。实现中部地区经济社会又快又好发展，事关我国经济社会发展全局，事关全面建设小康社会全局。2006年3月27日，中共中央政治局召开会议，研究促进中部地区崛起工作，强调这是党中央、国务院继作出鼓励东部地区率先发展、实施西部大开发、振兴东北地区等老工业基地战略后，从我国现代化建设全局出发作出的又一重大决策，是落实促进区域协调发展总体战略的重大任务，并作出了“坚持突出重点，充分发挥比较优势，巩固提高粮食、能源原材料、制造业等优势产业，稳步推进城市群的发展，增强对全国发展的支撑能力”等具体部署。而今，河南中原城市群、湖北武汉城市圈、湖南长株潭城市群、江西环鄱阳湖城市群、安徽皖江城市带、山西太原都市圈的快速形成和蓬勃发展，预示着中部崛起的光明前景。

在十六届五中全会上，中共中央首次明确西部开发、东北振兴、中部崛起、东部率先这四大板块互相促进，良性互动，发挥各自的比较优势，共同发展，这样一个区域协调发展的总体战略。同时，提出了促进区域协调发展的四大机制，即市场机制、合作机制、互助机制和扶持机制，标志着我国区域协调发展进入了一个新的阶段。随着四大区域经济板块的形成，中国经济地理版图正在经历前所未有的大变局。更重要的是，这对缩小区域发展差距、扩大国内需求、改善宏观调控、建立和谐社会，发挥着越来越重要的作用。

四、既要金山银山，也要绿水青山

20 世纪中期以后，工业化的快速发展极大地改变了人类社会的面貌，其带来的环境问题也越来越多，人们也开始反思发展的问题。1962 年，美国海洋生物学家蕾切尔·卡森出版了《寂静的春天》一书，深刻阐述了农药对环境的污染，强调人类发展不应该不顾环境的破坏，而应该走“另外的路”。1972 年，国际性民间学术团体罗马俱乐部发表的研究报告《增长的极限》，提出人类赖以生存的空间和资源是有限的，地球消化吸纳污染的能力也是有限的，所以人类正面临增长极限的挑战。

中国在取得经济社会建设辉煌成绩的同时，也面临资源约束趋紧、环境污染严重、生态系统退化的严峻形势：大气污染、水污染日益加重，生活垃圾、工业废弃物和危险废弃物呈持续增长趋势，农村环境形势不断恶化，海洋环境总体污染严重，等等。早在 1983 年 12 月，第二次全国环境保护会议就明确提出环境保护是国家的一项基本国策，并制定了“经济建设、城乡建设和环境建设要同步规划、同步实施、同步发展，做到经济效益、社会效益、环境效益相统一”的指导方针，明确了“预防为主、防治结合”、“谁污染、谁治理”和“强化环境管理”的环境保护三大政策。

进入 20 世纪 90 年代，中共中央制定和实施了可持续发展战略，指出：“可持续发展，是人类社会发展的必然要求，现在已经成为世界许多国家关注的一个重大问题。中国是世界上人口最多的发展中国家，这个问题更具有紧迫性。”2002 年 11 月，十六大报告提出了全面建设小康社会的目标，要求可持续发展能力不断增强，生态环境得到改善，资源利用效率显著提高，促进人与自然的和谐，推动整个社会走上生产发展、生活富裕、生态良好的文明发展道路。

科学发展观提出后，人们进一步认识到统筹人与自然和谐发展，处理好经济建设、人口增长与资源利用、生态环境保护的关系，对整个经济社会发展具有重要意义。简而言之，就是既要金山银山，也要绿水青山。也正因为如此，生态文明建设在中国特色社会主义事业中的地位越来越重要。2007 年 10 月，十七大报告中把生态文明作为建设小康社会的新要求，并作为 2020 年全面建设小康社会的重要目标之一。报告提出："建设生态文明，基本形成节约能源资源和保护生态环境的产业结构、增长方式、消费模式。循环经济形成较大规模，可再生能源比重显著上升。主要污染物排放得到有效控制，生态环境质量明显改善。生态文明观念在全社会牢固树立。"十七届四中全会进一步提出，全面推进社会主义经济建设、政治建设、文化建设、社会建设以及生态文明建设，开始把生态文明建设纳入中国特色社会主义事业的总体布局。

2012 年 11 月，十八大报告从全局和战略高度，将生态文明建设独立成篇，放在突出地位加以阐述和部署，并将之与经济建设、政治建设、文化建设、社会建设一起，列入中国特色社会主义"五位一体"总体布局，强调把生态文明建设融入经济建设、政治建设、文化建设、社会建设各方面和全过程。

贯彻科学发展观，推进生态文明建设，一个重要任务就是构建资源节约型、环境友好型社会。2007 年 12 月 17 日，胡锦涛在新进中央委员会的委员、候补委员学习贯彻党的十七大精神研讨班开班式上发表重要讲话，提出："贯彻落实全面协调可持续的基本要求，必须按照中国特色社会主义事业总体布局，全面推进经济建设、政治建设、文化建设、社会建设，促进现代化建设各个环节、各个方面相协调，促进生产关系与生产力、上层建筑与经济基础相协调。"并强调"建设生态文明，实质上就是要建设以资源环境承载力为基础、以自然规律为准则、以可持续发展为目标的资源节约型、环境友好型社会"。

中国的生态文明建设，是对传统工业文明的反思和纠正。这是人类社会发展的一座风向标，是历史长河里的一座里程碑。长期致力于国际环保的专家、英国国际环境与发展研究所主任卡米拉·图尔明将生态文明理念放在全球环境保护运动这一大背景下思考。她认为，和环境保护以及可持续发展相比，“生态文明”是一个新理念，“如果生态文明在中国行得通，其他国家也许可以从中吸取经验，所以生态文明的概念也许在世界上其他地方同样有价值”。“生态文明的概念包含了每一个人，可以帮助我们思考如何在地球上以一种新方式生活，让我感觉到了一个我们需要以不同方式做事情的新纪元。”

第二节　构建社会主义和谐社会

进入新世纪新阶段，我国经济社会展现出新的阶段性特征，如何更好地代表全体人民的根本利益、协调不同社会群体的具体利益，如何有效整合社会关系、促进各种社会力量良性互动，如何认识和把握新形势下人民内部矛盾的特点和规律，如何切实维护和实现社会公平与正义、保障全体社会成员共享改革发展成果，是中国共产党无可回避的重大理论和现实问题。构建社会主义和谐社会，正是在这个大背景下提出来的。中国共产党对内坚持和谐发展，对外坚持和平发展，并把和谐理念带给了世界，提出共同建设持久和平、共同繁荣的和谐世界。

一、中国特色社会主义的本质属性

在革命、建设和改革的长期实践中，中国共产党对社会主义建设进行了艰辛探索。毛泽东明确提出："我们的目标，是想造成一个又有集中又有民主，又有纪律又有自由，又有统一意志、又有个人心情舒畅、生动活泼，那样一种政治局面，以利于社会主义革命和社会主义建设，较易于克服困难，较快地建设我国的现代工业和现代农业，党和国家较为巩固，较为能够经受风险。"这样的局面，无疑是一种社会和谐的局面。不过，在中共十六大以前的历次代表大会和中央全会的重要文献中，并没有提过"和谐"

一词。

中共十六大报告首次把“社会更加和谐”作为我们党要为之奋斗的一个重要目标明确提出来，强调建设更高水平的小康社会，就是要使经济更加发展、民主更加健全、科教更加进步、文化更加繁荣、社会更加和谐、人民生活更加殷实，还强调要努力形成全体人民各尽其能、各得其所而又和谐相处的局面，巩固和发展民主团结、生动活泼、安定和谐的政治局面。

仅仅过了两年时间，这个重要目标就上升为中国共产党的重大战略。2004 年 9 月，中共十六届四中全会专题研究新形势下加强党的执政能力建设问题，作出了《中共中央关于加强党的执政能力建设的决定》，强调提高党的执政能力首先要提高党领导发展的能力，提出了科学执政、民主执政、依法执政的奋斗目标，明确了“不断提高驾驭社会主义市场经济的能力、发展社会主义民主政治的能力、建设社会主义先进文化的能力、构建社会主义和谐社会的能力、应对国际局势和处理国际事务的能力”等“五种能力”的主要任务。

引人注目的是，这个决定鲜明地提出“构建社会主义和谐社会的能力”，强调“要适应我国社会的深刻变化，把和谐社会建设摆在重要位置，注重激发社会活力，促进社会公平和正义，增强全社会的法律意识和诚信意识，维护社会安定团结”。这是在党的文件中第一次把和谐社会建设放到同经济建设、政治建设、文化建设并列的突出位置。胡锦涛在会上指出：“提出建设社会主义和谐社会，是我们从全面建设小康社会全局出发而确定的一项重大战略任务。”人类社会总是在矛盾运动过程中发展进步的。把构建社会主义和谐社会明确作为党的重要奋斗目标，是针对我国社会总体和谐，但也存在不少影响社会和谐的矛盾和问题提出来的。科学分析影响社会和谐的矛盾和问题，积极主动地正视矛盾、化解矛盾，最大限度地增加和谐因素，最大限度地减少不和谐因素，不断促进社会和谐，是广大人民群众的根本利益所在和共同愿望，也是巩固党执政的社会基础、实现党执政历史使命的必然要求。

2005 年 2 月，省部级主要领导干部提高构建社会主义和谐社会能力专题研讨班在中央党校开班。2 月 19 日，胡锦涛在开班式上进一步指出：“构建社会主义和谐社会，是我们党从全面建设小康社会、开创中国特色社会主义事业新局面的全局出发提出的一项重大任务，适应了我国改革发展进入关键时期的客观要求，体现了广大人民群众的根本利益和共同愿望。”也就是在这次讲话中，胡锦涛第一次完整清晰地阐述了社会主义和谐社会的基本特征：“我们所要建设的社会主义和谐社会，应该是民主法治、公平正义、诚信友爱、充满活力、安定有序、人与自然和谐相处的社会。”

——民主法治，就是社会主义民主得到充分发扬，依法治国基本方略得到切实落实，各方面积极因素得到广泛调动；

——公平正义，就是社会各方面的利益关系得到妥善协调，人民内部矛盾和其他社会矛盾得到正确处理，社会公平和正义得到切实维护和实现；

——诚信友爱，就是全社会互帮互助、诚实守信，全体人民平等友爱、融洽相处；

——充满活力，就是能够使一切有利于社会进步的创造愿望得到尊重，创造活动得到支持，创造才能得到发挥，创造成果得到肯定；

——安定有序，就是社会组织机制健全，社会管理完善，社会秩序良好，人民群众安居乐业，社会保持安定团结；

构建社会主义和谐社会宣传漫画

——人与自然和谐相处，就是生产发展，生活富裕，生态良好。

2006年10月，中共十六届六中全会审议通过了《中共中央关于构建社会主义和谐社会若干重大问题的决定》。这是中国共产党历史上第一个以社会建设为主题的重要文件，它构筑了和谐社会建设大厦的基本框架，是构建社会主义和谐社会的行动纲领。决定开宗明义："社会和谐是中国特色社会主义的本质属性。"胡锦涛强调："这一重大判断，深化了对社会主义本质的认识，是总结国内外社会主义特别是我国社会主义建设历史经验得出的重要结论，也是构建社会主义和谐社会的理论基础。"

"社会和谐是中国特色社会主义的本质属性"，这句马克思主义理论发展史上没有讲过的"新话"，是中国共产党对社会主义本质认识的一次飞跃。它既把握了社会主义社会的质的规定性，又体现着社会主义社会的基本特征，进一步回答了"什么是社会主义、怎样建设社会主义"的问题，使人们对社会主义有了更加全面、丰满、清晰、深刻的认识。从这时起，"和谐"与"富强、民主、文明"一起，并列成为我国社会主义现代化建设的目标。

中共十六届六中全会决定还明确提出了到2020年构建社会主义和谐社会的目标和主要任务：社会主义民主法制更加完善，依法治国基本方略得到全面落实，人民的权益得到切实尊重和保障；城乡、区域发展差距扩大的趋势逐步扭转，合理有序的收入分配格局基本形成，家庭财产普遍增加，人民过上更加富足的生活；社会就业比较充分，覆盖城乡居民的社会保障体系基本建立；基本公共服务体系更加完备，政府管理和服务水平有较大提高；全民族的思想道德素质、科学文化素质和健康素质明显提高，良好道德风尚、和谐人际关系进一步形成；全社会创造活力显著增强，创新型国家基本建成；社会管理体系更加完善，社会秩序良好；资源利用效率显著提高，生态环境明显好转；实现全面建设惠及十几亿人口的更高水平的小康社会的目标，努力形成全体人民各尽其能、各得其所而又和谐相处的局面。

二、抓住改善民生这个重点

建设和谐社会，改善民生是重点。胡锦涛在中共十六届六中全会的讲话中，就强调既要“把和谐社会建设落实到包括经济建设、政治建设、文化建设、社会建设和党的建设等在内的党和国家全部工作之中”，又要“以解决人民群众最关心、最直接、最现实的利益问题为重点”。2007 年 10 月，中共十七大进一步指出：“必须在经济发展的基础上，更加注重社会建设，着力保障和改善民生，推进社会体制改革，扩大公共服务，完善社会管理，促进社会公平正义，努力使全体人民学有所教、劳有所得、病有所医、老有所养、住有所居，推动建设和谐社会。”

学有所教，是民心所向，也是党和政府义不容辞的职责。我国 1986 年制定的义务教育法明确提出，国家实行九年制义务教育，国家对接受义务教育的学生免收学费。经过不懈奋斗，“基本普及九年义务教育、基本扫除

2007 年，我国普及义务教育人口覆盖率达到 99%，2009 年高等教育毛入学率达到 24.2%。图为甘肃省临泽县义务教育宣传标语

青壮年文盲”的目标在2000年顺利实现。

由于经济发展不平衡，加上各种条件限制，西部一些地区的义务教育普及程度还比较低。2004年，国家西部地区“两基”攻坚计划正式启动。几年间，中央投入100亿元建设8300多所寄宿制学校，解决学生“进得来”的问题；实施“两免一补”（免杂费、免书本费、补助家庭经济困难寄宿生生活费）政策，解决学生“留得住”的问题。2007年春天，“两免一补”的惠民政策，从西部推广到中东部地区。这意味着这项政策实现了对全国40万所农村中小学的近1.5亿名学生的全面覆盖。2008年，免除城市义务教育阶段学杂费的政策经试点后在全国范围内实施。就这样，党和政府一步一个脚印，实现了“让所有孩子都能上得起学”的宏伟目标，兑现了“不让一个孩子因贫困失学”的庄严承诺。老百姓也从心底最深处唱出了赞美的歌谣：“中央给咱办实惠，农民种地不交税，娃娃上学不交费，真是和谐好社会。”

劳有所得，被人们称作民生之本。因为这不仅关系着劳动者生活的改善，更关系着家庭的希望、人生的尊严、价值的实现。千方百计促就业，“让劳动者体面劳动、有尊严地生活”，党和国家把这一事关百姓根本利益的大事始终摆在突出位置，让经济发展和促进就业良性互动。

然而，在13亿人口、近10亿劳动力的中国，就业谈何容易！一方面，鼓励劳动者自主择业和创业，发挥市场调节就业的作用；另一方面，政府主动承担促进就业的责任，形成“政府帮扶+市场调节+个人努力”的中国特色的积极就业政策体系，使中国就业难题得以合理安排：最大范围地安排好城镇人口就业，最大限度地接纳农村转移劳动力就业，取消对农民工进城务工的各种限制，妥善安排新增大学生、城镇困难人员、退役军人等充分就业。

据统计，2003年至2011年全国城镇新增就业人数累计达9800万，4000多万高校毕业生实现稳定就业，3000万国有企业下岗职工得到妥善安置，2800多万下岗失业人员顺利实现再就业。2011年年底全国农民工总量达到2.5亿多人，比2003年年底增加1.39亿人；全国中等和高等职业教育年招生已超过1200万人，每年参加各种类型培训的超过1.5亿人次。

病有所医，是中国人千百年来的梦想。究其原因，看病负担重是长期困扰老百姓的一大难题。“得了阑尾炎，白种一年田；救护车一响，一头猪白养。”这句民谣曾形象而真实地反映了农民看不起病的状况。2003年第三次国家卫生服务调查显示，全国有45.8%的患病农民应就诊而未就诊，30.3%的患病农民应住院而未住院，其主要原因是经济困难。

经过多年努力，我国已经编织起世界上最大的全民医保网，以城镇职工基本医保、城镇居民基本医保、新型农村合作医疗为主体的全民基本医保制度体系初步形成，参加基本医保的人数超过13亿，基本医保覆盖率超过95%。据卫生部统计，到2011年年底，全国医疗卫生机构总数达95.3万个，基本实现了村村有卫生室、乡乡有卫生院、县县有达标医院、社区有卫生服务站的目标，一个覆盖城乡居民的医疗卫生服务体系初步建立。而且，我国个人卫生支出占卫生总费用的比重，已由2001年的60%下降到2011年的35%。对此，世界著名医学杂志《柳叶刀》评价：中国医改的目标和总体战略是值得效仿的，中国在为全民提供平价且公平的基本医疗服务方面已经取得了巨大成就。

老有所养，是全国人民的心愿，也是党和政府的关切。当前，我国老年人口已达1.85亿，占总人口的13.7%。预测2020年将达到2.55亿，2050年将达到4.83亿，占总人口的三分之一。由于历史原因，我国的养老保障制度不健全，无论城市还是乡村都存在巨大漏洞，不少人未得到应有的保障。此外，企业年金和商业养老保险发展缓慢，长期照护保障制度还是空白，老龄服务体系建设滞后，农村居民养老服务保障问题较突出。

为了加快建设覆盖城乡居民社会保障体系，中共中央、国务院作出了一个又一个重大决策。2009年9月，《国务院关于开展新型农村社会养老保险试点的指导意见》正式对外发布，宣布我国农民在60岁后将能享受国家普惠式的养老保障。这个举措与取消农业税、实行农业直补、免除农村义务教育学杂费、建立新型农村合作医疗一起，被农民高兴地概括为“种地不交税、上学不付费、看病不太贵、养老不犯愁”。2011年6月1日，国务院常务会议作出重大决定，城镇居民社会养老保险试点将于7月1日正式启动。这意味着在已经实现的职工基本养老保险和新型农村社会养老保险试点之后，我国社会养老保险的最后一个制度性缺失将得到弥补。城镇非从业居民虽然不像新农保、城镇职工养老保险涉及的人数那么多，但他们基本上是城镇的低收入群体、困难群体，享有国家普惠的养老保障，对他们而言无异于雪中送炭。

覆盖城乡的社会保障体系，使全体中国人都拥有相应的养老制度安排，所有城乡居民都可以根据自己的情况在由职工养老、新农保、城居保三大社会养老保险构成的“制度组合”中对号入座。制度全覆盖，更为参保对象的全覆盖奠定基础，从而逐步迈向全民养老。

住有所居，是民生之要，更是社会和谐之根基。“安得广厦千万间，大庇天下寒士俱欢颜。”在诗圣杜甫看来是遥不可及的梦想，在今天正渐渐变成真实。从廉租房、经济适用房到限价商品房、公共租赁房、各类棚户区改造，一片片崛起的保障房楼群，让老百姓终于“居者有其屋”。

住房和城乡建设部统计显示，2008年至2011年，我国累计开工建设城镇保障性住房和棚户区改造住房超过2300万套，基本建成1200万套以上，新增发放租赁补贴超过450万户。2011年全国开工建设各类保障性安居工程1000万套的目标顺利实现。2012年全国开工建设保障性住房、各类棚户区改造住房700多万套，加上前一年度开工需继续建设的项目，在建规模将达到1700万套左右。到“十二五”末，全国保障性住房覆盖面将达到20%左右，城镇低收入和部分中等偏下收入家庭住房困难问题得到基本解决，新就业职工住房困难问题得到有效缓解，外来务工人员居住条件得到改善。

人民安居乐业，国家方能长治久安。党和政府着力保障和改善民生，全面推进社会事业发展，不仅使全体人民学有所教、劳有所得、病有所医、老有所养、住有所居的愿望逐渐成为现实，而且凝聚了民心民气，促进了社会和谐，形成了无坚不克、无往不胜的强大力量。

三、加强和创新社会管理

社会管理是人类社会必不可少的一项管理活动，是构建社会主义和谐社会的必然要求。在我们这样一个有13亿人口、经济社会快速发展的国家，社会管理任务更为艰巨繁重。当前，我国处于改革发展关键时期，经济体制深刻变革，社会结构深刻变动，利益格局深刻调整，思想观念深刻变化。我国社会管理领域存在的一些突出问题，正是经济社会发展水平和阶段性特征的集中反映。我们加强和创新社会管理，根本目的就是为党和国家事业发展营造良好社会环境。

2003年7月28日，胡锦涛在全国防治"非典"工作会议上，就针对"非典"中暴露出来的问题，明确提出要进一步加强社会管理体制的建设和创新，强调"建立健全与发展社会主义市场经济相适应的社会管理体制，对保持良好的社会秩序，有效应对各种突发事件，维护人民群众的根本利益，维护改革发展稳定的大局，具有重大意义"。

"一手抓经济建设，一手抓社会管理"，面对重要战略机遇期和矛盾凸显期，"社会管理"被提升至更重要的位置，被寄予更高的期待。2004年9月，中共十六届四中全会明确提出要"加强社会建设和管理，推进社会管理体制创新"。此后，我国无论是在创新社会管理的理论层面还是实践层面都取得了明显的进展。中共十七大报告进一步提出"要健全党委领导、政府负责、社会协同、公众参与的社会管理格局"。

2011年2月，中共中央在中央党校举办省部级主要领导干部社会管理及其创新专题研讨班。胡锦涛在开班式上发表讲话，阐述加强和创新社会管理的重要性和紧迫性，提出新形势下加强和创新社会管理、做好群众工作的总体思路和重点任务。他强调，加强和创新社会管理，要牢牢把握最大限度激发社会活力、最大限度增加和谐因素、最大限度减少不和谐因素的总要求，以解决影响社会和谐稳定突出问题为突破口，提高社会管理科学化水平，完善党委领导、政府负责、社会协同、公众参与的社会管理格局，加强社会管理法律、体制、能力建设，维护人民群众权益，促进社会公平正义，保持社会良好秩序，建设中国特色社会主义社会管理体系，确保社会既充满活力又和谐稳定。

胡锦涛的这篇重要讲话，明确了其后一个时期加强和创新社会管理的方向。一个月后，十一届全国人大四次会议批准的“十二五”规划纲要，首次以“标本兼治　加强和创新社会管理”为题独立成篇，分“创新社会管理体制”“强化城乡社区自治和服务功能”“加强社会组织建设”“完善维护群众权益机制”“加强公共安全体系建设”五章，对“十二五”时期加强和创新社会管理进行全面部署。2011 年 7 月印发的《中共中央、国务院关于加强和创新社会管理的意见》，是我国第一份关于创新社会管理的正式文件。它进一步明确了加强和创新社会管理的指导思想、基本原则、目标任务和主要措施。

为了落实中央的要求，做好社会管理工作，各地方各部门纷纷创新社会管理理念思路、体制机制、方法手段，提高社会管理能力。例如，广东中山市创造了“2+8+N”模式，“2”指设立农村社区建设协调中心、社区公益事业服务中心；“8”指设立公益事业服务站、环境卫生监督站等“四站”和文体活动室、治安警务室等“四室”；“N”指政府以购买服务的方式委托服务中心在社区受理民政、工商、建设、环保等行政事项代办服务，以及就业培训、社会保障等公共服务。

时代总是在发展变化，社会矛盾问题的发生有其特点，社会管理也有其规律。只要我们用创新的精神提高和完善自己，不断研究新情况，总结新经验，解决新问题，就一定能够维护社会秩序、促进社会和谐，保持国家长治久安、保障人民安居乐业。

四、推动建设和谐世界

进入21世纪，中国与世界的关系开始发生历史性的变化。随着改革开放的不断深入和经济社会的不断发展，中国日益融入国际社会，同世界的联系越来越紧密，中国的前途命运日益同世界的前途命运联系在一起。中国发展离不开世界，世界繁荣稳定也离不开中国。统筹内政外交，对内坚持和谐发展、对外坚持和平发展，这两者已经成为密切联系、有机统一的整体。沿着这一思路，中国共产党把和谐理念带给了世界，提出共同建设持久和平、共同繁荣的和谐世界。

实际上，坚持和平发展，是新中国一贯奉行的外交战略。新中国成立前后，毛泽东就多次发表声明，表示中国愿意在和平、互利及相互尊重主权和领土完整的基础上同世界各国建立外交关系。1953年12月31日，周恩来同印度政府代表团谈话时，提出了国家之间和平共处的五项原则：互相尊重主权和领土完整，互不侵犯，互不干涉内政，平等互利，和平共处。随后，中国与印度、缅甸共同倡导在建立各国间正常关系及进行交流合作时都应遵循这五项基本原则。和平共处五项原则的提出，回答了不同国家间尤其是不同社会制度的国家间如何规避战争、和平相处的问题，很快成为超越社会制度和意识形态发展国家关系的基本原则。

然而，随着中国经济的快速发展、综合国力的迅速提升，一些国家提出了所谓的“中国威胁论”言论。美国学者米尔斯海默甚至认为，中美之间必有一战。在他们看来，近代史上几乎所有的西方国家当年崛起时走的都是一条殖民扩张进而争夺霸权的非和平之路。按照这样的理念，“国强必霸”是很自然的，也是不可避免的。

那么，中国将会通过何种方式走向民族复兴？又将在21世纪国际事务中扮演什么样的角色？中国的答案很明确，就是各国人民携手努力，推动建设持久和平、共同繁荣的和谐世界。

建设和谐世界的理念，最早是胡锦涛在2005年4月22日在印度尼西亚首都雅加达举行的亚非峰会上提出来的。他在发言中强调，“要发扬亚非会议求同存异的优良传统，倡导开放包容精神，尊重文明、宗教、价值观的多样性，尊重各国选择社会制度和发展模式的自主权，推动不同文明友好相处、平等对话、发展繁荣，共同构建一个和谐世界”。同年7月，胡锦涛出访俄罗斯，“和谐世界”被写入《中俄关于21世纪国际秩序的联合声明》。“和谐世界”第一次被确认为国与国之间的共识，标志着这一全新理念逐渐进入国际社会的视野。9月15日，在联合国成立60周年首脑会议上，胡锦涛发表题为《努力建设持久和平、共同繁荣的和谐世界》的讲话，全面阐述了构建和谐世界的思想，强调要“以平等开放的精神，维护文明的多样性，促进国际关系民主化，协力构建各种文明兼容并蓄的和谐世界”。

“和谐世界”理念的提出，让国际社会进一步理解了中国始终不渝走和平发展道路的决心，进一步看到中国力量给世界和平与发展带来的希望。所以，它得到国际社会的高度关注和积极评价。包括德国《法兰克福汇报》、英国《经济学家》在内的国外主流媒体认为，中国通过挖掘本民族的传统文化价值，向世界展现了独特的文化魅力；中国所主张的国际关系新理念有别于西方的价值观，对广大发展中国家更具吸引力；从长远来看，“和谐世界”这一主题的提出对中国“软”实力的提升将产生深远影响。

中国是和谐世界理念的提出者，更是积极的践行者。作为联合国安理会常任理事国中唯一的发展中国家，中国致力于维护《联合国宪章》的宗旨和原则，在重大问题上始终同发展中国家站在一起，把中国人民的利益同世界各国人民的利益结合起来。中国推动以对话、谈判等和平方式解决国际争端，在朝鲜半岛、达尔富尔、中东等重大国际和地区热点问题上，一直发挥重要建设性作用。中国支持联合国及安理会改革，推动实现千年发展目标，积极参与各国共同应对气候变化、能源安全、大规模杀伤性武器扩散等全球性挑战。中国政府还积极响应联合国号召，多次举办以不同文明对话为主题的国际会议，推进不同文明的对话和交流。

2010年10月，中共十七届五中全会通过的《中共中央关于制定国民经济和社会发展第十二个五年规划的建议》，绘制了未来5年的发展蓝图。在对外工作部分再次提出，高举和平、发展、合作旗帜，奉行独立自主的和平外交政策，坚持走和平发展道路，坚持互利共赢的开放战略，维护我国主权、安全、发展利益，同世界各国一道推动建设持久和平、共同繁荣的和谐世界。这些深刻的阐述，再次告诉世人当代中国对外举什么旗、走什么路、达到什么目标和怎样实现目标。

人类只有一个地球，各国共处一个世界。历史昭示我们，弱肉强食不是人类共存之道，穷兵黩武无法带来美好世界。建设一个持久和平、共同繁荣的和谐世界，是世界各国人民的共同愿望，也是人类社会发展的必然要求。这个充满东方智慧的新名词，也因此成为中国对外交往的新名片，成为引领国际关系发展的新潮流，并为世界上所有爱好和平的人们提供了宝贵的精神力量。

第十二章 同心共筑中国梦

历史的车轮，总是在永不停息的奋进中留下人类社会发展新印记。

宏伟的事业，总是在一代代共产党人的奋斗中不断开创出新局面。

中共十八大以来，以习近平同志为核心的党中央，团结带领全国各族人民，紧紧围绕实现“两个一百年”奋斗目标和中华民族伟大复兴的中国梦，举旗定向、谋篇布局、攻坚克难、强基固本，开辟了治国理政新境界，开创了党和国家事业发展新局面，得到广大干部群众的衷心拥护，在国际社会产生重大影响。在治国理政新的实践中，习近平总书记以非凡的理论勇气、高超的政治智慧、坚韧不拔的历史担当精神，深刻回答了新形势下党和国家事业发展的一系列重大理论和现实问题，既坚持了老祖宗，又讲了很多新话，升华了马克思主义发展新境界，续写了中国特色社会主义事业新篇章。

第一节　为实现中华民族伟大复兴而奋斗

在我国改革开放和现代化建设踏上新征程的重要时刻，在中国国家博物馆这个中华民族历史文化的殿堂，在参观大型展览《复兴之路》这一极具象征意义的活动中，中共中央总书记习近平向全世界庄严提出了中国梦。中国梦昭示着国家富强、民族振兴、人民幸福的美好前景，表达了全体中华儿女的共同理想。这个既生动形象又富有感召力的新概念一经提出，就产生强大的号召力和感染力，点燃了亿万炎黄子孙的心中激情，成为中国走向未来的鲜明指引。

一、几代中国人的夙愿

2012 年 11 月 8 日，举世瞩目的中共十八大在北京召开。在《坚定不移沿着中国特色社会主义道路前进，为全面建成小康社会而奋斗》这份政治报告中，胡锦涛向党内外、国内外鲜明宣示，中国共产党将举什么旗、走什么路、以什么样的精神状态、朝着什么样的目标继续前进，这就是："高举中国特色社会主义伟大旗帜，以邓小平理论、'三个代表'重要思想、科学发展观为指导，解放思想，改革开放，凝聚力量，攻坚克难，坚定不移沿着中国特色社会主义道路前进，为全面建成小康社会而奋斗。"

11 月 15 日，中共十八届一中全会结束后，新当选的中共中央政治局常

2012 年 11 月 8 日，中国共产党第十八次全国代表大会在北京开幕

委习近平、李克强、张德江、俞正声、刘云山、王岐山、张高丽会见中外记者。中共中央总书记习近平发表讲话："感谢全党同志的信任，我们一定不负重托，不辱使命。""我们的责任，就是要团结带领全党全国各族人民，接过历史的接力棒，继续为实现中华民族伟大复兴而努力奋斗，使中华民族更加坚强有力地自立于世界民族之林，为人类作出新的更大的贡献。"

两个星期后，11 月 29 日，新一届中央政治局常委一起来到国家博物馆，参观《复兴之路》基本陈列。这是他们走出人民大会堂、走出中南海的第一次集体亮相。这个具有象征性意义的"第一次"，吸引了国内外的关注。

《复兴之路》展览生动诠释了近代 100 多年来中国人民追寻民族复兴的历史旅程。在参观过程中，习近平用"雄关漫道真如铁""人间正道是沧桑""长风破浪会有时"3 句诗词，精辟地概述了中华民族的昨天、今天和明天，并结合社会上热议的"中国梦"，语重心长地说："现在，大家都在讨论中国梦，我以为，实现中华民族伟大复兴，就是中华民族近代以来最伟大的梦想。这个梦想，凝聚了几代中国人的夙愿，体现了中华民族和中国人民的整体利益，是每一个中华儿女的共同期盼。"他强调："空谈误国，实干兴邦。我们这一代共产党人一定要承前启后、继往开来，把我们的党建设好，团结全体中华儿女把我们国家建设好，把我们民族发展好，继续朝着中华民族伟大复兴的目标奋勇前进。”

“雄关漫道真如铁”“人间正道是沧桑”，分别出于毛泽东的《忆秦娥·娄山关》《七律·人民解放军占领南京》，虽然前后的语境不同，但都表达了革命道路的艰难曲折，展现了共产党人的顽强意志。习近平引用这两句诗词，既生动贴切，又寓意深远。从中，我们可以领略共产党人的光荣与梦想，可以体会共产党人的从容气度和豪迈情怀，也可以感受共产党人对“长风破浪会有时”的坚定决心和胜利信心。

中国梦和“两个一百年”奋斗目标是紧密相连，有机结合在一起的。“两个一百年”奋斗目标是中共十八大提出来的：到2020年，在中国共产党成立100年的时候，实现国内生产总值和城乡居民人均收入比2010年翻一番，全面建成小康社会；到本世纪中叶，也就是中华人民共和国成立100年的时候，全面建成富强、民主、文明、和谐的社会主义现代化国家。习近平在十二届全国人大一次会议上指出：“实现全面建成小康社会、建成富强民主文明和谐的社会主义现代化国家的奋斗目标，实现中华民族伟大复兴的中国梦，就是要实现国家富强、民族振兴、人民幸福，既深深体现了今天中国人的理想，也深深反映了我们先人们不懈追求进步的光荣传统。”

国泰则民安，民富则国强。中国梦的最大特点，就是把国家利益、民族利益和每个人的具体利益紧紧联系在一起，既体现了中国共产党高度的历史担当和使命追求，又反映了一代又一代中国人的美好夙愿，从而指明了全党全国各族人民共同的奋斗目标，成为一面引领全国各族人民实现“两个一百年”奋斗目标的精神旗帜。也因为如此，中国梦这个既生动形象又富有感召力的新概念一经提出，立即在国内外产生了重大的反响，人民群众热议中国梦，社会舆论聚焦中国梦，国际社会关注中国梦。

回望80多年前的1930年1月5日，当中国革命处在低潮、党内存在悲观思想时，毛泽东在《星星之火，可以燎原》中用诗一样的语言展望革命高潮的到来：“它是站在海岸遥望海中已经看得见桅杆尖头了的一只航船，它是立于高山之巅远看东方已见光芒四射喷薄欲出的一轮朝日，它是躁动于母腹中的快要成熟了的一个婴儿。”今天，我们在中国特色社会主义道路上阔步前进，“我们比历史上任何时期都更接近中华民族伟大复兴的目标，比历史上任何时期都更有信心、有能力实现这个目标”。只要我们紧密地团结在以习近平同志为核心的党中央周围，毫不动摇地坚持和发展中国特色社会主义，永远保持逢山开路、遇水架桥的精神，顽强拼搏、扎实工作、开拓进取，就一定能够实现中华民族伟大复兴的中国梦。

二、坚持中国道路

无论搞革命、搞建设、搞改革，道路问题都是最根本的问题。没有正确的道路，再美好的愿景、再伟大的梦想，都不能实现。2013 年 6 月 25 日，中共中央政治局就中国特色社会主义理论和实践进行第七次集体学习。习近平总书记在主持学习时指出：“我们能够创造出人类历史上前无古人的发展成就，走出了正确道路是根本原因。”他强调这条正确道路就是中国特色社会主义道路，实现中华民族伟大复兴的中国梦，“最关键的是坚定不移走这条道路、与时俱进拓展这条道路”。

——中国特色社会主义道路是在改革开放 30 多年的伟大实践中走出来的。

中共十一届三中全会后，以邓小平为核心的第二代中央领导集体，深刻总结我国社会主义建设正反两方面的经验，同时借鉴世界社会主义建设的经验教训，围绕“什么是社会主义、怎样建设社会主义”的问题，深刻揭示了社会主义本质，确立了“一个中心，两个基本点”的社会主义初级阶段基本路线，吹响了走自己的路、建设中国特色社会主义的时代号角，成功地开辟了一条中国特色社会主义道路。

从十三届四中全会到十六大的 13 年间，以江泽民为核心的第三代中央

1982年9月，邓小平在中共十二大上致开幕词，提出“走自己的道路，建设有中国特色的社会主义”

领导集体，始终坚持党的基本理论、基本路线，在国内外政治风波、经济风险、自然灾害等严峻考验面前，成功地捍卫了中国特色社会主义。同时，依据新的实践经验，确立党的基本纲领、基本经验，创建社会主义市场经济新体制，开创全面开放新局面，推进党的建设新的伟大工程，进一步拓展了中国特色社会主义道路。

从十六大到十八大的10年时间里，以胡锦涛为总书记的党中央，抓住新世纪新阶段的重要战略机遇期，在全面建设小康社会进程中推进实践创新、理论创新、制度创新，强调坚持以人为本、全面协调可持续发展，提出构建社会主义和谐社会、加快生态文明建设，推进党的执政能力建设和先进性建设，形成中国特色社会主义事业总体布局，在新世纪新阶段的实践中拓展了中国特色社会主义道路。

十八大以来，以习近平同志为核心的党中央，把握时代大趋势，回答实践新要求，顺应人民新期待，围绕改革发展稳定、内政外交国防、治党治国治军形成一系列治国理政新理念新思想新战略，深化了我们党对共产党执政规律、社会主义建设规律、人类社会发展规律的认识，进一步丰富和发展了党的科学理论，在新的历史起点上坚持和拓展了中国特色社会主义道路。

——中国特色社会主义道路是在中华人民共和国成立 60 多年的持续探索中走出来的。

以十一届三中全会为标志，新中国的历史可以分为改革开放前、改革开放后两个时期。中国特色社会主义道路虽然是在改革开放后走出来的，但它与改革开放前的社会主义革命与建设并不是完全脱离的。相反，以毛泽东为核心的第一代中央领导集体，带领全国各族人民建立新中国，继而在千疮百孔、一穷二白的烂摊子上进行了社会主义改造，确立了社会主义基本制度，并艰辛探索符合中国实际的社会主义建设道路，为改革开放新时期开创中国特色社会主义道路提供了宝贵经验、理论准备、物质基础。

“艰难困苦，玉汝于成。”这是一切正义事业胜利的逻辑。从成功中吸取经验，从失误中吸取教训，不断开辟正确的道路，这就是中国共产党从胜利走向胜利的逻辑。改革开放前后两个历史时期，虽然在进行社会主义建设的思想指导、方针政策、实际工作上有很大差别，但是从本质上说都是中国共产党领导人民进行社会主义建设的实践探索。前者为后者奠定了基础，后者是对前者的飞跃。正确认识改革开放前后两个历史时期的辩证统一关系，要求我们做到两个不能否定：既不能用改革开放后的历史时期否定改革开放前的历史时期，也不能用改革开放前的历史时期否定改革开放后的历史时期。我们要坚持实事求是的思想路线，分清主流和支流，坚持真理，修正错误，发扬经验，吸取教训，在这个基础上走好中国特色社会主义道路，把中国特色社会主义事业继续推向前进。

——中国特色社会主义道路是在对近代以来 170 多年中华民族发展历程的深刻总结中走出来的。

19 世纪 40 年代，世界上发生了两件大事：一件是 1840 年鸦片战争爆发，中国走向衰落；另一件是 1848 年《共产党宣言》发表，马克思主义诞生。这两件事在当时看来，似乎没有多少联系，但后来却与中国的命运密切相关。面对鸦片战争后“千年未有之变局”，无数仁人志士开始了寻找救亡图存、强国富民道路的漫长探索。然而，洋务运动、戊戌变法、辛亥革命相继失败，从西方引进的各种思想和主义都没有成功。诸路皆走不通之后，中国的先进分子选择了马克思主义，汇集到社会主义旗帜下。从此，中国共产党人把完成民族复兴的历史使命与实现马克思主义的崇高理想结合起来，一步步艰辛而执著地走着，终于在苦难中创造了辉煌。

历史是最好的老师。从近代以来170多年中华民族的发展历程中，不难得出一个结论："我们伟大的祖国经历了刻骨铭心的磨难，我们伟大的民族进行了感天动地的奋斗，我们伟大的人民创造了彪炳史册的伟业。"这也启示我们，一个政党要兴旺，一个国家要发展，一个民族要振兴，都必须找到一条适合自己国情、符合时代要求、反映人民意愿的发展道路。现在，我们所处的阶段，比历史上任何时期都接近民族复兴的目标，同样也是实现民族复兴的关键时期。只要我们坚定不移地走中国特色社会主义道路，就一定能够战胜前进道路上的各种艰难险阻，就一定能够在不久的将来实现民族复兴的伟大目标。

——中国特色社会主义道路是在对中华民族5000多年悠久文明的传承中走出来的。

马克思说过一句名言，要了解一个限定的历史时期，必须跳出它的局限，把它与其他历史时期相比较。理解中国特色社会主义道路，我们也需要历史和现实交汇的眼光，回溯5000多年连绵不断的中华文明史，从中汲取营养，从中得到启示。

中华民族是具有非凡创造力的民族。在几千年的沧桑岁月中，我们走出了符合国情的发展道路，创造了博大精深的中华文化，为人类文明进步作出了不可磨灭的贡献。而且，与我们并称为世界四大文明的古代埃及文明、两河文明、印度文明，后来都中断了，唯有中华文明5000多年来一脉相承从未中断，一直延续到今天。更重要的是，共同经历的非凡奋斗，共同创造的美好家园，共同培育的民族精神，共同坚守的理想信念，将我国56个民族13亿多人紧紧地凝聚在一起。这是中华文明的重要标志，是中华民族的宝贵财富。

俗话说，鞋子合不合脚，自己穿了才知道。一个国家的发展道路合不合适，只有这个国家的人民才最有发言权。正如一棵大树上没有完全一样的两片树叶一样，天下没有四海皆准的经验，也没有一成不变的发展模式。始终坚持走自己的路，是中华民族的优良传统，也是中华文明绵延不断的重要原因。

道路连接过去，通向未来，指引方向，更决定命运。实现中国梦，必须走中国道路，这就是符合当代中国实际的发展道路——中国特色社会主义道路。同历史上其他时期一样，只要我们沿着这条道路坚定不移地走下去，用自己的勤劳和智慧为中国梦不懈奋斗，就一定能够梦想成真。

三、弘扬中国精神

伟大的梦想，需要伟大的精神做支撑。没有振奋的精神、没有高尚的品格、没有坚定的志向，一个民族不可能自立于世界民族之林。实现中国梦，必须弘扬中国精神，用中国精神振奋起全民族的“精气神”，不断增强团结一心的精神纽带、自强不息的精神动力，永远朝气蓬勃迈向未来。何为中国精神？就是以爱国主义为核心的民族精神，以改革创新为核心的时代精神。

——以爱国主义为核心的民族精神，始终是把中华民族坚强团结在一起的精神力量。

在中华民族几千年绵延发展的历史长河中，爱国主义始终是激昂的主旋律，始终是激励我国各族人民自强不息的强大力量。古人所说的“苟利国家生死以，岂因祸福避趋之”的报国情怀，“人生自古谁无死，留取丹心照汗青”的献身精神等，都体现了爱国主义的民族精神。

近代以来，为了改变半殖民地半封建社会的地位，为了追求民族独立和人民解放，一代又一代仁人志士前赴后继，抛头颅、洒热血，靠的就是爱国主义的精神，为的就是实现报效祖国的理想。尽管他们也知道，自己追求的理想并不会在自己手中实现，但他们坚信，一代又一代人持续努力，一代又一代人为此作出牺牲，崇高的理想就一定能实现。2014 年 9 月 3 日，习近平在纪念中国人民抗日战争暨世界反法西斯战争胜利 69 周年座谈会上指出："爱国主义是中华民族精神的核心。近代以来，中国人民为争取民族独立和解放进行的一系列抗争，就是中华民族觉醒的历史进程，就是中华民族精神升华的历史进程。"

可以说，爱国主义精神是中华民族强劲的内生动力，不管遇到多大的困难，人们都不会气馁，而是继续奋斗，直到成功。中国共产党自成立之日起就承担起了争取民族独立、人民解放和实现国家富强、人民幸福的历史任务。经过艰苦卓绝的斗争，终于推翻封建主义、帝国主义、官僚资本主义，结束旧中国一盘散沙的局面，实现国家统一和各民族空前团结，为振兴中华打下坚实基础。这充分体现了爱国主义的深厚情怀。

——以改革创新为核心的时代精神，始终是鞭策我们在改革开放中与时俱进的精神力量。

"苟日新，日日新，又日新。"改革创新是中华民族最深沉的民族禀赋，是我们大踏步赶上时代潮流的一个重要法宝。回首我国改革开放走过的历程，从建立家庭联产承包责任制到创办经济特区，从第一个股份制企业到第一个上市公司，从第一个个体工商户到第一个实行厂长负责制的工厂，都离不开改革创新精神。没有这样的精神，就不会有中国改革开放后日新月异的发展。

正因为改革创新是如此重要，2013 年 5 月 4 日，习近平总书记在同各界优秀青年代表座谈时，强调"创新是民族进步的灵魂，是一个国家兴旺发达的不竭源泉，也是中华民族最深沉的民族禀赋"，"生活从不眷顾因循守旧、满足现状者，从不等待不思进取、坐享其成者，而是将更多机遇留给善于和勇于创新的人们"。他还提出殷切的期望："广大青年要有敢为人先的锐气，勇于解放思想、与时俱进，敢于上下求索、开拓进取，树立在继承前人的基础上超越前人的雄心壮志，以青春之我，创建青春之国家，青春之民族。"

这是习近平总书记对青年人的要求，也是对每一个人的要求。鲁迅先生说过：“惟有民魂是值得宝贵的，惟有他发扬起来，中国才有真进步。”这告诉我们，实现中国梦，不仅要在物质上强大起来，也要在精神上强大起来。我们要大力弘扬以爱国主义为核心的民族精神、以改革创新为核心的时代精神，不断振奋全民族的精气神，不断增强团结一心的精神纽带、自强不息的精神动力，永远朝气蓬勃迈向未来。

四、凝聚中国力量

“众人拾柴火焰高。”中国梦反映了中华民族的“共同利益”“共同理想”“共同期盼”。实现中国梦，必须把党内外一切可以团结的力量广泛团结起来，把国内外一切可以调动的积极因素充分调动起来，实现全国各族人民大团结。何为中国力量？就是全国各族人民大团结的力量。

——全国广大工人、农民、知识分子，要发挥聪明才智，勤奋工作，积极在经济社会发展中发挥主力军和生力军作用。

历史唯物主义告诉我们，人民是历史的创造者，群众是真正的英雄。人民群众是我们力量的源泉，中国力量归根到底是人民的力量。正如毛泽东所说：“中国的命运一经操在人民自己的手里，中国就将如太阳升起在东方那样，以自己的辉煌的光焰普照大地……”

工人阶级是我国的领导阶级，是我国先进生产力和生产关系的代表，是中国共产党最坚实最可靠的阶级基础，是全面建成小康社会、坚持和发展中国特色社会主义的主力军。实现中国梦，工人阶级责无旁贷。2013 年 4 月 28 日，习近平在同全国劳动模范代表座谈时，强调工人阶级“要坚持以振兴中华为己任，充分发挥伟大创造力量，发扬工人阶级识大体、顾大局的光荣传统，自觉维护安定团结的政治局面，始终做凝聚中国力量的中坚”。

实现中国梦，离不开农业的发展，离不开农民的力量。2013 年 12 月，中共中央农村工作会议在北京举行。会议全面部署了深化农村改革、加快推进农业现代化的重点任务，强调：中国要强，农业必须强；中国要美，农村必须美；中国要富，农民必须富。农业基础稳固，农村和谐稳定，农民安居乐业，整个大局就有保障，各项工作都会比较主动。要坚持把解决好“三农”问题作为全党工作重中之重，坚持工业反哺农业、城市支持农村和多予少取放活方针，不断加大强农惠农富农政策力度，始终把“三农”工作牢牢抓住、紧紧抓好。

科学没有国界，科学家有祖国。尽管时代条件不同了，但新一代知识分子要像钱学森、邓稼先等老一辈科学家那样，积极投身于社会主义现代化建设。2013 年 7 月 17 日，习近平在中国科学院考察工作时指出：“具有强烈的爱国情怀，是对我国科技人员第一位的要求。”“广大科技人员要牢固树立创新科技、服务国家、造福人民的思想，把科技成果应用在实现国家现代化的伟大事业中，把人生理想融入为实现中华民族伟大复兴的中国梦的奋斗中。”

——一切国家机关工作人员，要克己奉公，廉政勤政，关心人民疾苦，为人民办实事。

办好中国的事情，关键在中国共产党。中国的革命、建设与改革的巨大成就，都是在中国共产党的领导下取得的。实现中国梦，也离不开中国共产党这个“主心骨”。关键在党，就要确保党在发展中国特色社会主义历史进程中始终成为坚强领导核心。2012 年 12 月 31 日，习近平在十八届中央政治局第二次集体学习时指出：“改革发展稳定任务越繁重，我们越要加强和改善党的领导，越要保持党同人民群众的血肉联系，善于通过提出和贯彻正确的路线方针政策带领人民前进，善于从人民的实践创造和发展要求中完善政策主张，使改革发展成果更多更公平惠及全体人民，不断为深化改革开放夯实群众基础。”

四川省北川羌族自治县原副县长兰辉，是国家机关工作人员的一位楷模。从汶川特大地震时的临危受命开始，兰辉便将失去亲人的痛苦化为抗震救灾及灾后重建的动力，不辞辛劳、不畏艰苦、忘我工作。担任副县长

3年多的时间里，他坚持深入基层、深入一线，平均每天行程200多公里。2013年5月23日，兰辉在带病进山检查工作的路上，不慎摔下悬崖，因公殉职，年仅48岁。9月22日，习近平总书记作出重要批示，要求广大党员干部学习兰辉“信念坚定、对党忠诚的政治品质，心系群众、为民尽责的公仆情怀，忘我工作、务实进取的敬业精神，克己奉公、敢于担当的崇高品格，牢固树立宗旨意识，自觉做到为民务实清廉，更好发挥表率作用，不断做出经得起实践、人民、历史检验的实绩”。

——中国人民解放军全体指战员，中国人民武装警察部队全体官兵，要按照听党指挥、能打胜仗、作风优良的强军目标，提高履行使命能力，坚决捍卫国家主权、安全、发展利益，坚决保卫人民生命财产安全。

中共十八大以来，习近平多次深入解放军及军队院校和武警部队，反复强调要加强部队全面建设和军事斗争准备，不断提高履行使命任务能力，要求广大官兵牢记强军目标，为实现中国梦提供坚强力量保证。

2013年1月29日，习近平视察武警部队时指出，武警部队作为我国武

中国海军的第一艘航空母舰辽宁号，2012年9月25日正式服役。这是海军装备建设新的发展成果，标志着中国没有航母的历史从此结束，对于提高中国海军综合作战力量现代化水平、增强防卫作战能力，发展远海合作与应对非传统安全威胁能力，有效维护国家主权、安全和发展利益，促进世界和平与共同发展，具有重要意义

装力量的重要组成部分，在维护国家安全和社会稳定、保障人民安居乐业中肩负着神圣使命。必须加强战斗精神培育，教育引导广大官兵继承和发扬我军大无畏的英雄气概和英勇顽强的战斗作风，保持旺盛革命热情和高昂战斗意志，确保部队召之即来、来之能战、战之必胜。

2013 年 11 月 28 日，习近平视察原济南军区部队时指出，要深入抓好强军目标学习贯彻，引导广大官兵坚定强军信念，献身强军实践。各级党组织要管党员、管干部、管思想，基层带兵干部要知兵、爱兵、育兵。要充分发挥优秀传统文化教化人、培育人的作用，塑造中国心、民族魂，助推中国梦、强军梦的实现。

——一切非公有制经济人士和其他新的社会阶层人士，要发扬劳动创造精神和创业精神，回馈社会，造福人民，做合格的中国特色社会主义事业的建设者。

中国共产党在 90 多年波澜壮阔的光辉进程中，由小变大、由弱变强，一条基本经验就是找出整合不同地方、不同阶层、不同领域、不同方面的力量。从民主联合战线、抗日民族统一战线，到人民民主统一战线、爱国统一战线，都为党凝聚了最广泛的人心，汇聚了最强大的力量。

中国梦意味着中国人民和中华民族的价值体认和价值追求，是中华民族团结奋斗的最大公约数。因此，参加人民政协的各党派团体和各族各界人士要切实把思想和行动统一到党的精神上来，促进政党关系、民族关系、宗教关系、阶层关系、海内外同胞关系的和谐，最大限度调动一切积极因素，共同致力于实现中华民族伟大复兴。

——全国广大青少年，要志存高远，增长知识，锤炼意志，让青春在时代进步中焕发出绚丽的光彩。

为实现中华民族伟大复兴的中国梦而奋斗，是中国青年运动的时代主题。我们要用中国梦打牢广大青少年的共同思想基础，用中国梦激发广大青少年的历史责任感，为每个青少年播种梦想、点燃梦想，让更多青少年敢于有梦、勇于追梦、勤于圆梦，让每个青少年都为实现中国梦增添强大青春能量。

2014年5月4日，在五四运动95周年之际，习近平来到五四运动的策源地——北京大学。在和师生们座谈时，习近平再次语重心长地寄语广大青年："每一代青年都有自己的际遇和机缘，都要在自己所处的时代条件下谋划人生、创造历史。青年是标志时代的最灵敏的晴雨表，时代的责任赋予青年，时代的光荣属于青年。广大青年对五四运动的最好纪念，就是在党的领导下，勇做走在时代前列的奋进者、开拓者、奉献者……同全国各族人民一道，担负起历史重任，让五四精神放射出更加夺目的时代光芒。"

总而言之，各族人民大团结的力量是克服各种困难、战胜风险挑战的决定性因素。只要我们紧密团结，万众一心，为实现共同梦想而奋斗，实现梦想的力量就无比强大，每个人为实现自己梦想的努力就拥有广阔的空间。生活在我们伟大祖国和伟大时代的中国人民，共同享有人生出彩的机会，共同享有梦想成真的机会，共同享有同祖国和时代一起成长与进步的机会。我们要牢记使命，心往一处想，劲往一处使，用13亿人的智慧和力量汇集起不可战胜的磅礴力量。

第二节　把中国特色社会主义这篇大文章写下去

历史与现实表明，中国特色社会主义为实现中国梦提供了根本方向、根本动力和根本保障，中国梦为坚持和发展中国特色社会主义注入了强大正能量，奏响了时代最强音。在新的历史起点上，我们要统筹推进经济建设、政治建设、文化建设、社会建设、生态文明建设“五位一体”建设，协调推进全面建成小康社会、全面深化改革、全面依法治国、全面从严治党“四个全面”战略布局，牢固树立创新、协调、绿色、开放、共享的发展理念，坚定中国特色社会主义道路自信、理论自信、制度自信、文化自信，在实践中坚持和完善中国特色社会主义，把中国特色社会主义这篇大文章写下去。

一、统筹推进“五位一体”建设

社会主义建设事业如何进行总体布局，是一个重大战略课题。从理论上看，它是对社会主义建设事业构成要素及其相互关系的认识和把握。从实践上看，它是对社会主义建设实践路径的顶层设计和战略规划。

新中国成立后，以毛泽东为核心的第一代中央领导集体，领导中国人民消灭了剥削阶级和剥削制度，走上了社会主义道路，进而对中国社会主义建设道路进行了艰辛探索，提出了实现农业、工业、国防和科学技术

"四个现代化"的奋斗目标，为中国特色社会主义事业总布局的形成奠定了基础。

中共十一届三中全会后，以邓小平为核心的第二代中央领导集体，总结新中国成立后社会主义建设的经验教训，把建设"四个现代化"、努力发展社会生产力确立为压倒一切的中心任务。在设计"三步走"发展战略的过程中，邓小平提出"两手抓""两手都要硬"，强调社会主义不但要有高度的物质文明，还要建设高度的社会主义精神文明。1986 年 9 月，中共十二届六中全会通过的《中共中央关于社会主义精神文明建设指导方针的决议》，首次提出总体布局的概念，明确了"一个中心、三个坚定不移"的要求。这就是"以经济建设为中心，坚定不移地进行经济体制改革，坚定不移地进行政治体制改革，坚定不移地加强精神文明建设，并且使这几个方面互相配合，互相促进"。

中共十三届四中全会后，以江泽民为核心的第三代中央领导集体，提出了建设有中国特色社会主义政治文明的方针。中共十五大围绕建设富强、民主、文明的社会主义现代化国家的目标，系统阐述了党在社会主义初级阶段的基本纲领，将经济、政治、文化建设有机地统一起来，标志着"三位一体"总布局的初步形成。在中共十六大报告中，江泽民提出"政治文明"的科学命题，使经济建设、政治建设、文化建设"三位一体"总布局更加明晰。

实践发展永无止境，认识真理永无止境，理论创新永无止境。中共十六大后，以胡锦涛为总书记的党中央坚持以科学发展观统领经济社会发展全局，使社会建设开始摆在中国特色社会主义建设中更加突出的位置，并在十六届六中全会上明确提出构建社会主义和谐社会的战略思想和重大任务，强调"社会和谐是中国特色社会主义的本质属性"，将中国特色社会主义事业总布局由"三位一体"拓展为经济建设、政治建设、文化建设、社会建设"四位一体"。

新世纪新阶段，面对资源约束趋紧、环境污染严重、生态系统退化的严峻形势，中共十七大根据十六大提出的全面建设小康社会要不断增强可持续发展能力和促进人与自然的和谐的目标要求，明确地把“建设生态文明”确定为全面建设小康社会奋斗目标的新要求。中共十七届五中全会进一步提出，把建设资源节约型、环境友好型社会作为加快转变经济发展方式的重要着力点，提高生态文明水平。

中共十八大把生态文明建设提高到中国特色社会主义事业总体布局的高度加以阐述和部署，第一次提出“树立尊重自然、顺应自然、保护自然的生态文明理念”的明确要求和“建设美丽中国，实现中华民族永续发展”的奋斗目标，从而将中国特色社会主义事业总体布局拓展为“五位一体”，强调促进现代化建设各方面相协调，促进生产关系与生产力、上层建筑与经济基础相协调，不断开拓生产发展、生活富裕、生态良好的文明发展道路。

一次拓展就是一种探索接力，一次拓展就是一次理论跨越。“五位一体”总体布局的确立，集中体现了中国共产党对马克思主义关于社会主义社会全面发展思想的继承和发展，为当代中国共产党人夺取中国特色社会主义新胜利，实现全面建成小康社会奋斗目标指明了正确的发展路径。只要我们坚持五个建设一起抓，推动“五个轮子”一起转，中国特色社会主义事

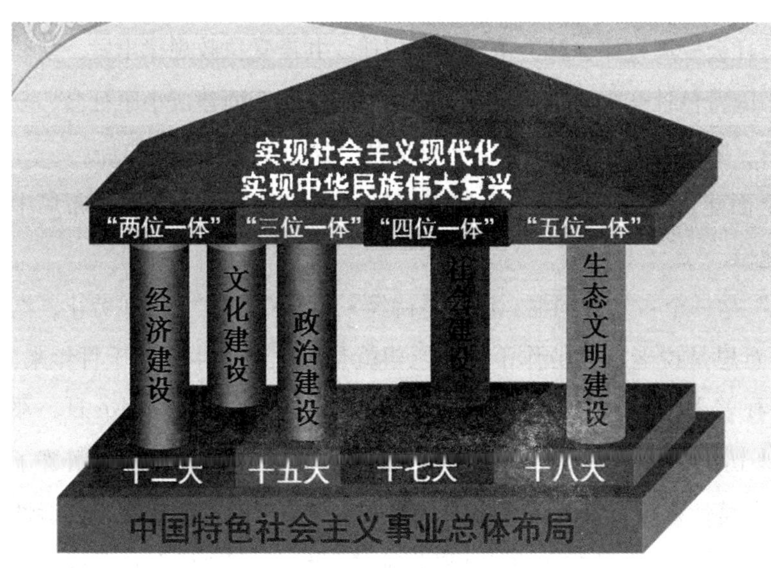

十八大报告指出，必须更加自觉地把全面协调可持续作为深入贯彻落实科学发展观的基本要求，全面落实经济建设、政治建设、文化建设、社会建设、生态文明建设五位一体总体布局。图为《时事报告》对“五位一体”的形象描述

业就能又好又快地向前发展。

从“四个现代化”“两个文明一起抓”，到“三位一体”“四位一体”，再到“五位一体”，中国特色社会主义事业总体布局不断丰富和完善。这告诉我们，马克思主义必定随着时代、实践和科学的发展而不断发展，不可能一成不变，社会主义从来都是在开拓中前进的。2013 年 1 月 5 日，新进中央委员会的委员、候补委员学习贯彻党的十八大精神研讨班在中央党校开班。习近平在开班式上强调，坚持和发展中国特色社会主义是一篇大文章，邓小平同志为它确定了基本思路和基本原则，以江泽民同志为核心的第三代中央领导集体、以胡锦涛为总书记的党中央在这篇大文章上都写下了精彩的篇章。现在，我们这一代共产党人的任务，就是继续把这篇大文章写下去。

二、协调推进“四个全面”战略布局

中共十八大以来，以习近平同志为核心的党中央从世情、国情、党情出发，从人类社会发展规律、社会主义建设规律、共产党执政规律出发，从坚持和发展中国特色社会主义全局出发，提出并形成了全面建成小康社会、全面深化改革、全面依法治国、全面从严治党的“四个全面”战略布局。

——全面建成小康社会是重大战略目标，在“四个全面”战略布局中居于引领地位。

“小康”是一个古老的词汇，源出《诗经·大雅·民劳》“民亦劳止，汔可小康”，意思是说老百姓劳作不止，愿望就是过上小康生活。千百年来，“小康”寄托着人们对衣食无忧、幸福生活的向往。1979 年 12 月 6 日，邓小平会见来访的日本首相大平正芳时，用“小康之家”这个概念回答了“中国将来会是什么样，整个现代化的蓝图是如何构思的”的提问，创造性地把党的战略目标同人民群众的生活密切地联系起来，“小康”从此成为中国人民对美好生活的期待。

1982年9月，中共十二大报告正式把20世纪末实现小康目标确定为中国经济发展的战略目标：从1981年到20世纪末的20年，力争使全国工农业的年总产值翻两番，即由1980年的7100亿元增加到2000年的2.8万亿元左右。人民的物质文化生活达到小康水平。1987年10月，中共十三大又围绕“小康”目标，提出中国经济建设“三步走”战略部署：第一步从1981年到1990年国民生产总值翻一番，解决人民的温饱问题；第二步从1991年到20世纪末，国民生产总值再翻一番，人民生活达到小康水平；第三步到21世纪中叶，人均国民生产总值达到中等发达国家水平，人民生活比较富裕，基本实现现代化。

经过全党全国各族人民的不懈努力，总体进入“小康”的战略目标顺利实现。到1995年，原定2000年国民生产总值比1980年“翻两番”的目标提前完成；1997年，人均国民生产总值实现翻两番的目标提前完成，“总量”和“人均”都提前实现了第二步战略目标，由此也实现了由温饱到总体小康的历史性跨越。1997年9月，中共十五大报告首次提出21世纪初开始“进入和建设小康社会”，并对“三步走”战略的第三步作出了具体部署：第一个十年实现国民生产总值比2000年翻一番，使人民的小康生活更

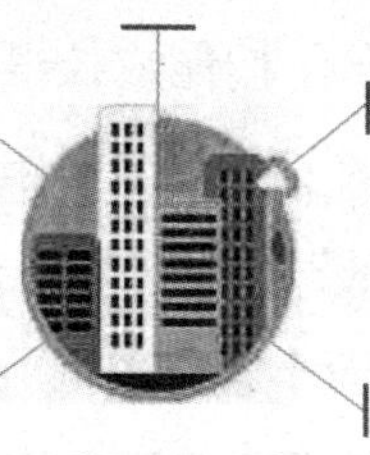

全面建设小康社会图解

加宽裕，形成比较完善的社会主义市场经济体制；再经过十年的努力，到建党100年时，使国民经济更加发展，各项制度更加完善；到世纪中叶建国100年时，基本实现现代化，建成富强民主文明的社会主义国家。

2002年11月，中共十六大在深刻分析我国社会各领域发展状况的基础上，指出已经达到的小康“还是低水平的、不全面的、发展很不平衡的小康”，并郑重提出在21世纪头20年全面建设小康社会的奋斗目标，使全体人民都能够更加充分、更加稳定地享受小康生活，为到21世纪中叶基本实现现代化打下坚实基础。2007年10月，中共十七大根据国内外形势的新变化，顺应各族人民过上更好生活的新期待，在十六大确立的全面建设小康社会奋斗目标基础上，在经济、政治、文化、社会建设以及生态建设等方面提出了新的要求，使2020年宏伟蓝图更加清晰完整。2012年11月，中共十八大根据经济社会发展实际，就全面建成小康社会提出明确的要求：经济持续健康发展、人民民主不断扩大、文化软实力显著增强、人民生活水平全面提高、资源节约型、环境友好型社会建设取得重大进展。这五个方面的新要求，覆盖了经济建设、政治建设、文化建设、社会建设、生态文明建设五大系统，不仅符合中国特色社会主义全面发展的内在要求，而且符合深化改革开放、加快转变经济发展方式攻坚时期的实践需要。

全面建设小康社会的要求，怎样转化为现实？中共十八大以来，习近平结合实际情况，在不同场合提出：“人民对美好生活的向往，就是我们的奋斗目标”；“我们的人民热爱生活，期盼有更好的教育、更稳定的工作、更满意的收入、更可靠的社会保障、更高水平的医疗卫生服务、更舒适的居住条件、更优美的环境，期盼孩子们能成长得更好、工作得更好、生活得更好”；“小康不小康，关键看老乡”；“全面建成小康社会最艰巨最繁重的任务在农村，特别是在贫困地区”；“绝不能让一个少数民族、一个地区掉队，要让13亿中国人民共享全面小康的成果”；我们要建成的全面小康，是“国家物质力量和精神力量都增强，全国各族人民物质生活和精神生活都改善”的全面小康，是“干部清正、政府清廉、政治清明”的全面小康，是“望得见山、看得见水、记得住乡愁”的全面小康……这些朴实的语言，描绘出全面小康的蓝图，道出了人民心中的梦想，表达出中国共产党执政的宗旨信念和奋斗情怀。

从 1979 年邓小平提出“小康”，由“解决温饱”到“小康水平”，由“总体小康”到“全面小康”，再由“全面建设”到“全面建成”，小康社会奋斗目标的提出、发展和完善，体现了中国改革开放和社会主义现代化建设不断开创新境界，步入新阶段，彰显出社会主义制度的优越性和中国共产党领导的正确性。短短几十年时间，在一个贫穷落后、人口众多的国家全面建成小康社会，是人类发展史上的奇迹。只要我们“继续发扬筚路蓝缕、以启山林那么一种精神，继续保持空谈误国、实干兴邦那么一种警醒”，就一定能够创造奇迹，将“小康”这个中国人千百年来的梦想变为现实。

——全面深化改革，着眼解决我们面临的深层次矛盾和体制机制弊端，是增强中国特色社会主义生机活力、推动事业发展的强大动力。

1978 年 12 月，中共十一届三中全会作出把党和国家的工作重心转移到经济建设上来，实行改革开放的伟大决策，开启了改革开放历史新时期。30 多年来，中国创造了人类社会发展的奇迹。事实证明，改革开放是决定当代中国命运的关键抉择，是中国共产党在新的时代条件下带领全国各族人民进行的新的伟大革命，是党和人民事业大踏步赶上时代前进步伐的重要法宝。

中国过去的发展成就，靠的是改革开放；未来中国的发展，依然要靠改革开放。2012 年 12 月，习近平前往改革开放发源地广东考察。在这里，他的话语掷地有声：“改革开放是决定当代中国命运的关键一招，也是决定实现‘两个一百年’奋斗目标、实现中华民族伟大复兴的关键一招。”“我们要坚持改革开放正确方向，敢于啃硬骨头，敢于涉险滩。”这是改革开放新的宣言书！这是改革开放新的动员令！这是改革开放新的进军号！

2013 年 11 月，初冬的北京，中共十八届三中全会会场气氛热烈。中国改革开放进程迎来又一个里程碑时刻——《中共中央关于全面深化改革若干重大问题的决定》获得一致通过。决定把“完善和发展中国特色社会主义制度，推进国家治理体系和治理能力现代化”作为全面深化改革的总目标，描绘了未来 10 年中国的改革蓝图。之所以确定这个总目标，就是要以实践基础上的理论创新推动制度创新，坚持和完善现有制度，从实际出发，及时制定一些新的制度，构建系统完备、科学规范、运行有效的制度体系，使各方面制度更加成熟更加定型，为夺取中国特色社会主义新胜利提供更加有效的制度保障。

根据“完善和发展中国特色社会主义制度，推进国家治理体系和治理能力现代化”的总目标，十八届三中全会决定对经济建设、政治建设、文化建设、社会建设、生态文明建设以及党的建设等各方面都提出了具体的改革要求：围绕使市场在资源配置中起决定性作用，深化经济体制改革；围绕坚持党的领导、人民当家作主、依法治国有机统一，深化政治体制改革；围绕建设社会主义核心价值体系、社会主义文化强国，深化文化体制改革；围绕更好保障和改善民生、促进社会公平正义，深化社会体制改革；围绕建设美丽中国，深化生态文明体制改革；围绕提高科学执政、民主执政、依法执政水平，深化党的建设制度改革。

全面深化改革范围之广、力度之大、措施之实，都是空前的。归于一点，就是要通过全面深化改革，着力解决我国发展面临的一系列突出矛盾和问题，不断推进中国特色社会主义制度自我完善和发展。这也预示着决定必将强有力地推动中国经济社会各领域的深刻变革，成为中国共产党在新的历史起点上全面深化改革的科学指南和行动纲领。为了把十八届三中全会提出的各项改革举措落实到位，2013 年 12 月 30 日，中共中央政治局召开会议，决定成立中央全面深化改革领导小组，由习近平总书记亲自担任组长，负责改革总体设计、统筹协调、整体推进、督促落实。

如果说十一届三中全会开启了改革开放历史新时期，改革开放成为当代中国最鲜明的特色；那么，十八届三中全会就开启了全面深化改革的新征程，而以更大的政治勇气和智慧推进改革、用全局观念和系统思维谋划改革，就是中共十八大以来深化改革最鲜明的特征。全面深化改革，根本在“改革”，关键在“深化”，重点在“全面”，其有“冲破思想观念障碍，突破利益固化藩篱”的勇气，有“敢于啃硬骨头，敢于涉险滩”的决心，有“改革开放只有进行时没有完成时”的坚韧，有“没有比人更高的山，没有比脚更长的路”的气魄。

全面深化改革，不只为了应对挑战，更是为了把握机遇；不只为了短期目标，更是为了图之长远。这必将推动中国改革开放进入一个全新境界，必将不断拓展中国特色社会主义道路，成为实现中国梦的不竭动力。

——全面依法治国，着眼促进国家生活和社会生活的法治化制度化规范化，是实现党和国家长治久安的重要保障。

“国无常强，无常弱。奉法者强则国强，奉法者弱则国弱。”早在春秋时期，以管仲为代表的早期法家，就主张“援法而治”，提出了“威不两错，政不二门，以法治国，则举措而已”的理念。可以说，法治和人治问题是人类政治文明史上的一个基本问题，也是世界各国在实现现代化过程中必须面对和解决的一个重大问题。

新中国成立后，制定了包括1954年宪法在内的法律法规千余件，初步

总目标

建设中国特色社会主义法治体系，
建设社会主义法治国家。

必须坚持的原则

坚持中国共产党的领导。
坚持人民主体地位。
坚持法律面前人人平等。
坚持依法治国和以德治国相结合。
坚持从中国实际出发。

全面推进依法治国图解

奠定了社会主义法制的基础。但是，“文化大革命”的十年浩劫，使社会主义法制遭到严重践踏。中共十一届三中全会汲取惨痛的教训，向全党全国人民提出“健全社会主义法制”的伟大任务，要求“使民主制度化、法律化，使这种制度和法律具有稳定性、连续性和极大的权威”，并确立了“有法可依，有法必依，执法必严，违法必究”的十六字方针，为社会主义法制建设开启了新征程。为了落实十一届三中全会的精神，刚刚成立的全国人大常委会法制委员会，在1979年的4个月内，陆续修改和起草了选举法、刑法、刑事诉讼法等七部法律，留下了一段立法佳话。进入20世纪90年代，为了适应社会主义市场经济建设的要求，中国法制建设进入快车道。1997年9月，中共十五大报告深刻总结社会主义民主和法制建设的经验教训，将“依法治国”确立为治国基本方略，将“建设社会主义法治国家”确定为社会主义现代化的重要目标。“依法治国，就是广大人民群众在党的领导下，依照宪法和法律规定，通过各种途径和形式管理国家事务，管理经济文化事业，管理社会事务，保证国家各项工作都依法进行，逐步实现社会主义民主的制度化、法律化，使这种制度和法律不因领导人的改变而改变，不因领导人看法和注意力的改变而改变。”

在依法治国基本方略的指引下，中国在2010年基本形成了以宪法为统帅，以宪法相关法、民法商法等多个法律部门的法律为主干，由法律、行政法规、地方性法规等多个层次的法律规范构成的中国特色社会主义法律体系。这个历史任务的完成，是社会主义民主法制建设史上的重要里程碑，标志着国家和社会生活各方面总体上实现了有法可依。当然，法律的完善，并不代表法治的施行。而法律的生命在于实施，法治的目标在于良政和善治的实现。也正因为如此，十八大报告进一步强调“全面推进依法治国”“法治是治国理政的基本方式”。

中共十八大以来，习近平在不同场合反复强调依法治国的重要性，提出了“建设法治中国”的治国目标，并将其定位为实现中华民族伟大复兴的中国梦的重要内容。2012年12月4日，履新不到一个月的习近平，在首都各界纪念现行宪法公布施行30周年大会上庄严宣示：“依法治国，首先是依宪治国；依法执政，关键是依宪执政。”2013 年 3 月，刚刚当选国家主席的习近平，向全国人民郑重宣誓：“我将忠实履行宪法赋予的职责。”两个场景，一种态度：尊重法律、厉行法治，是必须把握好的施政之要。

2014 年 10 月，以习近平同志为核心的中共中央前所未有地把“全面推进依法治国”作为十八届四中全会的主题。全会审议通过了《中共中央关于全面推进依法治国若干重大问题的决定》，强调依法治国是坚持和发展中国特色社会主义的本质要求和重要保障，是实现国家治理体系和治理能力现代化的必然要求，事关我们党执政兴国，事关人民幸福安康，事关党和国家长治久安。决定规定全面推进依法治国的总目标是：“建设中国特色社会主义法治体系，建设社会主义法治国家。这就是，在中国共产党领导下，坚持中国特色社会主义制度，贯彻中国特色社会主义法治理论，形成完备的法律规范体系、高效的法治实施体系、严密的法治监督体系、有力的法治保障体系，形成完善的党内法规体系，坚持依法治国、依法执政、依法行政共同推进，坚持法治国家、法治政府、法治社会一体建设，实现科学立法、严格执法、公正司法、全民守法，促进国家治理体系和治理能力现代化。”围绕这个总目标，全会明确了全面推进依法治国的重大任务，这包括：完善以宪法为核心的中国特色社会主义法律体系，加强宪法实施；深入推进依法行政，加快建设法治政府；保证公正司法，提高司法公信力；增强全民法治观念，推进法治社会建设；加强法治工作队伍建设；加强和改进党对全面推进依法治国的领导。

十八届四中全会内容丰富，亮点纷呈。比如，针对社会上关于党和法关系的议论，强调党的领导是中国特色社会主义最本质的特征，是社会主义法治最根本的保证。把党的领导贯彻到依法治国全过程和各方面，是中国社会主义法治建设的一条基本经验。《中华人民共和国宪法》确立了中国共产党的领导地位。坚持党的领导，是社会主义法治的根本要求，是党和国家的根本所在、命脉所在，是全国各族人民的利益所系、幸福所系，是全面推进依法治国的题中应有之义。党的领导和社会主义法治是一致的，社会主义法治必须坚持党的领导，党的领导必须依靠社会主义法治。只有在党的领导下依法治国、厉行法治，人民当家作主才能充分实现，国家和社会生活法治化才能有序推进。依法执政，既要求党依据宪法法律治国理政，也要求党依据党内法规管党治党。

全面推进依法治国，关键是要坚持和拓展中国特色社会主义法治道路。习近平强调："如果路走错了，南辕北辙了，那再提什么要求和举措也都没有意义了。全会决定有一条贯穿全篇的红线，这就是坚持和拓展中国特色社会主义法治道路。中国特色社会主义法治道路是一个管总的东西。"确立中国特色社会主义法治道路，进一步增强了全面依法治国的方向性、原则性、系统性和战略性，拓展了全面依法治国理论和实践的时代内涵。

"法者，治之端也。"中共十八届四中全会就建设法治中国作出总体规划，开启了中国法治新时代。只要全社会都尊法、学法、守法、用法，把法治思维、法治方式贯彻到治国理政的全过程、落实到改革发展的大棋局，使法治成为中国前进的坚强保障，就一定能够实现经济发展、政治清明、文化昌盛、社会公正、生态良好。

——全面从严治党，着眼保持党的先进性和纯洁性，锻造中国特色社会主义事业坚强领导核心，是我们党提高执政能力、完成执政使命的迫切要求，为全面建成小康社会、全面深化改革、全面依法治国提供根本保证。

伟大事业的推进，伟大目标的实现，要有根本的政治保证，中国共产党的领导就是强有力的根本政治保证。中共十八以来，以习近平同志为核心的党中央从坚持治国必先治党，治党务必从严的认识出发，制定了一系列从严治党的党内法规，展开了一系列从严治党的教育活动，实施了一系列从严治党的重要举措。从制定实施"八项规定"，开展群众路线教育实践活动，到开展"三严三实"专题教育，再到"两学一做"学习教育常态化制度化。中国共产党以坚定的行动践行着永远不变的宗旨与追求。

2012 年 11 月 15 日，习近平同中外记者见面时就强调指出，"新形势下，我们党面临着许多严峻挑战，党内存在着许多亟待解决的问题。尤其是一些党员干部中发生的贪污腐败、脱离群众、形式主义、官僚主义等问题，必须下大气力解决"。必须"坚持党要管党、从严治党，切实解决自身存在的突出问题，切实改进工作作风，密切联系群众，使我们党始终成为中国特色社会主义事业的坚强领导核心”。

说到做到。仅仅过了19天，改进作风的具体措施就出台了。12月4日，中共中央政治局会议强调，领导干部特别是高级干部作风如何，对党风政风乃至整个社会风气具有重要影响。抓作风建设，首先要从中央政治局做起，要求别人做到的自己先要做到，要求别人不做的自己坚决不做，以良好党风带动政风民风，真正赢得群众信任和拥护。要下大决心改进作风，切实解决群众反映强烈的问题，始终保持同人民群众的血肉联系。这次会议一致同意关于改进工作作风、密切联系群众的“八项规定”：改进调查研究，精简会议活动，精简文件简报，规范出访活动，改进警卫工作，改进新闻报道，严格文稿发表，厉行勤俭节约。

“其身正，不令而行；其身不正，虽令不从。”“八项规定”出台后，中央领导用实际行动，让人们看到了新变化、新气象。这有力地推动党风政风改进，同时为开展党的群众路线教育实践活动做了思想动员、工作准备和行动示范。坚持群众路线，密切联系群众，是中国共产党性质和宗旨的体现，是中国共产党区别于其他政党的显著标志，也是中国共产党发展壮大的重要原因。加强干部作风建设，最重要的是要抓住保持同人民群众的血肉联系这个核心问题。中共十八大审时度势，决定围绕保持党的先进性和纯洁性，在全党深入开展以为民、务实、清廉为主要内容的党的群众路线教育实践活动，目的就在于帮助广大干部特别是领导干部进一步增强群众观点，解决脱离群众的各种问题，提高做好新形势下群众工作的能力。

2013年5月9日，下发了《中共中央关于在全党深入开展党的群众路线教育实践活动的意见》，要求把贯彻落实中央“八项规定”精神作为切入点，进一步突出作风建设，坚决反对形式主义、官僚主义、享乐主义和奢靡之风，着力解决人民群众反映强烈的突出问题，提高做好新形势下群众工作的能力，保持党同人民群众的血肉联系。根据中共中央的安排，教育实践活动从2013年7月开始，自上而下分两批开展，每批大体安排半年时间，2014年9月基本完成。第一批为省部级领导机关和副省级城市机关及其直属单位，中管金融企业、中管企业、中管高等学校，共有274个中管单位和100多万个党组织、1700多万名党员参加；第二批为省以下各级机关及其直属单位和基层组织，共有330多万个基层党组织、6900多万名党员参加。

到2014年9月底，全党深入开展党的群众路线教育实践活动基本结束。总体来说，活动进展有序、扎实深入，达到了预期目的，取得了重大成果。2014年10月8日，习近平在总结大会上指出，通过这次活动，广大党员、干部受到马克思主义群众观点的深刻教育，贯彻党的群众路线的自觉性和坚定性明显增强；形式主义、官僚主义、享乐主义和奢靡之风得到有力整治，群众反映强烈的突出问题得到有效解决；恢复和发扬了批评和自我批评优良传统，探索了新形势下严肃党内政治生活的有效途径；以转作风改作风为重点的制度体系更加完善，制度执行力和约束力得到增强；影响群众切身利益的症结难点得到突破，党的执政基础更加稳固。基于此，习近平高度评价这次活动使党在群众中的威信和形象进一步树立，党心民心进一步凝聚，形成了推动改革发展的强大正能量。他还强调，贯彻党的群众路线、保持党同人民群众的血肉联系的历史进程永远不会结束。全党要以党的群众路线教育实践活动为起点，在从严治党上继续探索、不断前进，特别是要落实从严治党责任，坚持思想建党和制度治党紧密结合，严肃党内政治生活，坚持从严管理干部，持续深入改进作风，严明党的纪律，发挥人民监督作用，深入把握从严治党规律。

在从严治党上继续前进的重要活动，就是深入开展"三严三实"专题教育。2014年3月9日，习近平在参加十二届全国人大二次会议安徽代表团审议时，强调作风建设永远在路上，各级领导干部要发扬钉钉子精神，保持力度、保持韧劲，善始善终、善作善成，不断取得作风建设新成效。就是在这次讲话中，习近平第一次提出"三严三实"的重要论述，要求各级领导干部既严以修身、严以用权、严以律己，又谋事要实、创业要实、做人要实。"三严三实"言简意赅、内涵深刻，贯穿着马克思主义政党建设的基本原则和内在要求，体现着共产党人的价值追求和政治品格，明确

了领导干部的修身之本、为政之道、成事之要。如果说反对形式主义、官僚主义、享乐主义、奢靡之风是抓作风建设的切入点，那么践行“三严三实”要求则是为了固本培元，使好的作风成为党员干部的思想自觉和行动自觉。

2015年4月，中共中央办公厅印发《关于在县处级以上领导干部中开展“三严三实”专题教育方案》，要求聚焦对党忠诚、个人干净、敢于担当，着力解决“不严不实”问题，切实增强践行“三严三实”要求的思想自觉和行动自觉，努力在深化“四风”整治、巩固和拓展党的群众路线教育实践活动成果上见实效，在守纪律讲规矩、营造良好政治生态上见实效，在真抓实干、推动改革发展稳定上见实效。方案强调，开展“三严三实”专题教育，要坚持从严要求，强化问题导向，真正把自己摆进去，着力解决理想信念动摇、信仰迷茫、精神迷失，宗旨意识淡薄、忽视群众利益、漠视群众疾苦，党性修养缺失、不讲党的原则等问题；着力解决滥用权力、设租寻租，官商勾结、利益输送，不直面问题、不负责任、不敢担当，顶风违纪还在搞“四风”、不收敛不收手等问题；着力解决无视党的政治纪律和政治规矩，对党不忠诚、做人不老实，阳奉阴违、自行其是，心中无党纪、眼里无国法等问题。

“三严三实”专题教育启动后，各地区各部门各单位认真贯彻党中央部署，按照深入学习教育、突出问题导向、贯彻从严标准、坚持以上率下、确保取得实效的要求，着力抓好集中学习、党课报告、专题研讨、查摆整改等关键环节的工作，把专题教育同推进改革发展稳定结合起来，同整治为官不为、为官乱为等结合起来，使各级领导干部“补了钙”“加了油”，推动各级领导干部把“三严三实”作为修身、做人、用权、律己的基本遵循与干事创业的行为准则，争做“三严三实”的好干部。

为深入学习贯彻习近平总书记系列重要讲话精神，推动党内教育从“关键少数”向广大党员拓展、从集中性教育向经常性教育延伸，巩固拓展党的群众路线教育实践活动和“三严三实”专题教育成果，进一步解决党员队伍在思想、组织、作风、纪律等方面存在的问题，保持发展党的先进性和纯洁性，中共中央决定2016年在全体党员中开展“学党章党规、学系列讲话，做合格党员”学习教育。

2016年2月，中共中央办公厅印发《关于在全体党员中开展“学党章党规、学系列讲话，做合格党员”学习教育方案》，强调开展“两学一做”学习教育，基础在学，关键在做。要把党的思想建设放在首位，以尊崇党章、遵守党规为基本要求，以用习近平总书记系列重要讲话精神武装全党为根本任务，教育引导党员自觉按照党员标准规范言行，进一步坚定理想信念，提高党性觉悟；进一步增强政治意识、大局意识、核心意识、看齐意识，坚定正确政治方向；进一步树立清风正气，严守政治纪律政治规矩；进一步强化宗旨观念，勇于担当作为，在生产、工作、学习和社会生活中起先锋模范作用，为党在思想上政治上行动上的团结统一夯实基础，为协调推进“四个全面”战略布局、贯彻落实五大发展理念提供坚强组织保证。

改作风永远在路上，好作风永远出在实践中。“两学一做”学习教育展开后，各级党组织坚持学习教育全覆盖、常态化、重创新、求实效，广大党员真学深学、以学促做、边学边改，很快取得明显成效。从广大党员干部“四个意识”显著增强，到党内政治生活更加严格规范，从基层党建整体水平不断提升，到合格党员标准鲜明确立，这充分证明“两学一做”学习教育是坚持思想建党、组织建党、制度治党紧密结合的有力抓手，是不断加强党的思想政治建设的有效途径，是全面从严治党的战略性、基础性工程。也正因为如此，中央决定推进“两学一做”学习教育常态化制度化，持续以常态化的教育不断固本培元，以制度化的建设保驾护航，推动全面从严治党不断取得新成效。2016 年 7 月 1 日，习近平在庆祝中国共产党成立 95 周年大会上深刻指出：“我们党已经走过了 95 年的历程，但我们要永远保持建党时中国共产党人的奋斗精神，永远保持对人民的赤子之心。一切向前走，都不能忘记走过的路；走得再远、走到再光辉的未来，也不能忘记走过的过去，不能忘记为什么出发。面向未来，面对挑战，全党同志一定要不忘初心、继续前进。”

办好中国的事情，关键在党。经过 90 多年艰苦奋斗，中国共产党团结带领全国各族人民，把贫穷落后的旧中国变成日益走向繁荣富强的新中国，中华民族伟大复兴展现出光明前景。中国共产党为什么能？这里面有多种原因，但归根到底就是从严治党。对于中国共产党这样一个拥有 8800 多万党员、在 13 亿多人口大国长期执政的党，管党治党一刻不能放松。只有把全面从严治党不断引向深入，才能使中国共产党始终成为带领全国各族人民前进的主心骨和中流砥柱，才能创造无愧于时代、无愧于历史、无愧于人民的辉煌业绩。

“四个全面”战略布局，坚持问题导向，倾听人民呼声，立足中国实际，抓住改革发展稳定关键，统领中国发展总纲，既有目标又有举措，既有全局又有重点，确立了新形势下党和国家各项工作的战略方向、重点领域、主攻目标，勾绘出社会主义中国的未来图景，为实现“两个一百年”奋斗目标、实现中华民族伟大复兴的中国梦提供了理论指导和实践指南。

三、牢固树立“五大发展理念”

当前，中国经济社会发展还存在不平衡、不协调、不可持续问题，城乡区域发展差距和居民收入分配差距依然较大，教育、就业、医疗、住房、生态环境、食品药品安全、社会治安、执法司法等领域还存在一些突出矛盾。从国际大环境看，世界经济在大调整大变革之中出现了一些新的变化趋势，原有增长模式难以为继，科技创新孕育着新的突破。这就要求进一步解决好实现什么样的发展、怎样实现更好发展的问题。

2015 年 10 月，中共十八届五中全会深入分析了中国发展环境的基本特征，认为“十三五”时期是全面建成小康社会的决胜阶段，现阶段中国发展仍处于可以大有作为的重要战略机遇期，也面临诸多矛盾叠加、风险隐患增多的严峻挑战。必须准确把握战略机遇期内涵的深刻变化，更加有效地应对各种风险和挑战，继续集中力量把自己的事情办好，不断开拓发展新境界。据此，全会提出了全面建成小康社会新的目标要求：经济保持中高速增长，在提高发展平衡性、包容性、可持续性的基础上，到 2020 年国内生产总值和城乡居民人均收入比 2010 年翻一番，产业迈向中高端水平，消费对经济增长贡献明显加大，户籍人口城镇化率加快提高。农业现代化取得明显进展，人民生活水平和质量普遍提高，我国现行标准下农村贫困人口实现脱贫，贫困县全部摘帽，解决区域性整体贫困。国民素质和社会文明程度显著提高。生态环境质量总体改善。各方面制度更加成熟更加定型，国家治理体系和治理能力现代化取得重大进展。

怎样才能实现全面建成小康社会新的目标要求呢？十八届五中全会通过的《中共中央关于制定国民经济和社会发展第十三个五年规划的建议》强调，关键在于牢固树立并切实贯彻创新、协调、绿色、开放、共享的发展理念。这“五大发展理念”是建议的精髓和主线，也是改革开放 30 多年来中国发展经验的深刻总结，创造性地回答了新形势下要实现什么样的发展、怎样实现发展的重大问题，集中反映了中国共产党对经济社会发展规律认识的深化。

创新是引领发展的第一动力。必须把创新摆在国家发展全局的核心位置，不断推进理论创新、制度创新、科技创新、文化创新等各方面创新，让创新贯穿党和国家一切工作，让创新在全社会蔚然成风。

创新针对的是发展动力问题，为了让经济发展的新动力更加充沛。对此，习近平强调：“世界经济长远发展的动力源自创新。总结历史经验，我们会发现，体制机制变革释放出的活力和创造力，科技进步造就的新产业和新产品，是历次重大危机后世界经济走出困境、实现复苏的根本。”“综合国力竞争说到底是创新的竞争。要深入实施创新驱动发展战略，推动科技创新、产业创新、企业创新、市场创新、产品创新、业态创新、管理创新等，加快形成以创新为主要引领和支撑的经济体系和发展模式。”

协调是持续健康发展的内在要求。必须牢牢把握中国特色社会主义事业总体布局，正确处理发展中的重大关系，重点促进城乡区域协调发展，促进经济社会协调发展，促进新型工业化、信息化、城镇化、农业现代化同步发展，在增强国家硬实力的同时注重提升国家软实力，不断增强发展整体性。

协调针对的是发展不全面不平衡问题，为了经济社会持续健康发展。对此，习近平强调：“协调既是发展手段又是发展目标，同时还是评价发展的标准和尺度，是发展两点论和重点论的统一，是发展平衡和不平衡的统一，是发展短板和潜力的统一。”“要学会运用辩证法，善于‘弹钢琴’，处理好局部和全局、当前和长远、重点和非重点的关系，着力推动区域协调发展、城乡协调发展、物质文明和精神文明协调发展，推动经济建设和国防建设融合发展。”

绿色是永续发展的必要条件和人民对美好生活追求的重要体现。必须坚持节约资源和保护环境的基本国策，坚持可持续发展，坚定走生产发展、生活富裕、生态良好的文明发展道路，加快建设资源节约型、环境友好型社会，形成人与自然和谐发展现代化建设新格局，推进美丽中国建设，为全球生态安全作出新贡献。

绿色针对的是人与自然和谐问题，为了让天更蓝、水更清、空气更清洁。对此，习近平强调：“正确处理好生态环境保护和发展的关系，是实现可持续发展的内在要求，也是推进现代化建设的重大原则。”“在生态环境保护上一定要算大账、算长远账、算整体账、算综合账，不能因小失大、顾此失彼、寅吃卯粮、急功近利。”“我们既要绿水青山，也要金山银山。

宁要绿水青山，不要金山银山，而且绿水青山就是金山银山。我们绝不能以牺牲生态环境为代价换取经济的一时发展。”

开放是国家繁荣发展的必由之路。必须顺应我国经济深度融入世界经济的趋势，奉行互利共赢的开放战略，坚持内外需协调、进出口平衡、引进来和走出去并重、引资和引技引智并举，发展更高层次的开放型经济，积极参与全球经济治理和公共产品供给，提高我国在全球经济治理中的制度性话语权，构建广泛的利益共同体。

开放针对的是内外联动问题，为了使中国经济深度融入世界经济，构建广泛的利益共同体和命运共同体。对此，习近平强调：“实践告诉我们，要发展壮大，必须主动顺应经济全球化潮流，坚持对外开放，充分运用人类社会创造的先进科学技术成果和有益管理经验。要不断探索实践，提高把握国内国际两个大局的自觉性和能力，提高对外开放质量和水平。”“中国开放的大门不会关上。过去 10 年，中国全面履行入世承诺，商业环境更加开放和规范。中国将在更大范围、更宽领域、更深层次上提高开放型经济水平。”“我们要树立人类命运共同体意识，推进各国经济全方位互联互通和良性互动，完善全球经济金融治理，减少全球发展不平等、不平衡现象，使各国人民公平享有世界经济增长带来的利益。”

共享是中国特色社会主义的本质要求。必须坚持发展为了人民、发展依靠人民、发展成果由人民共享，作出更有效的制度安排，使全体人民在共建共享发展中有更多获得感，增强发展动力，增进人民团结，朝着共同富裕方向稳步前进。

共享针对的是发展目的问题，为了实现社会公平正义。对此，习近平强调：“坚持以人民为中心的发展思想，这是马克思主义政治经济学的根本立场。”“中国执政者的首要使命就是集中力量提高人民生活水平，逐步实现共同富裕。”“生活在我们伟大祖国和伟大时代的中国人民，共同享有人生出彩的机会，共同享有梦想成真的机会，共同享有同祖国和时代一起成长与进步的机会。”

“理者，物之固然，事之所以然也。”理念是行动的先导，发展理念在经济社会发展中管全局，管根本，管方向，管长远。“五大发展理念”相互贯通，相互促进，是具有内在联系的集合体，是关系中国发展全局的一场深刻变革，是顺应时代潮流、厚植发展优势的战略抉择，是破解制约如期全面建成小康社会重点难点问题的重要指导思想，是更长时期中国发展思路、发展方向、发展着力点的集中体现。

四、坚定“四个自信”

在革命、建设和改革的实践中，中国共产党紧紧依靠中国人民，把马克思主义基本原理同中国实际和时代特征结合起来，先后实现了三次历史性转变，即从半殖民地半封建社会到民族独立、人民当家作主新社会的历史性转变，从新民主主义革命到社会主义革命和建设的历史性转变，从高度集中的计划经济体制到充满活力的社会主义市场经济体制、从封闭半封闭到全方位开放的历史性转变。三次历史性转变前后贯通，证明了一个真理：一个国家实行什么样的主义，关键要看这个主义能否解决这个国家面临的历史性课题。历史和现实都告诉我们，只有社会主义才能救中国，只有中国特色社会主义才能发展中国，这是历史的结论、人民的选择。

我们要坚信，中国特色社会主义道路是实现社会主义现代化的必由之路，是创造人民美好生活的必由之路。中国特色社会主义道路，既坚持以经济建设为中心，又全面推进经济建设、政治建设、文化建设、社会建设、生态文明建设以及其他各方面建设；既坚持四项基本原则，又坚持改革开放；既不断解放和发展社会生产力，又逐步实现全体人民共同富裕、促进人的全面发展。我们必须坚信，无论前进路上还会遇到怎样的艰难险阻，只要坚定不移地坚持和拓展中国特色社会主义道路，中华民族伟大复兴的中国梦就一定会实现。

我们要坚信，中国特色社会主义理论体系是指导党和人民沿着中国特色社会主义道路实现中华民族伟大复兴的正确理论，是立于时代前沿、与时俱进的科学理论。坚定理论自信，必须始终坚持马克思主义在意识形态领域的指导地位，必须一切从实际出发，理论联系实际，实事求是，在实践中检验真理和发展真理。马克思列宁主义、毛泽东思想一定不能丢，丢了就丧失根本。同时，我们一定要以我国改革开放和现代化建设的实际问题、以我们正在做的事情为中心，着眼于马克思主义理论的运用，着眼于对实际问题的理论思考，着眼于新的实践和新的发展。在当代中国，坚持中国特色社会主义理论体系，就是真正坚持马克思主义。

我们要坚信，中国特色社会主义制度是当代中国发展进步的根本制度保障，是具有鲜明中国特色、明显制度优势、强大自我完善能力的先进制度。一个国家选择什么样的社会制度，既由这个国家的国情和性质所决定，也由这个国家经济社会发展的历史进程所决定。中国特色社会主义制度，坚持把根本政治制度、基本政治制度同基本经济制度以及各方面体制机制等具体制度有机结合起来，坚持把国家层面民主制度同基层民主制度有机结合起来，坚持把党的领导、人民当家作主、依法治国有机结合起来，符合我国国情，集中体现了中国特色社会主义的特点和优势。

我们要坚信，中国特色社会主义文化积淀着中华民族最深层的精神追求，代表着中华民族独特的精神标识，是中国人民胜利前行的强大精神力量。文化自信是更基础、更广泛、更深厚的自信。在5000多年文明发展中孕育的中华优秀传统文化，在党和人民伟大斗争中孕育的革命文化和社会主义先进文化，积淀着中华民族最深层的精神追求，代表着中华民族独特的精神标识。我们要弘扬社会主义核心价值观，弘扬以爱国主义为核心的民族精神和以改革创新为核心的时代精神，不断增强全党全国各族人民的精神力量。

总之，中国特色社会主义是中国共产党和中国人民团结的旗帜、奋进的旗帜、胜利的旗帜。在当代中国，坚持和发展中国特色社会主义，就是真正坚持社会主义。我们要全面建成小康社会、加快推进社会主义现代化、实现中华民族伟大复兴，必须始终高举中国特色社会主义伟大旗帜，坚定不移坚持和发展中国特色社会主义。我们之所以必须坚定对中国特色社会主义的道路自信、理论自信、制度自信、文化自信，其根本原因就在这里。2016 年 7 月 1 日，习近平在庆祝中国共产党成立 95 周年大会上深刻指出：

“方向决定道路，道路决定命运。中国特色社会主义不是从天上掉下来的，是党和人民历尽千辛万苦、付出巨大代价取得的根本成就。中国特色社会主义，既是我们必须不断推进的伟大事业，又是我们开辟未来的根本保证。”

“全党要坚定道路自信、理论自信、制度自信、文化自信。当今世界，要说哪个政党、哪个国家、哪个民族能够自信的话，那中国共产党、中华人民共和国、中华民族是最有理由自信的。有了‘自信人生二百年，会当水击三千里’的勇气，我们就能毫无畏惧面对一切困难和挑战，就能坚定不移开辟新天地、创造新奇迹。”

“装点此关山，今朝更好看。”中共十八大以来，面对复杂多变的国际国内形势和艰巨繁重的改革发展任务，以习近平同志为核心的党中央挺立在时代潮头，谋小康之业，扬改革之帆，行法治之道，筑执政之基，开创了改革开放和社会主义现代化建设的新局面，中国特色社会主义呈现出兴旺发达的勃勃生机。站在历史与未来的交汇点，走向复兴的伟大征程正在我们面前展开。中国的昨天，“雄关漫道真如铁”；中国的今天，“人间正道是沧桑”；中国的明天，“直挂云帆济沧海”。中华民族伟大复兴的中国梦，一定能够实现！

后 记

实现中华民族伟大复兴的“中国梦”，既是一个宏伟的理想，也是一条艰难的征程。以“中国梦·复兴路”命名的这本书，以时间为经，以事件为纬，力图勾勒出中华民族是如何一步步由盛而衰、近代以来又是如何一步步由衰落走向复兴的历史发展脉络。为了更好地表现这一主题，本书依据丰富的历史档案和近年来研究成果，穿插、引用了大量的历史文献、当事人回忆和鲜为人知的故事，较为生动地描写了中华民族走向伟大复兴的艰难历程。

参加本书编写的人员：第一章茅文婷；第二至四章董振瑞；第五至七章毛胜；第八至九章王桢（原执笔人尹航）；第十章武茂昌；第十一至十二章王兵。卢洁负责本书的结构大纲并对全书进行统稿。

本书编写过程中，参考和引用了大量资料，包括新闻报道、档案资料、学术论著等。书中使用的有关图片，因时间关系，没能与相关作者一一联系。在此，编者表示歉意。如有疑问，请与出版社联系。书中不当之处，希望得到读者的批评，以便再版时改正。

2017 年 9 月